Gütersloher Taschenbücher/Siebenstern 77

Albert Schweitzer

Geschichte der Leben-Jesu-Forschung

Band 1

Gütersloher Verlagshaus
Gerd Mohn

ISBN 3-579-03908-3
3. Auflage des Taschenbuches 1977
Lizenzausgabe mit freundlicher Genehmigung des Verlages
J. C. B. Mohr (Paul Siebeck), Tübingen

Gesamtherstellung: Clausen & Bosse, Leck/Schleswig
Umschlagentwurf: Dieter Rehder, Aachen
Das Umschlagbild zeigt ein Motiv von Toni Schneider-Manzell
aus dem »Tor des Glaubens« am Salzburger Dom (Photo: Carl Pospesch)
Printed in Germany

Band I

Band 2

James M. Robinson · Einführung

Im Jahre 1965 sind drei große Theologen unseres Jahrhunderts gestorben: Paul Tillich, Martin Buber, Albert Schweitzer. Sie alle drei wurden im deutsch-sprachigen Raum geboren; sie alle drei, von den verschiedenen Schicksalen unserer Zeit bestimmt, starben außerhalb Europas – jeder in einem anderen Erdteil. Alle drei haben in tiefer Religiosität ein Beispiel echter Menschlichkeit gegeben; alle drei haben je ihre Existenz als uns angehende Möglichkeit ausgelegt: als Mut zum Sein, als Begegnung zwischen Ich und Du, als Ehrfurcht vor dem Leben. Zu einer Zeit, in der Theologen nur dann Achtung gewinnen, wenn sie unter entschiedener Absage an den Glanz des »Kirchenfürsten« in der Tiefe der Wahrhaftigkeit und Verantwortlichkeit stehen, haben diese drei Männer schlicht imponiert. Unter ihnen fand Albert Schweitzer, der Urwaldarzt, der Träger des Friedens-Nobelpreises, wohl die weiteste Verehrung.

Albert Schweitzer war von Haus aus Theologe. Weit über die Fachtheologie hinaus führte ihn aber nicht nur seine Lebensaufgabe. Seine wissenschaftlichen Beiträge zur Theologie finden auch dort Beachtung, wo nicht einmal mehr von kirchlichem Laientum die Rede sein kann, sondern nur noch die sachliche Tiefe des Frage-Ansatzes verrät, daß hier ein Gemeinsames vorhanden ist. Großartigstes Beispiel dafür ist seine »Geschichte der Leben-Jesu-Forschung«: von Anfang bis zu Ende anhaltende Leidenschaft, hohe Meisterschaft und ästhetische Vollkommenheit weisen ihr einen Platz in der Weltliteratur zu. Seit David Friedrich Strauß hat kein Theologe mehr so schreiben können.

Die »Geschichte der Leben-Jesu-Forschung« ist ein Forschungsbericht – aber was für einer! Wer bei diesem Begriff etwa an die durchaus kompetenten und lehrreichen Forschungsberichte der Theologischen Rundschau denkt, hat noch keine Ahnung von den schöpferischen Möglichkeiten dieser Gattung: Erst Schweitzer hat sie auf einen Schlag verwirklicht. Vielleicht kann man als Parallele an Karl Barths 1947 erschienene »Protestantische Theologie im 19. Jahrhundert« denken. In einem weniger berühmten, sachlich aber ebenso schlagenden Beispiel wird diese Gattung höherer Ordnung treffend folgendermaßen charakterisiert: »Ihrer problemgeschichtlichen Zielsetzung entsprechend konzentriert sie sich auf solche theologiegeschichtlichen Erscheinungen, in denen sich jeweils eine der in der Struktur der Problematik... vorgezeichneten Möglichkeiten am entschiedensten verwirklicht.«[1]

Die Struktur der Problematik der Leben-Jesu-Forschung, wie sie Schweitzer als Erster und zutiefst Beteiligter erkannte, faßt er in drei großen Entweder-Oder zusammen: »Das erste hatte Strauß gestellt: entweder rein geschichtlich oder rein übernatürlich; das zweite hatten die Tübinger und Holtzmann durchgekämpft: entweder synoptisch oder johanneisch; nun das dritte: entweder eschatologisch oder uneschatologisch!« (254) Es gab nebensächliche Ungenauigkeiten und Auslassungen in Schweitzers Buch,[2] und es gibt andere und neuere Forschungsberichte, die seine Arbeit ergänzen.[3] Aber nachdem man das alles gelesen hat, staunt man um so mehr über die zähe Konsequenz, mit der Schweitzer durch riesige, von keinem andern durchforstete Stoffmassen hindurch – die Seitenzahlen einiger der besprochenen Werke gehen in die Tausende! – seine das Wesen der Forschungsgeschichte aufdeckende These durchführt. Er hat die drei schöpferischen Phasen der Leben-Jesu-Forschung, die dreißiger, sechziger und neunziger Jahre des vorigen Jahrhunderts, an dem jeweils entscheidenden Knotenpunkt gefaßt und so das dieser Forschungsgeschichte innewohnende Leben neu erstehen lassen. Ihm vor allem ist es zu verdanken, daß diese Geschichte uns heute noch als lebendige Gegenwart anredet.

Das erste Entweder-Oder wird allerdings merkwürdig formuliert: entweder rein geschichtlich oder rein übernatürlich. Hatte doch Schweitzer in seiner Darstellung des Werkes von Strauß gerade hervorgehoben, daß

1 Christian Hartlich und Walter Sachs: Der Ursprung des Mythosbegriffes in der modernen Bibelwissenschaft (Schriften der Studiengemeinschaft der Evangelischen Akademien 2) 1952, S. 1.

2 Die Verwechslung von Wilhelm Ferdinand Wilke und Christian Gottlob Wilke, auf die Wellhausen aufmerksam machte, ist schon in der 2. Auflage (S. 147, Anm. 4) korrigiert worden, ebenfalls das völlige Übergehen der englisch-sprachigen Literatur (S. 31). Daß Martin Kählers Schrift von 1892 »Der sogenannte historische Jesus und der geschichtliche biblische Christus«, die erst eine Generation später das Interesse der Dialektischen Theologie findet (Neudrucke 1928, 1953, 1961), von Schweitzer nicht erwähnt wird, ist nur ein Schönheitsfehler. Denn sachlich gesehen, bildete sie nur einen weiteren Beleg für den von Schweitzer in voller Klarheit aufgewiesenen Weg von David Friedrich Strauß zu William Wrede (vgl. besonders S. 520/521 über Wobbermin) – allerdings mit der einen Variante, daß jetzt alles eher konservativ als radikal ausfiel; und darum geht es wohl letztlich solchen Theologen, die Schweitzer an diesem Punkt kritisieren.

3 Etwa Maurice Goguel im 1. Kapitel seines Buches »Vie de Jésus« (1932; 2. Auflage unter dem Titel »Jésus«, 1950; deutsch: Das Leben Jesu, 1934); C. C. McCown: The Search for the Real Jesus – A Century of Historical Study, 1940. Geistlose Aufarbeitungen speziell der französischen und amerikanischen Literatur bei C. H. Hoffmann: Les vies de Jésus et le Jésus de l'histoire, 1947, bzw. Otto A. Piper: Das Problem des Lebens Jesu seit Schweitzer, in: Verbum Dei manet in aeternum (Otto Schmitz-Festschrift) 1953, 73–93.

er diese Antithese aus der voraufgehenden Epoche überwunden und durch etwas Neues ersetzt habe: »Auf die supranaturale Erklärung der Ereignisse des Lebens Jesu war die rationale gefolgt und hatte sich vermessen, wie jene alles ins Übernatürliche deutete, so alles als natürliches Geschehen begreiflich zu machen. Beide haben alles gesagt, was sie zu sagen hatten. Aus ihrem Widerstreite wird die neue Lösung, die mythische Deutung geboren.« (117) Die Entstehung des Neuen aus diesem Widerstreit wird aber nicht recht verständlich, auch nicht, wenn der Widerstreit – auch Dialektik genannt – als »schöpferisch« bezeichnet wird. In der Tat muß Schweitzer seinen Begriff des Entweder-Oder durch den Hegelschen der Synthese ersetzen: »Sie (sc. die mythische Deutung) ist, nach Hegelscher Methode, die Synthese aus einer Thesis, repräsentiert durch die supranaturale Erklärung, und aus einer Antithesis, repräsentiert durch die rationalistische Deutung.« (117) Später jedoch taucht das erste Entweder-Oder beiläufig wieder auf, jetzt in der Formulierung: »Mythos oder Historie«. (148)

Von der Hegelschen Philosophie her ist diese Alternative aber nicht zu lösen, vielmehr sei »die Entscheidung ruhig der historischen Kritik anheimzugeben«, wie Strauß zitiert wird. (149) Aber Strauß kommt bei Schweitzer nur als Hegelianer in den Blick, wie er bis in die jüngste Zeit immer verstanden – und um so leichter abgelehnt – worden ist. Denn erst durch den schon erwähnten Forschungsbericht von 1952: Der Ursprung des Mythosbegriffes in der modernen Bibelwissenschaft, ist der Hintergrund für Straußens Ansatz innerhalb der »mythischen Schule« aufgedeckt worden. Der Oxforder Gelehrte R. Lowth hatte den Mythos als stilus parabolicus verstanden und der Göttinger Altertumswissenschaftler C. G. Heyne als sermo mythicus ausgelegt. Dieses Verständnis des Mythischen übertrug die Schule auf die Bibelwissenschaft – J. G. Eichhorn und J. Ph. Gabler (115) im Sinne einer geschichtlich notwendigen Ausdrucksform der Kindheit des Menschengeschlechts (aetas mythica), W. M. L. de Wette – und nach ihm Strauß – als religionsphilosophische Kategorie im Sinne einer notwendigen Ausdrucksform für das religiöse Gefühl (die Ahndung) überhaupt. Von da aus ist die »historische Kritik«, wie Strauß sie im Leben-Jesu übt, zu verstehen. Nur so ist überhaupt Tendenz und Ergebnis seiner Kritik begreiflich: »Dabei kommt die supranaturale Deutung als die, welche den Wortlaut wenigstens respektiert, viel besser weg als die rationale, deren Erschlichenes überall schonungslos aufgedeckt wird.« (120) Und Schweitzer fügt hinzu: Damit wurde »das Terrain geschaffen, auf dem die heutige Forschung sich bewegt«. Nur kann von hier aus Schweitzers eigene Lösung nicht erreicht werden. Er muß darum die Entscheidung, die zugunsten des Supranaturalen, richtiger: des Mythischen, fiel, umdeuten: »Straußens Leben-Jesu ist für die moderne Theologie etwas anderes als für die Zeitgenossen. Für jene war es das Werk, welches mit dem historischen Wunderglauben aufräumte und die mythische Deutung in ihr Recht einsetzte. Wir aber entdecken darin auch das Historisch-Positive, sofern die historische Persönlichkeit, welche aus dem Mythos herausragt, ein jüdischer, in einer rein eschatologischen Gedankenwelt lebender Messiasprätendent gewesen sein soll. Strauß ist nicht nur ein Zerstörer unhaltbarer Lösungen, sondern auch der Prophet einer kommenden Wissenschaft.« (131) So richtig das ist – es soll nicht verschwiegen werden, daß die geradlinige Fortsetzung, die aus der ersten der ein für allemal getroffenen Entscheidungen resultiert, sich nicht bei Schweitzer findet, sondern bei – William Wrede. Der »Anstoß, den das Wort Mythos erregte, sofern ihm durch die Erinnerung an die heidnische Mythologie Zweideutiges anhaftete«, war eine »Hauptschwierigkeit« nicht nur zur Zeit Straußens (116), sondern auch zur Zeit Schweitzers. Das in der zweiten Auflage hinzugefügte Kapitel XXII: Die neueste Bestreitung der Geschichtlichkeit Jesu, macht diesen Tatbestand völlig deutlich.

Das zweite Entweder-Oder lautet: entweder synoptisch oder johanneisch. Die Quellenfrage war ja in der ersten Alternative impliziert, auch wenn sie in der Diskussion mit Strauß noch nicht klar erfaßt wurde. »Der einzige, der verstand, um was es sich handelte, war Hengstenberg. Er allein sah, was es bedeutete, daß Strauß die wissenschaftliche Theologie, die zuerst Mythisches im Alten Testament, dann in den Vor- und Nachgeschichten der Synoptiker anerkannt hatte, und sich deswegen genötigt sah, die drei ersten Evangelien preiszugeben und nur das vierte zu halten, nun in ihrer letzten Stellung belagerte.« (150) Die Antwort auf die Quellenfrage war die sogenannte Zwei-Quellen-Theorie, die besagt, daß der dem Matthäus und Lukas gemeinsame Traditionsstoff auf zwei von beiden benutzte Quellen zurückgeführt werden kann: das Markusevangelium und eine Spruchsammlung (»Q«). Diese Theorie galt allgemein als

4 Vgl. sogar Bultmann: Die Bedeutung der neuerschlossenen mandäischen und manichäischen Quellen für das Verständnis des Johannesevangeliums, ZNW 24, 1925, 100–146; bes. folgendes Zitat auf S. 144: »Um das Problem möglichst scharf zu formulieren, könnte ich sagen: man muß damit rechnen, daß das johanneische Christentum einen älteren Typus darstellt als das synoptische. Natürlich ist das nicht im Sinne einer Traditionsfreundschaft gesagt. Denn daß das uns vorliegende Johannes-Evangelium jünger ist als die Synoptiker, daß es sowohl den literarischen Typus des durch Markus geschaffenen Evangeliums voraussetzt, wie auch den Einfluß spezifisch hellenistischer Gedanken aufweist, daran kann kein Zweifel sein. Aber das soll damit gesagt sein, daß das Auftreten und die Verkündigung Jesu vielleicht viel stärker im Zusammenhang der gnostisch-täuferischen Bewegung stand, aus der das Johannes-Evangelium zu verstehen ist, als es die synoptische Tradition erkennen läßt.« Vor allem versuchte C. H. Dodd das Historische im Vierten Evangelium zu seinem relativen Recht zu bringen (Historical Tradition in the Fourth Gospel, 1963). Aber beide gewannen ihr Jesus-Verständnis aufgrund von synoptischen Sprüchen, die Dodd allerdings im Sinne seiner »realized eschatology« eher johanneisch interpretierte.

Befreiung von Strauß, denn sie schien eine zuverlässige Grundlage für ein Leben Jesu bei den Synoptikern (allerdings ohne die Vor- und Nachgeschichten) (355) zu bieten. Ihr Resultat war um so willkommener, als die Tübinger Schule den gnostischen Hintergrund des Johannesevangeliums aufgehellt hatte, das dadurch als historische Quelle im großen und ganzen ausschied. Seitdem hat das Vierte Evangelium kaum noch eine wichtige Rolle für die Leben-Jesu-Forschung gespielt. Das gilt, auch wenn Rudolf Bultmann es gegenüber der Abwertung durch Schweitzer theologisch zu seinem Recht brachte und durch die Frühdatierung der Gnosis wie durch die Annahme einer vom Vierten Evangelisten verwendeten Zeichen-Quelle die Exzesse der Johannes-Forschung des vorigen Jahrhunderts zu überwinden vermochte. Trotz solcher Korrekturen[4] bleibt die wissenschaftliche Rekonstruktion der Botschaft des historischen Jesus auf die Synoptiker und damit auf die Zwei-Quellen-Theorie verwiesen. Die Tragfähigkeit dieser literarkritischen Lösung des synoptischen Problems wird gerade durch das Fehlschlagen der von Zeit zu Zeit gegen sie gerichteten Angriffe bestätigt.[5] Auch wird sie weder dadurch eingeschränkt, daß die viel berufene historische Nähe, das plastische Detail in der markinischen Darstellung von Wrede und Schweitzer mit Recht als moderne Eintragung erkannt wurden, noch dadurch, daß man eine spezifische Dogmatik als gestaltenden Faktor des Markusevangeliums entdeckte. Daran änderte ferner nichts, daß die für zuverlässig gehaltene Reihenfolge im Markusevangelium durch Karl Ludwig Schmidt[6] als unhistorisch und Harnacks Behauptung der Tendenzlosigkeit der Spruchquelle[7] durch gattungsgeschichtliche Forschung aufgrund neuen Quellenmaterials als falsch erwiesen wurde.[8] Gerade in solchen Richtigstellungen, die den Unterschied zwischen den Synoptikern und dem Johannesevangelium teils relativieren, teils aber auch präzisieren, wird das zweite Entweder-Oder Schweitzers als eine ein für allemal gültige Entscheidung bestätigt.

Nun wußte aber Schweitzer selbst bei seiner eigenen Lösung nicht viel mit der Zwei-Quellen-Theorie anzufangen. Die Entscheidung für die Markuspriorität hatte sich nämlich mit einem dogmatischen Interesse verbunden: ein psychologisch verständliches Leben Jesu zu erstellen, was

5 Vgl. zuletzt William R. Farmer: The Synoptic Problem – A Critical Analysis, 1964, und die vernichtende Rezension von F. W. Beare im Journal of Biblical Literature 84, 1965, 295–297.

6 Der Rahmen der Geschichte Jesu, 1919 (²1963).

7 Beiträge zur Einleitung in das Neue Testament II, Sprüche und Reden Jesu: zweite Quelle des Matthäus und Lukas; z. B. S. 163, 171.

8 Vgl. meinen Aufsatz »Logoi Sophon – Zur Gattung der Spruchquelle Q«, in: Zeit und Geschichte (Bultmann-Festschrift) 1964, 77–96, und Helmut Köster: Gnomai Diaphoroi – The Origin and Nature of Diversification in the History of Early Christianity, in: The Harvard Theological Review 58, 1965, 279–318; bes. S. 298–303.

freilich nur durch Vergeistigung der eschatologischen Gedankenwelt zu erreichen war. Schweitzer sah nun ganz richtig, daß die Verfechter dieser Verbindung »bis zum Ende des Jahrhunderts den stummen hartnäckigen Kampf gegen die Eschatologie« geführt haben, wodurch »die Markushypothese die Leben-Jesu-Forschung in unglaublicher Weise aufgehalten« hat. (168) Ja, er gibt selbst zu: »der geringe Redestoff des Markus leistet keinen großen Widerstand« gegen »die Möglichkeit einer literarischen Eliminierung der Eschatologie«. (248; vgl. auch 589) Diese Einsicht wird in der Vorrede zur sechsten Auflage positiv formuliert: »Den Schlüssel zum Verständnis liefert Matthäus mit dem Material, das er über Markus hinaus liefert.« (38) Fragt man, warum Schweitzer hier nicht die Spruchquelle anstatt Matthäus zugrunde legt, muß man sich zweierlei klarmachen, einmal daß die für Schweitzer entscheidenden Sprüche über die Naherwartung im matthäischen Sondergut stehen; zum andern, daß seine Beweisführung vom »Zusammenhang der Ereignisse des Lebens Jesu« ausgeht. Dafür bietet die Spruchquelle keine Basis, da sie eher als zusammenhanglose Aneinanderreihung von einzelnen Sprüchen anzusehen ist. Wenn demnach der historische Zusammenhang bei Matthäus klarer ist als bei Markus, so kann das Matthäusevangelium nicht als sekundäre Komposition durch Einarbeitung von eschatologischem Redestoff in den markinischen Rahmen erklärt werden. So spricht Schweitzer lieber von »den beiden ältesten Synoptikern«. In der Tat wird aus der Vorrede zur sechsten Auflage klar, daß Schweitzer die Zwei-Quellen-Theorie, die sein Lehrer Heinrich Julius Holtzmann als stichhaltige Grundlage für die Entscheidung des zweiten Entweder-Oder erfolgreich durchsetzte, bei seiner eigenen Lösung nicht verwenden konnte.[9] Sie bedeutet in der Quellenfrage also einen Rückschritt. Wohl daran liegt es, daß sie in der von Schweitzer ausgearbeiteten Gestalt auch im kritischen Lager nicht akzeptiert wurde. Schon sein englischer Übersetzer und Berater, F. C. Burkitt, (31; vgl. auch 585) bemerkt in seinem Vorwort zur englischen Ausgabe von 1910: »He has his own solution of the problems, and it is not to be expected that English students will endorse the whole of his view of the Gospel History, any more than his German fellow-workers have done.«

Das dritte Entweder-Oder lautet: entweder eschatologisch oder uneschatologisch. Diese Alternative dient als Kriterium für die Darstellung der Forschungsgeschichte von Reimarus bis Wrede: Darin besteht die Einseitigkeit des Buches sowie seine ureigenste Leistung. Die Leben-Jesu-Forschung hatte die jüdische Eschatologie »vergeistigt«, d. h. unseren religiösen Idealen assimiliert, mit dem Ergebnis, »daß dieser vorgeblich historische Jesus nicht ein rein geschichtliches, sondern ein künstlich in

9 *Ebenda.* Schon S. 448, 550 f, 596 ff versucht er, ausgehend von Harnack (»Grundzüge einer Zeitordnung«), die Spruchquelle in seinem Sinne zu verstehen.

die Geschichte verpflanztes Gebilde ist«. (356) Die Forschungsperiode, die dieses Buch verständlich macht, steht innerhalb der Klammern der beiden folgenden Zitate, die sich wie Programm und Ausführung zueinander verhalten. In seiner Schrift: Der Streit der Fakultäten (1798), schlägt Immanuel Kant vor:

Von der biblischen *Auslegekunst* (hermeneutica sacra), da sie nicht den Laien überlassen werden kann (denn sie betrifft ein wissenschaftliches System), darf nun lediglich in Ansehung dessen, was in der Religion statuarisch ist, verlangt werden: daß der Ausleger sich erkläre, ob sein Ausspruch als *authentisch* oder als *doctrinal* verstanden werden solle. – Im ersteren Falle muß die Auslegung dem Sinne des Verfassers buchstäblich (philologisch) angemessen sein; im zweiten aber hat der Schriftsteller die Freiheit, der Schriftstelle (philosophisch) denjenigen Sinn unterzulegen, den sie in moralisch-praktischer Absicht (zur Erbauung des Lehrlings) in der Exegese annimmt; denn der Glaube an einen bloßen Geschichtssatz ist todt an ihm selber. – Nun mag wohl die erstere für den Schriftgelehrten und indirekt auch für das Volk in gewisser pragmatischer Absicht wichtig genug sein, aber der eigentliche Zweck der Religionslehre, moralisch bessere Menschen zu bilden, kann auch dabei nicht allein verfehlt, sondern wohl auch gar verhindert werden ... Also ist nur die *doctrinale* Auslegung, welche nicht (empirisch) zu wissen verlangt, was der heilige Verfasser mit seinen Worten für einen Sinn verbunden haben mag, sondern was die Vernunft (a priori) in moralischer Rücksicht bei Veranlassung einer Spruchstelle als Text der Bibel für eine Lehre unterlegen kann, die einzige evangelisch-biblische Methode der Belehrung des Volkes in der wahren, inneren und allgemeinen Religion ... In Absicht auf die Religion eines Volkes, das eine Heilige Schrift zu verehren gelehrt worden ist, ist nun die doctrinale Auslegung derselben, welche sich auf sein (des Volkes) moralisches Interesse – der Erbauung, sittlichen Besserung und so der Seligwerdung – bezieht, zugleich die authentische: d. i. so will Gott seinen in der Bibel geoffenbarten Willen verstanden wissen.[10]

Damit ist zu vergleichen Hans Windischs Darstellung seiner eigenen exegetischen Methodik – über ein Jahrhundert später:

Der typische Jesus der modernen Kritik nach der Schulung, die ich durchgemacht habe, ist ein Mensch, der viele Irrtümer seiner Zeit teilt, auch inbezug auf religiöse Fragen, der tief von eschatologischen Ideen durchdrungen (seine Buß- und Heilspredigt ist aufs engste mit der Erwartung des nahen Weltendes verbunden) – wir stellen also das Fremdartige in seiner ganzen Wucht voran – der aber durch die Gewalt seiner Gottergriffenheit und durch Klarheit und Schärfe seiner Sittenlehre auch moderne Gemüter zu ergreifen vermag ... Ich nehme mir das Recht, wie Bousset und Weinel, für den praktischen Gebrauch den vermutlich historischen Jesus zu modernisieren, also etwa eine Gestalt herauszuarbeiten, die dem Herrmannschen Jesus ähnlich ist. Daß ich die subjektiven Deutungen eintrage in das historisch Nachweisbare, Lücken der wissenschaftlichen Forschung nach den Bedürfnissen der Praxis ausfülle, weiß ich genau. Nur hab ich bei diesem Verfahren keine Neigung, mich dem kirchlichen Christusdogma anzunähern, ... betone vielmehr meine Differenz.[11]

10 Kants Werke VII, Berlin 1907, 66 f.

Auch ohne solche Enthüllungen seitens der Leben-Jesu-Theologie hat Schweitzer aufgrund der Werke selbst diese Situation erkannt und aufgedeckt. An der Unmöglichkeit eines solchen Vorgehens ist nicht mehr zu rütteln. Während Johannes Weiß in der zweiten Auflage seiner für die eschatologische Auffassung epochalen Schrift von 1892 »Die Predigt Jesu vom Reiche Gottes« im Jahre 1900 gewisse »Abschwächungen des eschatologischen Standpunktes« (349) vornahm – wie leicht hätte sich die Theologie dadurch verleiten lassen können, die eschatologische Frage ganz zu den Akten zu legen! – hat Schweitzer diese Frage ein für allemal unausweichlich gestellt. Insofern geht die Theologie des 20. Jahrhunderts von ihm statt von Weiß aus.

Schweitzer hat noch ein viertes Entweder-Oder aufgestellt, das ebenso sehr wie die drei anderen seinen glänzenden Forschungsbericht beherrscht: »Entweder muß man, wie Bruno Bauer, ganz skeptisch sein und bei Markus alle berichteten Tatsachen und Zusammenhänge in gleicher Weise beanstanden, oder, wenn man darauf ein historisches Leben-Jesu erbauen will, das Evangelium als Ganzes, wegen der durchgehenden Zusammenhänge, als historisch anerkennen und dann erklären, warum nun einzelne Berichte, wie die Speisung und die Verklärung, von übernatürlichem Lichte umflossen sind, und was ihnen historisch zugrunde liegen kann. Eine Scheidung zwischen Natürlichem und Unnatürlichem bei Markus ist Willkür, weil das Übernatürliche bei ihm zur Geschichte gehört.« (354/355) Hier geht es eigentlich nicht um Bruno Bauer, sondern um William Wrede, dessen Buch: Das Messiasgeheimnis in den Evangelien, die Alternative bildete zu Schweitzers eigener Skizze des Lebens Jesu: Das Messianitäts- und Leidensgeheimnis. (Kap. XIX f) In dieser Frage konnte Schweitzer kaum nur auf Matthäus bauen. Denn Wrede hatte gezeigt, »daß die Anschauung vom messianischen Geheimnis für Matthäus nicht mehr die Bedeutung besitzt wie für Markus«.[12] Wenn also das Geheimnis historisch sein soll, muß auch der Markusbericht an diesem Punkt historisch sein.

Wie ist diese Sicht zu beurteilen? In einem Aufsatz: Zur Frage des Messiasgeheimnisses bei Markus, hat Eduard Schweizer die Summe gezogen: »Schon 1901 hat W. Wrede erwiesen, daß das Messiasgeheimnis redaktionelle Konstruktion des Markus ist und in die Dogmengeschichte, nicht ins Leben Jesu gehört. Dahinter kann man nicht mehr zurückge-

11 Aus seiner Diskussion mit H. Jordan: Ein Briefwechsel über die Jesusfrage der Gegenwart, in: Die Christliche Welt 25, 1911, Sp. 988; zitiert (ungenau) bei Erik Beijer: Hans Windisch und seine Bedeutung für die neutestamentliche Wissenschaft, ZNW 48, 1957, 46 f.

12 Das Messiasgeheimnis in den Evangelien – Zugleich ein Beitrag zum Verständnis des Markusevangeliums, 1901; 3., unveränderte Auflage 1963, 153. Vgl. auch hier S. 417/418.

hen.«[13] In der Tat kann der durch Wrede und Schweitzer gleichzeitig entdeckte »Unzusammenhang« im Markusevangelium nicht einfach aus dem eschatologischen Bewußtsein Jesu abgeleitet werden – Schweitzers Widerlegung von Wredes Erklärung aufgrund der markinischen Redaktion überzeugt durchaus nicht (402/403 bzw. Kap. XX). Gibt Schweitzer doch – in einem anderen Zusammenhang – zu, daß er mit der an sich nicht zu bestreitenden These, »daß die zwei ältesten Synoptiker wirkliche Geschichte überliefern, bis an die äußerste Grenze geht und nicht einmal die Stellen, die die Normaltheologie verwirft, für unecht ansehen will«. (493) Und so werden auf Schritt und Tritt in der Lösung der konsequenten Eschatologie (Kap. XXI) entscheidende Dinge für historisch erklärt, deren Historizität heute nicht einmal mehr die gemäßigte Kritik behaupten möchte.

Schweitzer schrieb ja in einer Zeit, in der die Annahme der Unechtheit als Ausflucht vor jeglicher Unannehmlichkeit diente. »Was bleibt aber zuletzt der modernen Theologie noch Historisches von den Evangelien, wenn sie sich zwingt, Hand und Fuß und Auge ob des Ärgernisses der reinen Eschatologie daran zu geben?« (275; vgl. auch 589/590) So erwartete Schweitzer eine Stärkung des Zutrauens in die Historizität durch die endgültige Annahme der eschatologischen Ausrichtung der Botschaft Jesu. »Überhaupt kann man sagen, daß die fortschreitende Erkenntnis des eschatologischen Charakters der Lehre und des Handelns Jesu eine immer steigende Rechtfertigung der evangelischen Überlieferung bedeutet; eine Reihe von Perikopen und Reden, die gefährdet waren, weil sie vom Standpunkt der zum Maßstab der Überlieferung genommenen modernen Theologie sinnlos erschienen, sind jetzt gerettet.« (292) Es stimmt, daß Wrede noch nicht ganz zur eschatologischen Auffassung der Botschaft Jesu durchgedrungen war, und insofern war Schweitzer ihm gegenüber sicherlich im Recht. Aber daß Wrede das Messiasgeheimnis bei Markus sachgemäß nicht von daher ableitete, daß vielmehr seine redaktionelle Erklärung nicht als das letzte Wort des neunzehnten Jahrhunderts, sondern als das erste des zwanzigsten Jahrhunderts zu bezeichnen ist, das konnte Schweitzer noch nicht wissen. So hat er das Entweder-Oder hinsichtlich des Messiasgeheimnisses im Markusevangelium vorschnell mit dem Entweder-Oder hinsichtlich der Eschatologie zusammengeworfen: »Es gibt entweder die eschatologische Lösung, die dann mit einem Schlag die unabgeschwächte, unzusammenhängende und widerspruchsvolle Markusdarstellung als solche zur Geschichte erhebt, oder die literarische, die jenes Dogmatisch-Fremdartige als Eintrag des Urevangelisten in die Überlieferung von Jesus betrachtet und damit zugleich die Messianität aus dem historischen Leben Jesu tilgt. Tertium non datur.« (388) Das tertium, das sich seither herausgestellt hat, gründet darin, daß die Verbin-

13 ZNW 56, 1965, 1–8. Das Zitat bildet den Anfang des Aufsatzes

dung jener beiden Probleme, die zwar verwandt sind, aber doch nicht so direkt einander bedingen, wie Schweitzer annahm, durch eine differenzierende Sicht abgelöst wurde. Nur so wird das problemgeschichtliche Paradox verständlich, daß Wrede literarkritisch recht hatte, wenn er das Messiasgeheimnis von der markinischen Theologie ableitete, und Schweitzer historisch-kritisch, wenn er den eschatologischen Charakter von Jesu Auftreten feststellte.

Nun hat Schweitzer zwischen der durch »Johannes Weiß und seine Anhänger« vertretenen »eschatologischen Schule« und seiner eigenen »konsequenten Eschatologie« unterschieden. »Sie bezogen die Eschatologie nur auf die Predigt Jesu ... statt die ganze öffentliche Wirksamkeit, die Zusammenhänge und Unzusammenhänge der Ereignisse von der neugewonnenen Erkenntnis aus zu beleuchten ... Es ist geradezu unerklärlich, daß die eschatologische Schule mit der Einsicht in die Eschatologie der Reichsgottespredigt nicht auch zugleich auf den Gedanken des ›Dogmatischen‹ in der Geschichte Jesu kam.« (402; vgl. auch 551/552) »Die Endentscheidung liegt aber nicht hier (sc. in der Lehre Jesu), sondern in der Untersuchung des Gesamtverlaufs des Lebens Jesu.« (269) Die Erklärung des Unerklärlichen in Weiß' Verfahren liegt nun gerade in dem von Schweitzer selbst genannten Unterscheidungsmerkmal zwischen Weiß und seinen Vorgängern: »Aber Weiß spricht es eben wissenschaftlich unanfechtbar aus.« (256) Was Schweitzer aufgrund der vermeintlich historischen Reihenfolge in »den beiden ältesten Evangelien« hinzuzusetzen für nötig hielt, ist gerade das, was – unter dem Einfluß von Wrede – die neutestamentliche Wissenschaft des zwanzigsten Jahrhunderts wieder abziehen mußte. In unserer Zeit hat es nur noch *einen* ernsthaften Versuch gegeben, eine dem Markusevangelium vorgegebene Reihenfolge der Einzelgeschichten zu behaupten. Dieser Versuch von C. H. Dodd[14] wurde aber bald von D. E. Nineham[15] als nicht stichhaltig erwiesen.

Nichtsdestoweniger hat die »konsequente Eschatologie« Schule gemacht. Denn der Verfasser und sein Werk imponierten, und das mit Recht. Das Buch führte auch nicht nur die eine Arbeitshypothese glänzend durch, es stellt nebenbei auch eine Menge abgeleiteter Thesen auf, die Schweitzer selbst nicht mehr ausführte. Z. B.: »Es wäre doch einmal an der Zeit, daß man, statt immer paulinische Einflüsse bei Markus zu behaupten, solche nachwiese. Wie müßte Markus aussehen, wenn er in die Hände eines Pauliners geraten wäre?« (353; vgl. auch 384/385, 427, 547/548, 598) So legte der Berner Privatdozent Martin Werner, durch Arthur Drews:

14 The Framework of the Gospel Narrative, Exp. Times, Juni 1932; abgedruckt in seinem Band: Gesammelte Aufsätze, New Testament Studies, 1953, 1–11.

15 The Order of Events in St. Mark's Gospel – An Examination of Dr. Dodd's Hypothesis, Studies in the Gospels (R. H. Lightfoot-Festschrift) 1955, 223–239. Vgl. auch mein Buch »Kerygma und historischer Jesus« (2. Auflage 1966, Kap. II. 1: Ein historischer Abschnitt des Kerygmas?)

Das Markusevangelium als Zeugnis gegen die Geschichtlichkeit Jesu (1921), provoziert, im Jahre 1923 seine »Albert Schweitzer in aufrichtiger Verehrung und Dankbarkeit gewidmete« Studie über den »Einfluß paulinischer Theologie im Markusevangelium« vor, die Schweitzers Hypothese von dem nicht-paulinischen Charakter des Markusevangeliums Zug um Zug zu bestätigen suchte.[16]

Auch die gegenwärtige Diskussion über das Problem der Parusieverzögerung ergibt sich aus Schweitzers These. Schweitzer selbst hat gesehen: »Die ganze Geschichte des ›Christentums‹ bis auf den heutigen Tag, die innere, wirkliche Geschichte desselben, beruht auf der ›Parusieverzögerung‹: d. h. auf dem Nichteintreffen der Parusie, dem Aufgeben der Eschatologie, der damit verbundenen fortschreitenden und sich auswirkenden Enteschatologisierung der Religion.« (417) Diese Anwendung der Geschichte der Leben-Jesu-Forschung als eines kritischen Maßstabs zur Beurteilung der modernen Theologie griff Werner in seinem Werk: Das Weltanschauungsproblem bei Karl Barth und Albert Schweitzer, schon 1924 auf. Ihm folgte sein Schüler Fritz Buri mit dem 1935 erschienenen Buch: Die Bedeutung der neutestamentlichen Eschatologie für die neuere protestantische Theologie – Ein Versuch zur Klärung des Problems der Eschatologie und zu einem neuen Verständnis ihres eigentlichen Anliegens.[17] Im Vorwort geht Buri davon aus: »Trotz alledem aber ist es in der Theologie um jene schon vor Jahren von Albert Schweitzer zur Diskussion gestellte These von der ausgebliebenen Parusie und der daraus sich notwendig ergebenden Enteschatologisierung merkwürdig still – ich möchte fast sagen: unheimlich still geblieben.« Es blieb nicht lange still. Denn während des Zweiten Weltkrieges, als deutsch-sprachige Theologie weitgehend auf die Schweiz beschränkt war, fand dort eine scharfe

16 Der Einfluß paulinischer Theologie im Markusevangelium. Eine Studie zur neutestamentlichen Theologie. BZNW 1. Allerdings besteht Werners Beweisführung darin, daß das »Paulinische« im Markusevangelium als allgemein urchristlich aufgewiesen wird, wodurch die Rückführung der markinischen Theologie auf das Keryma bzw. die Gemeindetheologie statt auf Jesus kaum beeinträchtigt wurde. – Willi Marxsen: Der Evangelist Markus – Studien zur Redaktionsgeschichte des Evangeliums, FRLANT 67, 1959, 2. Auflage, 83–92, hat weiter die Wirkung der Arbeit Werners insofern eingeschränkt, als er die Abhängigkeit des Markus von der paulinischen Theologie für seinen Begriff Evangelium wahrscheinlich gemacht hat. Eduard Schweizer: Die theologische Leistung des Markus, Ev. Theol. 24, 1964, 337–355, bes. S. 346, hat nun ferner gezeigt, daß die paulinisch-markinische Identifizierung des Evangeliums mit Jesus Christus bei Markus im deutero-paulinischen Sinne des Evangeliums als eines Mysteriums zu verstehen ist, wodurch man eher zu Wrede als zu Schweitzer zurückgeführt wird.

17 Als neuere Stellungnahmen zur modernen Theologie vom Standpunkt der konsequenten Eschatologie aus sind zu nennen: Ulrich Neuenschwander: Die neue liberale Theologie. Eine Standortbestimmung (1953) und Martin Werner: Der protestantische Weg des Glaubens, I: Der Protestantismus als geschichtliches Problem, 1955; II: Systematische Darstellung, 1962.

Auseinandersetzung statt zwischen Bern und Basel, zwischen den »Freisinnigen« und den »Positiven«, zwischen konsequenter Eschatologie und dialektischer Theologie. Auf die Diskussion, die sich an Werners 1941 auf eine Anregung Schweitzers hin veröffentlichtes Buch: Die Entstehung des christlichen Dogmas, entzündete, soll hier nur hingewiesen werden.[18] Einen Eindruck davon, wie die Schule der konsequenten Eschatologie den gegenwärtigen Stand der Frage nach Jesus kritisch beurteilt, vermittelt Werners Aufsatz von 1960: Was bedeutet für uns die geschichtliche Persönlichkeit Jesu?[19]

Nun gilt das von Karl Barth auf Schleiermacher angewandte Wort auch von Albert Schweitzer, daß er weniger eine Schule gestiftet hat als ein Zeitalter.[20] Die eschatologische Ausrichtung der Botschaft Jesu und des Urchristentums, die zur Zeit der Abfassung der »Geschichte der Leben-Jesu-Forschung« nur mit Kopfschütteln von der zeitgenössischen Theologie zur Kenntnis genommen werden konnte, wurde von der Theologie nach dem Ersten Weltkrieg, die sich nicht mehr kulturoptimistisch, sondern eher apokalyptisch (Untergang des Abendlandes!) verstand, zum Grund ihres Selbstverständnisses gemacht. Friedrich Gogarten hat mit seinem Aufsatz: Zwischen den Zeiten, die Stimmung der Nachkriegstheologie besonders deutlich gezeichnet:

> Das ist das Schicksal unserer Generation, daß wir zwischen den Zeiten stehen. Wir gehörten nie zu der Zeit, die heute zu Ende geht. Ob wir je zu der Zeit gehören werden, die kommen wird? Und wenn wir von uns aus zu ihr gehören könnten, ob sie so bald kommen würde? ...
>
> Der Raum wurde frei für das Fragen nach Gott. Endlich. Die Zeiten fielen auseinander und nun steht die Zeit still. Einen Augenblick? Eine Ewigkeit? Müssen wir nun nicht Gottes Wort hören können? Müssen wir nun nicht seine Hand bei Seinem Werk sehen können?
>
> Darum können wir nicht, dürfen wir noch nicht von der einen Zeit zur anderen gehen. So sehr es uns auch zieht. Erst muß hier die Entscheidung gefallen

18 Die Diskussion mit Werner begann der Basler Theologe Oscar Cullmann über »Die Hoffnung der Kirche auf die Wiederkunft Christi«, 1942 erschienen in den Verhandlungen des schweizerisch-reformierten Pfarrvereins (Jg. 83, S. 34 ff). Dann ergriff Fritz Buri das Wort mit seinem Aufsatz »Das Problem der ausgebliebenen Parusie«, Schweizerische Theologische Umschau 16, 1946, 97 ff. Darauf antwortete Cullmann in der Basler Theologischen Zeitschrift (3, 1947, 177 bis 191): Das wahre durch die ausgebliebene Parusie gestellte neutestamentliche Problem. Schnell folgte Buris Replik: Zur Diskussion des Problems der ausgebliebenen Parusie. Allerdings erhielt Cullmann das letzte Wort (beide ThZ 3, 1947; Buri: 422–428; Cullmann: 428–432).

19 In dem von H. Ristow und K. Matthiae herausgegebenen Sammelband »Der historische Jesus und der kerygmatische Christus«. Beiträge zum Christusverständnis in Forschung und Verkündigung, S. 614–646.

20 Karl Barth: Die protestantische Theologie im 19. Jahrhundert, S. 379: »Nicht eine Schule stiftet er, sondern ein Zeitalter.« Dieses Wort hatte Schleiermacher selbst in seiner Akademierede »Über den Begriff des großen Mannes« von Friedrich dem Großen gesagt.

sein. Vorher können wir nichts mit ganzem Herzen tun. Solange stehen wir zwischen den Zeiten. Das ist eine furchtbare menschliche Not. Denn da zerbricht alles Menschliche und wird zu Schanden, alles was war und alles was sein wird. Aber darum können wir, begreifen wir nur die Not bis zum Letzten, nach Gott fragen.[21]

Konnte man das von der Sicherheit des Berner Oberlandes aus nur als unaufrichtiges Ausweichen vor der Problematik der Parusieverzögerung verstehen, so hat immerhin Karl Barth darin die Tiefe seines Verständnisses der menschlichen Lage vor Gott gefunden. In der zweiten Auflage seines Römerbriefes (1922) erhielt es seine klassische Form. »Christentum, das nicht ganz und gar und restlos Eschatologie ist, hat mit Christus ganz und gar und restlos nichts zu tun.«[22]

Allerdings war damit das hermeneutische Problem der Eschatologie nicht gelöst, nur angezeigt. Wiederum war es Barth, der hier die Unterscheidung entschieden durchführte:

Als *Gleichnisse* »letzter Dinge« möchten uns so ferne und doch nahe liegende Schlußmöglichkeiten doch wohl ganz lehrreich und erwecklich sein können, besonders dann, wenn wir für die noch vorher liegenden Gleichnisse »letzter Dinge«, von denen wir ohne Seelenwanderung, Eiszeiten und Sternschnuppenschicksal in Geschichte und Gegenwart umgeben sind, bedauerlicherweise zu abgestumpft sein sollten. Aber »letzte Dinge« im Sinn von 1 Kor 15 und überhaupt im Sinn des Neuen Testaments, sind solche Schlußmöglichkeiten, so real sie uns immer vor Augen stehen mögen, *nicht*. Auch dann nicht, wenn wir sie erst als Vorstufen auffassen, zu physisch-metaphysischen-kosmisch-metakosmischen Wandlungen und Revolutionen noch unerhörterer Art. Auch dann nicht, wenn das Bild dieser hintergründlichen Schlußgeschichten aus lauter der Bibel und vielleicht gerade 1 Kor 15 entnommenem Material zusammengestellt und aufgebaut wird. Alles Vergängliche ist nur ein Gleichnis; daß auch die Gegenstände der biblischen Anschauungswelt zum Vergänglichen gehören, daß sie dienen und nicht herrschen, bedeuten und nicht sein wollen, darüber läßt uns die Bibel selbst jedenfalls nicht im Zweifel. Letzte *Dinge* sind als solche nicht *letzte* Dinge, wie groß und bedeutsam sie immer sein mögen. Von *letzten* Dingen würde nur reden, wer vom *Ende* aller Dinge reden würde, von ihrem Ende so schlechthin, so grundsätzlich verstanden, von einer Wirklichkeit so radikal überlegen allen Dingen, daß die Existenz aller Dinge ganz und gar in ihr, in ihr allein *begründet* wäre, also von ihrem Ende würde er reden, das in Wahrheit nichts anderes wäre, als ihr Anfang. Und von Endgeschichte, von Endzeit würde nur der reden, der vom *Ende* der Geschichte, vom Ende der Zeit reden würde. Aber wiederum von ihrem Ende, so grundsätzlich, so schlechthin verstanden, von einer Wirklichkeit so radikal überlegen allem Geschehen und aller Zeitlichkeit, daß er, indem er von der Endlichkeit der Geschichte, von der Endlichkeit der Zeit redete, zugleich von dem reden würde, was alle Zeit und alles, was in

21 Christliche Welt 34, 1920, Sp. 374–378, wiederabgedruckt in: Anfänge der dialektischen Theologie II, Theol. Bücherei, Neudrucke und Berichte aus dem 20. Jahrhundert, 17, 1963, 95–101, Zitate auf S. 95 und 100.

22 Der Römerbrief, 2. Auflage, S. 298.

der Zeit geschieht, *begründet*. Endgeschichte müßte für ihn gleichbedeutend sein mit *Ur*geschichte, die Grenze der Zeit, von der er redet, müßte die Grenze aller und jeder Zeit, und damit notwendig der *Ursprung* der Zeit sein.[23]

Darauf antwortete allerdings Rudolf Bultmann:

Es erscheint mir nun ebenso sicher, daß Paulus in 1 Kor 15 von einer solchen Schlußgeschichte redet, wie, daß er in Wahrheit nicht von ihr reden kann und will. M. a. W., man kommt bei 1 Kor 15 nicht ohne durchgehende (nicht nur gelegentliche, wie B. sie an V. 29 immerhin übt) Sachkritik aus. Denn so wenig Paulus so etwas wie eine »Weltanschauung« verkündet, so sehr besteht doch für ihn wie für jeden anderen die Notwendigkeit, das, was er sagt, in der Begrifflichkeit seiner Weltanschauung zu sagen. Und es geht nicht an, die weltanschaulichen – in diesem Falle mythologischen – Elemente einfach zum »Gleichnis« zu erklären oder sie durch Umdeutung zu beseitigen. Was für spätere christliche Eschatologen von Barth zugestanden wird, daß sie aus dem biblischen Material eine in Wahrheit gar nicht endgeschichtliche Schlußgeschichte konstruieren, gilt auch für Paulus, der sein Material der jüdischen bzw. jüdisch-gnostischen Apokalyptik entnimmt.[24]

Damit wird Einsichten der konsequenten Eschatologie in aller Aufgeschlossenheit und Klarheit ihr Recht eingeräumt, allerdings ohne die

23 Karl Barth: Die Auferstehung der Toten – Eine akademische Vorlesung über 1 Kor 15, 1924, 57 f.

24 Aus Bultmanns Besprechung von Karl Barth: Die Auferstehung der Toten, Theol. Blätter 5, 1926, 1–14; wiederabgedruckt in: Glauben und Verstehen I, 1933, 38–64; Zitat auf S. 52.

25 Besonders ist die lukanische Theologie von daher durch Hans Conzelmann: Die Mitte der Zeit – Studien zur Theologie Lukas, Beitr. z. hist. Theol. 17, 1954, 5. Auflage 1964, verständlich gemacht worden. Zur Fortführung dieses Ansatzes vgl. für die Evangelien Erich Grässer: Das Problem der Parusieverzögerung in den synoptischen Evangelien und in der Apostelgeschichte, BZNW 22, 1957 ([2]1960); für den 2. Petrusbrief Ernst Käsemann: Eine Apologie der urchristlichen Eschatologie, ZThK 49, 1952, 272–296; wiederabgedruckt in: Exegetische Versuche und Besinnungen I, 1960, 135–157. Solche Forschung ist gerade dadurch stichhaltig, daß sie nicht zuviel behauptet. »Jesus entwirft kein System einer Lehre. Es fällt im Gegenteil auf, daß Gotteslehre und Eschatologie, Eschatologie und Ethik auf den ersten Blick relativ unverbunden nebeneinander zu stehen scheinen.« Conzelmann, Artikel »Jesus Christus«, in: RGG, 3. Auflage, III (1959), 633.

26 Jonas redet von »einer unausweichlichen Fundamentalstruktur des Geistes als solchen. Daß er sich in gegenständlichen Formeln und Symbolen auslegt, daß er ›symbolistisch‹ ist, ist Wesentlichstes des Geistes – und Gefährlichstes zugleich. Um zu sich selbst zu kommen, nimmt er wesensmäßig diesen Umweg über das Symbol, in dessen verlockender Problemwirrnis er sich, ferne vom symbolisch darin verwahrten Ursprung und das Stellvertretende absolut nehmend, zu verlieren neigt – und nur in einer langen Rückbildung, nach erschöpfender Durchmessung jenes Umweges, vermag ein entmythologisiertes Bewußtsein sich den in dieser Verkleidung versteckten Ursprungsphänomenen auch begrifflich direkt zu nähern (vgl. den langen Weg des Erbsündendogmas bis auf Kierkegaard!).« Hans Jonas: Augustin und das paulinische Freiheitsproblem – Eine philosophische Studie zum pelagianischen Streit, FRLANT 44, 1930, 2. Auflage 1965, 82.

Folgerung zu ziehen, daß das in mythologischen Vorstellungen zur Sprache Gebrachte einfach zu den Akten zu legen sei. Auch das Problem der Parusieverzögerung im Urchristentum wird nicht mehr verdunkelt – vielmehr werden erst jetzt die grundlegenden Einzeluntersuchungen darüber vorgelegt.[25] Nur wird nicht das Mythologische als »das Stellvertretende absolut« genommen, wie Hans Jonas den Fehler früherer Theologie treffend charakterisiert hat.[26] Denn jetzt wird die mythologische Sprache hermeneutisch verstanden, so wie es die mythische Schule von vornherein beabsichtigt hatte.[27] Schon Schweitzer hatte in seiner »Schlußbetrachtung« (Kap. XXV) dieses Verfahren vorgeschlagen, wenn auch nicht im einzelnen ausgeführt: »In Wahrheit kann es sich nicht um eine Scheidung zwischen Vergänglichem und Bleibendem, sondern nur um eine Übertragung des Urgedankens jener Weltanschauung in unsere Begriffe handeln.« (623) Die Enteschatologisierung, die sich gelegentlich noch immer als Relikt derjenigen Methode behauptete, die mit den für anstößig gehaltenen zeitbedingten Vorstellungsformen auch den in ihnen verwahrten Sachgehalt eliminierte,[28] wurde also durch die Entmythologisierung zu ihrem eigentlichen Ziel geführt: Als existentiale Interpretation versucht sie, das in der mythologischen Form zur Sprache kommende Existenzverständnis zu begreifen.[29]

In den letzten Jahren, nachdem sich die theologische Forschung wenig-

27 Der hermeneutische Skopus der mythischen Schule läßt sich nicht etwa auf G. L. Bauers Entwurf einer Hermeneutik des Alten und Neuen Testaments von 1799 beschränken, sondern beherrscht die ganze Bewegung, wie Hartlich und Sachs (Anm. 1 am a. O.; vgl. im Sachregister Hermeneutik, S. 182) immer wieder hervorheben. Dagegen schrieb Schweitzer zu einer Zeit, als die Hermeneutik ihren Tiefstand in der theologischen Wissenschaft erreicht hatte. Vgl. Ernst von Dobschütz' Ruf in seiner Rektoratsrede von 1922: »Die sog. *Hermeneutik*, einst die am lebhaftesten betriebene Disziplin, dann zwei Generationen hindurch sträflich vernachlässigt, muß zu neuem Leben erweckt werden.« Vom Auslegen insonderheit des Neuen Testaments, Nr. 18 der Halleschen Universitätsreden, Wiederabdruck in seinem Buch »Vom Auslegen des Neuen Testaments«, 1927, S. 5.

28 Vgl. die schillernde Stellungnahme von Fritz Buri: »Die Bedeutung der neutestamentlichen Eschatologie für die neuere protestantische Theologie«, 1935, der in Kap. 8 »Enteschatologisierung« versteht als Preisgabe der endgeschichtlichen Naherwartung, die »zum Wesen der neutestamentlichen Eschatologie gehört« (S. 51), Kap. 16 aber den »Willen zur Lebensvollendung« als den »wesentlichen Inhalt der Eschatologie« vertritt.

29 Zu dieser Unterscheidung zwischen Eliminierung und Interpretation vgl. R. Bultmann: Neues Testament und Mythologie – Das Problem der Entmythologisierung der neutestamentlichen Verkündigung; zuerst erschienen 1941 in: Offenbarung und Heilsgeschehen, BEvTheol 7, 27–69; wiederabgedruckt in: Kerygma und Mythos, Theologische Forschung 1, 1948 , 15–53, bes. S. 25.

30 Zum Thema der urchristlichen Apokalyptik, ZThK 59, 1962, 257–284; Zitat auf S. 265 f; bzw. Exegetische Versuche und Besinnungen (= EVB) II, 1964, 105 bis 131 (113).

stens eine Ahnung von der eminenten Bedeutung der Eschatologie erarbeitet hat, wird eine neue Frage gestellt: Vertritt nicht die Eschatologie, oder gar die Apokalyptik, mehr an sachlichem Gehalt, als bis jetzt angenommen wurde? Die Initiative hat Ernst Käsemann ergriffen. Er bestreitet, »daß die älteste Theologie vom Leitmotiv der Existenz aus« adäquat erfaßt werden kann.[30] Allerdings ist nach ihm Apokalyptik nicht schon für Jesus, sondern erst für die nachösterliche Gemeinde anzunehmen. »Nicht gleichgültig läßt die Echtheitsfrage freilich den Historiker, der Mitte und Weite der Botschaft Jesu so präzis wie möglich feststellen möchte; und gleichgültig dürfte sie auch nicht dem Theologen sein, dem zum mindesten seit A. Schweitzer das Problem der Apokalyptik, ihrer Notwendigkeit, Bedeutung und Grenzen beunruhigend vor die Füße geworfen ist. Albert Schweitzer und seine Schüler sind der von ihnen erkannten Aufgabe selber in den Weg getreten, indem sie zunächst die ganze Frage zu einem Problem der Leben-Jesu-Forschung machten und dann von der Parusieverzögerung aus die älteste Dogmengeschichte zu erklären suchten. Beide Male geriet man in eine Sackgasse.«[31] Freilich ist es Käsemann noch nicht ganz gelungen, die Verkündigung Jesu völlig gegen die Apokalyptik abzugrenzen[32] und zu formulieren, was er über Bultmann hinaus an sachlichem Gehalt für die Apokalyptik geltend machen möchte.[33] Gleichzeitig unternimmt die systematische Theologie den Versuch, in Analogie zur Geschichtsphilosophie oder zu Ernst Bloch: Das Prinzip Hoffnung (1954), die Apokalyptik als Grundlage der Geschichtsoffenbarung bzw. der Hoffnung zu interpretieren.[34]

Was die Frage nach dem historischen Jesus seit Schweitzer betrifft: Die weitere Entwicklung ging eher von der »Schlußbetrachtung« als von dem in Kap. XXI: Die Lösung der konsequenten Eschatologie, gezeichneten Jesusbild aus. Schweitzer hatte ja von der Antithese zwischen dem »historischen Jesus« und dem »ewigen Jesus« gesprochen. (367) Jesus »ging an unserer Zeit vorüber und kehrte in die seinige zurück. ... Jesus ist unserer Welt etwas, weil eine gewaltige geistige Strömung von ihm ausge-

31 Die Anfänge christlicher Theologie, ZThK 57, 1960, 162–185; Zitat auf S. 179; bzw. EVB II, 82–104 (99).

32 ZThK 57, 1960, 179 f; bzw. EVB II, 100.

33 Zur Diskussion siehe G. Ebeling: Der Grund christlicher Theologie, ZThK 58, 1961, 227–244; E. Fuchs: Über die Aufgabe einer christlichen Theologie, ebenda 245–267; R. Bultmann: Ist die Apokalyptik die Mutter der christlichen Theologie? Eine Auseinandersetzung mit Ernst Käsemann, in: Apophoreta (Haenchen-Festschrift), BZNW 30, 1964, 64–69.

34 W. Pannenberg u. a.: Offenbarung als Geschichte, Kerygma und Dogma Beih. 1, 1961; W. Pannenberg: Grundzüge der Christologie, 1964; J. Moltmann: Theologie der Hoffnung – Untersuchungen zur Begründung und zu den Konsequenzen einer christlichen Eschatologie, BEvTheol 38, 1964; G. Sauter: Zukunft und Verheißung – Das Problem der Zukunft in der gegenwärtigen theologischen und philosophischen Diskussion, 1965.

gangen ist und auch unsere Zeit durchflutet. Diese Tatsache wird durch eine historische Erkenntnis weder erschüttert noch gefestigt.« (620) Schweitzer kommt in der Auseinandersetzung über die Geschichtlichkeit Jesu in der zweiten Auflage (Kap. XXII f) zu dem Ergebnis, »daß die Religion ihrem Wesen nach von jeglicher Geschichte unabhängig ist«. (519) So kann Schweitzer vom »Geist Jesu« sprechen, eine »Jesusmystik« vertreten, (629) »Die Mystik des Apostels Paulus« schreiben, und zur »Ehrfurcht vor dem Leben« übergehen. So hat er auf seine Weise den ursprünglichen Ansatz bei der Leben-Jesu-Forschung hinter sich gelassen. Diese Folgerung wurde aber in dem Hauptstrom der Theologiegeschichte unseres Jahrhunderts erst in Verbindung mit der kerygmatischen Theologie durch die – von Schweitzers Schülern verworfene – formgeschichtliche Schule gezogen. Unter ihrer Wirkung hörte die Leben-Jesu-Forschung auf.

Freilich hat die dialektische Theologie, die von der Geschichtlichkeit der Existenz her dachte, nicht nur Paulus eschatologisch anstatt mystisch verstanden, sondern auch der Geschichtlichkeit Jesu eine von der Schule der konsequenten Eschatologie abgelehnte[35] Bedeutsamkeit zuerkannt. So stellte sich die Frage nach dem historischen Jesus aufs neue.[36] Diese Forschung, von der Formgeschichte herkommend, vollzieht sich in vielem ganz anders, als Schweitzer es wollte, vor allem deshalb, weil sie die in den Evangelien gebotene Reihenfolge der Ereignisse nicht für historisch hält und also auch nicht als Grundlage ihrer Untersuchungen verwendet. Dennoch ist es völlig verfehlt, die neue Frage nach dem historischen Jesus wegen der von ihr geübten existentialen Interpretation als eine Modernisierung anzusehen, die nach Schweitzers Buch von vornherein zurückgewiesen werden müsse.[37] Vielmehr ist es gerade Schweitzer, der in seiner »Schlußbetrachtung« den Historismus überwindet und mit dem Hinweis auf den vor allem Verstehen liegenden »Lebenszusammenhang« die Notwendigkeit einer neuen Hermeneutik aufweist. Woran scheiterte nach ihm die Leben-Jesu-Theologie? »Unsere Zeit und unsere Religion ... fanden in sich selbst keine Äquivalente der Gedanken Jesu und waren daher außerstande, seine Weltanschauung aus den spätjüdischen in ihre Erkenntnisse zu übertragen. Es fehlte die Resonanz. Darum mußte ihnen der geschichtliche Jesus nicht nur seinem Vorstellungsmaterial, sondern auch seinem Wesen nach in weitgehender Weise fremd bleiben. Sein ethischer Enthusiasmus und das Unmittelbare und Gewaltige seiner Denk-

35 Vgl. F. Buri: Entmythologisierung oder Entkerygmatisierung der Theologie, Kerygma und Mythos II, 1952, 85–101.

36 Vgl. meinen Forschungsbericht »Kerygma und historischer Jesus«, 2. Auflage, 1966.

37 Vgl. O. Cullmann: Unzeitgemäße Bemerkungen zum »historischen Jesus« der Bultmannschule, in: Der historische Jesus und der kerygmatische Christus, 1960, 266–280, bes. S. 267.

weise blieben ihnen unerschwinglich, weil sie nichts Entsprechendes dachten und erlebten. ... Es war also der Mangel an innerlicher Gleichgestimmtheit des Wollens, Hoffens und Sehnens, der eine wirkliche Erkenntnis des historischen Jesus und eine umfassende religiöse Beziehung auf ihn unmöglich machten.« (624 f) Soweit solche Mängel überhaupt durch Methode überwunden werden können, wird sie in der von der existentialen Interpretation ausgehenden hermeneutischen Besinnung zu suchen sein.

Schweitzer war optimistisch. »Wenn die Zeichen nicht trügen, gehen wir einer solchen Zeit entgegen.« (626) In seiner Besprechung der Aufnahme, die die erste Auflage seines Werkes gefunden hatte, sagt er: »Die konsequente Eschatologie kannn ruhig zusehen und warten, bis ihre Zeit kommt... Früh oder spät wird die Stunde schlagen...« (589) Bei diesen Sätzen wird man unwillkürlich an das Vorwort von Karl Barths Römerbrief denken: »Wenn ich mich darin nicht täusche, dann kann dieses Buch jetzt schon seinen bestimmt umschränkten Dienst tun... Sollte ich mich aber täuschen in der freudigen Hoffnung auf ein gemeinsames neues Fragen und Forschen nach der biblischen Botschaft, dann hat dieses Buch Zeit, zu – warten. Der Römerbrief selbst wartet ja auch.« Barths Verheißung ging zuerst in Erfüllung. Aus Schweitzers Vorwort zur sechsten Auflage ist zu ersehen, daß er in der seitherigen Entwicklung kaum die Erfüllung seiner Hoffnungen hat erblicken können. Die Geschichte unseres Jahrhunderts verläuft eben nicht konsequent. Jeder aber, der dieses Buch von der heutigen Forschungslage aus als sachlich Beteiligter liest, wird dessen höhere Konsequenz spüren, die nur von der Tiefe der Problemerfassung und der Weite des Blickes einer Geniegestalt ausgehen kann.

ALBERT SCHWEITZER · VORWORTE

1906

1913

1950

Vorwort zur ersten Auflage (1906)

Dieses Buch möchte eine Lücke in der theologischen Literatur ausfüllen, eine Lücke, die den theologisch interessierten Laien und, unter den Theologen, meinen Altersgenossen, der jüngeren und jüngsten Theologengeneration, besonders fühlbar ist.

Es ist ihnen nämlich nicht leicht gemacht, aus der vorhandenen Literatur über das Leben Jesu eine lebendige Anschauung der Arbeit und der Errungenschaften der Forschung der beiden letzten Generationen auf diesem Gebiete zu gewinnen. Die modernen Darstellungen haben es nur mit den Resultaten der Männer, die sich seit Strauß mit diesem Problem abgegeben haben, zu tun. Sie führen an, was sie von der vergangenen Forschung behalten und verworfen haben, ohne jedoch, für gewöhnlich, die Anschauung der Forscher, welche auf diesem Gebiete Grundlegendes geleistet haben, als Ganzes, mit allen charakteristischen Details, lebendig vor uns erstehen zu lassen.

Darum möge man dieses Werk, welches, so gut es gehen will, dem einzelnen die ihm wohl nur selten mögliche Lektüre aller bedeutenden Leben-Jesu ersetzen möchte, nicht als unzeitgemäß ansehen und ihm zugestehen, daß es in seiner Art dem Bedürfnis nach theologischer Bildung, das nun bereits größere Kreise unseres Volkes erfaßt hat, entgegenzukommen sucht.

Ich möchte, daß es mir gelungen sei, unserer Zeit die Männer, auf deren Schultern wir stehen, an der Arbeit zu zeigen, daß wir ihnen zusehen, wie sie mit dem Zentralproblem der ganzen historischen Theologie, der Theologie überhaupt, ringen und kämpfen, und wir sie so, als solche, die den Werdegang des Problems miterleben, in ihrem Wissen und Irren verstehen und durch die Betrachtung des Großen in der Vergangenheit wahre Maßstäbe und klare Augen für das, was wir in unserer Zeit erleben, gewinnen, vielleicht auch durch die großen Geister der Vergangenheit uns niedergedrückt fühlen und bescheiden werden.

Ich ließ die Vergangenheit bis in unsere Zeit hineinreichen, indem ich die Werke der noch Lebenden nicht anders darstellte und beurteilte als die der Toten, und versuchte, eine nach objektiven Prinzipien orientierte kritische Auffassung der Leben-Jesu-Forschung bis in die neuesten Erscheinungen hinab durchzuführen. Diese Objektivität wurde vielleicht in manchen Fällen zur Ungerechtigkeit, da sie mir nicht erlaubte, immer die andere Seite, die der persönlichen Anerkennung, zuweilen auch der Bewunderung, genügend zur Geltung zu bringen. Man möge mir darob verzeihen.

Alle Leben-Jesu konnten nicht angeführt werden. Ihre Aufzählung würde selber fast ein Buch ausmachen und hätte nur dann einen Sinn, wenn alle, die über diesen Gegenstand schrieben, es taten, weil sie etwas zu sagen hatten. Sollte mir in älterer oder neuerer Zeit ein Werk von Bedeutung entgangen sein, so möge man es mit der Schwierigkeit entschuldigen, über einen von anderer Seite bisher wenig bearbeiteten literargeschichtlichen Stoff gleich die richtige und vollständige Übersicht zu gewinnen.

Dieses Buch kann zuletzt nicht anders, als dem Irrewerden an dem historischen Jesus, wie ihn die moderne Theologie zeichnet, Ausdruck zu geben, weil dieses Irrewerden ein Resultat des Einblicks in den gesamten Verlauf der Leben-Jesu-Forschung ist. Vielleicht bereitet diese Beanstandung historischer Anschauungen, die man zu den gesichertsten zählte, manchen einen Anstoß. Möge es ein Anstoß nicht zum Ärgernis, sondern zu neuem, selbständigem Denken und Forschen sein.

Meinen herzlichen Dank allen freundlichen Helfern: Herrn Pfarrer Karl Leyrer zu Schirmeck, Herrn Pfarrer Alfred Erichson zu Masmünster, Herrn cand. theol. Ludwig Will zu Neudorf und den Herren stud. theol. Ludwig Paul Horst und Alfred Süren zu Straßburg. Ganz besonderen Dank Herrn stud. theol. Christian Brandt für die Anfertigung des Registers.

Straßburg, im Thomasstift, den 22. Februar 1906 Albert Schweitzer

Vorwort zur zweiten Auflage (1913)

Von mancher Seite wurde der ersten Auflage dieses Werkes vorgeworfen, daß es mehr sei als eine Geschichte der Leben-Jesu-Forschung und eine bestimmte Anschauung vertrete. Demgegenüber darf bemerkt werden, daß niemand die Geschichte eines Problems und seiner bisher versuchten Lösungen schreiben kann, der nicht selber eine bestimmte Stellung zu den Fragen einnimmt.

Weiter überschreitet das Buch seinen Titel auch dadurch, daß es die mit dem geschichtlichen Problem zusammenhängenden religionsphilosophischen Fragen in den Kreis der Betrachtung zieht und auch hier eine eigene Ansicht vertritt.

Daß es die Stellung der Vertreter der freisinnigen Theologie denen der gebundenen gegenüber in manchen Punkten ungünstiger gestaltet hat, als sie vorher war, ist von rechts und links hervorgehoben worden. Für den Sieg der freieren Auffassung der Religion kommt es aber gar nicht darauf an, ob sie in der Geschichte alle Waffen findet, die sie in ihr suchte, sondern nur darauf, daß sie den Sinn für das Wahrhaftige und Wirkliche behält und entwickelt und den Weg geht, der zum Ziele führt. Sie war im Begriff, in das Schneckenhaus einer bequemen und charakterlosen Geschichtstheologie hineinzukriechen und zu einer auf das Wesen der Dinge und die religionsphilosophischen Fragen eingehenden Diskussion untüchtig zu werden. Daß die Geschichtsauffassung, die sie sich hierfür zurechtmachte, als haltlos erwiesen wurde, kann für sie kein Unglück bedeuten, sondern sie nur zu der Einsicht bringen, daß die Geschichtswissenschaft, überhaupt die Überlieferung, zwar historisch klären, aber keine Vermittlung zwischen Vergangenheit und Gegenwart schaffen kann.

Die Schiffe, auf denen die freisinnige Theologie zwischen den Anfängen des Christentums und unserer Religion hin- und herzufahren gedachte, sind verbrannt; die hölzernen Waffen, mit denen sie kämpfen wollte, sind ihr aus der Hand geschlagen. Die Zeit zieht herauf, wo Denken und Geschichte, nachdem die letztere über ein Menschenalter hindurch die religiösen Geister fast allein beschäftigt, wieder beide in ihre Rechte eintreten und nach Versöhnung streben. Diese kann nur darin bestehen, daß wir uns unserer wesentlichen Beziehung auf die Vergangenheit und zugleich unserer Freiheit von ihr bewußt werden, und die Religion nicht nur auf die Überlieferung und ihre Deutung, sondern auch, und dies viel mehr als bisher, auf den Geist gründen. Nur der letztere, nicht irgendeine Geschichtsauffassung, vermag gegen die gebundene Religiosität zu streiten und den Freisinn, in seiner edelsten und tiefsten Form, durch Erkenntnis und Tat zum Siege zu führen.

Neu hinzugekommen sind in der zweiten Auflage die Kapitel: XXII (Die neueste Bestreitung der Geschichtlichkeit Jesu); XXIII (Die Diskussion über die Geschichtlichkeit Jesu.) XXIV (1907 bis 1912.)

Weitgehende Überarbeitung, Bereicherung und Umgestaltung erfuhren die Kapitel: XVII (Aramäisches. Rabbinisches. Buddhistisches.), XVIII (Die Leben-Jesu-Forschung an der Jahrhundertwende.) und das Schlußwort. Auch sonst ist viel nachgebessert und neu gestaltet worden.

Für die letzten Kapitel wurde, soweit es anging, Vollständigkeit in der Anführung der Literatur erstrebt. Die englischen Werke, die in der ersten Auflage fast ganz außer Betracht geblieben waren, wurden mitberücksichtigt. Auf die Aufsätze in den Zeitschriften konnte nur in Ausnahmefällen eingegangen werden.

Um Mißverständnissen vorzubeugen, sei bemerkt, daß die konsequent-eschatologische Betrachtungsweise der Geschichte Jesu mit der religionsgeschichtlichen Forschung durchaus nicht in Widerspruch oder Streit steht, sondern von ihr sehr wertvolle Resultate über die spätjüdische Apokalyptik und das Urchristentum erwartet. Nur gegen die einseitige religionsgeschichtliche Forschung, die von der spätjüdischen Eschatologie absieht und Beziehungen und Parallelen statuiert, wo keine vorhanden sind, wird Einspruch erhoben.

Das Erscheinen der zweiten Auflage der Geschichte der Leben-Jesu-Forschung wurde durch eine längere Krankheit verzögert, die auch Schuld daran trägt, daß die Drucklegung der »Mystik des Apostels Paulus«, die die »Geschichte der paulinischen Forschung« (1911) fortsetzen soll, hinter der Neubearbeitung des vorliegenden Werkes zurückgestellt werden mußte.

In der Sammlung und Sichtung der englischen Literatur waren mir Herr Professor F. C. Burkitt und Herr Reverend Montgomery, beide zu Cambridge, behilflich. Viel verdanke ich, wie in der ersten so auch in dieser Auflage, der Mitarbeit meiner Frau. In der Erledigung der Korrekturen stand mir mein Freund Herr Pfarrer Karl Leyrer aus Schirmeck (Unter-Elsaß) zur Seite. Allen Helfern sei hiermit herzlichst Dank gesagt.

Straßburg, den 14. März 1913 Albert Schweitzer

Vorrede zur sechsten Auflage (1950)

Diese neue Ausgabe der Geschichte der Leben-Jesu-Forschung lasse ich ausgehen, ohne etwas an der Gestalt zu ändern, die ich ihr in der zweiten Auflage (1913) gegeben habe. Wie sie inzwischen in dieser weiter erschienen ist, möge sie es auch diesmal tun.

Sie stellt die geschichtliche Erforschung des öffentlichen Auftretens Jesu dar, auf das unsere Kenntnis des Lebens Jesu beschränkt bleibt. Diese Forschung nimmt ihren Anfang im letzten Drittel des achtzehnten Jahrhunderts und erreicht im ersten Jahrzehnt des zwanzigsten einen gewissen Abschluß.

Im Verlaufe dieser Forschung stellt sich immer mehr heraus, daß das fundamentale Problem dieses ist, ob Jesus die Vorstellungen der spätjüdischen Eschatologie von dem Kommen des Reiches Gottes und dem des Messias voraussetzt, oder ob er eine nichteschatologische an ihre Stelle setzt. Dieses Problem entfaltet sich in den Leben-Jesu, die im Verlauf von dreieinhalb Generationen nebeneinander und nacheinander erscheinen.

Von der Mitte des 19. Jahrhunderts an hält sich die kritisch verfahrende Forschung nur noch an die Evangelien des Matthäus und des Markus. In diesen sieht sie die ältesten für das Auftreten Jesu in Betracht kommenden Quellen. Der Bericht des Lukas bietet eine spätere Fassung der von ihnen vertretenen Überlieferung, und der des vierten Evangeliums ist mit ihr durchaus unvereinbar. Er macht Jerusalem zum Hauptschauplatz des Auftretens Jesu und legt diesem eine Verkündigung bei, die durchaus anders geartet ist als die in den beiden ersten Evangelien.

Auf die Dauer kann der Forschung das spätjüdisch-eschatologische Gedankengut, das sich in den von den beiden ältesten Evangelien überlieferten Reden und Aussprüchen Jesu findet, nicht verborgen bleiben. Sie muß sich dazu verstehen, etwas davon anzuerkennen.

Sie glaubt es tun zu können, ohne von ihrer Überzeugung, daß er ein rein geistiger Messias sein wollte und ein rein geistiges Reich Gottes zu gründen unternahm, abgehen zu müssen. Anfangs versucht sie damit auszukommen, daß er in seiner Verkündigung, um von den Hörern verstanden zu werden, das Neue in die ihnen geläufigen überlieferten Anschauungen eingekleidet habe. Wo sie sich dann mehr und mehr davon Rechenschaft geben muß, daß diese Erklärung kaum durchführbar ist, und für das tatsächlich in Betracht kommende Material jedenfalls nicht ausreicht, schreitet sie zur Annahme fort, daß sich bei Jesus tatsächlich neben einer uneschatologischen zugleich eine eschatologische Denkweise finde und daß er beide auf eine uns nicht recht vorstellbare Weise vereinigt habe.

Dieses Unvorstellbare suchen manche Forscher in der Weise einigermaßen vorstellbar zu machen, daß sie die eine Denkweise zeitlich auf die andere folgen lassen. Während der ersten, erfolgreich verlaufenden Periode seines Auftretens habe Jesus ein geistiges Reich Gottes gepredigt und den geistigen Charakter seiner Messianität betont. Durch den von Jerusalem aus geschürten, stetig zunehmenden Widerstand habe er sich später aber genötigt gesehen, den Glauben an eine rein geistige Verwirklichung des Reiches Gottes aufzugeben und das Kommen desselben in Gemäßheit der überlieferten Eschatologie von einem übernatürlichen Eingreifen Gottes zu erwarten.

Das Problem in seiner ganzen Schwere erfahren zu müssen bleibt der Forschung vorerst dadurch erspart, daß sie unter dem Einfluß von Christian Hermann Weißes »Die Evangelienfrage« (1856) und Heinrich Julius Holtzmanns »Die synoptischen Evangelien« (1863) die von Ferdinand Christian Baur (1792–1860) und der Tübingerschule vertretene Ansicht, daß das Matthäusevangelium das älteste und ursprünglichste sei, aufgibt und als solches das Markusevangelium ansieht. Die Bevorzugung dieses kürzeren Evangeliums erlaubt es ihr, das bedeutende Material, das Matthäus über das des Markus hinaus bietet, nicht als ganz vollgültig zu bewerten. Und gerade dieses enthält die Reden und Berichte, in denen sich die Zugehörigkeit der Gedankenwelt Jesu zu der der spätjüdischen Eschatologie bekundet. Vornehmlich sind dies die Bergpredigt (Mt 5–7), die große Rede bei der Aussendung der Jünger (Mt 10), die Anfrage des Täufers und die durch sie veranlaßten Äußerungen Jesu (Mt 11), die Rede vom Kommen des Menschensohnes und des von ihm abzuhaltenden Gerichts (Mt 25).

Was die Forscher für das Markusevangelium einnimmt, ist nicht nur, daß es in seiner Kürze relativ wenig Eschatologisches enthält, sondern auch, daß sie in seinem kurzen Bericht einen Plan der Aufeinanderfolge der Geschehnisse und Reden zu besitzen glauben, der den Verlauf des

Auftretens Jesu von den ersten Tagen in Galiläa bis zur Todesreise nach Jerusalem begreiflich macht. Dieser Besitz besteht aber nur darin, daß sie in den Markusbericht die Annahme einer anfänglichen Periode der Erfolge und einer späteren der Mißerfolge hineininterpretieren.

Trotz der Versuche, die Bedeutung des Matthäusberichtes nicht voll zur Geltung gelangen zu lassen, bleibt der Eindruck desselben so groß, daß die Annahme eines Nebeneinander oder Nacheinander von Uneschatologischem und Eschatologischem schließlich aufgegeben werden muß. Nur eine durchaus eschatologische oder durchaus uneschatologische Denkweise Jesu kann in Betracht kommen.

Die das Eschatologische ablehnende Forschung muß die literarische Hypothese wagen, daß es aus dem Judentum ins Urchristentum übernommen worden sei und von ihm aus Eingang in die älteste Überlieferung von Jesus gefunden habe. Bei Matthäus und Markus seien also die Abschnitte, in denen Jesus eschatologische Vorstellungen zugehören, als nicht authentisch anzusehen.

Geht man an die Durchführung dieser Unterscheidung von echt und unecht, so zeigt sich, daß nicht nur die Texte, die offensichtlich vom eschatologischen Kommen des Reiches und des Menschensohnes handeln, preisgegeben werden müssen, sondern auch so manche andere, die irgendwie eschatologische Vorstellungen voraussetzen. Für die konsequent verfahrende Beanstandung des Eschatologischen wird zuletzt nicht nur unvorstellbar, daß das Reich Gottes Gegenstand der Verkündigung Jesu war, sondern auch, daß er sich für den Messias hielt. Die Stellen, die vom Reich Gottes handeln, und die, in denen sein Messianitätsbewußtsein zum Ausdruck kommt, haben ja miteinander durchweg eschatologischen Charakter.

Diese Konsequenzen zieht Gustav Volkmar in »Jesus Nazarenus und die erste christliche Zeit« (1882). Er nimmt an, daß der historische Jesus eine Gemeinde gründete, ohne mit messianischen Ansprüchen hervorzutreten. Erst nach seinem Tode sei er für seine Anhänger, auf Grund ihres Glaubens an seine Auferstehung, zum Messias geworden. Er kann dafür anführen, daß Jesus nach den beiden ältesten Evangelien tatsächlich nicht als der Messias aufgetreten ist und beim Volke auch nicht als solcher gegolten hat. Beim Einzug in Jerusalem gibt die ihn begleitende Menge den Jerusalemiten auf ihre Frage, wer er sei, die Auskunft: »Dieser ist der Prophet Jesus von Nazareth in Galiläa« (Mt 21,10–11).

Die letzten Konsequenzen aus der Annahme, daß die Texte, in denen Jesus eschatologische Anschauungen bekundet, einer späteren Schicht der Überlieferung angehören, zieht William Wrede in »Das Messiasgeheimnis in den Evangelien« (1901). Er kommt zum Schluß, daß schon im Evangelium des Markus, das er für das älteste ansieht, keine wirklich historische Anschauung von dem Auftreten und der Verkündigung Jesu mehr vorliegt. Historisch sei sein Bericht nur insoweit, als er von einem Jesus handelt, der lehrend auftritt, Jünger um sich sammelt, Anhang im Volke hat, dem Gesetz gegenüber eine freie Stellung einnimmt, sich die Feindschaft der Pharisäer und der jüdischen Obrigkeit zuzieht und in Jerusalem zum Tode verurteilt wird. Wie bei Volkmar wird auch bei Wrede Jesus erst nach seinem Tode in der Vorstellung der ersten Christen auf Grund ihres Glaubens an seine Auferstehung zum Messias.

Von dieser Ansicht aus sucht er das Eigentümliche, daß Jesus bei Markus und Matthäus seine Messianität als sein Geheimnis ansieht und den Jüngern, die davon Kenntnis erhalten haben, verbietet, vor seinem Tode jemand etwas davon zu sagen, durch eine literarische Hypothese zu erklären. Dieser zufolge ist es der Evangelist Markus, der Jesu die Überzeugung, der Messias zu sein, beilegt. Er tut es unter dem Einfluß des Aufkommens einer dahingehenden Tradition im Urchristentum. Für die Gläubigen wurde es schon früh etwas Selbstverständliches anzunehmen, daß Jesus selber sich für das gehalten habe, was er für sie war. Nun ging es aber nicht an, die Überlieferung, derzufolge er nicht als Messias auftrat, einfach durch die andere zu ersetzen, daß er es tat. Man konnte nur so verfahren, daß man Jesu Messianität sein Geheimnis sein ließ, das erst nach seinem Tode bekannt werden sollte. Diese Umgestaltung der ursprünglichen Überlieferung führt Markus durch. Er macht Jesus zum Messias.

Gleichzeitig mit der das Eschatologische bei Jesus verneinenden Forschung kommt, gegen Ende des 19. Jahrhunderts, die es durchaus bejahende auf. Etappen in ihrer Ausbildung sind Wilhelm Baldenspergers »Das Selbstbewußtsein Jesu im Lichte der messianischen Hoffnungen seiner Zeit« (1888), die Studie von Johannes Weiß »Die Predigt Jesu vom Reiche Gottes« (1892) und meine Schrift »Das Messianitäts- und Leidensgeheimnis. Eine Skizze des Lebens Jesu« (1901). Johannes Weiß weist den durchaus eschatologischen Charakter der Verkündigung Jesu vom Reiche Gottes nach. Mein Beitrag besteht hauptsächlich darin, daß ich dazu fortschreite, nicht nur seine Verkündigung sondern auch sein Verhalten und Handeln als durch die eschatologische Erwartung bedingt begreiflich zu machen.

Wredes Werk und meines erscheinen miteinander 1901. Beide legen wir in Kürze (Wredes Buch hat 268 Seiten, meines 109) die Ergebnisse dar, zu der die von uns vertretene Forschung auf Grund ihres Ausgangspunktes und ihrer Stellung zu den Texten notwendig kommen mußte. Miteinander sind wir bei der Erkenntnis angelangt, daß Jesus nicht uneschatologisch und eschatologisch zugleich sondern nur uneschatologisch oder eschatologisch gedacht haben könne. Miteinander stellen wir fest, daß alle sich der Leben-Jesu-Forschung stellenden Probleme auf das Zentralproblem hinführen, daß Jesus in den Berichten der beiden ältesten Evangelien seine Messianität als ein Geheimnis ansieht, das bis zu seinem Tode zu wahren ist.

In der Erklärung der Eigentümlichkeit dieses Messianitätsbewußtseins muß sich also entscheiden, ob die die Eschatologie ablehnende oder die sie anerkennende Forschung im Rechte ist. Der Entscheid fällt zugunsten der letzteren aus. Wrede muß in diesem Messianitätsbewußtsein eine Erfindung des Evangelisten Markus sehen. Von der Voraussetzung der Eschatologie aus hingegen ergibt sich, daß es nicht anders als so geartet sein konnte. Wie das Reich Gottes ist ja auch der Messias eine zukünftige, übernatürliche Größe. Jesu Messianitätsbewußtsein besteht also darin, daß er erwartet, beim Anbrechen des Reiches Gottes in den Messias-Menschensohn verwandelt und als solcher offenbar zu werden. In der Zeit der natürlichen Welt ist er es noch nicht. Er kann in ihr also nicht als Messias auftreten. Daß er es einmal sein wird, ist sein Geheimnis und soll von den Jüngern, nachdem sie Kenntnis davon erhalten haben, als solches geachtet werden. Es genügt, daß die Menschen, die seine Botschaft vernehmen, an das baldige Kommen des Reiches Gottes glauben. Von ihnen auch Glauben an seine zukünftige Messianität zu verlangen, kommt nicht in Frage. Sie werden ja in Kürze erleben, daß er es ist.

Die Forschung, die von der Eschatologie absehen will, muß große Partien der Berichte der zwei ältesten Evangelien als spätere Zutat ausscheiden und behält zuletzt nur noch einen ganz zerfetzten Text übrig, mit dem nichts Rechtes mehr anzufangen ist. Diejenige hingegen, die Jesus die eschatologische Denkweise beläßt, kann die Texte so nehmen wie sie sind. Die Glaubwürdigkeit der zwei ältesten Berichte drängt sich ihr auf Schritt und Tritt auf. Sie wird in einer bisher unvorstellbaren Weise dadurch erwiesen, daß von der Eschatologie aus ein bisher nicht vorhandener Einblick in die Probleme und in den eigentlichen Sinn des Berichteten gewonnen wird.

Die eschatologische Vorstellung der vormessianischen Drangsal liefert die Erklärung der Bitte des Vaterunsers »Und führe uns nicht in Versuchung sondern erlöse uns von dem Bösen«, die der so merkwürdigen Rede bei der Aussendung der Jünger (Mt 10) und die des Leidensgeheimnisses Jesu. Die »Versuchung«, mit der Gott die Gläubigen verschonen soll, ist die Drangsal, in der sie der Eschatologie zufolge auf eine Zeit den bösen Weltmächten ausgeliefert sein werden, um ihre Berufung zum Reich Gottes zu bewähren. Dieser vor dem Anbrechen des Reiches zu erwartenden messianischen Drangsal gehören auch die Verfolgungen an, die Jesus den Jüngern in Aussicht stellt, während er sie in die Städte Israels entsendet, um die Kunde, daß das Reich ganz nahe ist, zu verbreiten. Er muß sie über das, was sie durchmachen werden, belehren, daß es sie nicht unvorbereitet trifft. Aus dieser Rede wird ersichtlich, daß Jesus erwartet, in dieser vormessianischen Drangsal zugleich mit den Gläubigen schwere Verfolgungen, wenn nicht gar den Tod, erleiden zu müssen.

Diese Drangsal bleibt aber aus, und mit ihr das Kommen des Reiches Gottes, das stattfinden sollte, ehe die Jünger mit den Städten Israels zu Ende wären (Mt 10,23). Sie kehren zu Jesus zurück, ohne daß ihnen etwas von dem, was er ihnen in Aussicht gestellt hatte, widerfahren ist.

Daraufhin gelangt Jesus, indem er die Stellen von dem für andere sich hingebenden Knecht Gottes in Jesaja 53 auf sich bezieht, zur Überzeugung, daß es den Gläubigen, nach Gottes Willen, erspart bleiben soll, durch die vormessianische Drangsal hindurchzumüssen, wenn er als der zukünftige Messias freiwillig Leiden und Sterben für sie auf sich nimmt. Indem er so die vormessianische Drangsal an sich vollzieht, führt er das Kommen des auf sie folgen sollenden Reiches herbei..

Die Gläubigen brauchen von der Bedeutung seines Todes nichts zu wissen. Sie werden sie erleben, wenn sie ins Reich Gottes eingehen, ohne die vormessianische Drangsal durchgemacht zu haben. Den Jüngern deutet er den Sinn seines Todes in dem Wort an »Der Menschensohn ist nicht gekommen, sich dienen zu lassen, sondern zu dienen und zu geben sein Leben als ein Lösegeld für Viele« (Mk 10,45), und in dem Wort beim Becher im Abendmahl »Dies ist mein Bundesblut, das für viele vergossen wird« (Mk 14,24). Die Vielheit, der sein Tod zugute kommt, sind die zum Eingang in das Reich erwählten Gläubigen. Durch seine Hingabe geht die Bitte des Vaterunsers »Und führe uns nicht in Versuchung, sondern erlöse uns von dem Bösen« in Erfüllung.

Das andere Ereignis, das dem eschatologischen Plane der Geschehnisse zufolge dem Anbrechen des Reiches Gottes vorangehen und es ankündigen soll, ist das Wiederauftreten des Elias. Diese auf Maleachi (Mal 4,5–6) zurückgehende Vorstellung ist bei Jesus, wie sich aus mehreren Stellen ergibt, vorhanden. Aber erst wenn man sich an die in der Eschatologie gegebenen Voraussetzungen hält, werden die Anfrage, die Johannes der Täufer aus dem Gefängnis durch zwei Boten an ihn ergehen läßt, die so merkwürdige Antwort, die ihnen Jesus aufträgt, und das, was er dem Volke über ihn sagt (Mt 11), begreiflich.

Johannes frägt ihn, ob er der »Kommen-Sollende« (Der Erchomenos, ὁ ἐρχόμενος) sei. Mit diesem Größeren, der nach ihm kommen soll und mit heiligem Geiste und Feuer taufen wird (Mt 3,11–12), meint er nicht den Messias, wie die gewöhnliche Auslegung als selbstverständlich annimmt, sondern den Elias. Nach dieser für die Zeit des Zuendegehens der irdischen Welt angekündigten Persönlichkeit schaut man aus. Der Messias wird nicht als in der irdischen Welt in Menschengestalt auftretend erwartet.

Auf die Frage des Johannes kann Jesus nur ausweichend antworten, weil er sich nicht für den Elias, sondern für den kommenden Messias hält, welches Geheimnis er den Abgesandten des Täufers aber nicht mitteilen kann. Also heißt er sie, diesem von dem, was sie von den geschehenden Wundern hören und sehen, berichten, woraus er entnehmen soll, wie nahe das Reich Gottes schon ist. Die Mahnung, ja nicht an ihm irre zu werden, läßt Jesus ihm im Hinblick auf die bevorstehende vormessianische Drangsal und die Erniedrigung, die ihm in dieser bestimmt sein kann, zugehen.

Nach dem Weggang der Boten teilt er dem Volke mit, daß Johannes selber der Elias ist, »der da kommen soll« (Mt 11,14). Weil dieses Wort etwas enthält, auf das die Hörer nicht gefaßt sind, begleitet er es mit »Wenn ihr es fassen könnt« und »Wer Ohren hat zu hören, der höre«. Auf Grund dessen, daß er sich als den Messias weiß und der Elias vor dem Messias kommen soll, sieht er in dem Täufer den Elias, obwohl dieser selber sich nicht dafür hält und beim Volk nicht als solcher gilt.

Nur von der Eschatologie aus wird auch das theologische Rätsel über den Messias verständlich, das Jesus den Schriftgelehrten in Jerusalem aufgibt (Mt 22,41–46). Wie kann David, frägt er sie, wenn der Messias sein Nachkomme und ihm als solcher untergeordnet ist, ihn zugleich seinen Herrn nennen? Dies tut er in dem ihm zugeschriebenen messianischen Psalm (Ps 110) mit den Worten »Der Herr sprach zu meinem Herrn: Setze dich zu meiner Rechten, bis daß ich lege deine Feinde unter deine Füße«. Er nennt also den Messias, zu dem er Gott hier in dieser Weise reden läßt, seinen Herrn.

Diese Rätselfrage hat Jesu Bewußtsein, aus Davids Geschlecht und zugleich der zukünftige Messias zu sein, zur Voraussetzung. In seiner Existenz in der irdischen Welt ist er als Davids Nachkomme sein Sohn. Als Messias wird er David übergeordnet sein. Die jüdischen Schriftgelehrten konnten das Rätsel nicht lösen, weil sie nicht wußten, daß Jesus sich für den Messias hielt. Den christlichen, die es wußten, gelang dies dennoch nicht, weil sie sich nicht daran hielten, daß der Messias ein durchaus überirdisches Wesen sei.

Von der eschatologischen Vorstellung des messianischen Mahles aus wird nicht nur die Bedeutung des letzten Mahles Jesu mit den Jüngern begreiflich, sondern auch die einer Mahlfeier mit den Gläubigen in Galiläa. Beide Male handelt es sich um eine Mahlfeier mit Ausblick auf das messianische Mahl, bei der Jesus den Teilnehmern von ihm durch Danksagung geweihte Speise austeilt. Beim Abendmahl kommt die Beziehung auf das messianische Mahl in dem Schlußwort zum Ausdruck: »Ich sage euch aber, ich werde von diesem Gewächs des Weinstocks nimmermehr trinken, bis auf den Tag, da ich es neu trinken werde mit euch in meines Vaters Reich« (Mt 26,29). Die Bedeutung der beiden Feiern liegt darin, daß die Teilnehmer Mahlgenossen des zukünftigen Messias sind und dadurch dazu geweiht werden, mit ihm am messianischen Mahle teilzunehmen. Die Teilnehmer des Mahles am See Genezareth verstehen nicht, was es bedeutet, daß Jesus jedem von ihnen von der Speise, die die Jünger mit sich führen, ein von ihm gesegnetes Stückchen austeilen läßt. Darum ist es schon in der frühesten Überlieferung zu der Speisung geworden, in der Jesus durch ein Wunder Tausende mit einigen Broten und Fischen gesättigt hat (Mt 14,14–21), wo es doch ebensowenig ein Sättigungsmahl war als nachher das Abendmahl mit den Jüngern.

Von der Eschatologie aus wird also die älteste Überlieferung von der Verkündigung und dem Verhalten Jesu im Großen wie im Kleinen erst wirklich begreiflich und damit ihre Glaubwürdigkeit gegen alle erdenklichen Zweifel erst wirklich erwiesen.

Den Schlüssel zum Verständnis liefert Matthäus mit dem Material, das er über Markus hinaus liefert, insbesondere in dem Bericht über die Aussendung der Jünger und die bei dieser gehaltenen Rede (Mt 10) und in dem über die Anfrage des Täufers und durch sie veranlaßten Äußerungen Jesu (Mt 11).

Für die Leben-Jesu-Forschung kommt es nicht darauf an, welches der beiden ältesten Evangelien ein klein wenig älter sein könnte als das andere. Diese literarische Frage wird sich überdies kaum je entscheiden lassen. Mit dem lückenhaften Bericht des Markus wäre das historische Problem des Lebens Jesu nicht zu lösen, ja nicht einmal zu erkennen gewesen. Die Berichte der beiden ältesten Evangelien sind ihrer Art nach gleichwertig. Das des Matthäus ist aber als das vollständigere das wertvollere. Sachlich haben Ferdinand Christian Baur und seine Schüler mit ihrer Bevorzugung desselben Recht behalten.

Das geschichtliche Problem des Lebens Jesu, wie es sich der wissenschaftlich verfahrenden Forschung enthüllt hat, darf also durch die aus der spätjüdischen Eschatologie gewonnenen Erkenntnis als im wesentlichen gelöst angesehen werden.

Neben den Leben-Jesu, die Schöpfungen geschichtlichen Forschens sind, finden sich romanhafte, die Anspruch auf Geschichtlichkeit erheben, sowie auch Werke, die die geschichtliche Existenz Jesu bestreiten. Beide werden in meiner Geschichte der Leben-Jesu-Forschung ausführlich behandelt, weil eingehende Kenntnis von ihnen erlaubt, Produkte derselben Pseudogeschichtsschreibung in neuerer und in kommender Zeit als Varianten jener früheren aufzuzeigen.

Alle romanhaften Leben-Jesu sind ihrer Tendenz und ihrer Anlage nach miteinander verwandt. Ihre Tendenz ist, aus Jesus einen Vertreter einer höchsten, in Griechenland, Ägypten, Babylonien und Indien in gleicher Weise beheimateten religiösen Geheimlehre zu machen. In der Rolle des jüdischen Messias wendet er sich an die Juden, um, bald in exoterischer bald in esoterischer Lehrweise, ihre sinnliche Religion und das dieser entsprechende Messiasideal zu widerlegen. Ihrer Anlage nach stimmen diese

Leben-Jesu darin überein, daß sie Jesum mit einer geheimen Gesellschaft von Anhängern dieser esoterischen Weisheit in Verbindung stehen lassen. Er ist ihr Werkzeug. Diese dirigieren sein Auftreten. Sie inszenieren seine Wunder, wie auch seine Verurteilung und Kreuzigung. Ehe er völlig tot ist, lassen sie ihn vom Kreuz abnehmen und rufen ihn in der Verborgenheit wieder ins Leben zurück, worauf er, bis zu seinem wirklichen Sterben, mit den Jüngern noch einige Zeit als ein Auferstandener verkehrt.

Der These der romanhaften Leben-Jesu zufolge schildern die Evangelien sein Auftreten, ohne von der Tätigkeit der geheimen Gesellschaft, die auch den Jüngern verborgen geblieben war, Kenntnis zu haben. Die Rätsel, die ihr Bericht dementsprechend aufgibt, nötigen dazu, das zu seinem rechten Verständnis erforderliche geschichtliche Phantasieren aufzubringen.

Neuere romanhafte Leben-Jesu berufen sich auch auf vorgeblich aufgefundene Urkunden, was ihnen ein noch freieres Phantasieren ermöglicht.

In der Bestreitung der Geschichtlichkeit Jesu sind in der in meiner Geschichte der Leben-Jesu-Forschung behandelten Epoche wohl schon ziemlich alle überhaupt denkbaren Argumente vorgebracht worden. Auch auf diesem Gebiet wird immerfort Altes in neuer Gestalt auftreten.

Die Versuchung zur Verneinung der Geschichtlichkeit Jesu ist in dem Fehlen alter und ursprünglicher Nachrichten über ihn in der griechisch-römischen Profanliteratur gegeben. Erstmalig wird er im 2. Jahrzehnt des 2. Jahrhunderts bei Tacitus (Annalen XV) erwähnt als der unter Kaiser Tiberius durch den Prokonsul Pontius Pilatus hingerichtete Stifter der einem heillosen Aberglauben huldigenden Sekte der Christianer, deren Anhänger Nero die Schuld am Brande Roms zuschob. Tacitus, wie auch Sueton (69–141), besitzt keine andere Kenntnis von Jesus als die in der christlichen Überlieferung vorhandene. Ist man also nicht gewillt anzunehmen, daß die zeitgenössische Profangeschichtsschreibung Jesus nicht erwähnt, weil sie seinem Auftreten keine Beachtung schenkte, so kann man sich für berechtigt halten, statt das Christentum auf Jesus Christus zurückzuführen, diesen als eine Schöpfung einer religiösen Bewegung anzusehen, die sich aus irgendeinem Grunde auf diese Weise geschichtlich legitimieren wollte.

Das Nächstliegende ist in diesem Falle, eine solche Bewegung in der Zeit religiöser Gärung, wie sie in der griechisch-römischen Welt im 1. und 2. Jahrhundert unserer Zeitrechnung gegeben war, entstehen zu lassen. Dies tut erstmalig Bruno Bauer in »Christus und die Cäsaren. Der Ursprung des Christentums aus dem römischen Griechentum« (1877).

Man kann auch, wie Charles François Dupuis in »Origines de tous les cultes« (3 Bände; l'an trois de la République), Arthur Drews in seinem

Buch »Die Christusmythe« (1909) und andere es unternahmen, Jesus als eine Gestalt mythischen Ursprungs auffassen, die nachher geschichtliche Züge annahm. Urbilder des sterbenden und auferstehenden Christus wären also sterbende und wieder zum Leben erweckte Gottheiten griechisch-orientalischer Mythen wie Tammuz, Attis, Adonis und Osiris. Will es wider Erwarten nicht recht gelingen, das Aufkommen eines Christusmythus aus diesem Material begreiflich zu machen, so stehen dafür noch Astralmythen zur Verfügung. Auf einen solchen greift Drews in der zweiten Auflage seines Werks (1911) zurück. Der gekreuzigte Christus ist der zum Gottmenschen gewordene Orion, der mit ausgebreiteten Armen am Weltbaum der Milchstraße hängt, von den Gestalten des Tierkreises wie von einer Rotte von Bösewichtern umgeben.

Will sie einigermaßen wissenschaftlich verfahren, so muß die Theorie der Ungeschichtlichkeit Jesu nicht nur das Entstehen seiner mythischen Persönlichkeit erklären, was schon reichlich schwer ist, sondern dazu noch begreiflich machen, wie man dazu kam, diese erfundene, nichtjüdische Persönlichkeit im Judentum der ersten Kaiserzeit auftreten zu lassen, was ein aussichtsloses Unternehmen ist. Warum aus ihm einen sich ganz in der jüdischen Gedankenwelt bewegenden Verkünder des Kommens des Reiches Gottes machen, der sich für den zukünftigen Messias hält, ohne es seine Zuhörer wissen zu lassen? Warum ihm unerfüllt bleibende Prophezeiungen von nahe bevorstehenden Verfolgungen und seinem alsbaldigen Kommen als Menschensohn auf den Wolken des Himmels beilegen?

Der neuesten und kommenden Bestreitung der geschichtlichen Existenz Jesu ist die Sache noch schwerer gemacht als den früheren. Diese konnte sich darauf berufen, daß die historische Forschung, um sich eine Vorstellung von ihm machen zu können, Partien der beiden ältesten Evangelien als nicht authentisch preisgab und damit nur eine ziemlich unsichere Kunde von ihm übrigbehielt. Zwischen diesem weitgehenden, durch Nichtanerkennung eschatologischer Anschauungen bei Jesus geforderten Verzicht auf die Glaubwürdigkeit der beiden ältesten Evangelien und dem völligen, der Bezweiflung seiner historischen Existenz, besteht nur ein relativer Unterschied. Wenn hingegen ihren Berichten, so wie sie sind, eine bis in die Einzelheiten begreifliche Vorstellung von seiner Persönlichkeit und seinem Auftreten entnommen werden kann, ist dargetan, daß er dem palästinensischen Judentum und der Epoche, die für sein Sterben angegeben ist, tatsächlich angehört. Darum ist das von der Eschatologie aus gewonnene Verständnis des Berichtes des Matthäus und des Markus die endgültige Widerlegung der Ungeschichtlichkeit Jesu. Dies will aber nicht heißen, daß der aussichtlose Versuch sie zu behaupten, weiterhin nicht mehr unternommen werden wird.

Die unterdes erschienene Leben-Jesu-Literatur in meine Darstellung einzubeziehen, muß ich mir versagen. Um neue Kapitel in sie einzufügen, müßte ich, in Anbetracht des schon so großen Umfanges des Buches, in dem bestehenden Text bedeutende Kürzungen vornehmen. Ich kann mich nicht dazu entschließen, weil dadurch die Vollständigkeit der Darstellung der früheren Epochen beeinträchtigt würde. Überdies ist die unveränderte Wiedergabe durch photomechanischen Druck die materielle Voraussetzung für eine neue Auflage in der heutigen Zeit.

So überlasse ich es einem anderen, in das Chaos der neuesten Leben-Jesu Ordnung zu bringen, wie ich es für das der früheren getan habe.

Ich glaube nicht, daß in der neuesten Leben-Jesu-Literatur sich ein Fortschritt in der Problemstellung aufzeigen lassen wird, der demjenigen vergleichbar ist, der im Verlauf der früheren, in der Hinbewegung auf das Entweder-Oder in der Frage des Eschatologischen und Uneschatologischen in der Gedankenwelt Jesu, statt hatte. Ein Entscheid von der Tragweite desjenigen, der durch dieses Entweder-Oder verlangt wurde, steht nicht mehr aus.

Daß dieser Entscheid selber wieder in Frage gestellt werden könne, ist nicht anzunehmen. Die von der Eschatologie ihren Ausgang nehmende Erklärung der Texte des Matthäus und des Markus hat sich als die einzig durchführbare erwiesen. Wer bereit ist, den Versuch zu machen, sie in Gemäßheit dieser natürlich gegebenen Voraussetzung zu verstehen, kann die Worte lauten lassen, wie sie lauten, und besagen lassen, was sie besagen. Wer anders verfährt, muß sie mit an sie herangetragenen Deutungen bearbeiten und, wenn er die Aufrichtigkeit und den Mut aufbringt, weitgehenden Zweifeln an ihrer Zuverlässigkeit Raum geben.

Dennoch aber hat sich die eschatologische Lösung in der neuesten Leben-Jesu-Literatur nicht allgemein durchgesetzt und hat keine Aussicht dies bald zu erreichen. Sie befindet sich in der merkwürdigen Lage, daß sie nicht widerlegt aber auch nicht ohne weiteres anerkannt werden kann. Das Letztere hat seinen Grund darin, daß das, was sie historisch leistet, in Schatten gestellt wird durch die Schwierigkeiten, die sie der überlieferten Glaubensanschauung schafft.

Diese setzt als selbstverständlich voraus, daß Jesus Künder durchaus überzeitlicher Wahrheit ist. Mit dieser Annahme befindet sich das eschatologische Jesusbild, demzufolge er in den eschatologischen Vorstellungen seiner Zeit dachte, in Widerspruch. Es mutet dem Glauben zu, etwas preiszugeben, was ihm von jeher feststand und von dem er nicht lassen zu können meint. Darum werden weiterhin Leben-Jesu geschrieben werden, die dem Entweder-Oder, bei dem die Forschung in einer nicht aufzuhaltenden Entwicklung anlangte, auszuweichen suchen. Sie werden, weil sie nicht anders können, der Eschatologie weitgehende Zugeständnisse machen, aber dennoch dabei verbleiben, daß Jesus irgendwie auch nichteschatologisch gedacht habe. Sie lassen sich von dem Bestreben leiten, der Geschichte einigermaßen gerecht zu werden und dem Glauben möglichst wenig Anstoß zu geben. Mit der Aufstellung neuer Forschungsmethoden wird dieses alte Verfahren verschleiert und gerechtfertigt.

Die gewundenen Wege, auf denen sich die neueste Leben-Jesu-Forschung bewegt, sind von mehr nebensächlichem Interesse. Die Hauptfrage für die jetzige und die kommende Zeit ist, in welcher Weise und mit welchem Ergebnis sich der christliche Glaube mit der historischen Wahrheit über Jesus auseinandersetzt. Dem Christentum wird durch das Ergebnis der historischen Forschung über Jesus, das Urchristentum und die Entstehung der Dogmen das Schwere zugemutet, sich von seiner Entstehung Rechenschaft zu geben und sich einzugestehen, daß es, so wie es jetzt ist, das Ergebnis einer Entwicklung ist, die es durchgemacht hat. Es wird eine Anforderung an es gestellt, die noch an keine Religion erging und der wohl keine andere gewachsen wäre.

Die Lage, in der sich der Glaube befindet, nötigt ihn, zwischen dem Wesen und der Gestalt der religiösen Wahrheit zu unterscheiden. Die Vorstellungen, in denen diese in der Aufeinanderfolge der Zeiten auftritt, können sich wandeln, ohne daß sie selber aufhört das zu sein, was sie ihrem Wesen nach ist. Ihr Glanz wird durch das, was mit ihr geschieht, nicht verdunkelt. Es ist, als ob die Vorstellungen in dem Wandel, den sie durchmachen, für die aus ihnen herausleuchtende Wahrheit immer durchsichtiger würden.

Die geschichtliche Forschung, die uns nötigt, eine stattfindende Wandlung anzuerkennen, offenbart uns zugleich, was in ihr vorgeht: daß in ihr eine fortschreitende Vergeistigung der Vorstellungsweise statthat.

Das Evangelium vom Reiche Gottes ist in seiner spätjüdischen Gestalt in die Welt eingetreten und konnte diese nicht beibehalten. Das Reich, das alsbald auf übernatürliche Weise kommen sollte, bleibt aus, und das für alsbald erwartete Erscheinen des Menschensohnes auf den Wolken des Himmels findet nicht statt. In der Auseinandersetzung mit dieser Tatsache wird der Glaube mehr und mehr auf eine vergeistigte Vorstellung des Reiches Gottes und der Messianität Jesu hingeführt. Er begreift nunmehr das Reich Gottes als eine geistig-ethische Größe, die es in der Welt zu verwirklichen gilt, und Jesum als den geistigen Messias, der durch seine ethische Verkündigung den Grundstein zu diesem Reiche legte. Diese Anschauung wird dem Glauben so selbstverständlich, daß er sie als die Jesu ansieht und dessen Verkündigung in diesem Sinne versteht. Er übersieht die Worte in den beiden ältesten Evangelien, die eine andere voraussetzen.

Nun aber nötigt die Ehrfurcht vor der Wahrheit, zu der auch die geschichtliche gehört, unseren Glauben, diese Unbefangenheit aufzugeben und sich einzugestehen, daß er auf Grund einer stattgefundenen Entwicklung so geartet ist. Er kann dies tun, ohne an sich oder an Jesus irre zu werden. Aus einer höheren Notwendigkeit, unter dem Einfluß des Geistes Jesu wurde er, wie er ist.

Die Vergeistigung der Vorstellung des Reiches Gottes und die des Messias nehmen ihren Anfang mit Jesus. Er hat in die spätjüdische Vorstellung vom Reiche Gottes seine gewaltige Ethik der Liebe hineingestellt, indem er die Zugehörigkeit zum Reiche Gottes von dem Erfülltsein von der Liebe und seiner Betätigung abhängig macht. Damit hat er die spätjüdische Idee des Reiches Gottes mit ethischen Energien geladen, die sie umgestalteten und zu der geistig ethischen Größe werden ließen, die sie für uns ist. Weil der Glaube sich an das Ethische hielt, das in Jesu Verkündigung so dominiert, konnte er die eigene Vorstellung vom Reiche Gottes für identisch mit derjenigen Jesu ansehen und die Aussprüche, in denen das Andersartige zutage tritt, unbeachtet lassen.

Der vergeistigte Messias, und nicht der der spätjüdischen Eschatologie, ist Jesus bereits dadurch, daß er sich als Mensch in der irdischen Weltzeit als Messias weiß und sich berufen fühlt, die Menschen den geistigen Zustand erlangen zu lassen, der sie zum Eingehen in das Reich Gottes befähigt. Für die spätjüdische Eschatologie ist der Messias nur der übernatürliche Herrscher in dem übernatürlichen Reich Gottes. Sie weiß nichts davon, daß er zuerst in Menschengestalt als ein Dienender auf Erden auftreten werde. Erst in Jesu Bewußtsein ist er dies geworden. Als der geistige Herrscher des geistigen Reiches Gottes auf Erden ist er der Herr, der in unseren Herzen herrschen will.

Daß die mit Jesus in die Welt gekommene Wahrheit bei ihm nicht schon gleich ihre völlig geistige Gestalt besitzt, sondern diese erst im Laufe der Zeit durch das Wirken des Geistes Jesu empfängt, bereitet unserem Glauben einen Anstoß, über den wir hinwegkommen müssen. Es ist uns also bestimmt. Noch immer gilt das Wort: »Meine Gedanken sind nicht euere Gedanken und euere Wege sind nicht meine Wege, spricht der Herr. Sondern soviel der Himmel höher ist als die Erde, so sind auch meine Wege höher denn euere Wege, und meine Gedanken denn euere Gedanken« (Jesaja 55,8–9).

Die geschichtliche Wahrheit bereitet dem Glauben nicht nur Schwierigkeiten, sondern bedeutet zugleich einen Gewinn für ihn. Sie nötigt ihn, in die Bedeutung, die das Wirken des Geistes Jesu für sein Entstehen und Weiterbestehen hat, Einblick zu nehmen. Es gibt kein einfaches Übernehmen des Evangeliums Jesu, sondern nur ein Sich-Aneignen desselben in seinem Geist. Das Eigentliche, was uns die Schrift zu bieten hat, ist sein Geist, wie er sich in ihm und in denen, die unter den ersten von ihm ergriffen waren, kund tut. Alle Glaubensüberzeugung ist nach ihm zu bewerten. Wahrheit im höchsten Sinne ist, was im Geiste Jesu ist.

Zum Wesen des Protestantismus gehört, daß er eine Kirche ist, die nicht kirchgläubig, sondern christgläubig ist. Dadurch ist ihm verliehen und aufgegeben, durchaus wahrhaftig zu sein. Hört er auf, unerschrokkenes Wahrhaftigkeitsbedürfnis zu besitzen, ist er nur noch ein Schatten seiner selbst und damit untauglich, der christlichen Religion und der Welt das zu sein, wozu er berufen ist.

Die Leben-Jesu-Forschung ist eine Wahrhaftigkeitstat des protestantischen Christentums. In der Darstellung ihres Verlaufes lasse ich eine Epoche wissenschaftlicher protestantischer Theologie vor den späteren Generationen wieder aufleben. Mögen sie den Willen zur Wahrhaftigkeit, der jene Generationen beseelte, miterleben und dadurch in der Erkenntnis gefestigt werden, daß unbeirrbare Wahrhaftigkeit zum Wesen echter Religiosität gehört.

In allen Schwierigkeiten, die die geschichtliche Erkenntnis dem Glauben schafft, dürfen wir uns des Wortes Pauli »Wir vermögen *nichts* wider die Wahrheit, sondern nur für die Wahrheit« (2 Kor 13,8) getrösten.

Lambarene, den 19. August 1950 Albert Schweitzer

GESCHICHTE DER LEBEN-JESU-FORSCHUNG

1 Das Problem

Wenn einst unsere Kultur als etwas Abgeschlossenes vor der Zukunft liegt, steht die deutsche Theologie als ein größtes und einzigartiges Ereignis in dem Geistesleben unserer Zeit da. Das lebendige Nebeneinander und Ineinander von philosophischem Denken, kritischem Empfinden, historischer Anschauung und religiösem Fühlen, ohne welches keine tiefe Theologie möglich ist, findet sich so nur in dem deutschen Gemüt.

Und die größte Tat der deutschen Theologie ist die Erforschung des Lebens Jesu. Was sie hier geschaffen, ist für das religiöse Denken der Zukunft grundlegend und verbindlich.

In der Dogmengeschichte legt sie den negativen Grund des religiösen Denkens. Indem sie die Besitzergreifung der Ideen Jesu durch den griechischen Geist beschreibt, verfolgt sie den Aufbau von etwas, das uns fremd werden mußte und fremd geworden ist. Ihre Bestrebungen, ein neues Dogma zu schaffen, erleben wir als solche, die sich selber Geschichte sind. Wohl ist es interessant zu verfolgen, wie die modernen Gedanken in das alte Dogma hereinfluten, um sich dort mit ewigen Ideen zu neuen Gebilden zu verbinden, in das Wesen der Denker einzudringen, in denen sich dieser Prozeß vollzieht: aber die wahre Wirklichkeit dessen, was uns da als Geschichte entgegentritt, erleben wir an uns selbst. Wie in der Leibnizschen Monade sich das ganze Universum widerspiegelt, so erleben wir intuitiv, auch ohne klare geschichtliche Kenntnis, die aufeinanderfolgenden Zustände des Werdens des modernen Dogmas vom Rationalismus bis zur heutigen Zeit. Dieses Erleben ist die wahre Erkenntnis, um so wahrer, je mehr wir alles als etwas Undefinitives, sich mühsam nach einem noch in Dunkel gehüllten Abschluß Hinbewegendes erleben. Wir haben noch keinen Ausgleich zwischen modernem Denken und Geschichte, sondern immer nur zwischen halbem Denken und halber Geschichte. Was es sein wird, dieses Definitive, das kommenden Jahrhunderten neues Leben und neue Regeln bringt, wissen wir nicht. Wir ahnen nur, daß es die Tat eines einzigartigen gewalttätigen Geistes sein wird, deren Recht und Wahrheit sich darin erweisen wird, daß wir, die an dem Undefinitiven arbeiten, uns dawider auflehnen werden, wenn wir auch jetzt harren und erwarten, daß ein Geist komme, der groß genug sei, mit Vollmacht der Welt, die wir auf unsern mühselig angelegten Pfaden nicht vorwärts bringen, eine neue Bahn zu schaffen.

Darum steht die Geschichte der Erforschung des Lebens Jesu an elementarem Wert höher als die Geschichte der Erforschung des alten Dogmas und der Versuche des neuen. Sie stellt das Gewaltigste dar, was die religiöse Selbstbesinnung je gewagt und getan hat. In der dogmengeschichtlichen Forschung wurde die deutsche Theologie mit der Vergangenheit fertig; in neu schaffender Dogmatik suchte sie das religiöse Leben als Erkenntnis für die Gegenwart am Leben zu erhalten; in der Erforschung des Lebens Jesu schaffte sie für die Zukunft, in dem reinen, nicht schauenden Glauben an die Wahrheit.

Wir stehen im innersten Kreise der Weltgeschichte. Es kam ein Mensch, die Welt zu beherrschen; er herrschte zum Guten und zum Verderben, wie es die Geschichte bezeugt; er zerstörte die Welt, in die er hineingeboren war; an ihm scheint das geistige Leben unserer Zeit zugrunde zu gehen, weil er erstorbene Ideen, wie gegen den Tod gefeite Geisterscharen, zum Kampf gegen unser Denken führt, und das Wahre und Gute, das sein Geist in uns schafft, wieder selbst vernichtet, daß es die Welt nicht beherrschen kann. Daß er fort und fort als der einzig Große und einzig Wahre in einer Welt herrscht, deren Fortbestehen er verneint hat, ist das Urphänomen des Gegensatzes von geistiger und natürlicher Wahrheit, welcher allem Leben zugrunde liegt und in ihm Geschichte geworden ist.

Nur für den ersten Augenblick ist die absolute Indifferenz des Urchristentums für das Leben des historischen Jesus verblüffend. Wenn Paulus im Namen derer, die die Zeichen der Zeit verstehen, den Christus nach dem Fleisch nicht kennen will, so ist dies die erste Tat des Selbsterhaltungstriebes, der das Christentum dann jahrhundertelang geleitet hat, da es fühlte, daß mit der Einführung des historischen Jesus in den Glauben etwas Neues sich ereignen würde, das in den Gedanken des Herrn selbst nicht vorgesehen war, und daß damit ein Widerspruch aufgedeckt würde, dessen Lösung eine Weltfrage bildete.

Darum tat das Urchristentum recht daran, daß es nur in der zukünftigen Welt mit dem kommenden Christus lebte und vom historischen Jesus nur Sentenzen, etliche Wundertaten, Tod und Auferstehung behielt. Indem es die Welt und den historischen Jesus zugleich aufhob, entging es dem oben geschilderten Zwiespalt und blieb in seiner Anschauung einheitlich. Wir aber danken ihm, daß es uns deshalb nur Evangelien, nicht Biographien Jesu überliefert hat, denn so besitzen wir die Idee und die Person in der möglichst geringen historischen und zeitgeschichtlichen Beschränktheit.

Aber das Fortbestehen der Welt hob jene Einheit von selbst auf und zwang den überweltlichen Christus mit dem historischen Jesus von Nazareth zu einer historisch-zeitlosen Persönlichkeit zusammen. Das war die Tat des Gnostizismus und der Logoschristologie. Beide, gegensätzlich, weil sie dasselbe Ziel verfolgten, stimmen darin überein, daß sie den historischen Jesus ganz in der überweltlichen Idee sich auflösen ließen. So brachte es diese auf dem Zurücktreten der Eschatologie gegründete Entwicklung mit sich, daß der historische Jesus in den christlichen Gesichtskreis wieder eingeführt wurde, aber so, daß zugleich das Recht und das

Interesse der Erforschung seines Lebens und historischen Wesens aufgehoben wurden.

Die griechische Theologie war gegen den historischen Jesus, wie er in den Evangelien verborgen lebt, so indifferent wie die alte eschatologische Theologie. Mehr noch: sie war gefährlich für ihn, denn sie schuf ein neues, übernatürlich-historisches Evangelium, und wir dürfen von Glück sagen, daß die Synoptiker damals schon so gefestigt waren, daß sie durch das vierte Evangelium nicht mehr verdrängt werden konnten. Die Kirche, wie aus der inneren Notwendigkeit des Gegensatzes, mit dem sie zu operieren anfing, wurde genötigt, zwei gegensätzliche Evangelien als Einheit nebeneinander zu stellen.

Als das Abendland im Chalcedonense das Morgenland überwand, löste es mit seiner Zweinaturenlehre die Einheit der Persönlichkeit auf und vereitelte damit die letzte Möglichkeit des Zurückgehens auf den historischen Jesus. Der Widerspruch wurde zum Gesetz erhoben. Von dem Menschlichen war so viel zugestanden, daß dem Historischen das Recht gewahrt schien. So hielt die Formel durch Trug das Leben gefangen und verhinderte, daß die führenden Geister der Reformation den Gedanken faßten, bis auf den historischen Jesus zurückzugehen.

Das Dogma mußte erst erschüttert werden, ehe man den historischen Jesus wieder suchen, ehe man überhaupt den Gedanken seiner Existenz fassen konnte. Daß er etwas anderes ist als der Jesus-Christus der Zweinaturenlehre, scheint uns heute etwas Selbstverständliches. Wir können es kaum mehr begreifen, in welch langen Wehen die historische Anschauung des Lebens Jesu geboren wurde. Als er schon zum Leben wiedererweckt war, trug er noch die Binden des Todes wie weiland Lazarus – die Binden des Zweinaturendogmas. In der Vorrede seines ersten Leben-Jesu (1829) erzählt Hase, daß ein guter alter Herr, der von seinem Plane hörte, ihm riet, im ersten Teil von der menschlichen, im andern von der göttlichen Natur Jesu zu handeln. Das war naiv. Aber steckt in dieser Naivität nicht ein Ahnen von der gewaltigen Umwälzung, welche die Leben-Jesu-Forschung für die Zukunft vorbereitete, ein Ahnen, das die, welche an der Arbeit waren, nicht in dem Maße hatten? Zum Glück nicht, denn wie hätten sie den Mut gehabt, weiterzuarbeiten?

Die geschichtliche Erforschung des Lebens Jesu ging nicht von dem rein geschichtlichen Interesse aus, sondern sie suchte den Jesus der Geschichte als Helfer im Befreiungskampf vom Dogma. Dann, als sie vom πάθος befreit war, suchte sie den historischen Jesus, wie er ihrer Zeit verständlich war. Für Bahrdt und Venturini ist er das Werkzeug eines geheimen Ordens. Sie schreiben beide unter dem Eindruck des großartigen Wirkens des Illuminatenordens am Ende des 18. Jahrhunderts. Für Reinhard, Heß, Paulus und die übrigen rationalistischen Darsteller ist er der wunderbare Offenbarer der wahren Tugend, die mit der Vernunft übereinstimmt. So fand jede folgende Epoche der Theologie ihre Gedanken in Jesus, und anders konnte sie ihn nicht beleben.

Und nicht nur die Epochen fanden sich in ihm wieder: jeder einzelne schuf ihn nach seiner eigenen Persönlichkeit. Es gibt kein persönlicheres historisches Unternehmen, als ein Leben-Jesu zu schreiben. Kein Leben kommt in die Gestalt, es sei denn, daß man ihr den ganzen Haß oder die ganze Liebe, deren man fähig ist, einhaucht. Je stärker die Liebe, je stärker der Haß, desto lebendiger die Gestalt, die ersteht. Denn auch mit Haß kann man Leben-Jesu schreiben – und die großartigsten sind mit Haß geschrieben: das des Reimarus, des Wolfenbüttler Fragmentisten, und das von David Friedrich Strauß. Es war nicht so sehr ein Haß gegen die Person als gegen den übernatürlichen Nimbus, mit dem sie sich umgeben ließ und mit dem sie umgeben wurde. Sie wollten ihn darstellen als einen einfachen Menschen, ihm die Prachtgewänder, mit denen er angetan war, herunterreißen und ihm die Lumpen wieder umwerfen, in denen er in Galiläa gewandelt hatte.

Weil sie haßten, sahen sie am klarsten in der Geschichte. Sie haben die Forschung mehr vorwärtsgebracht als alle andern zusammen. Ohne das Ärgernis, das sie gaben, wäre die Wissenschaft heute nicht, wo sie ist. »Es muß ja Ärgernis kommen: aber wehe dem Menschen, durch welchen das Ärgernis kommt.« Reimarus entging dem Wehe, indem er das Ärgernis zeitlebens für sich behielt und schwieg. Seine Schrift »Vom Zwecke Jesu und seiner Jünger« wurde erst nach seinem Tode durch Lessing veröffentlicht. Aber an Strauß, der als Siebenundzwanzigjähriger das Ärgernis der Welt preisgab, erfüllte sich der Fluch. Er ging zugrunde an seinem Leben-Jesu; aber er hörte nicht auf, stolz darauf zu sein, obwohl ihm alles Unglück von dorther kam. »Ich könnte meinem Buche grollen«, schreibt er 25 Jahre später in der Vorrede zu den Gesprächen von Ulrich von Hutten,[1] »denn es hat mir (von Rechts wegen! rufen die Frommen) viel Böses getan. Es hat mich von der öffentlichen Lehrtätigkeit ausgeschlossen, zu der ich Lust, vielleicht auch Talent besaß; es hat mich aus natürlichen Verhältnissen herausgerissen und in unnatürliche hineingetrieben; es hat meinen Lebensgang einsam gemacht. Und doch, bedenke ich, was aus mir geworden wäre, wenn ich das Wort, das mir auf die Seele gelegt war, verschwiegen, wenn ich die Zweifel, die in mir arbeiteten, unterdrückt hätte – dann segne ich das Buch, das mich zwar äußerlich schwer geschädigt, aber die innere Gesundheit des Geistes und Gemüts mir, und ich darf mich dessen getrösten, auch manchem anderen noch, erhalten hat.«

Vor ihm war schon Bahrdt durch Enthüllungen über das Leben Jesu aus seiner Bahn geworfen worden; nach ihm Bruno Bauer.

1 D. Fr. Strauß: Gespräche von Ulrich von Hutten. Übersetzt und erläutert. Leipzig 1860.

Sie hatten es leicht, sie, die entschlossen waren, auch mit Lästerung den Weg zu bahnen. Aber die andern, welche Jesum mit der Liebe zum Leben erwecken wollten, hatten es schwer, wahrhaftig zu sein. Die Erforschung des Lebens Jesu war für die Theologie die Schule der Wahrhaftigkeit. Ein so schmerzliches und entsagungsvolles Ringen um die Wahrheit, wie es in den Leben-Jesu der letzten 100 Jahre beschlossen liegt, hatte die Welt noch nie gesehen und wird es nie mehr sehen. Man muß die aufeinanderfolgenden Leben-Jesu gelesen haben, mit denen Hase den Gang der Forschung von den zwanziger bis in die siebziger Jahre des 19. Jahrhunderts begleitet, um eine Ahnung davon zu bekommen, was es die Menschen, die jene entscheidende Periode miterlebt haben, gekostet haben muß, die »kühnste Freimütigkeit der Forschung«, welche der Jenenser in dem Vorwort seines ersten Lebens Jesu für diese Untersuchungen in Anspruch nimmt, auch wirklich festzuhalten. Man fühlt ihm die Kämpfe nach, in denen er Stück für Stück Dinge preisgibt, die er, als er jenes Vorwort schrieb, niemals glaubte preisgeben zu müssen. Es war ihr Glück, daß ihr Gemüt manchmal ihren kritischen Blick trübte, so daß sie, ohne unwahrhaftig zu werden, weiße Wolken für ferne Gebirge nehmen konnten. Das war das gütige Schicksal von Hase und von Beyschlag.

Der persönliche Charakter der Erforschung des Lebens Jesu liegt aber nicht darin allein begründet, daß eine Persönlichkeit nur durch eine Persönlichkeit zum Leben erweckt wird, sondern in dem Wesen des Problems selbst. Das Problem des Lebens Jesu ist ohne Analogon in der Geschichtswissenschaft. Keine historische Schule hat jemals auf die Erforschung dieses Problems eingewirkt, kein Historiker von Fach jemals die theologische Wissenschaft darin gefördert. Jegliche Methode der historischen Forschung versagt an der Kompliziertheit dieser Verhältnisse. Die Maßstäbe der gewöhnlichen Geschichtswissenschaft reichen hier nicht zu, und ihr Verfahren läßt sich nicht ohne weiteres auf das Leben Jesu anwenden. Die Forschung des Lebens Jesu hat sich ihre Methode selbst schaffen müssen. In den immer wieder aufeinanderfolgenden verfehlten Versuchen haben sich fünf oder sechs Probleme nebeneinander herausgehoben, die zusammen das Grundproblem ausmachen. Eine klare Methode aber, das Problem in seiner Komplexität zu lösen, gibt es nicht, sondern es handelt sich um ein fortgesetztes Experimentieren unter bestimmten Voraussetzungen, wobei der leitende Gedanke zuletzt auf einer historischen Intuition beruht.

Das ist in der Natur der Quellen des Lebens Jesu und in unserer Kenntnis der zeitgenössischen religiösen Vorstellungskraft begründet.

Die Quellen an sich sind nicht schlecht. Wenn man sich einmal bescheidet, nicht ein Leben-Jesu, sondern nur eine Darstellung seiner öffentlichen Wirksamkeit zu geben, so müssen wir gestehen, daß wir von wenigen Persönlichkeiten des Altertums so viele unzweifelhaft historische Nachrichten und Reden besitzen wie von Jesus. Für Sokrates liegt die Sache viel ungünstiger: er ist uns von Schriftstellern geschildert, wobei der Schriftsteller selbst schöpferisch war. Jesus steht viel unmittelbarer da, weil er von literarisch unbegabten Christen dargestellt wird.

Hier erhebt sich nun aber eine doppelte Schwierigkeit. Die erste besteht darin, daß das bisher Gesagte nur von den drei ersten Evangelien gilt, während das vierte, was Charakter, historische Nachrichten, Redegehalt betrifft, eine Welt für sich bildet. Es ist von griechischem Standpunkt aus geschrieben, die drei ersten von jüdischem. Und wenn man darüber noch hinauskommen und die Synoptiker und das vierte Evangelium, wie man es oft getan hat, etwa in dem Verhältnis zueinander betrachten könnte, in welchem Xenophon und Plato als Quellen des Lebens des Sokrates zueinander stehen, so zwingt doch die totale Unvereinbarkeit der historischen Daten den Forscher, sich von vornherein für die eine oder für die andere Quelle zu entscheiden. Es gilt hier: Niemand kann zween Herren dienen!

Dieses Entweder-Oder stand nicht von vornherein fest. Es ist ein Resultat des gesamten bisherigen Experimentierens.

Die zweite Schwierigkeit der Quellen liegt in der Zusammenhangslosigkeit des Gebotenen. Sind die Synoptiker Anekdotensammlungen im besten geschichtlichen Sinne des Wortes, so will das vierte Evangelium, wie es im Schlußwort zu lesen steht, nur eine Auswahl von Geschehnissen und Reden geben.

Damit hätten wir denn eine Darstellung des öffentlichen Lebens Jesu mit klaffenden Lücken. Womit diese Lücken ausfüllen? Im schlimmsten Falle mit Phrasen, im besten mit historischer Phantasie. Es gibt wirklich kein anderes Mittel, die Aufeinanderfolge und den inneren Zusammenhang der Tatsachen des Lebens Jesu zu begreifen, als das historische Experimentieren. Ist das von den Synoptikern Überlieferte wirklich alles, was sich während des Zusammenseins Jesu mit den Jüngern ereignet hat, dann muß es einmal gelingen, den Zusammenhang aufzudecken. Diese Voraussetzung scheint durch die Forschung mehr und mehr geboten. Ist es aber nur eine zufällige Reihe von Episoden, die sie uns überliefert haben, dann muß man für immer darauf verzichten, das Leben Jesu zu erforschen.

Wie den Ereignissen der innere historische Zusammenhang fehlt, so vermissen wir auch jegliche Spur des Zusammenhangs im Handeln und Reden Jesu, weil in den Quellen jeder Hinweis auf die Art seines Selbstbewußtseins fehlt. Sie geben nur Phänomene. Wir verstehen sie aber historisch erst, wenn wir ihren intelligiblen Zusammenhang begreifen und sie erfassen als Handlungen einer bestimmten Persönlichkeit. Alles, was wir von Jesu Entwicklung und von seinem messianischen Selbstbewußtsein wissen, beruht rein auf Experimenten und hat nur so lange Gültigkeit, als es nicht durch eine absolute Unmöglichkeit bei der Anwendung auf die Gesamtheit der überlieferten Tatsachen außer Kraft gesetzt wird.

Es läßt sich mit Gründen aus den Quellen bejahen, daß Jesu Selbstbewußtsein im Verlaufe seines öffentlichen Wirkens eine Entwicklung durchgemacht hat; ebensogut aber läßt es sich verneinen; denn beide Male handelt es sich nur um Rückschlüsse aus kleinen Details der Darstellung, von denen wir nicht wissen, ob sie bloß zufällig sind oder ob sie zum Wesen der Tatsachen gehören. In jedem Falle aber werden durch die Behauptung, die man aufgrund des Experiments aufstellt, tatsächliche Angaben der Quellen außer Kraft gesetzt. Jede Auffassung ist zugleich eine Vergewaltigung des Textes.

Dazu kommt, daß die Quellen einen großen Widerspruch aufweisen, jede in sich gleicherweise. Sie behaupten, daß Jesus sich als Messias gefühlt habe, und schildern doch sein Leben so, daß er niemals wirklich als Messias aufgetreten sein kann. Sie statuieren also ein Verhalten, welches mit dem von ihnen angenommenen Selbstbewußtsein absolut nichts zu tun hat. Sobald aber die Taten nicht mehr die natürlichen Phänomene des Selbstbewußtseins sind, hört die exakte Geschichtswissenschaft auf, denn ein solches Faktum ist einzig dastehend.

Nun bleibt wieder nichts übrig, als durch Experimente zu approximativer Erkenntnis zu kommen, ob Jesus sich als Messias gefühlt hat, wie die Quellen behaupten, oder nicht, wie wir aus seinem öffentlichen Auftreten schließen müssen, oder zu erraten, welcher Art sein messianisches Selbstbewußtsein gewesen sein muß, daß sein Reden und Auftreten davon bis zuletzt unberührt bleiben konnte. Denn eines ist sicher: die ganzen letzten jerusalemitischen Tage werden unbegreiflich, wenn man beim Volk nur den Schimmer einer Ahnung davon voraussetzt, daß Jesus sich für den Messias halten könnte.

Während nun sonst eine Persönlichkeit irgendwie bestimmt wird durch die Vorstellungswelt, die sie mit ihren Zeitgenossen teilt, so versagt dieses Mittel für die Erkenntnis Jesu ebenso wie die Quellen.

Welches war die Vorstellungswelt des damaligen Judentums? Darauf gibt es keine klare Antwort. Wir wissen nicht, ob die messianische Erwartung Gemeingut war oder nur Konventikelreligion. Mit dem Mosaismus als solchem hatte sie direkt nichts zu tun. Es gab keinen organischen Zusammenhang zwischen der Lehre von der Gesetzesbeobachtung und der Zukunftserwartung. Ferner, wenn die eschatologische Hoffnung Gemeingut war, war es die prophetische oder die apokalyptische? Wir kennen die messianischen Erwartungen der Propheten, wir kennen das apokalyptische Bild, wie es Daniel und in seiner Nachfolge Henoch und der Psalter Salomos vor Jesus, Apokalypse Esra und Baruch um die Zeit nach der Zerstörung Jerusalems gezeichnet haben. Aber wir wissen nicht, welche Volksgut war oder, wenn beide zu einem Bilde zusammengetragen waren, wie dieses Bild aussah. Wir kennen nur wieder die Form der Eschatologie in den Evangelien und in den Paulusbriefen, d. h. die Form, welche sie in der Gemeinde, aufgrund der Erscheinung Jesu, angenommen hatte. Und diese drei zusammenzubringen – die prophetische, die spätjüdisch-apokalyptische und die christliche – will nicht gelingen.

Gesetzt auch, es ließe sich etwas Genaueres über die volkstümlichen messianischen Erwartungen zur Zeit Jesu ermitteln, so wüßten wir nicht, welche Form dieselben in dem Selbstbewußtsein dessen annahmen, der sich für den Messias hielt und die Stunde noch nicht gekommen erachtete, sich als solcher zu offenbaren. Wir wissen nur, wie sie sich von außen als Warten auf den Messias und seine Zeit darstellten, aber wie sie von innen heraus erscheinen mußten, in der Aktivität des Selbstbewußtseins des Messias, darüber lassen uns alle Daten im Stich. Wir besitzen keine Psychologie des Messias. Die Evangelisten wissen nichts darüber, weil ihnen Jesus nichts darüber gesagt hat; die Quellen über das zeitgenössische geistige Leben berichten nur über die eschatologische Erwartung: also gibt es über die Art des messianischen Selbstbewußtseins Jesu nur Mutmaßungen.

Dies der Charakter des Problems, welcher es mit sich bringt, daß an die Stelle der historischen Forschung das historische Experiment tritt. Es versteht sich dabei von selbst, daß der Gang durch die Forschung des Lebens Jesu zunächst das Bild der grenzenlosesten Unordnung bietet. Eine Reihe von Experimenten wiederholen sich mit immer verschiedenen Modifikationen, wie sie eben durch die neuen Errungenschaften der Hilfswissenschaften bedingt sind. Die meisten ahnen gar nicht, daß sie nur ein Experiment wiederholen, das schon mehrmals vor ihnen gemacht worden ist. Andere werden sich dessen bewußt zu ihrem eigenen Erstaunen: so Wrede, der erkennt, daß er, nur zielbewußter, einen Gedanken Bruno Bauers weiterführt.[2] Wenn der alte Reimarus wiederkehrte, könnte er sich getrost als der Modernste aufspielen, denn sein Werk beruht auf der ausschließlichen Geltendmachung der Eschatologie, wie sie erst wieder bei Johannes Weiß zutage tritt.

Dabei bewegt sich die Forschung unbegreiflich sprunghaft vorwärts, um dann wieder lange Zeit stillezustehen. Von Strauß bis in die neunziger Jahre hat sie eigentlich keine Fortschritte gemacht, wenn man die erschienenen Leben-Jesu in Betracht zieht. Aber eine Reihe von Einzelproblemen nahmen bestimmtere Fassung an, so daß dann plötzlich die Gesamtfrage wie mit einem Ruck sich vorwärtsbewegte.

Es fehlt eigentlich jeder Maßstab zur Beurteilung der in Frage kommenden Arbeiten. Nicht die vernünftigen, jedes Detail des Textes gewissenhaft einwebenden Darstellungen haben die Forschung vorwärtsgebracht, sondern gerade die bizarren, mit den Texten gewalttätig verfahrenden Werke. Denn nicht in dem Vielen, was einer nebeneinander als

2 W. Wrede: Das Messiasgeheimnis in den Evangelien. Göttingen 1901, S. 280 bis 282.

möglich hinstellt – weil er gut schreibt und niemand da ist, ihn zu widerlegen, auch die Tatsachen auf dem Papier sich nicht so stoßen wie in der Wirklichkeit –, bekundet er nachschaffendes historisches Verständnis, sondern durch das, was er als unmöglich erkennt. Die Darstellungen von Reimarus und Bruno Bauer fallen in sich selbst zusammen; es sind Phantastereien. Aber doch steckt in ihrer scharfen Erfassung eines bestimmten Problems, das sie für alles andere blind gemacht hat, ein viel größeres geschichtliches Können als in den umständlichen Werken von Beyschlag und Bernhard Weiß.

Wenn man sich aber einmal gewöhnt hat, bestimmte Merkmale in diesen planlos auftauchenden und wiederkehrenden Erscheinungen zu suchen, so entdeckt man zuletzt in schwankenden Umrissen den Gang des Fortschritts in der Erforschung des Lebens Jesu.

Zwei Perioden heben sich von selbst ab: vor Strauß und nach Strauß. Die erste wird beherrscht von dem Problem des Wunders. Wie kann sich die historische Darstellung mit übernatürlichen Ereignissen abfinden? Mit Strauß ist das Problem gelöst: sie gehören nicht in die historische Darstellung, sondern sind mythische Bestandteile der Quellen. Damit ist die Bahn freigemacht. Neben der Frage des Übernatürlichen waren andere Probleme dunkel erfaßt worden: Reimarus hatte auf die zeitgenössischen eschatologischen Vorstellungen hingewiesen; Hase, in seinem ersten Leben-Jesu (1829), suchte eine Entwicklung des Selbstbewußtseins Jesu darzutun.

Aber eine klare Erkenntnis war unmöglich, da man noch immer naiv mit der Harmonie von Synoptikern und viertem Evangelium operierte, also noch nicht die Nötigung zu einem historisch begreiflichen Aufriß des Lebens Jesu empfand. Auch diese Klärung kam durch Strauß. Sie war aber nur vorübergehend und wurde durch die neuaufkommende Markushypothese getrübt. Fest wurde die Alternative erst durch die Tübinger. In das richtige Verhältnis zur Markushypothese brachte sie dann Holtzmann.

Neben diesen Verhandlungen über die literarischen Vorfragen taucht langsam das historische Hauptproblem des Lebens Jesu auf. Man fängt an, sich zu fragen, welche Bedeutung der Eschatologie in seiner Vorstellungswelt zukommt. Mit diesem Problem stellt sich, durch einen zunächst ungeahnten inneren Zusammenhang mit ihm verbunden, das Problem des Selbstbewußtseins Jesu ein. In der Lösung, welche man dem Doppelproblem gibt, glaubt man anfangs der neunziger Jahre eine einigermaßen gesicherte historische Erkenntnis des äußeren und inneren Verlaufs des Lebens Jesu zu besitzen. Da erneuert Johannes Weiß die radikale Geltendmachung der Eschatologie des Reimarus; nachdem man sich kaum etwas damit abgefunden hatte, erneuert Wrede den Versuch Bauers und Volkmars, das Messianische aus dem Leben Jesu ganz zu eliminieren.

Nun stehen wir wieder in einer großen aktiven Periode der Erforschung des Lebens Jesu. Hie historische, hie literarische Lösung! Mit andern Worten: Gelingt es, den Widerspruch zwischen dem messianischen Bewußtsein Jesu und seinem unmessianischen Reden und Handeln so zu lösen, daß man dieses messianische Bewußtsein richtig erfaßt und daraus erkennt, er habe nicht anders handeln können, als die Evangelien berichten, oder versucht man, den Widerspruch so zu erklären, daß man, vom unmessianischen Reden und Handeln Jesu ausgehend, die Wirklichkeit seines messianischen Selbstbewußtseins bestreitet und es als Eintrag des späteren Gemeindeglaubens in das historische Leben Jesu ansieht? In letzterem Falle hätten die Evangelisten Jesu messianische Ansprüche beigelegt, weil er für die Gemeinde der Messias war, sich aber mit sich selbst in Widerspruch gesetzt, indem sie sein Leben so erzählten, wie es war, als eines Propheten, der sich nicht für den Messias hielt. Kurz gesagt: Liegt das Unbegreifliche der historischen Persönlichkeit Jesu in der Geschichte selbst oder nur in der Darstellung der Quellen?

Um diese Alternative handelt es sich in allen Forschungen der nächsten Jahre. Sie ist so gestellt, daß sie zur Entscheidung kommen muß. Aber nur der versteht das Problem wirklich, der sich über seine Bildung im Verlauf der Erforschung des Lebens Jesu klargeworden ist; nur der kann neue Erscheinungen auf diesem Gebiete beurteilen und würdigen, der weiß, unter welchen Formen sie schon einmal da waren.

Die Darstellung der Leben-Jesu-Forschung ist aber merkwürdig unentwickelt. Über die Versuche vor ihm referiert Hase in seinem ersten Leben-Jesu von 1829; in seiner »Fortbildung des Christentums« von 1840 berichtet Friedrich von Ammon, selbst einer der namhaftesten Forscher auf diesem Gebiet, über »die vorzüglichen Biographien Jesu aus den letzten fünfzig Jahren«.[3] Anno 1865 stellt G. Uhlhorn die Leben-Jesu von Renan, Schenkel und Strauß zusammen; 1876 gibt Hase in seiner Geschichte die einzige vollständige Literaturgeschichte der Leben-Jesu-Forschung;[4] 1892 nimmt Uhlhorn in seinen früheren Vortrag Keim, Delff, Beyschlag und Weiß auf;[5] 1898 beschreibt W. Frantzen die Leben-Jesu-Bewegung seit Strauß in einem kurzen Aufsatz;[6] 1899 und 1900 gibt Baldensperger in der Theologischen Rundschau einen Überblick über die neuesten Erscheinungen;[7] in Weinels Buch »Jesus im neunzehnten Jahrhundert« werden naturgemäß nur einige klassische Werke analysiert;

3 Dr. Christoph Friedrich von Ammon: Fortbildung des Christentums. Leipzig 1840. Bd. IV, S. 156 ff.

4 Hase: Geschichte Jesu. Leipzig 1876, S. 110–162. Die zweite Auflage, 1891, führt den Überblick nicht weiter als die erste.

5 Das Leben Jesu in seinen neueren Darstellungen. 1892. 5 Vorträge.

6 W. Frantzen: Die »Leben-Jesu«-Bewegung seit Strauß. Dorpat 1898.

7 Theologische Rundschau 2, 59–67 (1899); Theologische Rundschau 3, 9–19 (1900).

der Vortrag von Otto Schmiedel über »Die Hauptprobleme der Leben-Jesu-Forschung« (1902) zeichnet nur in großen Linien.[8]

Das ist mit dem, was darüber in den Geschichten der Theologie zerstreut zu lesen steht, so ziemlich alles. Es fehlt ein Versuch, Ordnung in das Chaos der Leben-Jesu zu bringen. Hase stellte sie geistreich nebeneinander, vermochte sie aber weder nach inneren Prinzipien zu gruppieren, noch gerecht zu beurteilen. Weiße ist für ihn ein Epigone von Strauß, Bruno Bauer ein leichtfertiger Phantast. Woher hätte er auch aus der Leben-Jesu-Forschung seiner Zeit ein Einteilungsprinzip nehmen sollen? Jetzt aber, wo in dem Zusammentreffen des literarischen und des eschatologischen Lösungsversuches die nachstraußische Forschung zu einem relativen Abschluß gelangt und das Ziel, welches ihren Gang bestimmte, offenbar geworden ist, scheint die Zeit gekommen, das Problem, wie es sich uns neu stellt, genetisch aus der Aufeinanderfolge der Werke zu entwickeln und eine systematisch-historische Darstellung der Leben-Jesu-Forschung zu geben. Es handelt sich darum, alle Versuche plastisch darzustellen, sie nicht mit Schlagworten oder herkömmlicher Rubrizierung abzumachen, sondern das hervorzuheben, was sie wirklich in der Erkennung des Problems geleistet haben, ob es ihre Zeitgenossen anerkannt haben oder nicht. Dabei werden manche berühmte Leben-Jesu, die sich in vielen aufeinanderfolgenden Auflagen eines ehrenvollen Daseins erfreuten, klein dastehen und andere, die man kaum beachtete, als groß. So kommt die Wahrheit nach dem Erfolg und schafft Gerechtigkeit.

8 Sodens Studie »Die wichtigsten Fragen im Leben Jesu«, 1904, gehört nur bedingterweise hierher, da sie die Probleme nicht so exponiert, wie sie in den Leben-Jesu nach und nach zutage treten.

2 Hermann Samuel Reimarus

»Von dem Zwecke Jesu und seiner Jünger.« Noch ein Fragment des Wolfenbüttelschen Ungenannten. Herausgegeben von Gotthold Ephraim Lessing. Braunschweig 1778. 276 S.

JOHANN SALOMO SEMLER: Beantwortung der Fragmente eines Ungenannten, insbesondere vom Zweck Jesu und seiner Jünger. Halle 1779. 432 S.

Vor Reimarus hatte niemand das Leben Jesu historisch zu erfassen versucht. Luther hatte nicht einmal das Bedürfnis empfunden, in der Reihenfolge der berichteten Ereignisse klarzusehen. Zur Chronologie der Tempelreinigung, die bei Johannes in den Anfang, bei den Synoptikern in die letzte Zeit der Wirksamkeit Jesu fällt, bemerkt er: »Die Evangelien halten in den Mirakeln und Taten Jesu keine Ordnung, liegt auch nicht viel daran. Wenn ein Streit über die Heilige Schrift entsteht, und man kann's nicht vergleichen, so lasse man's fahren.« Schlimmer wurde es noch, als die lutherischen Theologen über die Zusammenstimmung der Ereignisse zu reflektieren anfingen. Osiander (1498–1552) vertrat in seiner Evangelienharmonie den Grundsatz, daß, was in verschiedenen Zeiten und mehrmals berichtet wird, auch zu verschiedenen Zeiten und mehrmals geschehen sein müsse. Jairi Töchterlein ist also mehrmals von den Toten auferweckt worden; einmal hat Jesus aus nur einem Dämonischen die Teufel in die Säue fahren lassen, das andere Mal aus zweien; der Tempel ist zweimal gereinigt worden.[1] Erst mit Griesbach kam die richtige synoptische Vorstellung zu Worte.

Das einzige interessante Leben-Jesu vor Reimarus wurde von einem Jesuiten in persischer Sprache verfaßt. Es stammt von dem indischen Missionar Hieronymus Xavier, dem Neffen von Franz Xavier, und ist für Akbar, den mongolischen Kaiser Hindostans, bestimmt, der in der zweiten Hälfte des 16. Jahrhunderts seine Macht über die Indusländer ausdehnte.[2] Im 17. Jahrhundert kam der persische Text durch einen Kaufmann nach Europa und wurde von dem reformierten Theologen Louis de Dieu, der in diesem Werke den Katholizismus bloßstellen wollte,[3] ins Lateinische übertragen. Es ist eine raffinierte Fälschung des Lebens Jesu, in der die Auslassungen und die Zusätze aus den Apokryphen einzig darauf

1 Hase: Geschichte Jesu, 1876, S. 112 u. 113.

2 Akbar (1542–1605) war islamitisch erzogen, neigte aber zum Hinduismus und Parsismus. Den christlichen Missionaren erwies er große Ehre. Sein Plan ging auf die Schaffung einer großen einheitlichen Religion, die das Wertvolle aller Bekenntnisse in sich vereinigen sollte.

3 Historia Christi persice conscripta simulque multis modis contaminata a Hieronymo Xavier, lat. reddita et animadd. notata a Ludovico de Dieu. Lugdunum 1639.

berechnet sind, dem lernbegierigen Herrscher einen herrlichen Jesus darzustellen, an dem er nichts Anstößiges fände.

So war die Welt durch nichts auf das gewaltige Werk des Reimarus vorbereitet. Zwar erschien vorher, 1768, das Leben-Jesu von Johann Jakob Heß (1741–1828), vom Standpunkt des älteren Rationalismus aus geschrieben;[4] aber es ist noch so ganz supranaturalistisch gehalten, noch so ganz als Evangelienparaphrase aufgefaßt, daß die Welt daraus nicht merken konnte, welchen gewaltigen Schlag der Zeitgeist vorbereitete.

Wir wissen wenig von Reimarus; für die Zeitgenossen existierte er nicht, erst Strauß hat ihn in der Literatur bekannt gemacht.[5] Er war geboren zu Hamburg, den 22. Dezember 1694, und lebte daselbst als Professor der orientalischen Sprachen; er starb 1768. Mehrere seiner Schriften, die alle die Rechte der Vernunftreligion gegen den Kirchenglauben verteidigen, erschienen schon zu Lebzeiten, so z. B. die Abhandlung »Die vornehmsten Wahrheiten der natürlichen Religion«. Das Hauptwerk jedoch, in dem er seine Angriffe historisch fundamentierte, kursierte zu seinen Lebzeiten als anonymes Manuskript unter seinen Bekannten. 1774 begann Lessing mit der Veröffentlichung der bedeutendsten Fragmente daraus und gab ihrer bis 1778 sieben heraus, was ihm die Fehde mit dem Hamburger Hauptpastor Goeze eintrug. Das Manuskript des Ganzen, 4000 Seiten stark, findet sich auf der Hamburger Stadtbibliothek. Eine Gesamtausgabe der Werke des Reimarus existiert leider noch nicht. Die Fragmente sind folgende:

Von der Duldung der Deisten.
Von der Verschreiung der Vernunft auf den Kanzeln.
Unmöglichkeit einer Offenbarung, die alle Menschen auf eine gegründete Art glauben können.
Durchgang der Israeliten durchs Rote Meer.
Daß die Bücher des Alten Testaments nicht geschrieben worden, eine Religion zu offenbaren.
Über die Auferstehungsgeschichte.
Vom Zwecke Jesu und seiner Jünger.

Die Schrift über den Durchgang der Israeliten durchs Rote Meer gehört zum Geistreichsten, Witzigsten und Scharfsinnigsten, was je geschrieben worden ist. Sie deckt alle Unmöglichkeiten der Geschichtserzählung des Priesterkodex und alle aus der Zusammenarbeitung verschiedener Quellen sich ergebenden Widersprüche auf, nur daß Reimarus die wirkliche Lösung des Problems, die Quellenscheidung, nicht im entferntesten ahnt.

Von der Großartigkeit der Darstellung in dem Fragment »Vom Zwecke

4 Johann Jakob Heß: Geschichte der drei letzten Lebensjahre Jesu. 3 Bde. 1768 ff.

5 D. F. Strauß: Hermann Samuel Reimarus und seine Schutzschrift für die vernünftigen Verehrer Gottes. 1862.

Jesu und seiner Jünger« kann man nicht genug sagen. Diese Schrift ist nicht nur eines der größten Ereignisse in der Geschichte des kritischen Geistes, sondern zugleich ein Meisterwerk der Weltliteratur. Die Sprache ist für gewöhnlich knapp und trocken, epigrammatisch scharf, wie die eines Mannes, der nicht schreibt, sondern auf Tatsachen ausgeht. Zuzeiten aber erhebt sie sich zu wahrhaft pathetischer Höhe. Es ist, als ob das Feuer eines Vulkans gespenstische Bilder auf dunkeln Wolken malte. Selten war ein Haß so beredt, selten ein Hohn so großartig; selten aber auch ein Werk in dem berechtigten Bewußtsein einer so absoluten Superiorität über die zeitgenössischen Anschauungen geschrieben. Und in allem dennoch Ernst und Würde. Des Reimarus Werk ist kein Pamphlet.

Lessing konnte damit nicht einverstanden sein. Seine Auffassung von der Offenbarung und seine Vorstellung von der Person Jesu waren viel tiefer als die des Fragmentisten. Er war ein Denker, Reimarus nur ein Historiker. Aber es war das erste Mal, daß ein historischer Kopf, mit den Quellen vollständig vertraut, die Kritik der Überlieferung unternahm. Es war Lessings Größe, daß er die Bedeutung dieser Kritik erfaßte und ahnte, daß sie zur Vernichtung oder zur Umbildung des Begriffs der Offenbarung führen müsse. Er erkannte, daß das historische Element den Rationalismus umbilden und vertiefen würde. Von der Bedeutung des Augenblicks ergriffen, die Skrupel der Familie des Reimarus, die Bedenken Nicolais und Mendelssohns mißachtend, innerlich selbst bangend für Dinge, die ihm heilig waren, schleuderte er die Brandfackel.

Am Schlusse seiner Widerlegung des Fragments verspottet Semler den Herausgeber durch folgendes Geschichtchen. Vor dem Lordmayor von London steht einer, der der Brandstiftung angeklagt ist. Man hat ihn vom Boden des brennenden Hauses herunterkommen sehen. »Ich kam gestern Nachmittag um vier Uhr«, erzählt er, »auf meines Nachbars Speicher und fand daselbst ein brennendes Licht, das die Bedienten aus Nachlässigkeit vergessen hatten. In der Nacht wäre es heruntergebrannt und hätte die Treppe ergriffen. Damit der Brand am Tage ausbreche, habe ich es auf etliche Bund Stroh geworfen. Alsbald fuhr die Flamme zur Luke heraus, die Spritzen kamen herbeigeeilt, und das Feuer, das in der Nacht gefährlich geworden wäre, wurde unverzüglich erstickt.« »Warum haben Sie das Licht nicht einfach weggenommen und gelöscht?« fragte der Lordmayor. »Hätte ich das Licht ausgelöscht, so würden die Bedienten im Hause nicht vorsichtiger geworden sein. Nun aber ein so großer Lärm daraus entstanden ist, werden sie künftig acht haben.« »Seltsam, sehr seltsam«, sagt der Lordmayor. »Er ist wirklich kein Bösewicht, sondern nur nicht richtig im Kopf.« Und er ließ ihn ins Irrenhaus sperren; dort sitzt er heute noch.

Die Geschichte paßt vortrefflich auf Lessing, nur daß er nicht verrückt war, sondern wußte, was er tat. Er zeigt, wie ein geheimer Feind seine

Laufgräben bis an den Wall herangeführt hat, und ruft nach einem, »der dem Ideale eines echten Verteidigers der Religion nur eben so nahe käme«, wie der Fragmentist dem Ideale des echten Bestreiters. Als sähe er wie ein Prophet in die Zukunft, sagt er einmal: »Aus ihrer inneren Wahrheit müssen die christlichen Überlieferungen erklärt werden, und alle schriftlichen Überlieferungen können ihr keine innere Wahrheit geben, wenn sie keine hat.«

Reimarus geht aus von der Frage nach dem Inhalt der Predigt Jesu. »Wir haben Grund«, sagt er, »dasjenige, was die Apostel in ihren Schriften vorbringen, von dem, was Jesus in seinem Leben selbst ausgesprochen und gelehrt hat, gänzlich abzusondern.« Was zu Jesu Predigt gehört, ist klar zu erkennen; sie hängt in zwei identischen Sätzen: Bekehrt euch und glaubet dem Evangelio, oder, wie es sonst heißt: Bekehrt euch, denn das Himmelreich ist nahe herbeigekommen.

Das Himmelreich aber muß »nach jüdischer Redensart« verstanden werden. Der Täufer und Jesus erklären diesen Begriff nirgends; also haben sie ihn in der bekannten und üblichen Deutung wollen verstanden wissen. Damit steht Jesus ganz in der jüdischen Religion. Er setzt die messianischen Erwartungen voraus, ohne sie irgendwie zu korrigieren. Weiterbildner der Religion ist er nur insofern, als er die nahe Wirklichkeit jener Welt von Ideen, die in Tausenden lebendig waren, verkündet.

Einer Unterweisung über das Wesen des Himmelreichs bedurfte es nicht. Der Katechismus und das Glaubensbekenntnis der ersten Kirche bestanden nur aus einem Satze! Zu glauben war nicht schwer. »Sie durften nur das Evangelium glauben oder daß Jesus das Reich Gottes bald anfangen würde.« Da nun viele unter den Juden waren, welche schon auf das Reich Gottes warteten, so war es kein Wunder, daß in ein paar Tagen, ja in ein paar Stunden, etliche Tausend gläubig wurden, denen doch nichts anderes war vorgesagt worden, als daß Jesus der verheißene Prophet sei.

Nur dies, nicht mehr, wußten die Jünger vom Reich Gottes, als sie zu seiner Verkündigung vom Meister ausgeschickt wurden. Die, welche sie hörten, konnten nur »auf die gemeine Meinung und Hoffnung davon kommen«. »Durch solche Missionaros konnte unmöglich was anderes abgezielet sein, als daß die unter dem römischen Joche seufzenden und zu einer Hoffnung der Erlösung längst vorbereiteten Juden jetzt von allen Enden in Judäa rege werden und zu Haufe kommen würden.«

Auch konnte Jesus wohl wissen, daß, falls die Leute seinen Boten glaubten, sie sich auch nach einem weltlichen Erlöser umsehen und sich in dieser Absicht an ihn wenden würden. Für jeden Hörer bedeutete das Evangelium also nichts anderes, als daß jetzt unter ihm das Reich des Messias seinen Anfang nehmen würde. Eine Schwierigkeit für die Annahme, daß er der Messias, Gottes Sohn, sei, war für sie nicht vorhanden, denn es lag in diesem Begriff nichts Metaphysisches. Gottes Sohn war das

Volk; Gottes Söhne waren die Könige des Bundesvolkes; Gottes Sohn war der Messias in besonderem Sinne. Auch bei den messianischen Ansprüchen Jesu blieb dennoch alles »in den Schranken der Menschlichkeit«.

Weil er für die Zeitgenossen nicht zu erklären brauchte, was das Reich Gottes sei, sind wir übel daran. Aus den Gleichnissen erfahren wir es nicht, denn sie setzen den Begriff voraus. »Wenn wir nicht aus den Schriften der Juden etwas mehr wüßten, was man damals für eine Meinung von dem Messias und dem Himmelreich oder Reiche Gottes gehabt, so würde uns dieser Hauptartikel noch sehr dunkel und unverständlich sein.«

Will man also Jesu Lehre historisch begreifen, so muß man die Katechismusvorstellungen von einer metaphysischen Gottessohnschaft, von der Dreieinigkeit und die sonstigen dogmatischen Begriffe zu Hause lassen und nur auf jüdische Anschauungen ausgehen. Nur die, welche ihre Katechismusvorstellungen in die Verkündigung des Judenmessias zurücktragen, können auf den Gedanken kommen, daß er ein Religionsstifter war. Für die Unbefangenen ist es offenbar, »daß Jesus die jüdische Religion in keinem Stücke abschaffen und statt derselben eine neue hat einführen wollen«.

Aus Mt 5,18 ergibt sich, daß er nicht mit dem Gesetze brach, sondern voll und ganz darin stand. Wenn er überhaupt etwas Neues verkündigt, so ist es die Gerechtigkeit auf das Gottesreich hin. Die Gesetzesgerechtigkeit reicht in der Zeit des kommenden Reiches nicht mehr aus; es muß eine neue, tiefere Sittlichkeit erstehen. Diese Forderung ist der einzige Punkt der Lehre Jesu, der jenseits der zeitgenössischen Vorstellungen liegt. Aber mit dieser neuen Sittlichkeit hebt er das Gesetz nicht auf, denn er entwickelt sie als eine Vollendung der alten Gebote. Die Jünger zwar haben später mit dem Gesetz gebrochen. Sie taten es aber nicht auf einen Befehl Jesu, sondern unter dem Druck der Umstände, als sie aus dem Judentum hinausgedrängt wurden und eine neue Religion gründen mußten.

Jesus teilte den jüdischen Partikularismus ganz und unbefangen. Nach Mt 10 verbietet er den Jüngern, den Heiden den Anbruch des Reiches Gottes zu verkündigen. Also kann sich seine Absicht auf sie nicht erstreckt haben. Andernfalls wäre auch das Zögern Petri, Act. 10 und 11, und seine Rechtfertigung der Bekehrung des Cornelius unverständlich.

Taufe und Abendmahl zeugen nicht für die Gründung einer neuen Religion. Zunächst einmal ist der Taufbefehl Mt 28,19 anfechtbar, nicht nur als Wort des Auferstandenen, sondern auch weil er universalistisch ist, die Dreieinigkeit und folglich zugleich die metaphysische Gottessohnschaft Jesu voraussetzt. Damit steht er aber mit der ältesten Überlieferung von Gemeindetaufe in Widerspruch, denn damals, wir erfahren es aus der Apostelgeschichte und von Paulus, taufte man nicht auf die drei Personen, sondern auf Jesus, den Messias.

Sodann aber ist es fraglich, ob die Taufe überhaupt von Jesus herrührt.

Er selbst hat in seinem Leben niemand getauft und keinen Bekehrten zu taufen befohlen. So ist nur die Bedeutung der Taufe, nicht ihre Herkunft sicher. Die Taufe auf den Namen Jesu bedeutete nichts anderes, als daß Jesus der Messias sei. »Denn es war nach Jesu Lehre keine weitere Veränderung in ihrer Religion vorgegangen, als daß sie bisher geglaubt an einen Erlöser Israels, der da kommen sollte, nun aber glaubten an einen, der schon gekommen sei.«

Auch das Abendmahl ist keine neue Stiftung, nur eine Episode beim letzten Passahmahl im alten Reich »zur Vorerinnerung an das Passah im neuen Reich«. Ein Abendmahl nach unserem Begriff, »losgelöst vom Passah«, war für Jesus und nicht weniger für die Jünger undenkbar.

Ebensowenig wie die »Sakramente« darf man die Wunder für die neue Religion in Anspruch nehmen. Zunächst mache man sich klar, wie es mit den überlieferten Wundern steht. Daß Jesus Heilungen verrichtet hat, die im Sinne seiner Zeitgenossen Wunder waren, soll nicht bestritten werden. Sie hatten den Zweck, ihn als Messias zu erweisen. Er verbot, die Wunder auszusagen, wo sie doch unmöglich verschwiegen bleiben konnten, »nur um die Leute dazu begieriger zu machen«. Andere Wunder jedoch beruhen nicht auf Tatsachen, sondern figurieren nur im Text, weil alttestamentliche Wundergeschichten sich an Jesus in höherer Potenz wiederholen mußten. Wirkliche Wunder hat er nicht getan, sonst wären die Zeichenforderungen unverständlich. In Jerusalem, als alles Volk auf die machtvolle Offenbarung seines Messiastums harrte, was hätte da ein Wunder für einen Erfolg gehabt! »Wenn nur ein einziges Wunder, öffentlich, überzeugbar und unleugbar von Jesu vor allem Volke an den hohen Festtagen geschehen wäre, so sind die Menschen so geartet, daß ihm alle Welt würde zugefallen sein.«

Auf diese Volksbewegung wartete er aber vergebens. Zweimal glaubte er, es sei nahe daran. Einmal, bei der Aussendung der Jünger, Mt 10,23, da er zu ihnen sagte: »Ihr werdet mit den Städten Israels nicht zu Ende kommen, bis der Menschensohn kommen wird.« Er meinte, daß das allenthalben auf die Predigt der Jünger hin ihm zuströmende Volk ihn alsbald zum Messias ausrufen werde. Seine Erwartung ging nicht in Erfüllung.

Das zweite Mal gedachte er die Sache in Jerusalem zur Entscheidung zu bringen. Er zieht auf einem Eselsfüllen ein, damit die messianische Weissagung des Sacharja an ihm in Erfüllung gehe. Wirklich ruft das Volk auch »Hosianna dem Sohne Davids!« Auf die Seinen gestützt, darf er der Obrigkeit Trotz bieten. Er reißt die Gewalt im Tempel an sich und fordert in glühenden Reden zur offenen Empörung wider den Hohen Rat und die Pharisäer auf, weil sie das Himmelreich verschließen und die andern hindern hineinzukommen. Kein Zweifel, daß er die Menge mitreißen wird! Seiner Sache ganz gewiß beschließt er die große Aufruhrrede

Mt 23 mit den Worten: »Wahrlich, ihr werdet mich nicht mehr sehen von jetzt an, bis daß ihr sprechet: Gelobt sei, der da kommt im Namen des Herrn«, d. h. bis ihr mich zum Messias ausruft.

Aber das Volk in Jerusalem versagte, wie die Galiläer zur Zeit der Aussendung versagt hatten. Der Hohe Rat raffte sich zum Handeln auf. Die freiwillige Verborgenheit, mit der Jesus das Volk zu reizen gedachte, wurde zur unfreiwilligen. Vor seiner Verhaftung kam die Angst über ihn, und am Kreuz beschloß er sein Leben mit den Worten: »Mein Gott, mein Gott, warum hast du mich verlassen!« »Dieses Eingeständnis läßt sich ohne Zwang nicht anders denken, als daß ihm Gott zu seinem Zweck und Vorhaben nicht geholfen, wie er gehofft hatte. Es war demnach sein Zweck nicht gewesen, daß er leiden und sterben wollte, sondern daß er ein weltlich Reich aufrichtete und die Juden aus ihrer Gefangenschaft erlöste ... und darin hatte ihn Gott verlassen.«

Für die Jünger bedeutete diese Wendung der Dinge die Vernichtung der Träume, um deretwillen sie Jesu nachgefolgt waren. Denn wenn sie etwas um seinetwillen aufgegeben hatten, so war es nur, um es hundertfältig wiederzubekommen, wenn sie einst als Freunde und Minister des Messias, als Richter der zwölf Stämme Israels vor der Welt offenbar würden. Diese sinnliche Hoffnung hat ihnen Jesus nie genommen, sondern sie im Gegenteil darin bestärkt. Als er den Rangstreit entschied und die Forderung der Söhne Zebedäi beantwortete, griff er die Voraussetzung, daß es sich um ein Herrschen handele, nicht an, sondern ließ sich nur über die Art aus, wie sie für den Augenblick das Anrecht auf jene Herrschaft erwerben müßten.

Das setzt voraus, daß der Zeitpunkt der Erfüllung jener Wünsche von Jesus mit den Jüngern nicht allzufern gedacht wurde. So sagt er Mt 16,28: »Wahrlich ich sage euch: Es stehen etliche hie, die den Tod nicht schmekken werden, bis sie den Menschensohn sehen kommend in seinem Reiche.« Da ist nichts zu drehen und zu deuteln: Jesus verheißt die Erfüllung aller messianischen Hoffnungen vor dem Ende jener Generation.

So waren die Jünger auf alles vorbereitet, außer auf das, was eintraf. Von Tod und Auferstehung hatte Jesus ihnen nie ein Wort gesagt, sonst wären sie beim Tode nicht so feig und bei der »Auferstehung« nicht so überrascht gewesen. Die drei oder vier darauf gerichteten Sprüche sind ihm also später in den Mund gelegt worden, damit es scheinen sollte, als hätte er diese Ereignisse in seinem ursprünglichen Plan vorgesehen.

Wie kamen sie aber über das vernichtende Ereignis hinweg? Indem sie auf die zweite Form der jüdischen Messiashoffnung zurückgriffen. Bisher hatten sie mit ihrem Meister in der prophetisch-politischen Vorstellung von einem Davidssproß, der sich als messianischer Befreier des Volkes offenbaren würde, gelebt. Daneben bestand aber noch eine andere, alles ins Übernatürliche wendende messianische Erwartung, die mit Daniel eingesetzt hatte und uns noch aus den Apokalypsen, Justins Dialog mit Trypho und einzelnen rabbinischen Aussprüchen erkennbar ist. Danach – der Fragmentist operiert besonders mit den Aussagen Tryphos – sollte der Messias zweimal erscheinen, einmal in menschlicher Niedrigkeit, das andere Mal in Herrlichkeit auf den Wolken des Himmels.

Da nun das erste »Systema«, wie Reimarus sagt, durch den Tod Jesu vernichtet war, holten die Jünger das zweite hervor und schufen sich einen Anhang, der mit ihnen die zweite Ankunft des Messias Jesus erwartete. Dem Tode Jesu aber, um mit diesem Ereignis fertig zu werden, gaben sie eine Bedeutung auf die geistige Erlösung, welche aber weder in Jesu noch in ihrem Gesichtskreis gelegen hatte.

Aber diese geistige Deutung des Todes hätte ihnen nichts genützt, wenn sie die Auferstehung nicht dazu erfunden hätten. Zwar unmittelbar nach dem Tode lagen ihnen diese Gedanken alle fern. Sie hatten nur Angst und tagten bei verschlossenen Türen. »Es wagt aber bald einer oder der andere auszuschlüpfen. Sie hören, daß weiter keine gerichtliche Nachfrage nach ihnen geschieht.« Nun überlegen sie miteinander, was geschehen solle. Zur alten Hantierung zurückzukehren, war ihnen zu sauer; die Freunde des Messias hatten auf ihren Reisen das Arbeiten verlernt. Sie hatten gesehen, daß die Predigt des Gottesreichs ihren Mann wohl nährt; auch als er sie ohne Tasche und Geld aussandte, hatten sie nicht gedarbt. Die Weiber, von denen Lk 8,2.3 berichtet, hatten es sich angelegen sein lassen, den Messias und seine zukünftigen Minister gut zu beköstigen.

Warum diese Existenz nicht fortsetzen? Es würden sich sicher Gläubige genug finden, sich mit ihnen zusammenzutun, um mit ihnen der zweiten Ankunft des Messias zu harren und in Erwartung der kommenden Herrlichkeit ihre Habe mit ihnen zu teilen. So stahlen sie den Leichnam Jesu, verbargen ihn und verkündigten aller Welt, er sei auferstanden und werde bald wiederkommen. Vorsichtigerweise warteten sie aber mit dieser Botschaft fünfzig Tage, daß der Leichnam, wenn man ihn finden sollte, durch Verwesung unkenntlich wäre.

Zu statten kam ihnen dabei die gänzliche Zerrüttung des jüdischen Staates. Wäre eine richtige Polizeibehörde dagewesen, so hätten sie den Trug nicht organisieren und die kommunistische Gemeinschaft nicht gründen können. So aber wurde die neue Gesellschaft nicht einmal ob des merkwürdigen Todes eines Ehepaares behelligt, das von der Wohnung der Apostel weg begraben wurde, und durfte noch ihr Vermögen für sich einziehen.

Die Parusie[6] ist also die Grundhoffnung des Urchristentums, das ein Produkt dieser Erwartung, nicht so sehr der Lehre Jesu ist. Dann ist aber

6 Parusie (παρουσία) »Ankunft« ist der schon von Paulus (z. B. 1 Kor 15,23) gebrauchte Ausdruck für die Ankunft des Messias-Menschensohnes zum Weltgericht.

das Grundproblem der alten Dogmatik die Verzögerung der Parusie. Schon Paulus mußte sich da an die Arbeit machen und im 2. Thessalonicherbrief alle möglichen und unmöglichen Gründe finden, warum die Wiederkunft sich hinauszog. Reimarus beleuchtet mitleidslos die Lage des Apostels, der die Leute hinhalten muß. Der Autor des 2. Petrusbriefes geht schon zielbewußter vor und richtet sich ein, die Christenheit definitiv mit dem Sophisma von den tausend Jahren, die vor Gott wie ein Tag sind, zu vertrösten, wo doch bei der Verheißung nicht mit Gottes-, sondern mit Menschenjahren gerechnet wurde. »Unterdessen haben die Apostel bei der ersten einfältigen Christenheit so viel damit gewonnen, daß, nachdem einmal die Gläubigen damit eingeschläfert worden, und der eigentliche Terminus ganz verstrichen war, die folgenden Christen und Kirchenväter sich durch eitle Hoffnungen bis in alle Ewigkeit halten konnten.« Das Wort Christi von dem Geschlecht, das vor seiner Wiederkunft nicht sterben wird, setzt zwar dieses Ereignis klärlich auf einen nicht gar entfernten Zeitpunkt fest. Aber da Jesus nicht auf den Wolken des Himmels erschienen ist, »müssen sich diese Worte heutzutage foltern lassen, und nunmehr statt Geschlecht, d. h. Generation, das jüdische Volk bedeuten«. So sind sie durch Exegetenkunst für alle Ewigkeit gerettet, denn das jüdische Volk stirbt nicht aus.

Im allgemeinen aber »wischen die heutigen Theologen über diese Materie hin«, weil sie ihren Absichten nicht förderlich ist, »und beziehen die Zukunft Christi auf den Wolken auf einen ganz anderen Zweck, als Christus selbst und die Apostel gelehrt haben.« Unser Christentum beruht auf Trug, insoweit das Nichteintreffen der eschatologischen Erwartungen darin nicht eingestanden ist.

Was bedeuten dieser Tatsache gegenüber alle Wunder, wenn man sie sogar für authentisch halten möchte? »So wenig sich durch Wunder beweisen läßt, daß zweimal zwei fünfe machen oder daß ein Zirkul vier Winkel habe: so wenig kann ein Widerspruch, der offenbar in den Lehrsätzen und Geschichten des Christentums liegt, durch eine Menge von Wundern gehoben werden.« Es hilft auch nichts, daß man sich auf Erfüllung von Weissagungen beruft, denn die matthäischen Konstatierungen »auf daß die Schrift erfüllet würde« sind alle gekünstelt und unwirklich, und manche Geschichten werden von Jesus, von den Jüngern oder vom Evangelisten in Szene gesetzt, um dem Volk die Erfüllung der Weissagungen vorzuspiegeln.

Das einzige Argument, das das Christentum retten könnte, wäre der Nachweis, daß die Parusie wirklich zu ihrer Zeit eingetreten ist. Er ist aber nicht zu führen.

Dies die Konstruktion des Reimarus. Wir verstehen, daß sein Werk seiner Zeit ein Ärgernis sein mußte, da es eine Kampfschrift, nicht eine objektive historische Studie ist. Aber wir haben kein Recht, es einfach als deistische Schöpfung abzufertigen, wie z. B. Otto Schmiedel[7] es mit einem Wort abtut, sondern es ist an der Zeit, daß dem Reimarus sein Recht werde, und daß man die grandiose historische Leistung in der deistischen Streitschrift anerkenne. Sein Werk ist vielleicht die großartigste Leistung in der Leben-Jesu-Forschung überhaupt, denn er hat zuerst die Vorstellungswelt Jesu historisch, d. h. als eschatologische[8] Weltanschauung erfaßt. Er hat ein Recht, den Haß in seiner Schrift lodern zu lassen. Die historische Wahrheit war so übermächtig über ihn gekommen, daß er seine Zeit nicht mehr verstehen konnte und es ihrem Glauben nicht mehr zugestehen durfte, er sei so ohne weiteres, wie sein Vorgeben war, aus der Predigt Jesu hervorgegangen.

Dazu kam, daß die Perspektive, in der er die Eschatologie sah, falsch war. Er meinte, es wäre das politisch-davidische Messiasideal gewesen, das Jesu Predigt beherrsche. Alles andere ist nur Konsequenz dieses Grundfehlers. Es war nur eine Nothypothese, daß er das Urchristentum aus einem Betrug herleitete. Die damalige Wissenschaft war eben nicht so weit, daß sie dem, der einmal den eschatologischen Grundcharakter der Predigt Jesu und des Urchristentums eingesehen hatte, den Weg zur historischen Lösung zeigen konnte, sondern sie brauchte mehr als hundertundzwanzig Jahre, bis sie den Abgrund, welchen Reimarus mit einer Nothypothese überbrücken mußte, ausgefüllt hatte.

An der elementaren Erkenntnis des Reimarus gemessen, ist die ganze Theologie bis Johannes Weiß Rückschritt, denn sie arbeitete mit der Ignorierung oder Verdunkelung des Satzes, daß Jesus, als historische Persönlichkeit, nicht als Anfänger eines neuen, sondern als die Enderscheinung des eschatologisch-apokalyptischen Spätjudentums zu betrachten sei. Jeder Satz von Johannes Weißens »Die Predigt Jesu vom Reiche Gottes«, 1892, ist eine Rechtfertigung, eine Rehabilitierung des Historikers Reimarus.

So sieht der Wanderer in der Ebene die ferne Gebirgskette. Dann verliert er sie aus dem Auge. Der Weg windet sich durch Täler langsam aufwärts, nähert sich den Gipfeln immer mehr, bis dieselben, bei einer Biegung des Pfades, vor ihm liegen, nicht in der Perspektive, in der sie ihm in der Ebene erschienen, sondern in ihren wirklichen Formen. Also erging es der Theologie mit der Eschatologie. Reimarus war der erste, der nach achtzehn Jahrhunderten wieder ahnte, was Eschatologie sei; dann verlor die Theologie sie aus den Augen, um sie erst mehr denn hundert Jahre nachher in ihrer wahren Form, soweit sie historisch bestimmbar ist,

7 Otto Schmiedel: Die Hauptprobleme der Leben-Jesu-Forschung. Tübingen 1902.

8 Mit »Eschatologie« bezeichnet man in der Dogmatik die Lehre von den »letzten Dingen«. In der Geschichtswissenschaft dienen das Wort und seine Ableitungen dazu, die besondere Färbung zum Ausdruck zu bringen, die die Weltanschauung Jesu und seiner Anhänger durch die Erwartung des baldigen Weltendes empfängt.

zu erkennen, und dies erst, nachdem sie den einzigen Fehler des Reimarus, die Annahme der politisch-irdischen Bedingtheit der Eschatologie, bis fast zuletzt in allen ihren historischen Operationen mitgeschleppt hatte. So teilten sie doch wenigstens den Fehler des Mannes, der nur als Deist, nicht als Historiker für sie existierte, und dessen wahre Größe nicht einmal Strauß, der ihm ein Denkmal setzte, erkannte.

Mag die Lösung bei Reimarus falsch sein: die Beobachtungen, von denen er ausgeht, sind unfehlbar richtig, weil die Grundbeobachtung eben historisch ist. Er hat erkannt, daß zwei messianische Erwartungskreise, ein altprophetischer und ein danielisch-apokalyptischer, im Spätjudentum ineinandergriffen, und hat versucht, sie aufeinander einzustellen, um die wirkliche Bewegung in der Geschichte darzulegen. Er beging dabei den Fehler, beide frei ineinanderlaufen zu lassen, Jesus das davidisch-politische, den Jüngern nach seinem Tode das danielisch-apokalyptische »Systema« zuzuweisen, statt sie aufeinanderlaufen zu lassen, so daß der messianische König und der Menschensohn sich decken, die altprophetische Anschauung sich in die danielische Apokalyptik einzeichnet und von ihr in die Sphäre des Übersinnlichen erhoben wird. Aber was bedeutet der Fehler gegenüber der Erfassung des Problems?

Reimarus hat die den Hauptbegriff nicht definierende Verkündigung Jesu und ebenso den raschen und großen Erfolg seiner Predigt als Problem empfunden, und ihn nicht als Religionsstifter und Lehrer, sondern als reinen Verkündiger begriffen.

Die synoptische und johanneische Relation hat er in Einklang gebracht, indem er die letztere tatsächlich ausschaltete. Jesu Stellung zum Gesetz und den Prozeß des Freikommens der Jünger von dieser Stellung hat er so begriffen und dargestellt, daß die moderne Wissenschaft kein Wort hinzuzusetzen hat, sondern froh sein könnte, wenn wenigstens die Hälfte der Theologen darin schon so weit wäre.

Erkannt hat er ferner, daß das Urchristentum nicht etwas ist, das gewissermaßen aus dem Lehrvortrag Jesu herauswuchs, sondern daß es eine Schöpfung auf Grund neuer, zu jener Verkündigung hinzukommender Ereignisse und Verhältnisse ist, womit zusammenhängt, daß Taufe und Abendmahl im historischen Sinn nicht Stiftungen Jesu sind, sondern Schöpfungen der Urgemeinde auf Grund gewisser historischer Voraussetzungen.

Reimarus hat das Auffällige der Tatsache, daß das »Osterereignis« erst zu Pfingsten verkündigt wird, als Frage erfaßt und zu lösen versucht.

Weiter hat er erkannt, daß die Lösung des Problems des Lebens Jesu das Zusammengehen der historischen und der literarischen Methode bedingt. Er fühlt, daß man mit der Geltendmachung der Eschatologie nicht auskommt, sondern zugleich ein schöpferisches Moment in der Überlieferung annehmen muß, auf dessen Konto er Wunder, messianische Geschichten, universalistische Züge, Leidens- und Auferstehungsweissagungen setzt. Auch empfindet er, wie Wrede, daß die Verbote bei Heilungen und gewissen Mitteilungen an die Jünger ein Problem sind, das Lösung verlangt.

Noch hervorragender ist seine Beobachtung im exegetischen Detail. Er hat ein unfehlbares Empfinden für lapidare Stellen, wie Mt 10,23 und Mt 16,28, die als Knotenpunkte große Zusammenhänge beherrschen und bestimmen. Es gibt eben Historiker von Gottes Gnaden, die von Mutterleib an den Sinn für die Erfassung des Wirklichen haben und wie ein Bach, der sich in seinem Lauf durch keine Felsblöcke und Talwindungen beirren läßt, den wirklichen Weg durch das Labyrinth der berichteten Tatsachen finden. Kein Wissen kann diese geschichtliche Intuition ersetzen, nur daß es die Besitzer im schönen Glauben erhält, sie seien Historiker, und sie so für die Geschichte in Dienst nimmt. In Wirklichkeit aber bereiten sie nur Geschichte vor, indem sie für einen kommenden Historiker Beobachtungen ansammeln, aus denen er dann durch seine natürliche Gabe Vergangenheit zum Leben erweckt. Öfter aber leistet das Wissen der Geschichte den »Dienst«, daß es neue historische Erkenntnis, solange es geht, niederhält, alle Möglichkeiten gegen die einzige Wirklichkeit ins Feld führt, eine mit der andern stützt und zuletzt meint, aus Möglichkeiten eine lebendige Wirklichkeit geschaffen zu haben.

Dieses retardierende Wissen ist der Vorzug der Theologie, wo, bis auf den heutigen Tag, bewundernswerte Gelehrsamkeit oft nur dazu dient, sich über elementare Erkenntnis hinwegzutäuschen und das Künstliche an die Stelle des Natürlichen zu setzen. Und dies nicht nur bei denen, die sich verschließen wollen, sondern auch bei solchen, die nach vorwärts streben und denen ihre Zeit Herzogswürde zuerkennt. Dies offenbarte sich typisch darin, daß Semler im Namen der wissenschaftlichen Theologie Reimarus tot machte.[9]

Reimarus hatte die fortschrittlerische Theologie diskreditiert. Studenten – Semler erzählt es in seiner Vorrede – wurden irre und suchten sich einen anderen Beruf. Der große Hallenser – er war geboren 1725 –, der Vorkämpfer für die historische Auffassung des Kanons, der Vorläufer Baurs für die Konstruktion des Urchristentums, wurde gedrängt, dem Ärgernis zu steuern. Wie weiland Origenes den Celsus, nimmt er Reimarus Satz für Satz vor, so daß man dessen Werk, wenn es verloren wäre, aus der Refutation rekonstruieren könnte. Semler hatte ihm eben nichts Ganzes und Geschlossenes entgegenzustellen, sondern inauguriert gegen ihn die Ja- und Aber-Theologie, die dann, in den verschiedensten Modifikationen, mehr denn drei Generationen lang mit Reimarus und seiner Erkenntnis fertig zu sein glaubte.

9 Auch Döderlein schrieb eine Apologie Jesu gegen den Fragmentisten: Fragmente und Antifragmente. Nürnberg 1778.

Reimarus – dies das Losungswort im Kleinkrieg, den Semler führt – kann nicht recht haben, denn er ist einseitig. Jesus und die Jünger haben zwei Lehrarten geübt: eine sinnliche, bilderreiche, aus der jüdischen Sphäre stammend, durch die sie sich den Volksgenossen akkomodierten, um sie unmerklich zu einer höheren Betrachtungsweise mit emporzuheben; daneben eine rein geistige, die jene Bilder entbehren konnte. Beide Lehrarten gingen nebeneinander her, weil es stets Zeitgenossen von beiderlei Fähigkeit und Gemütsverfassung gab. »Dies ist historisch so gewiß, daß der Ungenannte ganz unumgänglich hier seine Angriffe verlieren mußte, weil er bloß die grobe sinnliche Vorstellung annimmt.«

Er hat sie aber nicht verloren; nur daß durch das Ansehen Semlers und die absolute Unfähigkeit der zeitgenössischen Theologie, den Vorsprung, den Reimarus hatte, einigermaßen einzuholen, sein Werk kaltgestellt wurde und seine Anregungen verlorengingen. Wie er keine Vorläufer hatte, so hatte er auch keine Schüler. Sein Werk gehört zu jenen einzig großen Werken, die spurlos vorübergehen, weil sie zu früh gekommen, deren die späteren Generationen nur in bewundernder, nicht in dankbarer Gerechtigkeit gedenken.

Eher kann man sagen, daß Reimarus die jung aufstrebende Wissenschaft seiner Zeit durch seine Wucht erdrückt hat. An Semler rächte er sich, indem er ihn an der historischen Theologie und sogar an der Freiheit der Wissenschaft irremachte. Mit dem Ende der siebziger Jahre lenkt der Hallenser immer mehr in rückschrittliche Bahnen ein, wird der Sache, der er früher gedient, immer mehr untreu, und geht zuletzt so weit, das Wöllnersche Religionsedikt (1788) gutzuheißen. Ob dieses Wechsels – er starb 1791 – hielten ihn seine Freunde für kindisch.

So bricht die großartige Ouvertüre, in welcher alle Motive der kommenden Leben-Jesu-Forschung anklingen, mit einer jähen Dissonanz ab, bleibt für sich, unvollendet, und leitet zu nichts über.

3 Die Leben-Jesu des älteren Rationalismus

Johann Jakob Hess: Geschichte der drei letzten Lebensjahre Jesu. 3 Bände mit zusammen etwa 1400 S. Leipzig-Zürich 1768–1772. 3. Auflage 1774 ff. 7. Auflage 1823 ff.

Franz Volkmar Reinhard: Versuch über den Plan, welchen der Stifter der christlichen Religion zum Besten der Menschheit entwarf. 500 S. 1781. 4. Auflage 1798. 5. Auflage 1830. Die Darstellung folgt der 4. Auflage. Die 5. ist mit Zusätzen von Heubner versehen.

Ernst August Opitz, Prediger in Zscheppelin: Geschichte und Charakterzüge Jesu. Jena und Leipzig 1812. 488 S.

Johann Adolph Jacobi, Superintendent zu Waltershausen: Die Geschichte Jesu für denkende und gemütvolle Leser. 1816. Ein zweiter Band, die Geschichte des apostolischen Zeitalters enthaltend, folgte 1818.

Johann Gottfried Herder: Vom Erlöser der Menschen. Nach unsern drei ersten Evangelien. 1796. Von Gottes Sohn, der Welt Heiland. Nach Johannes Evangelium. Nebst einer Regel der Zusammenstimmung unserer Evangelien aus ihrer Entstehung und Ordnung. Riga, bei Hartknoch 1797. Siehe Herders Gesammelte Werke. Ed. Suphan. Band XIX.

Dem ausgebildeten theologischen Rationalismus, der in der Religion nur das Vernunftgemäße anerkennt und danach ihre Entstehung beurteilt und darstellt, geht ein unausgebildeter, noch halb in dem unbefangenen Supranaturalismus lebender Rationalismus voraus, in den wir moderne Menschen uns fast gar nicht mehr hineindenken können. Wir sehen hier in demselben Bewußtsein Orthodoxie und Rationalismus schichtweise übereinander gelagert. Die Vernunftwelt umspielt die noch unangetastete religiöse Welt und gibt sie in eigentümlichen Brechungen wieder, wie ein See, in dem sich eine alte Burg spiegelt.

Dieser unausgebildete Rationalismus fühlt das Bedürfnis – es ist das erste Mal in der Geschichte der Theologie – Leben-Jesu zu schreiben. Er ahnt noch nicht, wohin dies Unternehmen führen wird. Die dogmatische Vorstellung von Jesus soll nicht angetastet werden oder wenigstens glaubt man sie nicht anzutasten. Nur in dem irdisch-menschlichen Verlauf des Lebens des Herrn will man klarer sehen. Die Theologen, die die Aufgabe in Angriff nehmen, meinen nicht mehr zu liefern als nur ein historisches Supplement zum Leben des Gottmenschen Jesus. Diese Leben-Jesu sind also ganz nach dem Rezept des »guten alten Herrn« geschrieben, der 1829 dem jungen Hase riet, zuerst die göttliche und dann die menschliche Seite des Lebens Jesu darzustellen.

Der Kampf um das Wunder ist noch nicht zum Ausbruch gekommen. Zwar spielt es eigentlich keine Rolle mehr; das Prinzip, daß die Lehre

Jesu und die Religion einzig durch ihre innere Vernünftigkeit, nicht durch äußere Beglaubigung zu Recht bestehen, ist anerkannt.

Rationalistisch ist an diesen älteren Werken nur die Darstellung der Lehre Jesu. Auch die am supranaturalsten gehaltenen sind in der Wiedergabe der Verkündigung des großen Lehrers genauso undogmatisch wie die fortgeschritteneren Leben-Jesu. Bei allen versteht es sich ebenfalls von selbst, daß man die Gelegenheit, die Zahl der Wunder zu vermindern, nicht vorübergehen lassen darf. Wo eines natürlich erklärt werden kann, wird keinen Augenblick gezögert. Aber das bewußte Auflösen aller Wunder, das Ausscheiden alles Übernatürlichen, das in das Leben Jesu hineinragt, finden wir hier noch nicht. So konsequent ist erst Paulus. Der ältere Rationalismus läßt einen Rest Wunder bestehen. Von der Aufklärung des einzelnen hängt es ab, wie groß dieser eiserne Bestand des Übernatürlichen für ihn ist.

Dabei ist dieser ältere Rationalismus, wie jede kraftvolle Periode des menschlichen Denkens, total unhistorisch. Er sucht nicht die Vergangenheit, sondern sich selbst in der Vergangenheit. Das Problem des Lebens Jesu ist für ihn gelöst in dem Augenblick, wo es ihm gelungen ist, Jesus seiner Zeit nahezubringen, ihn als den großen Lehrer der Tugend darzustellen und zu zeigen, daß seine Lehre identisch ist mit der vom Rationalismus vergötterten Vernunftwahrheit.

Die zeitliche Ausdehnung dieses unausgebildeten Rationalismus ist schwer zu bestimmen. Das erste Denkmal desselben für die Leben-Jesu-Forschung besitzen wir in dem Werk von Heß, das 1768 herauskam. Aber dann ging er neben dem eigentlichen Rationalismus her, ohne durch ihn verdrängt zu werden. Das Leben-Jesu von Heß erschien noch 1823 in siebter Auflage; das von Reinhard erlebte 1830 seine fünfte. Und als Strauß dem konsequenten Rationalismus ein Ende machte, ging der unausgebildete Rationalismus nicht unter, sondern verbündete sich mit dem Neosupranaturalismus, den Strauß in der Darstellung des Lebens Jesu hervorgerufen hatte, und führt bis heute ein latentes Dasein in einer gewissen konservativen Literatur, nur daß er das Beste, was er hatte, die Unbefangenheit und Ehrlichkeit, verloren hat.

Diese älteren rationalistischen Leben-Jesu gehören, ästhetisch betrachtet, mit zum Ungenießbarsten, was die Theologie überhaupt hervorgebracht hat. Die Sentimentalität in der Schilderung ist grenzenlos. Ebenso grenzenlos, und das ist fast noch schlimmer, ist der Mangel an Respekt für die Sprache Jesu. Er soll vernunftgemäß modern reden. Darum werden alle seine Aussprüche in dem modernsten Hochdeutsch wiedergegeben. Keine Rede bleibt wie sie ist: man zerlegt, paraphrasiert und verlängert sie und, um sie recht lebendig zu machen, gießt man sie in einen frei erfundenen Dialog. In allen diesen Leben-Jesu steht kein einziges seiner Worte in der authentischen Form.

Und doch darf man gegen die Verfasser nicht ungerecht werden. Sie haben es unternommen, Jesum, so gut sie es konnten, ihrer Zeit nahe zu bringen und sind dabei die Bahnbrecher der historischen Erforschung seines Lebens geworden. Für das, was ihren Werken an ästhetischem Sinn und historischem Erfassen abgeht, entschädigt der Reiz des selbstbewußten, unbefangenen Denkens, das darin aufwacht, sich dehnt und reckt und streckt.

Johann Jakob Heß war geboren 1741 und starb 1828. Nachdem er siebzehn Jahre Vikar gewesen, wurde er Helfer am Fraumünster zu Zürich und später Antistes, Vorsteher des Kirchenkonvents. Als solcher leitete er die Züricher Kirche glücklich durch die Gefahren der großen Revolution hindurch. Ein tiefer Geist war er nicht, aber vielbelesen und nicht ohne Gemüt. Als Mensch hat er Herrliches gewirkt.

Sein Leben-Jesu ist noch halb Evangelienparaphrase, weshalb er es auch »paraphrasierende Geschichte« nennt. Es ruht auf einer harmonisierenden Synopse der vier Evangelien. Der Stoff der Synoptiker wird, wie in allen Leben-Jesu bis auf Strauß, Herder ausgenommen, mehr oder minder willkürlich zwischen den verschiedenen Passahfesten des vierten Evangeliums untergebracht.

Von den Wundern gesteht er zu, daß sie Anstoß erregen. Aber sie gehören eben zur evangelischen Geschichte und zur Offenbarung. Wäre Jesus nur ein moralischer Lehrer, nicht der Sohn Gottes, so brauchte man sie nicht. Aber man muß behutsam sein und das Wunder nicht um des Wunders willen schätzen, sondern vor allem auf den moralischen Sinn ausgehen. Das war der Fehler der Juden, bemerkt er, daß sie alle Taten Jesu nur von der Seite des Seltsamen und Wunderbaren betrachteten und das Moralische derselben vergaßen. Wir aber laufen Gefahr, aus Abneigung gegen das Wunderbare als solches, Geschehnisse, die in Zusammenhang mit dem Evangelium stehen, aus dem Evangelio verweisen zu wollen.

Es bleiben vor allem bestehen die übernatürliche Geburt und die leibhaftige Auferstehung, weil an ersterer die Sündlosigkeit Jesu, an letzterer die Gewißheit der allgemeinen Totenauferstehung hängt. Die Versuchung Jesu in der Wüste ist ein Kunstgriff Satans, durch den er zu entdecken hoffte, »ob Jesus von Nazareth wirklich eine so außerordentliche Person wäre, von der er etwas zu befürchten hätte«. Lazari Auferweckung ist authentisch.

Wo es aber geht, wird rationalisiert. Nicht die Dämonen, sondern die Gadarenischen Besessenen sind unter die Säue gefahren. Durch ihr Rasen erschreckt, rannte die ganze Herde den Abhang hinunter, fiel ins Meer und ersoff. Sie aber wurden durch das Eingehen Jesu auf ihre fixe Idee geheilt. Vielleicht aber, meint Heß, wollte der Herr die Gadarener auch auf die Probe setzen, ob sie die Wohltat, die er zween unter ihnen erwiesen, höher schätzen würden als den Verlust ihrer Schweine. Diese Erklärung samt ihrer Moral brachte es in der Theologie auf etwa sechzig Jahre und ging in ein Dutzend Leben-Jesu über.

Seinem Zweck, »eine jede Angelegenheit so vorzutragen, daß das Fruchtbare und Lehrreiche darin alsbald ins Auge fiele«, kommt Heß so getreulich nach, daß alles unverständlich wird. Die Gleichnisse wandeln in seinen Paraphrasen als vermummte Gestalten einher, wobei die meisten durch die moralischen oder historischen Anspielungen, die er in ihnen entdeckt, ganz entstellt sind. Das Gleichnis von den anvertrauten Pfunden deutet auf einen Mann, der wie Archelaus nach Rom ging, sich die Königskrone zu holen, während die Seinen hinter seinem Rücken intriguierten.

Von der einzigartigen Ästhetik der Rede Jesu bleibt nichts. Das Gleichnis vom Säemann beginnt also: »Ein Feldmann ging seinen Acker zu besäen, der an einer Feldstraße lag, hin und wieder etwas felsigten Grund und an einigen Orten Gesträuch hatte, im übrigen aber wohlgebaut und von guter Art war.« Die Seligpreisung über die Leidtragenden bekommt folgende Form: »Glückselige, die in den Widerwärtigkeiten dieser Zeit wohl erfahren, sich denselben mit Geduld unterziehen; denn solche werden, wo nicht hier bessere Zeiten sehen, doch anderswo Labsal und Trost finden.«

Die Anfrage der Pharisäer an den Täufer wird in Schmierendeutsch dialogisiert. Die Pharisäer: »Wir haben Befehl, dich im Namen unserer Vorsteher zu fragen, für wen du dich ausgebest. Da man zu dieser Zeit auf den Messias wartet und das Volk nicht ungeneigt scheint, dich für denselben zu halten, so wünschten wir um so mehr, du mögtest dich über deinen Beruf und deine Person erklären.«

Johannes: »Man hätte aus meinen Reden schließen können, daß ich nicht der Messias sei. Warum macht man sich so große Gedanken über mir?« usw.

Um die Evangelien schriftstellerisch zu gestalten, wird jeder Person eine Charakteristik beigefügt. Von den Jüngern heißt es: »Sie hatten gesunden Verstand, aber sehr eingeschränkte Einsichten; Fähigkeit sich unterrichten zu lassen, aber Trägheit zum Nachdenken; Kenntnis ihrer Schwäche, aber Anhänglichkeit an alte Vorurteile; Fähigkeit gute Sentiments einzunehmen, aber Schwachheit in Befolgung eines festgesetzten moralischen Plans.«

Die einfachsten Vorgänge geben Anlaß zu sentimentalen Schilderungen. So wird das Wort: »Es sei denn, daß ihr werdet wie die Kindlein« folgendermaßen eingeleitet: »Jesus rief einen Knaben, der in der Nähe war, herbei. Der Knabe kam. Jesus bot ihm die Hand und hieß ihn neben sich stehen, näher als alle Schüler, so daß er unter ihnen den ersten Platz einnahm. Dann schlug er seinen Arm um den Knaben und drückte ihn zärtlich an seine Brust. Mit Verwunderung sahen die Jünger zu, was dieses zu bedeuten hätte. Er erklärte es ihnen also« usw.

Dabei entgeht Heß dem Komischen nicht. Das Wort Jesu: »Ich bin die Tür«, Joh 10, nimmt folgende Gestalt an: »Es kann niemand, weder als Schaf noch als Hirt, in den Pferch kommen (wenn er nämlich den rechten Weg einschlägt) als insofern er mich kennt, und von mir eingelassen und unter die Herde aufgenommen wird.«

Reinhards Werk steht bedeutend höher. Der Verfasser ist 1753 geboren. Nachdem er vierzehn Jahre lang als Dozent zu Wittenberg gewirkt hatte, wurde er, 1792, zum Oberhofprediger in Dresden ernannt. Er starb 1812.

»Ich bin, wie Sie wissen, ein sehr prosaischer Mensch«, schreibt Reinhard an einen Freund. Damit hat er sich selbst am besten gezeichnet. Am meisten sagten ihm die antiken Moralisten zu; er gesteht, bei ihnen mehr gelernt zu haben als in einem collegium homileticum. In seinem berühmten System der christlichen Moral (5 Bde., 1788 bis 1815) hat er sie dann auch ausgiebig benutzt. Seine Predigten – sie füllen 35 Bände und wurden zu ihrer Zeit als mustergültig angesehen – sind mit Geist und Tiefe gedacht, aber immer nach demselben Schema ausgeführt. Reinhards Geist erlaubt sich nur vernünftige, geebnete Wege. Er hat Angst, daß er einmal nicht nach klaren Formeln, nicht verstandesgemäß, sondern mystisch-enthusiastisch denken könnte. Bei allem Vernünfteln und Rationalisieren stehen ihm aber gewisse Säulen der supranaturalistischen Geschichtsauffassung unverrückbar fest.

Auf den ersten Blick sollte man meinen, der Verfasser teile den Glauben an Wunder noch ganz unbefangen. Er erwähnt die Auferweckung des Jünglings zu Nain und des Lazarus, und nimmt den Taufbefehl des Auferstandenen als ein authentisches Wort an. Aber dann bemerkt man, wie er geflissentlich fast keine Wunder in seine Darstellung hereinzieht, und die Definition, durch die er den Begriff des Wunders von innen auflöst, läßt keinen Zweifel über seine eigentliche Stellung bestehen. Er sagt: »Alles das, was wir wunderbar und übernatürlich nennen, ist beziehungsweise zu verstehen, und zeigt nichts weiter an, als eine unleugbare Ausnahme von dem, was durch die natürlichen Ursachen möglich ist, soweit wir sie kennen und von ihrem Vermögen durch unsere Erfahrung belehrt sind. Der bescheidene Denker wird es in keinem Falle wagen, irgendeine Wirkung für so außerordentlich zu erklären, daß sich Gott zu ihrer Hervorbringung keiner Mittelursachen bedienen konnte, sondern selbst wirken mußte.«

Nicht anders steht es mit der Göttlichkeit Christi. Er setzt sie zwar voraus; aber sein Leben-Jesu führt nicht darauf hin, sondern nur zur Schlußfolgerung, »daß der Stifter des Christentums als ein außerordentlicher göttlicher Lehrer zu betrachten sei«.

Damit diese Einzigartigkeit erkannt werde, muß gezeigt werden, daß sein Plan zur Beglückung der Menschheit unvergleichlich hoch über dem steht, was je ein Held und Weiser erstrebt hat. Reinhard macht den ersten Versuch einer Darstellung der »Lehre Jesu«, die insofern historisch ist, als alles Dogmatische dabei aus dem Spiel bleibt. »Vor allen Dingen sammeln und prüfen wir also, was wir in den Schriften seiner Freunde von dem Entwurfe finden, mit welchem er umgegangen sein soll.«

Zunächst zeigt sich die Größe des Planes Jesu in seiner Universalität. Reinhard fühlt alle Schwierigkeiten der Aussprüche, welche eine Prärogative Israels statuieren, und widmet ihnen eine längere Darstellung. Er findet die Lösung in der Annahme, daß Jesus in seinem Wirken sich ganz naturgemäß auf sein Volk beschränkt habe und die universalistische Entfaltung seines Planes nur für die Zukunft andeutete.

In der Absicht, »eine allgemeine und für das ganze menschliche Geschlecht wohltätige Veränderung einzuleiten und ihre Ausführung zu ermöglichen«, knüpft Jesus an die jüdische Eschatologie an. Aber nur der Form nach, da er den Worten Himmelreich und Reich Gottes eine ganz andere Bedeutung gibt. Er bezieht sie auf eine allgemeine moralische Anstalt unter den Menschen. Aber sein Plan stand außerhalb jeglicher Politik. Auf seine Davidsohnschaft hat er nie Anspruch gemacht. Dies war der Grund, warum er sich absichtlich von seiner Familie fernhielt. Auch der Einzug in Jerusalem hatte nichts Messianisches an sich. Sein Plan war so unpolitisch, daß er im Gegenteil jede Verbindung zwischen Religion und Staat gelöst haben wollte, um einen Konflikt zwischen beiden Mächten zu vermeiden. Der freiwillige Tod ist aus diesem Bestreben zu erklären. »Er trat vom Schauplatz der Welt durch einen so frühen und schmachvollen Tod ab, weil er das Vorurteil, er beschäftige sich mit der Gründung eines irdischen Reiches, so bald als möglich und auf immer zu vernichten und den Gedanken, Wünschen und Bestrebungen seiner Jünger und Freunde eine andere Richtung geben wollte.«

Um das Reich Gottes zu verwirklichen, mußte er es von irdischen Kräften loslösen und die Religion mit der Moral verbinden. »Das Gesetz der Liebe wurde das unzertrennliche Band, durch welches Jesus Moral und Religion auf immer miteinander vereinigte.« »Moralische Belehrung war der vornehmste Inhalt und der wahre Geist aller seiner Vorträge.« Sein Bestreben »ging auf die Errichtung einer bloß moralischen Anstalt«.

Es galt also den Aberglauben zu stürzen und die Religion der Vernunft anzuvertrauen. Vor allem mußte das Priestertum seinen Einfluß auf immer verlieren. Dann mußte eine Besserung des gesellschaftlichen Zustandes der Menschheit eingeleitet werden, da durch die sozialen Verhältnisse das Niveau der Moral bedingt ist. Jesus war ein sozialer Reformator. Durch »die höchste Vollkommenheit, welche der gesellschaftliche Zustand haben kann«, sollte »ein allgemeiner Friede allmählich herbeigeführt werden«.

Die Hauptsache blieb aber für ihn die Vermählung der Religion mit der Vernunft. Die Vernunft sollte ihre Freiheit durch die Religion erhalten und diese selbst sollte dem richtenden Urteil der Vernunft nicht entzogen werden, sondern alles prüfen und nur das Beste behalten.

»Die Eigenschaften einer Religion, welche fähig sein soll, die Religion der ganzen Menschheit zu werden, lassen sich nach diesen Voraussetzungen leicht finden: sie muß nämlich sittlich, faßlich, geistig sein.«

Nachdem so der Plan Jesu entwickelt, zeigt Reinhard in einem zweiten Teil, »daß kein großer Mann des Altertums vor Jesu einen wohltätigen Plan für das ganze menschliche Geschlecht entworfen hat«. Ein dritter zieht dann den Schluß, daß Jesus der einzigartige göttliche Lehrer ist.

Aber ehe dieser Schluß gewagt werden darf, muß noch vorerst gezeigt werden, daß der Plan Jesu keine Chimäre ist. Müßte man seine Unausführbarkeit zugestehen, so gehörte Jesus zu den Schwärmern und Enthusiasten. Diese aber, wenn sie auch edel und gut sind, können der Vernunftreligion nur schaden. »Schwärmerei und aufgeklärte Vernunft, wer kann sich diese Dinge in einer Seele vereinigt vorstellen, wenn er die menschliche Vernunft kennt?«

Nun aber ist Jesus kein Schwärmer. »Mit welcher Ruhe, Nüchternheit und Kaltblütigkeit denkt und verfolgt er seinen göttlichen Entwurf!« Durch die Wahrheiten, die er offenbarte und als göttliche Aussprüche vortrug, hat er die menschliche Vernunft nicht stören, sondern nur leiten wollen. »Man kann die Rechte der menschlichen Vernunft nicht gewissenhafter achten und nicht zärtlicher schonen, als es Jesus tat.« Nur durch Vernunftgründe will er siegen. »Er verträgt gerne Widerspruch und läßt sich herab, auch die unvernünftigsten Einwendungen und die boshaftesten Vorwürfe mit unglaublicher Geduld zu widerlegen.«

Wie gut, daß Reinhard nicht ahnte, wie enthusiastisch Jesus war und wie er die Vernunft mit Füßen trat!

Aber wo ist nun die Verbindung zwischen dieser von Jesus gelehrten Vernunftreligion und dem christlichen Dogma, das Reinhard anerkannte? Wie vereinigt er die hier vorgetragene symbolische Auffassung der Taufe und des Abendmahls mit der Kirchenlehre? Auf welchem Weg kommt er vom Begriff des göttlichen Lehrers zu dem des Sohnes Gottes?

Er fühlt sich nicht genötigt, auf diese Fragen zu antworten; er stellt sie sich nicht einmal: die beiden Vorstellungskreise laufen für ihn einer in dem andern, greifen aber nicht einer in den andern ein.

Was die Darstellung der Lehre betrifft, so bewegt sich das Leben-Jesu von Opitz in derselben Bahn, wie das Werk Reinhards. Entstellend wirken aber eine Reihe von Geschmacklosigkeiten und von kraß supranaturalistischen Auffassungen in der Schilderung der Wunder und Erlebnisse des großen Lehrers.

Jacobi schreibt für denkende und gemütvolle Leser. Er erkennt an, daß in den Berichten manches Wunderbare zu den Tatsachen hinzugekommen ist, hat aber ein starkes Mißtrauen gegen den konsequenten Rationalismus, »dessen nachhelfende Erklärungen oft wunderbarer als die Sache selbst sind«. Etwas Wunderbares muß man bestehen lassen. Aber nicht, um den Glauben darauf zu erbauen: »die Wunder gehören nicht zur Rechtfertigung der Lehre Jesu, sondern zu dem Ehrengefolge seines Lebens«.[1]

Ob Herder mit seinen zwei Leben-Jesu unter die älteren Rationalisten gehört? Ja und nein, wie alle ihre Zeit einzigartig überragenden Geister, die aber doch wieder in gewissen Dingen nicht über dieselbe hinausgeschritten sind.

Eigentlich hat er mit den Rationalisten überhaupt nichts zu tun, da er von ihnen durch die ganze Tiefe seiner Empfindung und durch die Größe seiner künstlerischen Auffassung getrennt ist. Er teilt keine ihrer Geschmacklosigkeiten. Dazu kommt, daß für ihn Probleme in Sicht treten, die der Rationalismus, auch der ausgebildete, überhaupt nie gesichtet hat. Er erkennt, daß alle Harmonisierungen zwischen Synoptikern und Johannes unhaltbar sind, eine Erkenntnis, die er schon in den »Briefen, das Studium der Theologie betreffend« ausspricht.[2] Freilich erfaßt er die Unvereinbarkeit mehr mit dem dichterischen als mit dem kritischen Empfinden. »Was sich nicht vereinigen läßt«, schreibt er in dem Leben-Jesu nach Johannes, »stehe einzeln da, jeder Evangelist mit seinem Verdienst; Mensch, Stier, Löwe und Adler, sie wollen zusammengehen und den Thron der Herrlichkeit tragen, nicht aber in einer Gestalt, in ein Diatessaron koalisiert sein.« Aber es bleibt ihm die Ehre, als erster und einziger vor Strauß erkannt zu haben, daß man das Leben Jesu nach den Synoptikern und dasselbe nach Johannes darstellen könne, daß aber ein Leben-Jesu auf Grund der vier Evangelien ein Unding ist. Bei diesem intuitiven geschichtlichen Erkennen ist es nicht zu verwundern, daß ihm die Kommentare der Theologen ein Greuel waren.

Das vierte Evangelium ist nach ihm keine primitive Geschichtsurkunde, sondern ein Protest gegen das enge »palästinensische Evangelium«. Es gibt den griechischen Ideen Raum. Das war durch die Verhältnisse gefordert. »Hinter jenen älteren, bloß historischen Evangelien war ein dogmatisch-historisches Evangelium Johannes durchaus nötig«, welches Jesum nicht als jüdischen Messias, »sondern als Heiland der Welt darstellte«.

Die Ergänzungen und Auslassungen dieses Evangeliums sind gleich sinnvoll. Es läßt nur diejenigen Wunder bestehen, die Sinnbilder eines fortgehenden permanenten Wunders sind, durch das der Weltheiland aufs

1 Hier wäre etwa noch die Darstellung des Lebens Jesu zu erwähnen, die sich im ersten Teil von Planks Geschichte des Christentums findet. Göttingen 1818.

2 Erste Auflage 1780–1781; 2. Auflage 1785–1786. Editio Suphan Bd. X.

Menschengeschlecht stets gegenwärtig, ununterbrochen wirkt. Die johanneischen Wunder stehen nicht um ihrer selbst willen da. Gar nicht vertreten sind unter ihnen die Heilungen Dämonischer. Sie hatten für die griechisch-römische Welt kein Interesse, und der Evangelist wollte nicht, »daß dieser palästinensische Aberglaube ein wesentlicher Zug des Christentums, ein Vorwurf der spottenden oder ein Glaube der törichten Welt werde«. Daß er die Auferstehung des Lazarus erzählt, ist trotz des Schweigens der Synoptiker begreiflich. Diese durften jenes Wunder noch nicht erzählen, »ohne eine nahe an Jerusalem noch lebende Familie dem Haß aufzuopfern, der dem Lazarus namentlich den Tod geschworen hatte«. Johannes aber konnte es ruhig tun, »da zu dieser Zeit Jerusalem wahrscheinlich nicht mehr stand, und jene freundschaftliche Familie in Bethanien vielleicht schon bei ihrem Freunde in der andern Welt war«. In einer Reihe von Leben-Jesu findet sich dann diese naivste der Erklärungen reproduziert.

In den Synoptikern erfaßt Herder die Probleme mit derselben intuitiven Erkenntnis. Markus ist kein Epitomator, sondern der Schöpfer des Archityps der synoptischen Darstellung. »Das Markus-Evangelium ist nicht verkürzt, sondern ein eigenes Evangelium. Was andere mehr und anders haben, ist in ihnen dazugekommen, nicht aber in Markus ausgelassen worden. Mithin ist Markus Zeuge eines ursprünglicheren kürzeren Aufsatzes, zu welchem das Mehrere der andern als das, was es ist, als Zugabe zu betrachten wäre.« Markus ist »die schmucklose Mittelsäule der andern, ihr ungezierter Grundstein«. Die Geburtsgeschichten der Seitenreferenten bedeuten einen »Zuwachs nach neuen Bedürfnissen«. Aber auch die verschiedenen Tendenzen zeigen den Fortschritt der Zeit. Markus ist noch mild gegen die Juden, weil damals das Christentum noch ganz im Judentum stand. Matthäus ist härter gegen sie, da dies Evangelium zu einer Zeit entstand, wo die Gemeinde die Hoffnung, mit den Juden zusammenzugehen, aufgegeben hatte und unter dem Druck der Verfolgung seufzte. Darum ist der Jesus, der bei Matthäus redet, seiner zweiten Wiederkunft so gewiß und setzt die Verwerfung der jüdischen Nation voraus.

Reine Geschichte darf man aber bei den drei ersten Evangelien ebensowenig suchen wie beim vierten. Sie sind das heilige Epos der Messianität Jesu, in dem die Geschichte des Helden nach dem prophetischen Wort des Alten Testaments dargestellt wird. Auch hierin ist Herder ein Prophet von Strauß.

Im Grund bedeutet Herder eine Reaktion der Kunst gegen die Theologie. Die Evangelien sollen, wenn man darin das Leben Jesu finden will, nicht mit Gelehrsamkeit, sondern mit Geschmack gelesen werden. Dann bildet das Wunder keinen Anstoß. Weder alttestamentliche Weissagungen, noch Weissagungen Jesu, noch Wunder können als Beweise für das

Evangelium angeführt werden, sondern nur das Evangelium selbst. Die Wunder sind unkontrollierbar und gehören zum bloßen Kirchenglauben, der sich mehr und mehr in das reine Evangelium verlieren soll. Dennoch sind Wunder in bedingtem Sinne anzunehmen, auf Grund des historischen Zeugnisses. Wer sich diesem entzöge, gliche jenem indischen Könige, der das Eis leugnete, weil es ihm unwahrscheinlich war. Jesus hat sich, um seiner wundersüchtigen Zeit zu helfen, dazu bequemen müssen, Wunder zu tun. Aber zuletzt verschwindet die Realität eines Wunders dennoch hinter seinem Symbol.

Damit aber gehört Herder, mag er in der Erfassung mancher Probleme seiner Zeit um mehr denn eine Generation voran sein, in die Gesellschaft der primitiven Rationalisten. Er läßt das Übernatürliche in die Ereignisse des Lebens Jesu hineinragen und fühlt die Nötigung nicht, vom Standpunkt der Geschichte aus mit dem Wunder aufzuräumen; er hat zur Klärung der Ideen viel beigetragen, aber durch die historische Umgehung der Wunderfrage die Schwierigkeit, welche gehoben werden mußte, ehe man an die wirklich historische Erfassung des Lebens Jesu denken konnte, verschleiert. Man meint, wenn man Herder liest, schon nach Strauß hinüberlangen zu können. Und doch mußte erst ein ganz nüchterner Geist, Paulus, kommen und die Wunderfrage rein historisch in Angriff nehmen, ehe Strauß die Herderschen Ideen so aussprechen konnte, daß sie wirkten; anders gesagt, daß sie Anstoß erregten. In der Theologie werden nämlich die revolutionärsten Einfälle so lange ruhig hingenommen, als sie sich wegen einiger kleiner Konzessionen, die sie machen, schlucken lassen. Es muß erst ein herausstehendes Grätchen das Würgen veranlassen, damit sie von den gefährlichen Ideen Notiz nimmt. Strauß ist Herder, nur mit der kleinen Gräte der konsequenten historischen Wunderverneinung, d. h. Strauß ist Herder, durch den wahrhaftigen Rationalismus des Paulus hindurchgegangen.

4 Die ersten romanhaften Leben-Jesu

KARL FRIEDRICH BAHRDT: Briefe über die Bibel im Volkston. Eine Wochenschrift von einem Prediger auf dem Lande. Halle, bei J. Fr. Dost 1782. 816 S. Ausführung des Plans und Zwecks Jesu. In Briefen an Wahrheit suchende Leser. 1784–1792. 11 Bände mit zusammen 3000 Seiten. Berlin, bei August Mylius. Dieses Werk setzt die Briefe über die Bibel im Volkston fort. – Die sämtlichen Reden Jesu aus den Evangelisten ausgezogen. Berlin 1786.

KARL HEINRICH VENTURINI: Natürliche Geschichte des großen Propheten von Nazareth. 1. Auflage 1800–1802. Bethlehem (Kopenhagen). 2. Auflage 1806. 4 Bände mit zusammen 2700 Seiten. Das Werk erschien anonym. Die Darstellung folgt der zweiten Ausgabe, welche in exegetischen Details von den nicht lang zuvor erschienenen Kommentaren des Paulus abhängig ist.

Es ist ein merkwürdiges Phänomen in der Geschichte der Leben-Jesu-Forschung, daß eine gewisse Halbwissenschaft die entscheidenden Probleme erfaßt und zu lösen versucht, ehe die gemessen einherschreitende Zunfttheologie an jenem Punkte angekommen ist. So waren es die romanhaften Leben-Jesu Bahrdts und Venturinis an der Wende des 18. und 19. Jahrhunderts, die zuerst eine konsequent natürliche Darstellung der evangelischen Wundergeschichte versuchten. Mehr noch, sie sind die ersten, welche sich nicht mit der einfachen Aufzählung der Perikopen begnügen, sondern den inneren treibenden Zusammenhang der Ereignisse und Erlebnisse Jesu begreifen wollen. Da sie einen solchen bei den Evangelisten nicht finden, tun sie ihn hinzu. Die Annahme der »geheimen Gesellschaft«, deren Werkzeug Jesus ist, ist nur eine Nothypothese. In Wirklichkeit sind diese Leben-Jesu, so romanhaft sie sind, die ersten Leben-Jesu. Die Rationalisten, auch Paulus, stellen die Lehre Jesu dar; Bahrdt und Venturini wagen es, ihn selbst zu malen. Ihre Schilderung ist naiv und phantastisch zugleich, wie die Gestalten, an welchen die Kunst zuerst die lebendige Bewegung darzustellen wagte.

Karl Friedrich Bahrdt wurde 1741 zu Bischofswerda geboren. Mit glänzenden Gaben ausgerüstet, ging er an der schlechten elterlichen Erziehung und an seiner ungezügelten sinnlichen Natur zugrunde. Nachdem er Katechet und nachher außerordentlicher Professor der geistlichen Philologie zu Leipzig gewesen war, erhielt er 1766 das consilium abeundi wegen anstößigen Lebenswandels. Nach mannigfachen Abenteuern und nachdem er eine Zeitlang eine Professur in Gießen bekleidet hatte, bekam er unter dem Friedericianischen Minister Zedlitz die venia legendi in Halle. Dort las er vor fast neunhundert Studenten, die durch seine begeisternde Beredsamkeit angelockt waren. Die Regierung hielt ihn, trotz seiner schweren Verfehlungen, um der Fakultät Ärgernis zu geben und die Freiheit der Wissenschaft zu schützen. Nach Friedrichs des Großen Tod mußte Bahrdt seine Stellung aufgeben und fing auf einem Weinberg bei Halle eine Gastwirtschaft an. Nachdem er seine Frau verstoßen hatte, lebte er dort mit einer Magd. Die Verspottung des Wöllnerschen Ediktes, 1788, trug ihm ein Jahr Festung ein. Er starb verachtet 1792.

Bahrdt hatte als orthodoxer Prediger angefangen. In Halle gab er den Offenbarungsglauben auf und versuchte, die Religion aus der Vernunft zu erklären. Aus jener Zeit stammen die »Briefe über die Bibel im Volkston«, die dann durch die neue Folge »Ausführung des Plans und Zwecks Jesu« fortgesetzt werden.

Man hat seine Darstellung zu hart beurteilt. Es fehlt darin nicht an wirklich tiefempfundenen Stellen, besonders in den immer wiederkehrenden Ausführungen über das Verhältnis des Wunderglaubens zum wahren Glauben, in welche die eigentliche Schilderung des Lebens Jesu eingebettet wird. Auch die Bemerkungen zur Lehre Jesu sind nicht immer banal. Aber das Ganze als solches ist formlos und unästhetisch, mit Dialogen von verzweifelter Länge ausgestattet. Geradezu verwirrend wirkt die Einführung einer Reihe erfundener Persönlichkeiten, wie Haram, Schimah, Avel, Limmah.

Den Schlüssel zur Erklärung des Lebens Jesu findet Bahrdt in dem Auftreten des Nikodemus und des Joseph von Arimathia. Sie sind nicht Jesu Jünger, sondern gehören den vornehmen Kreisen an. Welche Rolle haben sie im Leben Jesu gespielt und wie kamen sie dazu, sich für ihn zu interessieren? Sie waren Essener. Dieser Orden hatte seine geheimen Mitglieder in allen Gesellschaftskreisen, auch im Hohen Rat. Er hatte es sich zur Aufgabe gesetzt, das Volk von seinen sinnlichen messianischen Hoffnungen loszureißen und es zu einer höheren geistigen Erkenntnis zu führen. Seine Verbindungen reichten bis nach Babel und Ägypten. Um das Volk aus dem national beschränkten Glauben, der nur Aufruhr und Empörung hervorbrachte, zu befreien, mußte man einen Messias finden, der die falsche messianische Erwartung vernichtete. Darum fahndeten sie nach einem Messiasprätendenten, den sie ihren Zwecken dienstbar machen konnten.

Auf Jesum wurde der Orden gleich bei seiner Geburt aufmerksam. Er war der natürliche Sohn Marias. Das Kind wurde von den Brüdern auf Schritt und Tritt überwacht. Auf den Festen zu Jerusalem machen sich alexandrinische Juden, geheime Essener, an ihn heran, klären ihn über den Priesterbetrug auf, flößen ihm Abscheu vor der Schlächterei im Tempel ein und machen ihn mit Sokrates und Plato bekannt. Das wird in Dialogen von hundert Seiten Länge geschildert. Bei der Erzählung vom Tod des Sokrates bricht der Knabe in Schluchzen aus, das die Freunde nicht zu stillen vermögen... er ist eifersüchtig auf des großen Atheners Märtyrerkrone.

Ein geheimnisvoller Perser gibt ihm auf dem Markt zu Nazareth zwei Geheimmittel: eines für böse Augen, das andere, um Nervenkranke zu heilen. Sein Vater tut das Beste für ihn. Er belehrt ihn, zugleich mit seinem Vetter Johannes, dem späteren Täufer, über Tugend und Unsterblichkeit. Ein Priester aus dem Essenerorden, der sich als Hirt zu ihnen gesellt und in ihr Zwiegespräch eingreift, führt die Knaben tiefer in die Weisheit ein. Mit zwölf Jahren ist Jesus schon so weit, daß er im Tempel mit den Schriftgelehrten über die Wunder disputiert und die Behauptung ihrer Unmöglichkeit aufstellt.

Als sie sich zum öffentlichen Auftreten reif fühlen, beraten die beiden Vettern, wie dem Volk am besten zu helfen wäre. Sie kommen darin überein, ihm die Augen über Priestertyrannei und Priesterbetrug zu öffnen. Durch Haram, ein hervorragendes Mitglied der essenischen Gesellschaft, wird Lukas, der Arzt, bei Jesus eingeführt und stellt ihm sein ganzes Wissen zur Verfügung.

Um etwas auszurichten, müssen sie sich dem Aberglauben des Volkes akkomodieren und ihre Weisheit unter dem Mantel der Torheit an die Leute bringen, ob die Menge, durch den Schein getäuscht, sich der Vernunftoffenbarung öffnen möchte und nach einiger Zeit imstande wäre, sich vom Aberglauben zu emanzipieren. Jesus sieht sich also genötigt, in der Rolle des erwarteten Volksmessias aufzutreten und sich zu entschließen, mit Wundern und Täuschungen zu operieren. Seine Skrupel sind groß. Er muß aber dem Orden gehorchen und wird beruhigt durch den Hinweis auf den hohen Zweck, der mit diesem Verfahren erreicht werden soll. Zuletzt fügt er sich, da ihm nachgewiesen wird, Moses habe es auch nicht anders gemacht. Die hohe Gesellschaft übernimmt die Verpflichtung, die Wunder zu inszenieren und den Vater zu unterstützen.

Bei der Aufnahme Jesu in die Zahl der Brüder des ersten Grades wird ihm eröffnet, daß diese gehalten sind, für die Sache des Ordens in den Tod zu gehen, wobei der Orden aber verspricht, seine Maschinerien und Einflüsse so spielen zu lassen, daß das Äußerste jedesmal abgewandt wird und sie auf geheimnisvolle Weise dem Tode entrissen werden.

So beginnt das raffiniert inszenierte Stück, durch welches das Volk zur Vernunftreligion bekehrt werden soll. Die Anhänger des Ordens gliedern sich in drei Klassen: Getaufte, Jünger und Auserwählte. Die Getauften empfangen nur die gewöhnliche populäre Lehre; die Jünger werden näher in die Weisheit eingeführt, erfahren aber die letzten Geheimnisse nicht; die Auserwählten, in den Evangelien auch »Engel« genannt, sind in alles eingeweiht. Da die Apostel nur den zweiten Grad besaßen, ahnten sie von der geheimen Maschinerie nicht das geringste. Sie waren die eifrigen Statisten. Die von ihnen verfaßten Evangelien berichten daher unbefangen von Wundern, welche doch die Essener inszeniert haben, und schildern uns die Lehre Jesu nur in ihrer populären Form.

Darum ist es uns nicht mehr möglich, immer zu erkennen, wie die als Wunder von ihnen geschilderten Vorgänge zustande gekommen sind. Ob sie aber so oder so erklärt werden, wobei stehengebliebene Andeutungen des Textes wertvolle Fingerzeige geben: sicher ist, daß es bei allen natürlich zuging. Zur Brotvermehrung bemerkt Bahrdt: »Es ist vernünftiger, hier tausend Möglichkeiten zu denken, wie Jesus hinlängliche Brotvorräte haben und durch die Verteilung derselben die Mutlosigkeit seiner Jünger beschämen konnte, als hier an ein Wunder zu glauben.« Am liebsten möchte er annehmen, daß der Orden in einer Höhle eine große Menge Brotes hatte aufstapeln lassen, von welchem dann Jesu, der am geheimen Eingang stand, jedesmal herausgereicht wurde, während die Apostel das vorige unter die Menge verteilten. Das Meerwandeln ist wohl so zu erklären, daß Jesus auf einem mächtigen schwimmenden Balken den Jüngern entgegenging, welche, da sie den Balken nicht sahen, an ein Wunder glauben mußten. Als Petrus dasselbe versuchte, mißlang es ihm kläglich. Die Heilungen sind der Kunst des Lukas zu verdanken. Er hat Jesum auch auf die merkwürdigen Fälle von Scheintod aufmerksam gemacht, in denen er dann eingriff und den Klagenden die Gestorbenen wiedergab. Dabei verfehlte der Herr aber nie, den Jüngern ausdrücklich zu erklären, daß es sich nicht um wirkliche Tote gehandelt habe. Sie ließen sich jedoch den Glauben an das geschaute Wunder dadurch nicht nehmen.

Jesus hatte zwei Arten zu lehren: eine exoterische, einfache, für das Volk; eine esoterische, geheime, für die Eingeweihten. »Jedem aufmerksamen Bibelleser«, führt Bahrdt aus, »muß es in die Augen fallen, daß sich Jesus zweierlei Arten des Vortrags bediente. Zuweilen redete er so plan und in einer so allgemein verständlichen Sprache und trug dabei so leichte und der allgemeinen Menschenvernunft so faßliche Wahrheiten vor, daß auch die Einfältigsten ihn verstehen konnten. Manchmal aber redete er auch so mystisch, so dunkel, so verhüllt, daß Worte und Sachen von gemeinen Leuten gar nicht verstanden werden konnten und selbst von Geübteren ohne ein fortgesetztes scharfes Nachdenken nicht zu begreifen waren, so daß es Joh 6,60 heißt: ›Viele seiner Jünger, die ihm zuhörten, sagten: das sind unverständliche Reden, wer mag sie verstehen?‹ Und Jesus selbst leugnete auch dies nicht, sondern sagte nur, daß die Ursache, warum sie diese mystischen Vorträge nicht verstünden, in ihren Vorurteilen liege, welche machten, daß sie alles eigentlich und sinnlich deuteten und den moralischen Sinn seiner Bildersprache nicht bemerkten.« »Die meisten dieser mystischen Vorträge findet ihr in Johannes, welcher die geheime Logensprache uns großenteils aufbehalten zu haben scheint.« So liegt der Schlüssel zum Verständnis der esoterischen Lehre im johanneischen Prolog und in den Reden von der Wiedergeburt. Das Neugeborenwerden ist identisch mit dem Grad der Vollkommenheit, den man in der höchsten Klasse der Brüderschaft erwirbt.

Die Mitglieder des Ordens trafen sich an bestimmten Tagen in den Höhlen des Gebirges. So oft im Evangelium vorkommt, daß Jesus auf einen Berg allein ging, um zu beten, will dies heißen, daß er zu einer solchen geheimen Versammlung sich begab; nur daß es die Jünger natürlich nicht wußten. Der Orden hatte allenthalben seine verborgenen Höhlen, in Galiläa sowohl wie in der Umgebung Jerusalems.

»Nur durch Sinnliches wird Sinnliches überwunden.« Der Judenmessias muß sterben und auferstehen, damit die falsche populäre Messiasvorstellung erfüllt und zugleich vernichtet, d. h. vergeistigt wird. Nikodemus, Haram und Lukas haben sich in einer Höhle zusammengefunden, um zu beratschlagen, wie man das Ende Jesu planmäßig herbeiführen könne. Lukas garantiert, daß der Herr, auf Grund von Arzneien, die er ihm gibt, die äußersten Schmerzen und Leiden aushalten kann und doch dem Tod einen langen Widerstand entgegenzusetzen imstande ist. Nikodemus macht sich anheischig, im Hohen Rate alles so zu führen, daß die Verurteilung und die Hinrichtung Schlag auf Schlag folgen und der Gekreuzigte nur kurze Zeit am Kreuz bleibt. In diesem Augenblick stürzt Jesus in die Höhle. Er hat kaum Zeit gehabt, den Stein, der den Eingang verdeckt, hinter sich zu schließen, so nahe sind ihm gedungene Meuchelmörder auf den Fersen. Er selbst ist entschlossen zu sterben. Nur muß verhütet werden, daß er einfach erdolcht wird, sonst ist alles aus. Die Schwierigkeit besteht darin, daß man den Hohen Rat zwingt, ihn demnächst gefangen zu nehmen und zu verurteilen. Fällt er durch einen Dolch, so ist keine Wiederbelebung möglich.

Zuletzt gelingt es, alles richtig zu inszenieren. Jesus provoziert die Behörden durch den messianischen Einzug. Die geheimen Essener im Hohen Rat betreiben seine Verhaftung und setzen seine Verurteilung durch. Fast hätte Pilatus alles vereitelt und ihn freigegeben. Jesus bekundet durch Aufschreien und alsbaldiges Sinkenlassen des Kopfes einen raschen Tod. Der Hauptmann war bestochen, daß er ihm kein Bein brechen ließ. Dann kommt Joseph von Ramath, so heißt Joseph von Arimathia bei Bahrdt, nimmt den Leichnam und stellt in der Essenerhöhle Wiederbelebungsversuche an. Da Lukas den Körper des Messias »durch stärkende Mittel vorbereitet hatte, um die entsetzlichen Mißhandlungen, Umherschleppungen, Prügel und endlich die Kreuzigung selbst aushalten zu können«, waren die Wiederbelebungsversuche von Erfolg gekrönt. In der Höhle wurde er ausgezeichnet genährt. »Seine Wunden, da seine Säfte vollkommen gesund waren, heilten sehr leicht, und er konnte den dritten Tag schon wieder auftreten, ohngeachtet die Löcher noch offenwaren, welche die Nägel ihm gemacht hatten.«

Am Morgen des dritten Tages drängten sie den Stein, der das Grab schloß, von innen heraus weg. Als er über den Felsen des Berges herabstürzte, erwachte die Wache und ergriff die Flucht. Einer der Essener tritt als Engel zu den Weibern und kündigt ihnen die Auferstehung Jesu an. Kurz darauf erscheint der Herr der Maria. Als sie seine Stimme hört, erkennt sie ihn. »Hierauf sagt ihr Jesus, daß er zu seinem Vater gehe (in den Himmel – im mystischen Sinne des Wortes – nämlich unter die Auserwählten, in die stillen Wohnungen der Wahrheit und Seligkeit – in den Zirkel seiner Vertrauten, wo er ein unsichtbares Leben für seinen Zweck fortlebte), und sie solle seinen Jüngern es sagen, daß er lebe.«

Aus dieser Verborgenheit heraus erschien er den Jüngern mehrmals. Zuletzt beschied er sie auf den Ölberg bei Bethanien, wo er von ihnen Abschied nahm. Nachdem er sie vermahnt und jedem um den Hals gefallen, riß er sich auf einmal los und wandelte den Berg hinan. »Da stunden die armen Leute – betäubt – vor Schmerz außer sich – sahen ihm nach, solange sie konnten. Aber je höher er stieg, desto tiefer kam er in die Wolken hinein, die auf dem Berge lagen. Und endlich war er gar nicht mehr zu sehen. Die Wolke nahm ihn weg vor ihren Augen.«

Vom Berge kehrte er in die Mutterloge zurück. Nur selten griff er noch in die Ereignisse ein, so, als er dem Paulus auf dem Wege nach Damaskus entgegentrat. Aber unsichtbar leitete er die Geschicke der Gemeinde bis zu seinem Ende.

Venturinis »Natürliche Geschichte des großen Propheten von Nazareth« verhielt sich zu Bahrdts Darstellung wie die Ausführung zum Entwurf.

Karl Heinrich Venturini war 1768 zu Braunschweig geboren. Nachdem er seine theologischen Studien vollendet hatte, suchte er vergebens als Dozent an die Fakultät zu Helmstedt[1] oder als Bibliothekar nach Wolfenbüttel zu kommen. Sein Leben war fleckenlos und seine persönliche Frömmigkeit unantastbar. Aber seine Ideen waren zu frei. Der Herzog von Braunschweig wollte ihm zwar persönlich wohl, wagte aber nicht, ihn gegen den Willen der Konsistorien ins Lehramt zu bringen. So hungerte er sich mit literarischen Arbeiten durch und war zuletzt, 1806, noch froh, eine kleine Pfarrstelle in Hordorf bei Braunschweig zu erhalten. Er ließ die theologische Schriftstellerei beiseite und warf sich ganz auf die Darstellung der geschichtlichen zeitgenössischen Ereignisse, die er in jährlichen Chroniken veröffentlichte, was unter dem napoleonischen Regime kein gefahrloses Tun war, wie er selbst mehrmals erfahren mußte. Er setzte dieses Unternehmen bis 1841 fort. 1849 erlöste ihn der Tod.

Es war unmöglich, dies der Ausgangspunkt Venturinis, daß der edelste Geist sich dem damaligen Judentum anders begreiflich machen konnte, als daß er das Geistige in eine sinnliche, der Phantasie des Morgenländers wohlgefällige Hülle kleidete »und überhaupt seine bessere geistige Welt mit der niedrigen Sinnenwelt derer, die er belehren wollte, in eine solche Verbindung brachte, als es zu seinem Zwecke nötig war«. »Der Gottgesandte war moralisch genötigt, Wunder für die Juden zu sittlichem Zweck zu verrichten, besonders um die vermeintlichen Wunder der Volksbetrüger unschädlich zu machen und das Reich des Satans desto schneller zu zerstören.«

1 Die Universität Helmstedt bestand von 1576 bis 1809.

Für unsere medizinischen Kenntnisse existieren seine Wunder nicht. Er heilte niemals ohne Medikamente und führte seine »Reiseapotheke« stets mit sich. Aus dem Bericht kann man z. B. den Hergang bei der Heilung der Tochter des kananäischen Weibes noch klar erkennen. Die Mutter legt den Fall Jesu dar. Dieser, nachdem er ihre Wohnung erfahren, hält sie durch Reden hin und gibt Johannes einen Wink. Der Jünger geht die Tochter aufzusuchen, gibt ihr eine beruhigende Medizin, und als die Mutter nach Hause kommt, findet sie ein gesundes Kind.

Die Auferweckungen beruhen auf Scheintod, die Naturwunder auf einer genauen Kenntnis der Kräfte der Natur und der Reihenfolge, in der sie die Ereignisse hervorbringt. Eigentlich handelt es sich dabei mehr um ein Vorherwissen als um ein Tun Jesu.

Manche Wunder sind sichtbarliche Mißverständnisse. Nichts einfacher als die Erklärung des Kanawunders. Jesus hatte als Hochzeitsgeschenk einige Krüge guten Weines gebracht und in einer Kammer abgestellt. Als nun der Wein zu Ende war und die Mutter ängstlich wurde, ließ er die Gäste noch warten, da man die steinernen Gefäße zur Reinigung noch nicht mit Wasser gefüllt hatte. Dann befahl er, von seinem Wein einzuschenken, aber niemand zu sagen, woher er stamme. Das warf nun Johannes, als er, ein alter Mann, sein Evangelium schrieb, alles durcheinander, hatte es wohl damals auch nicht genau beobachtet, »vielleicht mit einem Räuschlein selbst begabt« an das Wunder geglaubt, wie die andern. Vielleicht hatte er auch nicht gewagt, Jesum um Aufklärung zu bitten, weil er erst wenige Tage sein Schüler war.

In Ägypten schon hatten die Mitglieder des essenischen Ordens das Kind beschützt. Als es heranwuchs, nahmen sie es in Unterweisung, zugleich mit seinem Vetter Johannes und erzogen beide für die Erlöseraufgabe. Während alles Volk im Aufstand das Heil suchte, wußten sie, daß es nur durch eine geistige Erneuerung frei werden könnte. Einst trafen Jesus und Johannes auf eine Schar Aufständischer. Durch seine feurige Rede erschütterte sie Jesus, daß sie das Gottlose ihres Unternehmens einsahen. Einer aus ihrer Mitte stürzte auf ihn zu und legte die Waffen ab: es war Simon, der später sein Jünger werden sollte.

Durch Johannes wird Jesus bei Lazarus eingeführt. Hier kann der Autor es nicht unterlassen, einen kleinen Roman einzufügen. Der Herr ist von dem stillen Reiz der demütigen Maria überwältigt. Aber er weiß, daß sein Beruf ihn frei fordert: so entsagt er und löst mit sanfter Hand die Bande, welche das Mädchen an ihn fesselten. Sie versteht ihn und verlangt nur das eine: ihn mit ihren heiligsten Gedanken auf dem schweren Wege, den er zu des Volkes Erlösung betritt, begleiten zu dürfen.

Als er gegen die dreißiger Jahre ging und durch seine inneren Erlebnisse eigentlich schon weit über die Ziele des Essenerordens hinausgewachsen war, trat er durch die Taufe, die er von Johannes forderte, in sein Amt ein. Während jenes Aktes entlud sich ein Gewitter, und eine Taube, vom jähen Blitzstrahl aufgeschreckt, flatterte um Jesu Haupt. Das nahmen die beiden als ein Zeichen, daß Gottes Stunde gekommen sei.

Die Versuchungen in der Wüste und auf der Zinne des Tempels waren ein Manöver des Pharisäers Zadok, der sich stellte, als ob er auf Jesu Pläne einginge und Bewunderung für ihn heuchelte, um ihn desto sicherer zu fangen. Derselbe Zadok schürte dann im Hohen Rat wider ihn.

Der Versuch Jesu, den alten irdisch gerichteten Messiasglauben zu erschüttern, mißlang. Auch wuchs der Haß der leitenden Kreise, trotzdem er alles vermied, »ihre Vorurteile zu beleidigen« und seinen Jüngern deswegen sogar verbot, das Evangelium über die Grenzen des jüdischen Landes hinauszutragen. Auch die Tempelsteuer bezahlte er, obwohl er keine feste Wohnung hatte. Als die Abgesandten Petrum darum angingen, entwikkelte sich folgender Dialog: Steuereinnehmer (den Petrus abseits ziehend): Wie ist's, Simon? Zahlt der Rabbi das Didrachma zum Tempelschatze oder dürfen wir ihn darum nicht mahnen? Petrus: Warum sollte ers nicht zahlen? Wie kommt ihr zur Frage? Steuereinnehmer: Ihr restiert beide noch vom letzten Nisan. Das besagen unsere Register; wir wollten aus schuldiger Ehrfurcht euren Lehrer nicht daran erinnern. Petrus: Da will ichs ihm gleich sagen. Er wird die Abgabe gewiß entrichten! Seid nur ruhig. Steuereinnehmer: Das freut uns, so bleibt alles in seiner Ordnung und wir haben keine Umstände mit der Rechnung. Gehab dich wohl.

Nachher befiehlt Jesus dem Jünger, einen Fisch zu fangen, ihm aber beim Herausnehmen des Hakens das Maul nicht zu zerreißen, daß er noch zum Einsalzen (!) tauge: dann werde er wohl einen Stater wert sein.

Es galt nun, etwas Entscheidendes zu unternehmen. Auf der großen Versammlung der geheimen Gesellschaft wurde beschlossen, daß Jesus nach Jerusalem ziehen und sich dort öffentlich als Messias ausgeben sollte. Dann sollte er den Versuch wagen, die Menge von ihrem irdischen Messiasglauben loszureißen. Der Einzug gelang. Alles Volk jubelte ihm zu. Aber als er an die Stelle ihres Messiasbildes ein anderes setzen wollte, von schweren Zeiten der Prüfung redete, die über alle kommen sollten, als er sich nur selten im Tempel zeigte, statt sich an die Spitze des Volkes zu stellen, wurden sie irre an ihm.

Jesus wird überrumpelt und zu Tode gebracht. Hier ist also der Tod keine Komödie, wie bei Bahrdt, die die geheime Gesellschaft in Szene gesetzt. Jesus glaubt wirklich zu sterben und seine Jünger erst im jenseitigen ewigen Leben wiederzusehen. Aber als er so früh den Geist aufgegeben, drängt den Joseph von Arimathia ein dunkles Gefühl, alsbald zu Pontius Pilatus zu laufen und um seinen Leichnam zu bitten. Er bietet dem Statthalter Geld.

Pilatus (finster und ernst): »Auch du verkennst mich! Bin ich denn ein unersättlicher Geizhals? Doch du bist ja ein Jude, wie könnte mich dieses

Volk schätzen! Aber wisse, der Römer versteht wahren Edelmut zu schätzen, wo er ihn findet. (Er setzt sich nieder und schreibt einige Worte auf ein Pergamenttäfelchen.) Gib dieses ab an der Wache Befehlshaber! Man wird dir den Leichnam verabfolgen lassen, ich verlange nichts dafür. Er sei dir geschenkt.« »Eine zärtliche Umarmung seiner Gattin lohnte die schöne Tat des Römers, während Joseph das Prätorium verließ und mit dem auf ihn harrenden Nikodemus nach Golgatha eilte.«

Dort erhielt er den Leichnam, wusch ihn, rieb ihn mit Spezereien ein und legte ihn auf ein Mooslager in dem Steingrab. Aus dem noch immer aus der Seitenwunde rinnenden Blute schöpfte er einige Hoffnung und teilte sie den Essenerbrüdern mit. Diese hatten eine Niederlassung ganz nahe und versprachen, über ihn zu wachen. In den ersten vierundzwanzig Stunden zeigte sich keine Lebensregung. Dann kam das Erdbeben. Mitten im grausigsten Tumult ging ein Erlöserbruder in der weißen Ordenstracht auf einem geheimen Pfad zum Grabe. Als er, von Blitzen erleuchtet, plötzlich über der Gruft erschien und die Erde wankte, faßte die Wächter wildes Entsetzen. Sie flohen. Am Morgen hört der Bruder aus dem Grabe einen Laut. Jesus regt sich. Der ganze Orden kommt herbei. Der Herr wird ins Ordenshaus gebracht. Zwei Brüder bleiben am Grabe. Das sind die Engel, welche die Frauen nachher sehen. Im Gärtnersgewand erkennt ihn dann die Magdalenerin. Später erscheint er den Jüngern zuweilen aus der Verborgenheit des Asyls, das ihm die Brüder gewähren. Nach vierzig Tagen schied er von ihnen; seine Kraft war aufgezehrt. Mißverstand schuf aus der Abschiedsszene die Himmelfahrt.

Man schätze diese beiden Leben-Jesu als historische Leistungen nicht zu gering ein. Manches ist sehr fein beobachtet. Bahrdt und Venturini haben eben die richtige Empfindung, daß man den Zusammenhang der Ereignisse im Leben Jesu erst schaffen müsse, und daß die Evangelien nur eine Reihenfolge bieten, aber keine Erklärung, wie alles so gekommen ist. Und wenn sie Jesus, indem sie ihn den Plänen der geheimen Gesellschaft unterwerfen, nicht in freier Aktivität, sondern in einer gewissen Passivität darstellen, so werden sie hierin hundert Jahre später durch die eschatologische Schule glänzend gerechtfertigt, die dieselbe merkwürdige Passivität bei Jesus statuiert, indem sie sein Handeln, zwar nicht durch die Pläne der geheimen Gesellschaft, wohl aber durch den eschatologischen Plan Gottes bestimmt sein läßt. Bahrdt und Venturini sind die ersten, welche den Gedanken durchführen wollen, daß Jesu eigentlichste Aktivität sein Tod war, weil er durch diesen das Reich herbeiführen wollte.

Venturinis »Natürliche Geschichte des großen Propheten von Nazareth« wird bis auf den heutigen Tag fast jährlich neu aufgelegt. Alle romanhaften Leben-Jesu gehen direkt oder indirekt auf den Typus, den er geschaffen hat, zurück. Sein Buch wird ausgeschrieben, wie sonst kein Leben-Jesu, wenn es auch niemand anführt.

5 Der ausgebildete Rationalismus. Paulus

Heinrich Eberhard Gottlob Paulus: Das Leben Jesu als Grundlage einer reinen Geschichte des Urchristentums. Heidelberg, bei C. F. Winter 1828. 2 Bände. 1192 S.

»Freut euch mit Gottesandacht, wenn es gewährt euch ist,
Dem, so kurz er war, weltumschaffenden Lebensgang
Nach Jahrhunderten fern zu folgen.
Denket, glaubet, folget des Vorbildes Spur.«
(Schlußwort des 2. Bandes)

Paulus war nicht der vertrocknete Rationalist, als den man ihn gewöhnlich schildert, sondern ein universeller Geist. Nur hatte er, wie Reinhard, eine unbesiegbare Angst vor allem, was die Grenzen des Denkens überschreitet. Das beruht teilweise auf Jugenderlebnissen. Sein Vater, halb Mystiker, halb Rationalist, Diakonus in Leonberg, hatte geheime Bedenken gegen den Unsterblichkeitsglauben und ließ seine sterbende Gattin versprechen, daß sie ihm nach ihrem Tode in leibhaftiger Gestalt erscheinen werde, wenn es eine Möglichkeit gebe. Als sie gestorben war, glaubte er zu sehen, wie sie sich zum Sitzen aufrichtete und wieder niedersank. Von da an war er von dem Verkehr mit den abgestorbenen Geistern überzeugt, und trieb die Phantasie so weit, daß er 1771 seines Pfarramts entsetzt werden mußte. Seine Kinder litten schwer unter der aufgezwungenen Geisterseherei, am schwersten Heinrich Eberhard Gottlob, geb. 1761, der, um Ruhe zu haben, seinem Vater vorgab, er stehe noch in Verkehr mit der Mutter.

Er hatte nur die rationalistische Seite des väterlichen Charakters geerbt. Seine theologischen Anschauungen bildete der Tübinger Stiftler an den Schriften von Semler und Michaelis. 1789 wurde er als Professor der orientalischen Sprachen nach Jena berufen und rückte 1793 in die dritte ordentliche Professur für Theologie ein. Die natürliche Erklärung der Wunder, wie er sie dann auch im Synoptikerkommentar von 1800–1802 vertrat, rief schon 1794 die Entrüstung der Konsistorien Meiningen und Eisenach hervor. Aber ihre Petition um Absetzung des Professors hatte keinen Erfolg, da Herder, als Präsident des Konsistoriums, ihn schützte. 1799 versuchte Paulus als Prorektor seinen Kollegen Fichte im Atheismusstreit zu retten, aber vergebens, wegen des leidenschaftlichen Vorgehens des Angeschuldigten.

Mit Schiller, Goethe und Wieland standen er und seine lebhafte Frau, die als Schriftstellerin wirkte, in freundschaftlichem Verkehr.

Als der Jenaer Kreis sich lichtete, folgte er 1803 einem Ruf des Kurfürsten Maximilian Joseph II. von Bayern als Konsistorialrat und Professor nach Würzburg. Dort wollte der liberale Minister Montgelas eine Universität der Aufklärung gründen: unter anderen waren Schelling, Hufeland und Schleiermacher als Dozenten in Aussicht genommen. Die katholischen Seminaristen mußten die Vorlesungen des protestantischen Theologen hören, da er keine protestantischen Zuhörer hatte. Er las zunächst über Enzyklopädie.

Der Plan schlug fehl. Paulus verzichtete auf die Professur und wurde 1807 bayrischer Schulrat. Als solcher arbeitete er an der Reorganisation des bayrischen Schulwesens zur selben Zeit wie Hegel. Er blieb bei dieser Tätigkeit, die er als seine besondere Pflicht ansah, vier Jahre. Dann ging er 1811 als Professor nach Heidelberg. Daselbst starb er 1851, neunzig Jahre alt. Einer seiner Aussprüche, etliche Stunden vor seinem Tode, war: »Ich stehe rechtschaffen vor Gott, durch das Wollen des Rechten.« Sein letztes Wort: »Es gibt eine andere Welt.«

Die vierzig Jahre der Heidelberger Zeit waren ungemein fruchtbar; es gab kein Gebiet des Wissens, über das Paulus nicht schrieb. Er äußerte sich über Homöopathie, über Preßfreiheit, über akademische Freiheit und über Duellunfug. 1831 schrieb er über die Judenfrage; da zeigte sich der alte Rationalist als ein schlimmer Antisemit, was ihm den Hohn Heines eintrug. In Politik und Verfassungsfragen verfocht er seine Ansicht so offen und männlich, daß er verwarnt werden mußte. Für Philosophie hatte er das lebhafteste Interesse. In Jena hatte er sich, zugleich mit Schiller, viel mit Kant beschäftigt. Ein besonderes Verdienst erwarb er sich durch die Herausgabe der Schriften Spinozas und einer Biographie des Denkers, 1803, als der Neospinozismus in die deutsche Philosophie eindrang. Er fühlte sich als Wächter der Philosophie. Sowie er etwas Phantastisches darin entdeckte, schlug er Lärm. Sein bester Haß galt Schelling, der in demselben Hause zu Leonberg, vierzehn Jahre nach ihm, geboren war und den er als Kollegen in Jena und Würzburg getroffen hatte. Was er an offenen und anonymen Schriften gegen den »Charlatan, Taschenspieler, Spekulanten und Obskuranten«, wie er ihn titulierte, schrieb, füllt eine ganze Bibliothek. Als Schelling 1841 nach Berlin berufen wurde, und im Winter 1841 bis 1842 seine Offenbarungsphilosophie las, ob welcher die Berliner Reaktion ihn als ihren großen Bundesgenossen pries, packte den achtzigjährigen Rationalisten die Wut. Er hatte das Kolleg nachschreiben lassen und veröffentlichte es mit kritischen Anmerkungen unter dem Titel »Die endlich offenbar gewordene Philosophie der Offenbarung, der allgemeinen Prüfung vorgelegt durch Dr. H. E. G. Paulus«, Darmstadt 1842. Schelling war außer sich und zog »den schamlosen Sünder« wegen unbefugten Nachdrucks vor Gericht. Das Buch wurde in Preußen mit Beschlag belegt. Aber die Gerichte entschieden zugunsten von Paulus, der kalt erklärte, »die Schelling'sche Philosophie erscheine ihm als ein Attentat auf die gesunde Vernunft, dessen Entlarvung mit allen Mitteln ein gemeinnütziges Werk, ja geradezu ein Pflicht sei«. Er erreichte auch, was er wollte: Schelling verzichtete auf die venia legendi.

Zuletzt ragte der alte Rationalist wie eine fremde Gestalt in eine neue Zeit hinein, die ihn nicht verstand. Sie warf ihm vor, daß er stehen geblieben sei; er zieh sie des Mangels an ehrlicher Wahrhaftigkeit. Seine Rückständigkeit und seine Einseitigkeit machen seine Bedeutung aus. Indem er die rationalistische Erklärung konsequent durchführte, hat er ein größeres Verdienst um die Theologie, als ihm die Leute, die sich so sehr über ihn erhaben dünken, zugestehen wollen.

Sein Leben-Jesu ist ungeschickt angelegt.[1] Der erste Teil bietet eine historische Erläuterung aller Perikopen; der zweite ist eine mit Zusätzen durchzogene Synopse. Von einem Erfassen des Aufrisses des Lebens Jesu ist keine Rede. Darin steht er hinter Venturini weit zurück. Genau besehen ist sein Werk nur eine erläuterte Evangelienharmonie, welcher der Plan des vierten Evangeliums zugrunde liegt.

Das Hauptinteresse geht auf die Wundererklärungen. Zwar wehrt sich der Verfasser dagegen. »Mein größter Wunsch ist«, sagt er in der Vorrede, »daß meine Ansichten über die wunderbaren Erzählungen bei weitem nicht für die Hauptsache genommen werden möchten. Ach wie leer wäre die Gottandächtigkeit oder Religion, wenn das Wohl davon abhinge, ob man Wunder glaube oder nicht!« »Das Wunderbare von Jesus ist er selbst, sein rein und heiter heiliges, und doch zur Nachahmung und Nacheiferung für Menschengeister echt menschliches Gemüt.«

Darum ist die Wunderfrage eine Nebenfrage; die beiden Punkte, auf die es ankommt, sind immer zum voraus sicher: 1. daß die unerklärlichen Änderungen in dem Naturverlauf eine geistige Wahrheit weder umstoßen noch beweisen können, 2. daß jedes Geschehen in der Natur nur ein Ausfluß der Allmacht Gottes ist.

»Die Evangelisten haben Wunder erzählen wollen. Daran ist nicht zu zweifeln. Wer wollte leugnen, daß Wunder zu ihrer Zeit im Plan Gottes lagen, sofern nämlich durch unerklärliche Tatsachen die Gemüter erschüttert werden sollten? Diese Wirkung aber ist vollbracht. In den vom Wundersamen entfernteren Zeitaltern, beim Fortrücken der Verstandesbildung unter den zum Christentum aufgeregten Nationen, muß die Verständigkeit befriedigt werden, wenn die Gültigkeit der Sache fortdauern soll.«

Da nun auch das gesetzmäßige Wirken in der Natur Wirken Gottes ist, so bestehen die biblischen Wunder darin und nur darin, daß Augenzeugen Geschehnisse berichten, deren Mittelursachen sie ignorierten. Ihre

1 Ganz durch die Paulusschen Kommentare inspiriert ist das Leben-Jesu von Greiling, Superintendent zu Aschersleben: Das Leben Jesu von Nazareth. Ein religiöses Handbuch für Geist und Herz der Freunde Jesu unter den Gebildeten. Halle 1813.

Kenntnis der Naturkräfte reichte nicht hin, das Gesehene zu begreifen. Für den, der die Zwischenursachen aufdeckt, bleibt dann das Faktum als solches bestehen, nicht aber das Wunder.

Eine Wunderfrage gibt es also nicht, oder nur für die Menschen, welche »von dem zweifelhaften Wahn beherrscht sind, wie wenn irgend die Naturkräfte ohne Gott, oder auch Gottes Sein ohne das vollständige Dasein aller der durch immerwährendes Werden sich entwickelnden Urkräfte wahrhaft zu denken wäre«. Aus der Ursünde, die innere Einheit von Gott und Natur aufzulösen, das Deus sive natura des Spinoza zu negieren, geht das Problem der Wunder hervor. Für die normale Vernunft handelt es sich nur darum, die Mittelursachen der Wunder Jesu aufzudecken.

Zwar ein Wunder läßt Paulus bestehen: das Geburtswunder, oder doch wenigstens die Möglichkeit davon, sofern nämlich Maria durch heilige Begeisterung die Hoffnung und die Kraft zur Erzeugung des großen Sohnes erhält, in dem der Messiasgeist Wohnung nimmt. Hier lehnt er die natürliche Zeugung indirekt ab und will die Empfängnis als eine Tat des Selbstbewußtseins der Mutter ansehen.

Mit den Krankenheilungen verhält es sich sehr einfach. Bald wirkte Jesus durch seine geistige Kraft auf das Nervensystem ein, bald gebrauchte er nur ihm bekannte Heilmittel; so z. B. für die Blindenheilungen. Auch die Jünger sandte er, nach Mk 6,7 und 13, nicht ohne Heilmittel aus, denn das Öl, womit sie die Siechen salben sollen, ist natürlich ein Heilmittel, und die Dämonenaustreibung wurde auch zum Teil mit nervenberuhigenden Mitteln geübt.

Diät und Nachbehandlung spielten eine große Rolle, nur daß uns die Evangelisten, weil es eben nicht öffentlich gesagt war, so wenig darüber berichten. So wird in Mk 9,29 das Wort »Diese Art geht nicht aus, außer durch Beten und Fasten« als Ermahnung an den Vater gedeutet, wie er die akute Heilung des epileptischen Knaben zu einer dauernden machen könne, indem er ihn nämlich strenge Diät halten läßt und sein Gemüt durch Gebet und Andacht stärkt.

Die Naturwunder erklären sich von selbst. Das Meerwandeln ist eine Vision der Jünger. Jesus ging an der Küste entlang und wurde im Nebel von den geängstigten Insassen des Boots für ein Gespenst gehalten. Petrus warf sich auf seinen Ruf ins Wasser und wurde versinkend von Jesus an den Strand gezogen. Als sie den Herrn ins Schiff genommen hatten und um die Bergspitze bogen, waren sie aus der Achse des Sturmes heraus und meinten, er habe das Wetter beschworen. Nicht anders war es, da er schlief und von ihnen im Sturm geweckt wurde. Er redete zu ihnen von Sturm und Wetter; sie drehten um den Berg, der ihnen alsbald den Talwind abschnitt, und machten sich nun miteinander Gedanken darüber, daß auch Wind und Meer ihrem Messias gehorchten.

Mit der wunderbaren Speisung verhält es sich also. Als Jesus die hungernde Menge sah, sagte er zu seinen Jüngern: »Wir wollen den Reichen darunter ein gutes Beispiel geben, daß sie ihre Vorräte mitteilen«, und fing an, seinen und seiner Jünger Proviant an die zunächst Gelagerten auszugeben. Das Vorgehen wirkte, und alsbald war Speise die Fülle da.

Die Erklärung der Verklärung ist etwas komplizierter. »Als Jesus noch mit den Wenigen in dieser Gebirgsgegend verweilte, hatte er auf einem hohen Berge eine nächtliche Zusammenkunft mit ein paar Ehrwürdigen, die von seinen drei Begleitern für Mose und Elia gehalten wurden. Nachrichten gaben ihm nach Lk 9,31 diese Unbekannten, was ferner zu Jerusalem für ein Ausgang bevorstehe; als frühe, beim Sonnenaufgang, die drei begleitenden Lehrschüler halb und halb erwachten, von der Bergkluft, wo sie schliefen, hinaufblickend Jesus und die beiden Fremden auf der höheren Bergspitze von der aufsteigenden Sonne bestrahlt erschauten, bald von einem drohenden Ausgang in der Hauptstadt, bald von Pflicht und Hoffnung der Standhaftigkeit sprechen hörten, endlich auch eine Aufforderung an sie selbst erhörten, wie sehr ihnen Jesus immer der geliebte Sohn der Gottheit bleiben solle, den sie zu hören hätten ... Schlaftrunkenheit und die auf jenen Gebirgen beim Sonnenaufgang hin- und herziehenden Herbstgewölke ließen sie von diesem allem nichts Klares auffassen. Um so wundersamer blieb der dunkle, schwebende Eindruck, höheren Erscheinungen nahe gewesen zu sein ... Die drei auf dem Berge Mitgewesenen kamen nie darüber zu etwas Bestimmterem, weil ihnen Jesus von dem, was sie gesehen haben mochten, vor der Beendigung zu reden verbot.«

In seinem Element ist der Verfasser bei den Totenerweckungen. Hier hat er die nie versagende, von Bahrdt übernommene Erklärung parat, daß es sich nur um Scheintote gehandelt habe. Man sollte diese Erzählungen gar nicht »Totenauferweckungen« überschreiben, sondern etwa »Jesus bewahrt vor zu frühem Begrabenwerden«. Man begrub in Judäa drei Stunden nach dem Tode. Wie viele Scheintote mögen da in ihrer Gruft erwacht und dann erst elend zugrunde gegangen sein! So bewahrt er durch eine innere Ahnung getrieben, auf Grund der Schilderung des Vaters, Jairi Töchterlein davor, in kataleptischer Erstarrung begraben zu werden. Dieselbe Ahnung treibt ihn, den Sargdeckel am Tor zu Nain emporzuheben, um noch Lebenszeichen an dem Sohn der Witwe, deren Jammer ihm ins Herz schneidet, zu entdecken. Von keiner andern Ahnung bewegt, verlangt er, an das Grab des Lazarus geführt zu werden. Als man den Stein wegwälzt, sieht er den Freund aufgerichtet und ruft voller Freude: »Komm heraus«.

Bei der jüdischen Wundersucht wurde »alles der Gottheit unmittelbar zugeschrieben und eben deswegen über die Mittelursachen und dann über die Verhütung des Entsetzlichen, lebendig begraben zu werden, leider! nicht gedacht«. Warum wundert sich dann aber Paulus nicht darüber, daß

Jesus die Leute nicht über das Verbrecherische des zu frühen Begrabens aufgeklärt hat, statt seine Intimen sogar an Wunder glauben zu lassen? Hier richtet sich die Hypothese von selbst, obwohl sie auf der richtigen Voraussetzung der abnorm häufigen Fälle von Scheintod im Morgenlande beruht.

Mit Jesu eigener »Auferstehung« kann es keine andere Bewandtnis haben, wenn man an der Tatsache festhalten will, daß die Jünger ihn in einem natürlichen Leib, die Hände von den Nägeln durchbohrt, Speise und Trank zu sich nehmend, gesehen haben. Der Kreuzestod erfolgte nämlich durch nach innen fortschreitende Erstarrung. Es war die langsamste Todesart. Josephus erzählt in seinem Werke contra Apionem, daß er von Titus in Thekoa drei Gekreuzigte, die er kannte, losgebeten habe. Zwei starben, einer wurde am Leben erhalten. Nun »starb« aber Jesus auffallend rasch. Der laute Ruf, bevor er das Haupt sinken läßt, zeigt an, daß seine Kraft noch lange nicht erschöpft war, sondern, daß es sich nur um eine totenähnliche Erstarrung gehandelt haben kann. Bei solchen Erstarrungen dauert die Periode des Sterbens bis zur Verwesung. »Nur diese zeigt das vollendete Abgestorbensein.«

»Auch die Grundkraft des Lebens Jesu würde, wie ein letztes Fünkchen, ohne neue Nahrung allmählich ganz erloschen sein, wenn nicht die Vorsehung für ihren Liebling auf unbekanntem Wege das gewirkt hätte, was sie bei andern durch bekanntere Kunst und Menschenhände wirken läßt.« Der Lanzenstich, den wir mehr als leichte Ritzung zu denken haben, bedeutete einen Aderlaß. Das kühle Grab und die Spezereien setzten die Wiederbelebung fort, bis dann das Gewitter und das Erdbeben Jesum vollends zur Besinnung brachten. Glücklicherweise wurde so auch der Stein von der Öffnung entfernt. Der Herr legte die Binden im Grab ab und verschaffte sich einen Gärtnersanzug. Darum meint Maria, Joh 20,15, mit dem Gärtner zu reden. Durch die Frauen bestellt er die Jünger nach Galiläa und macht sich selbst dahin auf den Weg. Bei Emmaus, zur Dämmerstunde, begegnet er zwei Anhängern, die ihn zunächst ob seines durch das Leiden entstellten Gesichtes nicht erkennen. Aber seine Art, die Danksagung beim Brotbrechen zu üben, und die nägeldurchbohrten Hände offenbaren ihnen, wer er ist. Durch sie erfährt er, wo die Jünger sind, kehrt nach Jerusalem zurück und tritt unverhofft bei ihnen ein. So erklären sich das nach Galiläa weisende Wort und die scheinbar widersprechenden jerusalemitischen Erscheinungen.

Thomas war nicht zugegen gewesen und durfte später die Hände in die Wundmale legen. Nur Mißverstand kann in dem an ihn gerichteten Worte Jesu einen Tadel finden. Was heißt denn: Selig sind, die nicht sehen und doch glauben? Es ist eine Seligpreisung an Thomas für das, was er im Hinblick auf die folgenden Generationen getan hat. »Jetzt«, sagt er, »bist du, Thomas, überzeugt, weil du so ganz entschieden mich gesehen hast.

Glücklich sind die, die jetzt oder künftig mich nicht sehen können; denn nunmehr können sie fest überzeugt werden, weil du dich auf eine solche Art überzeugt hast, daß dir, dem Fühlenden, über mein körperliches Belebtsein kein Zweifel übrig sein kann.« Ohne Thomas' Verstandesart wüßten wir heute nicht, ob es sich um ein Gespenst oder eine wirkliche Erscheinung des Wiederbelebten gehandelt hat.

So lebte Jesus mit ihnen vierzig Tage, war auch mit ihnen in Galiläa. Infolge der erduldeten Mißhandlung war er für lange Anstrengungen nicht stark genug; er lebte in der Stille und sammelte Kräfte für die kurzen Augenblicke, wo er im Kreis der Seinen erschien und sie belehrte. Als er das Ende nahe spürte, kehrten sie nach Jerusalem zurück. Auf dem Ölberg, im Morgensonnenglanze, versammelt er sie ein letztes Mal. Segnend erhebt er seine Hände über sie; mit segnend erhobenen Händen geht er von ihnen fort. Eine Wolke legt sich zwischen sie und ihn, so daß ihm ihre Blicke nicht lange zu folgen vermögen. Und alsbald stehen die weißgekleideten ehrwürdigen Männer da, die die Intimen schon auf dem Verklärungsberg für Moses und Elias gehalten, die aber in Wirklichkeit zu Jesu geheimem Anhang in Jerusalem gehören, und vermahnen sie, nicht stehen zu bleiben, sondern sich aufzuraffen.

Wo aber Jesus wirklich starb, erfuhren sie nie. Darum erzählten sie seinen Abschied als Himmelfahrt.

Im übrigen ist dieses Leben-Jesu nicht ohne Gemüt geschrieben. In einzelnen Momenten der Begeisterung redet der Verfasser sogar in kühnen Versen. Wenn nur nicht der Mangel an jeglichem natürlichen ästhetischen Sinn alles zerstörte! Vor allem verfällt Paulus immer wieder in eine blutrünstige Sprache. Die Episode vom Tod des Täufers ist überschrieben »Hof- und Priesterränke steigern sich bis zum Kabinettsjustizmord«. Auch sonst verdirbt die Banalität viel. Statt Jünger sagt er immer »Lehrschüler«, statt Glauben »Überzeugungstreue«. So lautet das Wort des Vaters des epileptischen Knaben an Jesus, statt: »Ich glaube, Herr, hilf meinem Unglauben«: »Ich bin überzeugungstreu; hilf auch, wenn ich Mangel in der Überzeugungstreue habe.« –

Das schöne Wort: »Eins ist not«, in der Geschichte von Maria und Martha, wird dahin gedeutet, daß auch ein Gang für das Essen genug gewesen wäre. Die Szene im Hause zu Bethanien wird überschrieben: »Gemütlichkeit Jesu unter Mitempfindenden in einem freundlichen Familienleben zu Bethanien. Ein Messias ohne steifes Feierlichtun.« Für den Ausspruch über den Zinsgroschen wird folgende Auslegung gefunden: »So lang ihr der Römer, damit doch einige Ordnung bei euch sei, bedürfet«, sagt Jesus, »habt ihr ihnen auch die Mittel dazu zu gewähren. Wäret ihr nur für euch, so brauchtet ihr nur Gott zu dienen.«

Von den geschichtlichen Problemen interessiert sich Paulus am meisten für die Vorstellung von der Messianität und die Frage des Verrats des Judas. Seine fünfundsechzig Seiten über die Geschichte des Messiasbegriffes sind eine wirkliche Leistung. Die messianische Vorstellung, führt er aus, geht auf das davidische Reich zurück; die Propheten steigerten sie ins Religiös-Erhabene; unter den Makkabäern sank das Ideal des königlichen Messias zu Boden; an seine Stelle trat die Vorstellung von dem überweltlichen Erlöser. Falsch ist nur, daß Paulus annimmt, die nachmakkabäische Zeit wäre zur politisch-davidischen Erwartung zurückgekehrt. Hingegen deutet er den Tod richtig als eine Leistung, mit der Jesus die Menschensohn-Messianität zu erwerben gedachte.

Zur Frage des Hohenpriesters bemerkt er, daß sie sich nicht auf die metaphysische Gottessohnschaft, sondern auf die Messianität im althebräischen Sinne bezog, weshalb der Herr auch mit dem Hinweis auf das Kommen des Menschensohnes geantwortet habe.

Die Bedeutung der Eschatologie für die Predigt Jesu ist klar erfaßt. Nur verdirbt Paulus diese Erkenntnis alsbald dadurch, daß er den wiederbelebten Herrn alle diesbezüglichen Fragen der Jünger mit der Vermahnung abschneiden läßt, »daß sie selbst, es komme alles übrige früher oder später, auf diese oder jene Weise, das Ihrige indes tun oder getan haben sollten«.

Wie wurde Judas zum Verräter? Er glaubte an Jesu Messianität und wollte ihn zwingen, sich als solchen zu erklären. Die Gefangennahme erschien ihm als das beste Mittel, das Volk zu entflammen, daß es sich für ihn erklärte. Aber die Ereignisse überstürzten sich. Die Nachricht von der Gefangennahme verbreitete sich wegen des Festes nur sehr langsam. In der Nacht, »da das Volk das Passahmahl ausschlief«, wurde Jesus verurteilt, am Morgen, ehe es recht erwacht war, zur Kreuzigung geschleppt. Ehe es davon wußte, war er tot. Da verzweifelte Judas, ging hin und erhängte sich. »Judas steht in der Leidensgeschichte als ein schreckendes Warnungsbeispiel solcher vor uns, die ihre Verständigkeit zur Schlauheit werden lassen und das in der Tat geschätzte Gute auch durch schlechte Mittel und Ränke verwirklichen zu dürfen sich bereden, weil sie ihre Leidenschaft für Eigennützigkeit zu verbessern in sich selbst vernachlässigen.«

Das war das konsequent rationalistische Leben-Jesu, welches so viel Widerspruch hervorrief und durch Strauß sieben Jahre nach seinem Erscheinen tot gemacht wurde. Die Methode ist verfehlt, denn der Autor bleibt wahrhaftig nur auf Kosten der handelnden Personen. Er läßt Jesu Jünger Wunder annehmen, wo sie keine finden konnten, und Jesum Vorgänge als Wunder gelten lassen, wo er gegen den falschen Wunderglauben hätte protestieren müssen. Seine Exegese ist gewalttätig. Aber wer hat das Recht, ihn hier zu richten? Wenn die Theologen ihn vor den Herrn zerrten, würde er sagen wie damals: »Wer unter euch ohne Sünde ist, der werfe den ersten Stein auf ihn« – und Paulus ginge unverletzt davon.

Zudem sind eine Reihe seiner Erklärungen im Prinzip richtig. Die wunderbare Speisung und das Meerwandeln müssen irgendwie auf mißverstandenen tatsächlichen Vorkommnissen beruhen. Und wieviel Paulusgedanken gehen noch heute in allerhand Verkleidungen um und spuken in Kommentaren und Leben-Jesu, besonders in den »antirationalistischen«! Es gehört nun einmal zum gesitteten Theologen, sich vom Rationalismus ganz loszusagen; und doch, wie arm ist unsere Epoche, verglichen mit jener... so arm an kraftvollen idealen Menschen, so arm an einfacher Menschenwahrhaftigkeit in der Theologie!

6 Am Ausgang des Rationalismus Hase und Schleiermacher

KARL AUGUST HASE: Das Leben Jesu zunächst für akademische Studien 1829. 205 S. Hier findet sich die älteste Literatur der Leben-Jesu-Forschung verzeichnet. 5. Auflage 1865.

FRIEDRICH ERNST DANIEL SCHLEIERMACHER: Das Leben Jesu. 1864. Herausgegeben von Rütenik. Der Ausgabe liegt der Plan eines 1832 nachgeschriebenen Kolleghefts zugrunde. Schleiermacher las damals vom 14. Mai bis 29. August.

DAVID FRIEDRICH STRAUSS: Der Christus des Glaubens und der Jesus der Geschichte. Eine Kritik des Schleiermacherschen Lebens Jesu. 1865.

Hase und Schleiermacher gehören als Darsteller des Lebens Jesu einerseits noch ganz dem Rationalismus an. Sie kommen von der vernünftigen Wundererklärung nicht los, nur daß sie nicht mehr das unbefangene Vertrauen zu ihr haben und in den entscheidenden Fällen an die Stelle der Lösung Fragezeichen setzen. Man könnte sie die Skeptiker des Rationalismus nennen. Andererseits aber streben sie über den Rationalismus hinaus, indem sie den historischen inneren Zusammenhang der Ereignisse der Wirksamkeit Jesu zu begreifen suchen, was bei Paulus gänzlich zurückgetreten war. Ihre Leben-Jesu sind Übergangswerke im guten und schlechten Sinn des Wortes. Hase zeigt sich darin als der größere von beiden.

Der Name Hases ist mit goldenen Lettern ins Buch der Theologie eingetragen; aber sie ist über ihn zur Tagesordnung übergegangen, da er kein Pfadfinder war, wie Baur, und mit keinem von ihm aufgedeckten und noch unaufgelösten Problem als ein Gegenwärtiger Fragen an unsere Zeit stellt. Selbst seine Kirchengeschichte mit ihren zwölf Auflagen ist schon überlebt, obwohl sie noch immer das glänzendst geschriebene Werk dieser Art ist und hinter der herrlichen Form ein immenses Wissen birgt. Er war mehr als ein Theologe: Er war eine der vornehmsten Erscheinungen der deutschen Kultur, die Verkörperung einer Zeit, die für uns wie ein für immer verlorenes »Es war einmal« im Abendrot der Vergangenheit versunken ist.

Seine Bahn ging geradeaus. Er kannte die Arbeit, aber nicht die Enttäuschung. Geboren 1800, vollendete er seine Studien zu Tübingen, wo er sich 1823 habilitierte. 1824–1825 fand er auf dem Hohenasperg, wo er wegen seiner Agitation für die Burschenschaft saß, eine elfmonatige Muße zum Nachdenken und zu literarischen Plänen; 1830 kam er nach Jena, wo er, alljährlich neue Sonne und neue Kraft in Italien suchend, bis an sein Ende, 1890, wirkte.

Nicht ohne Ehrfurcht nimmt man das kleine, zweihundertundfünf Seiten zählende Lehrbuch in die Hand. Es ist der erste Versuch eines rein historisch wissenschaftlichen Aufbaus des Lebens Jesu. So schöpferische Kraft liegt kaum in einem seiner späteren Werke. Schon zeigen sich auch die herrlichen Eigenschaften, die des Meisters Schriftstellerei kennzeichnen: Klarheit, Knappheit, Schönheit. Welch ein Kontrast mit Bahrdt, Venturini und Paulus!

Aber der Grundton des Werkes ist rationalistisch, da Hase die vernünftige Wundererklärung anwendet, wo sie irgend möglich erscheint. Die Vorgänge bei der Taufe will er durch die Annahme einer Meteorerscheinung begreiflich machen. Bei der Verklärung ist die Tatsache festzuhalten, daß Jesus in Begleitung zweier Unbekannter den Jüngern in ungewohntem Glanze erschien. Daß diese die Begleiter als Moses und Elias bezeichneten, ist ein von Jesus nicht bestätigter und durch die Lage der Augenzeugen nicht hinreichend verbürgter Schluß. Das vom Meister herbeigeführte jähe Abbrechen der Begegnung und das Gebot des Schweigens »deuten auf ein geheimnisvolles Verhältnis in seiner Geschichte«. Durch diese Andeutung läßt Hase also die geheime Gesellschaft Bahrdts und Venturinis bestehen.

Ganz unbefangen ist seine Deutung der Geschichte vom Stater. Sie soll nur »die harmlose Weise darstellen, mit der sich der Messias den Gemeindelasten unterzog«. Bei der Stillung des Meersturmes scheint es ungewiß, »ob Jesus durch Kenntnis der Natur das nahe Ende des Sturmes voraussagt, oder durch Kraft über die Natur herbeiführt«. Der Skeptiker des Rationalismus läßt also die Annahme des Wunders offen. Nicht anders verfährt er bei der Erklärung der Totenauferweckungen. Sie können durch Annahme des Scheintodes begreiflich gemacht werden; man kann sie aber auch als übernatürliche Vorgänge auffassen. Für die beiden großen johanneischen Wunder, die Wasserverwandlung und die Brotvermehrung, ist jede natürliche Erklärung abzulehnen. Aber wie unhaltbar ist sein Versuch, die Art der Brotvermehrung begreiflich zu machen! »Warum«, sagt er, »soll sich das Brot nicht vermehrt haben?« »Wenn die Natur alljährlich in der Zeit von der Saat bis zur Ernte ein ähnliches Wunder vollbringt, so konnte sie vielleicht aus noch unbekanntem Gesetze in einem Momente es vollbringen.« Hier taucht der gefährliche, antirationalistisch-geistreiche Supranaturalismus auf, der Hase und Schleiermacher zuweilen bis hart an die Grenze des unwahrhaftig Reaktionären führt.

Das Schibbolet ist die Erklärung der Auferstehung Jesu. Ein zwingender Beweis für den wirklich erfolgten Tod kann nach Hase nicht geführt werden, da nirgends die Verwesung, das einzig sichere Zeichen des eingetretenen Verscheidens, konstatiert wird. So ist es möglich, daß die Auferstehung nur eine Wiederbelebung aus dem Scheintod gewesen ist. Aber nach dem unmittelbaren Eindruck der Quellen muß man eher auf ein übernatürliches Ereignis schließen. Mit beiden Auffassungen ist der Glaube vereinbar. »Beide nach der Geschichte möglichen Ansichten, entweder daß der Schöpfer dem Leichnam neues Leben gab, oder daß die verborgene Lebenskraft in dem Scheintoten erwachte, erkennen in der Auferstehung das offenbare Zeugnis der Vorsehung für Jesu Sache und sind daher beide als christlich anzusehen, dagegen eine dritte Ansicht, daß sich Jesus seinen Feinden auslieferte, um durch das falsche Wagstück eines scheinbaren Todes und einer künstlich vorbereiteten Auferstehung zu siegen, ebensosehr der historischen Kritik, als dem christlichen Glauben widerspricht.«

Nicht unbemerkt darf die Erleichterung bleiben, die sich Hase für die Wunderfrage insgeheim schafft. Für die Rationalisten waren alle Wunder gleichwertig und mußten eins wie das andere durch natürliche Erklärung aus der Welt geschafft werden. Hase läßt, genau besehen, nur die johanneischen als authentisch gelten, während die synoptischen als auf einem Mißverständnis der Autoren beruhend angesehen werden können, sofern diese nicht Geschautes, sondern Überliefertes aufzeichnen. So kommt die Differenzierung der beiden evangelischen Überlieferungen den Antirationalisten zu Hilfe und erlaubt ihnen, über die größten Schwierigkeiten hinwegzukommen. Wie im Spiel skizzieren sie Straußsche Gedanken, ohne zu ahnen, welch furchtbarer Ernst aus dem Spiel wird, wenn die Authentie des vierten Evangeliums einmal aufgegeben werden muß.

Fast ohne Schwertstreich gibt Hase die Geburtsgeschichte und die »Sagen der Kindheit« – er selbst gebraucht den Ausdruck – preis; das ist auch das Schicksal aller Auftritte, wo Engel figurieren, und der Wunder beim Tode Jesu. Er bezeichnet sie als »mythische Anklänge«. Die Himmelfahrt ist nichts weiter als »eine mythische Auffassung des Hingangs zum Vater«.

Auch die Auffassung der wunderlosen Geschichte Jesu ist zum Teil noch ganz rationalistisch. Sie ist nicht frei von rationalistischer Sentimentalität. Über die Ehelosigkeit des Herrn wird z. B. folgendermaßen spekuliert: »Wenn der wahre Grund zum Zölibat Jesu nicht in besonderen Verhältnissen seiner Jugend verborgen liegt, so mag als Vermutung gelten, daß derjenige, aus dessen Religion später die dem Altertum fremde, ideale Ansicht der Ehe hervorging, in seiner Zeit und in seiner Jugend kein Herz fand, das solchem Bunde gewachsen war.«

Rationalistisch ist auch die Erklärung des Verrats Judä. »Ein rein verständiger, weltlicher, gewalttätiger Charakter, wollte er den zögernden Messias zur Gründung seines Reiches auf Volksgewalt zwingen. ... Vielleicht selbst, daß Judas jenen letzten Zuruf ›Was du tun willst, das tue bald‹ in gräßlicher Verblendung für ein Ergeben Jesu in seinen Plan achtete.«

Aber über diese rationalistische Geschichtsanschauung schreitet Hase dann wieder hinaus, wenn er das »Jüdische« im Plan und in der Verkündigung Jesu nicht aus bloßer Akkommodation erklärt haben will, sondern dafür hält, daß der Herr bis zu einem gewissen Grade wirklich in jener Ideenwelt stand. Jesu Stellung zur Eschatologie bedingte, nach Hase, zwei Perioden in seinem messianischen Auftreten. In der ersten ging er fast unbefangen auf die nationalen Vorstellungen der messianischen Zeit ein. Durch die Erfahrungen aber, die er damit macht, wird er dazu gebracht, diesen Irrtum zu überwinden, und entwickelt sich nun in der zweiten Periode erst als der, der er ist. Hier haben wir also zum erstenmal den Gedanken der zwei Perioden im Leben Jesu, der dann besonders durch Holtzmann und Keim zur Herrschaft kam und bis auf Johannes Weiß allen Leben-Jesu zugrunde gelegt wurde. Hase hat das moderne, historisch-psychologische Jesusbild geschaffen. Durch die eindringende feinere Psychologie steht er schon jenseits des Rationalismus.

Interessant ist die Art, wie er den Entwicklungsgedanken geschichtlich und literarisch zu Ende führt. Die Apostel nämlich, meint er, haben diesen Gedankenfortschritt in Jesus nicht begriffen und die Aussprüche der ersten und zweiten Periode nicht geschieden. Sie blieben ganz in der eschatologischen Anschauung stecken. Nach seinem Tode beherrschte diese Anschauung die Urgemeinde so sehr, daß sie ihre Erwartungen in die letzten Reden Jesu hineinlegte. Nach Hase war die apokalyptische Rede Mt 24 ursprünglich nur eine Weissagung vom Gericht und der Zerstörung Jerusalems, die dann durch die urapostolische Eschatologie getrübt wurde. Nur Johannes blieb vom Irrtum frei. Darum erhält das uneschatologische vierte Evangelium die Ideen Jesu in der reinen Gestalt der zweiten Epoche.

Richtig beobachtet ist, daß die Messianität Jesu in seiner Verkündigung, anfangs wenigstens, fast gar keine Rolle spielt, und daß selbst die Jünger, vor Cäsarea Philippi, ihn mehr in Augenblicken enthusiastischer Bewunderung als in klarer Überzeugung als den Messias angesehen haben. Dieser Hinweis auf die zentrale Stellung der Offenbarung der Messianität zu Cäsarea Philippi ist auch ein Hinweis auf die kommende Leben-Jesu-Forschung.

In eine ganz andere Übergangswelt kommt man mit Schleiermachers Leben-Jesu. Es ist keine historische, sondern eine dialektische Leistung. Nirgends wird so klar, daß der große Dialektiker eigentlich ein unhistorischer Kopf war, wie gerade in seiner Behandlung der Geschichte Jesu.

Es waltete von Anfang an kein günstiger Stern über seinem Unternehmen. Zwar war er der erste Theologe, der, 1819, über diesen Gegenstand überhaupt las. Sein Leben-Jesu erschien aber erst 1864. Man hatte die Veröffentlichung so lange hinausgeschoben, einmal, weil man es nur aus Kollegnachschriften rekonstruieren konnte, sodann, weil es alsbald, nachdem Schleiermacher es 1832 zum letztenmal gelesen hatte, durch Strauß aufs tote Geleise geschoben worden war. Für die Fragen, welche das Leben-Jesu von 1835 stellte, hatte Schleiermacher keine Antwort, und für die

Wunden, die es schlug, keine Heilung. Als man das seine 1864 wie eine einbalsamierte Leiche ausstellte, hielt Strauß dem toten Werke des großen Theologen eine würdige und ergreifende Grabrede.

Schleiermacher sucht nicht den Jesus der Geschichte, sondern den Jesus-Christus seiner Glaubenslehre, d. h. die historische Persönlichkeit, die zu dem von ihm aufgestellten Selbstbewußtsein des Erlösers paßt. Die Empirie existiert für ihn einfach nicht. Eine natürliche Psychologie ist kaum vorhanden. Er tritt mit einem dialektischen Apparat an die Dinge heran und stellt sie in einem lebendig bewegten Schema dar. Es ist aber keine Dialektik zur Geburt des Wirklichen, wie die Hegels, die dann Strauß anwendet, sondern eine Dialektik der Darstellung. In dieser ist er der größte Meister, der je gelebt.

Für den historischen Jesus gelten dieselben Grenzen nach oben und nach unten, wie sie für den dogmatischen gelten, soll nicht die Einzigartigkeit seines göttlichen Selbstbewußtseins aufgehoben werden. Zu vermeiden ist der Ebionitismus, welcher das Göttliche in ihm aufhebt, und der Doketismus, durch welchen das Menschliche aufgezehrt wird.

Schleiermacher liebt es, seine Hörer das Gruseln zu lehren und ihnen zu zeigen, wie der geringste Fehltritt den Sturz in einen dieser beiden Abgründe zur Folge hat, oder haben könnte, wenn man nicht durch seine unfehlbare Dialektik geleitet würde.

Die historischen Fragen des Lebens Jesu kommen eine nach der andern in Sicht; aber keine wird so gestellt oder so gelöst, wie es der Historiker tun müßte, sondern sie sind eben nur Momente in der Dialektik.

Man sieht eine Spinne. Sie läßt sich von oben herunter; nachdem sie ihren Faden unten befestigt, läuft sie bis zur Mitte zurück und webt dort ihr Netz. Man schaut zu, und ehe man sichs versieht, ist man darin gefangen. Es ist schwer, auch bei dem Bewußtsein besserer historischer Kenntnis, sich dem Zauber dieses Werkes zu entziehen.

Aber wie souverän ist diese Dialektik! Paulus hatte gezeigt, wie man das messianische Selbstbewußtsein Jesu wegen des Wortes Menschensohn vor allem aus Daniel zu verstehen habe. Dazu bemerkt Schleiermacher: »Ich habe schon gesagt, es sei an und für sich unwahrscheinlich, daß in Christo eine solche Vorliebe (scl. für das Buch Daniel) sich gestaltet habe, weil das Buch Daniel gar nicht unter den eigentlichen prophetischen Schriften steht, sondern in der dritten Abteilung.«

Auch in der Würdigung der Taufgeschichte bleibt er hinter der historischen Erkenntnis seiner Zeit zurück. »Auf die Taufe einen so großen Wert legen«, sagt er, »führt entweder auf Gnostisches, daß sich da erst der Logos mit Jesus vereinigt, oder auf Rationalistisches, daß er erst durch die Taufe seiner Bestimmung gewiß geworden«. Was liegt aber der Geschichte daran, ob etwas gnostisch oder rationalistisch ist, wenn es nur historisch ist!

Diese für die geschichtliche Erkenntnis manchmal so verhängnisvolle Dialektik ist für die Erledigung der Wunderfrage wie geschaffen. Verglichen mit den Ausführungen Schleiermachers, ist alles, was man seither über den Gegenstand gesagt hat, eitel ehrliche oder unehrliche Stümperei. Etwas Neues ist nicht produziert worden, und so wunderbar fein hat es keiner mehr zu sagen vermocht. Freilich hat auch keiner so geschickt zu verschleiern gewußt, was er zuletzt von Wundern festhält und was nicht. Es ist eben keine historische, sondern eine dialektische Lösung, ein Versuch, über die Notwendigkeit rationalistischer Wundererklärung hinauszukommen, ohne sich doch davon freimachen zu können.

Schleiermacher stuft die Wunder ab nach dem Maße der Deutlichkeit und Möglichkeit des Einwirkens des Geistigen auf das Natürliche. Am erklärlichsten sind die Heilwunder, »denn es fehlt uns nicht an Analogien, wie rein organisch krankhafte Zustände aufgehoben werden durch geistige Einwirkung«. Aber sobald das Wirken Christi außerhalb des menschlichen Lebens fällt, verwickelt man sich in die unmöglichsten Schwierigkeiten. Um dieselben einigermaßen zu heben, wendet der Autor zwei Mittel an: Erstens läßt er zu, daß in bestimmten Fällen die rationalistische Deutung bedingterweise Geltung haben könne; zweitens statuiert er, wie Hase, in den Wundern selbst eine Differenz, sofern er die johanneischen hält und die synoptischen, als nicht mit derselben Sicherheit und Genauigkeit überliefert, bis zu einem gewissen Grade preisgibt.

Wie sehr er noch im Rationalismus lebt, erkennt man daraus, daß er für die Auferstehung Jesu die Wiederbelebung vom Scheintod und die übernatürliche Neubelebung, als Auferstehung vorgestellt, für gleichberechtigt erklärt. Er geht so weit, zu sagen, daß die Entscheidung der Frage für ihn kein Interesse hat. Das Prinzip des Paulus, daß es außer der Verwesung kein wirkliches Kennzeichen des Todes gebe, hat er sich ganz angeeignet.

»Alles, was wir hier sagen können«, führt er aus, »ist nur, daß auch denjenigen, welche den Auftrag hatten, den möglichst unmittelbaren Tod des Gekreuzigten zu bewirken, damit der Leichnam noch könnte abgenommen werden, Christus auch wirklich als gestorben erschienen ist, und zwar wider Erwarten, denn er war ein Gegenstand der Verwunderung. Weiter haben wir auf das Faktum nicht einzugehen, weil sich darüber nichts ermitteln läßt.«

Gewiß ist, daß Christus in einem realen Leibe unter den Seinen weilte; so verlangt es das vierte Evangelium. Mit »Erscheinungen« haben die Auferstehungsberichte nichts zu schaffen. Schleiermachers persönliche Meinung ist, daß es sich um eine Wiederbelebung aus dem Scheintod handelte. »Hätte Christus nur gegessen, um zu zeigen, daß er essen könne, ohne daß er der Nahrung bedürfe, wäre es eine Täuschung gewesen, etwas Doketisches. Dieses muß uns daher eine Anweisung geben für alles übrige, daß man sich an die Art, wie Christus sich dargestellt wissen will, hält, und alles Wunderbare, wie er den Jüngern erschien, auf die Rechnung der Jünger schreibt.«

Als er sich der Magdalenerin offenbarte, hatte er keine Gewißheit, sie noch öfters wiederzusehen: »er war sich seines Zustandes als eines wirklichen menschlichen Lebens bewußt, hatte aber keine Zuversicht auf die Dauer.« Er entbot seine Jünger nach Galiläa, weil er dort mehr abgeschlossen und unbeachtet mit ihnen sein konnte. Der Unterschied zwischen jetzt und vorher war nur der, daß er sich nicht mehr der Welt zeigte. »Es hätte nämlich eine Tendenz hervorbrechen können auf ein äußerliches messianisches Reich, und man braucht nur hieran zu denken, um vollkommen genügend zu erklären, warum Jesus so abgeschlossen hat.«

»Es ist die Ahnung von seinem bevorstehenden Ende dieses zweiten Lebens gewesen, was ihn zur Rückkehr aus Galiläa nach Jerusalem bewogen hat.«

Von der Himmelfahrt heißt es: »Hier ist also etwas Geschehenes, aber das Gesehene kann nichts Vollständiges gewesen sein, und das andere ist nur eine Ergänzung.« Die rationalistische Deutung schaut noch durch.

Wenn aber der Zustand Jesu nach dem Tode »ein Zustand des Wiederbelebtseins war«, mit welchem Rechte redet Schleiermacher immer wieder von einer »Auferstehung«, als wäre sie identisch mit der Wiederbelebung? Ferner: Ist es denn wirklich wahr, daß der Glaube vollständig uninteressiert daran ist, ob die Existenz Jesu, in der er den Jüngern offenbar wurde, ein Wiederbelebtsein oder eine Auferstehung vom Tode war? Hier waren, scheint es, die Rationalisten ehrlicher.

Sowie man diese feine Dialektik anfaßt, zerbricht sie einem unter den Fingern. Schleiermacher würde dieses Spiel auch nicht wagen, wenn er nicht die zweite Position hätte, um sich darauf zurückzuziehen: die Unterscheidung zwischen der johanneischen und synoptischen Wunderüberlieferung. Darin hat er sich die Sache, verglichen mit den Rationalisten, noch mehr als Hase vereinfacht. Das Taufwunder hat nur einen Sinn in der Relation des vierten Evangeliums, wo es sich um ein Geschehen handelt, das nur Johannes erlebt und das uns gar nichts angeht. Die synoptische Versuchungsgeschichte hat keinen richtigen Sinn. »Das Steineverwandeln wäre, wenn die Not da war, keine Sünde gewesen.« »Das Herunterlassen vom Tempel konnte keinen Reiz haben.«

Die Wunder der Geburt und der Kindheit gibt er ganz auf: sie gehören nicht zur Geschichte des Lebens Jesu; ebenso die Wunder des Todes. Man meint Strauß zu hören, wenn man liest: »Wenn wir nun noch einmal darauf zurückgehen, daß wir in diesen schlichten verschiedenen Erzählungen von den letzten Momenten Christi doch ein paar Elemente gefunden haben, von denen sich nicht vorstellen läßt, daß sie buchstäbliche Beschreibungen von wirklichen Tatsachen sind, wie das Zerreißen des

Vorhangs und das Öffnen der Gräber, so kann man freilich sagen, läßt sich dasselbige nicht noch auf manches andere anwenden? Und da hat allerdings die Beschreibung davon, daß die Sonne ihren Schein verlor, und daß eine solche Finsternis entstand, eine starke Ähnlichkeit damit, daß sie auch wohl eher aus poetisierender Darstellung in die schlichte Erzählung hineingekommen ist.«

Das Anreden des Meeres und Sturmes konnte zur Wirkung nichts beitragen; hier muß man also entweder Alteration annehmen oder andern Zusammenhang.

Auf diese Weise hat Schleiermacher – und darum wurden diese Vorlesungen über das Leben Jesu so gefeiert – zwar der Dogmatik über die Wunder hinweggeholfen, nicht aber der Geschichte.

Verhängnisvoll für seine geschichtliche Auffassung ist seine einseitige Bevorzugung des vierten Evangeliums. Nur in diesem spiegelt sich nach ihm das Selbstbewußtsein Jesu wider. Dabei bemerkt er ausdrücklich, daß von einem Fortschritt in der Lehre Jesu und von einer »Entwicklung« bei ihm nicht die Rede sein kann. Seine Entwicklung ist die ungehemmte organische Entfaltung der Idee der Gottessohnschaft.

Auch für den Aufriß des Lebens Jesu ist das vierte Evangelium allein maßgebend. »Die johanneische Vorstellung über die Weise, wie die Katastrophe seines Geschicks herbeigeführt wird, ist die einzig anschauliche.« Dasselbe gilt von dem Auferstehungsbericht dieses Evangeliums. »Ich kann daher«, beschließt er seine Ausführung, »auch hierin keine andere Maxime aufstellen, als daß das Evangelium Johannes eine Relation ist von einem Augenzeugen her und aus einem Guß. Die drei ersten Evangelien sind Zusammentragungen aus mehreren einzeln bestandenen Erzählungen. Ihre Reden sind Kompositionen und ihre Geschichtserzählung so, daß man jede Vorstellung von der Gruppierung der Ereignisse verliert«.[1] Die »reichen Tage«, wie der Tag der Bergpredigt und der Tag der Gleichnisreden, existieren nur in der Einbildung dieser Evangelisten; in Wirklichkeit gab es solche nicht. Einzig Lukas ist noch einigermaßen sachgemäß. Er ist mit viel Einsicht und kritischem Takte aus Einzelschriften zusammengesetzt, wie Schleiermacher dies in seiner Untersuchung über Lukas (1817) überzeugend dargetan zu haben glaubt.

Nur auf Grund dieser Anschauung von den Quellen sind die verschiedenen Nachrichten von der Lokalität des Lebens Jesu zu würdigen. »Die Widersprüche«, führt Schleiermacher aus, »sind nicht zu erklären, wenn alle unsere Evangelien in gleicher Nähe von Jesus stehen. Sind die andern aber entfernter, so finden wir den Schlüssel darin, daß Johannes auch als eine herrschende Meinung in Jerusalem anführt, daß Jesus ein Galiläer sei und daß Lukas nach den Stücken, die artistische Zusammenstellung

1 Stil und Deutlichkeit dieses und des folgenden Zitats fallen nicht Schleiermacher, sondern wie noch sonst gar oft, seinem Herausgeber zur Last.

verraten, und die durch die Gleichheit des Inhalts zusammengehören, alles in einer Reiseerzählung nach Jerusalem darstellt. Nach dieser Analogie hat man, nicht bedenkend, daß Jesus mehrmals jährlich Antrieb haben mußte, nach Jerusalem zu gehen, alles was dort vorgegangen sein mußte, in eine Masse gezogen. Dies können nur Hellenisten getan haben.«

Für die Plastik der Beschreibung der letzten jerusalemitischen Tage bei Markus und Matthäus ist Schleiermacher total unempfänglich und ahnt nicht, daß Jesus, wenn auch nur ein jerusalemitischer Spruch der Synoptiker wahr ist, vorher überhaupt nicht in Jerusalem geredet haben kann.

Der Grund der Antipathie gegen die Synoptiker liegt aber tiefer als nur in literarischen Studien über ihre Komposition. Ihr »Christusbild« paßt nicht zu dem, welches er in die Geschichte einsetzen will. Darum schreckt er, wenn es darauf ankommt, auch vor der ärgsten Vergewaltigung nicht zurück. So schafft er die Gethsemaneszene aus der Welt, indem er aus dem Schweigen des Johannes schließt, daß sie sich nicht habe ereignen können. »Die andern Evangelisten«, führt er aus, »erzählen uns von einer plötzlichen Niedergeschlagenheit und tiefen Betrübnis, die Jesum überfallen und die er seinen Jüngern eingestanden habe, und wie er sich für dieselbe nun im Gebete Rat sucht und nachher auch seine Klarheit und Entschlossenheit wiedergefunden habe. Johannes übergeht dieses ebenfalls mit Stillschweigen und seine Erzählungen über das unmittelbar Vorhergehende sind damit ebenfalls im Widerspruch.« Es handelt sich eben nur um eine vorbildliche Geschichte, wie schon die dreimalige Wiederholung der Bitte anzeigt. »Wenn von einer solchen Niedergeschlagenheit der Seele die Rede ist, so gehört das mit zu der Einkleidung, welche die Relation erfahren hat, damit das Beispiel Christi desto anwendbarer wäre auf andere, bei denen diese ebenso vorkommen könnte.«

Mit diesen Prinzipien kann man ein Leben Christi schreiben: ein Leben-Jesu nimmermehr. Es ist darum nicht von ungefähr, daß Schleiermacher immer von Christus statt von Jesus redet.

7 David Friedrich Strauß · Sein Leben und sein Los

Man muß Strauß lieben, um ihn zu verstehen. Er war nicht der größte und nicht der tiefste unter den Theologen, aber der wahrhaftigste. Sein Wissen und sein Irren waren wie das Wissen und Irren eines Propheten. Sein Los nicht anders. Enttäuschungen und Leiden gaben diesem Leben seine Weihe. Es entrollt sich vor uns wie eine Tragödie, in der dann aber alles verklärt wird durch den milden Glanz, der von dem vornehmen Dulder ausgeht.

Strauß war 1808 zu Ludwigsburg in Württemberg geboren.[1] Sein Vater war Kaufmann, hatte aber wenig Glück in den Geschäften, so daß sein Wohlstand stetig zurückging. Den Geist besaß der Knabe von der Mutter, einer nüchternen, guten, verständig frommen Frau, der er in der Schrift »Zum Andenken an meine gute Mutter« (1858), für den Konfirmationstag seiner Tochter verfaßt, ein Denkmal setzte.

Im niederen Seminar zu Blaubeuren war er von 1821 bis 1825, zusammen mit Friedrich Vischer, Pfizer, Zimmermann, Märklin und Binder. Zu ihren Lehrern gehörte Ferdinand Christian Baur, den sie dann in Tübingen auf der Universität wiederfinden sollten.

Das erste Universitätsjahr war uninteressant, da die Regeneration der Fakultät erst 1826, eben durch die Berufung Baurs, erfolgte. An der philosophischen Fakultät war der Unterricht kaum geistvoller, so daß die Freunde von den zwei Jahren philosophischer Propädeutik, die der theologische Lehrplan vorschrieb, wenig gehabt hätten, wenn sie sich nicht durch gemeinsame Lektüre selbst weiter gebildet hätten. Hegels Gedanken fingen an, Macht über sie zu gewinnen. Für die philosophische Fakultät existierte noch keine Hegelsche Philosophie.

Der Poesie waren sie sehr zugetan. Zwei Reisen, die Strauß in den Oster- und Pfingstferien des Jahres 1827 mit seinem Studiengenossen Binder zu Justinus Kerner nach Weinsberg unternahm, machten einen tiefen Eindruck auf ihn. Er mußte eine Anstrengung machen, aus der Traumwelt der »Seherin von Prevorst« herauszukommen. Einige Jahre später noch nennt er in einem lateinischen Billet an Binder Weinsberg das »Mecca nostra«.

1 Über Strauß erschienen Biographien von E. Zeller (1874), A. Hausrath (zwei Bände, 1876 und 1878), K. Harräus (1901) und Theobald Ziegler (zwei Bände, 1908; durchgehend paginiert; 778 S.). Ziegler faßt den Ertrag der Forschung zusammen. Besonderen Wert erhielt seine Schrift dadurch, daß dem Verfasser ein reiches ungedrucktes Briefmaterial und viele Mitteilungen aus dem Bekanntenkreise Straußens zur Verfügung standen. – Eine Gesamtausgabe der Straußschen Werke in zwölf Bänden erschien 1876–78.

Nach Vischers Schilderung war der lang aufgeschossene Jüngling eine bezaubernde Erscheinung, etwas schüchtern gegen die, welche er nicht kannte. Die Vorlesungen besuchte er mit pedantischer Regelmäßigkeit.

Baur stak damals noch ganz in den Vorarbeiten seines Systems. Aber Strauß ahnte den Gang, den die Gedanken seines jungen Lehrers nehmen sollten.

Als die Freunde in das Amt traten, empfanden die andern eine große Schwierigkeit, ihre theologischen Anschauungen mit dem Volksglauben, den sie predigen sollten, in Einklang zu bringen. Strauß blieb innerlich unangefochten. In Briefen an Märklin und Binder aus den Jahren 1830 und 1831 führt er aus, daß er in seinen Predigten – er war damals Vikar in Klein-Ingersheim bei Ludwigsburg – Vorstellungen, deren das Volk schon entbehren könne, den Teufel z. B., weglasse, solche aber, die ihm noch unentbehrlich seien, z. B. die Eschatologie, ihm in einer solchen Form vortrage, daß der »Begriff« möglichst durchscheine. »Bedenke ich«, schreibt er, »wie die Ausdrucksweise auch in der gebildeten Predigt dem Begriff und seiner eigentümlichen Form so unadäquat ist, so kommt mir nicht mehr viel darauf an, auch vollends eine Stufe weiter herabzusteigen. Ich wenigstens bin hin wie her in dieser Sache ganz unbefangen und kann es nicht gerade bloß einem Leichtsinn zuschreiben.«

Das ist Hegelsche Logik.

Nachdem er eine kurze Zeit Professoratsverweser in Maulbronn gewesen war, promovierte er mit einer Schrift über die ἀποκατάστασις πάντων (Wiederbringung aller Dinge). Diese Arbeit ist verloren. Aus einem Briefe aber ergibt sich, daß er seinen Gegenstand mehr religionsgeschichtlich behandelt hatte.

Als Binder mit einer philosophischen Arbeit über die Unsterblichkeit promovierte, sprach Strauß sich 1832 in einem Brief an ihn dahin aus, daß der persönliche Unsterblichkeitsglaube nur fälschlich als eine Konsequenz des Hegelschen Systems angesehen werde, da ja nach Hegel nicht der subjektive Geist der Einzelpersönlichkeit, sondern nur der objektive Geist, die sich unausgesetzt in neuen Schöpfungen verwirklichende Idee, unsterblich sei.

Im Oktober 1831 ging er nach Berlin, um Hegel und Schleiermacher zu hören. Am 14. November wurde Hegel, den er kurz zuvor noch besucht hatte, von der Cholera dahingerafft. Strauß erfuhr die Nachricht in Schleiermachers Hause, aus dem Munde des Hausherrn, wobei ihm das dem letzteren gegenüber etwas unbedachte Wort entfahren sein soll: »Und seinetwegen bin ich nach Berlin gekommen!«

Zwischen Schleiermacher und Strauß konnte kein rechtes Verhältnis zustande kommen. Sie hatten eben nichts Gemeinsames. Das hinderte nicht, daß Straußens Leben-Jesu nachmals von den Gegnern Schleiermachers als ein Kind seiner Religionsphilosophie bezeichnet wurde, gegen welchen Vorwurf Tholuck den großen Toten noch in den sechziger Jahren in Schutz nehmen zu müssen glaubte.

In Wirklichkeit entstand der Plan des Lebens Jesu durch den Verkehr Straußens mit Vatke, zu dem er sich sehr hingezogen fühlte. Es war auch nicht so sehr der Plan eines Leben-Jesu, als der einer Geschichte der Ideen des Urchristentums, als Maßstab für das kirchliche Dogma. Das Leben-Jesu entstand gewissermaßen nur als ein Prolog zu diesem Werk, das er dann 1840 bis 1841 unter dem Titel »Die christliche Glaubenslehre in ihrer geschichtlichen Entwicklung und in ihrem Kampfe mit der modernen Wissenschaft« ausführte.

Als er im Frühjahr 1832 nach Tübingen zurückkehrte, um eine Repetentenstelle im Stift anzunehmen, traten diese Pläne hinter der Beschäftigung mit der Philosophie ganz zurück und wären, wenn Strauß alles nach Wunsch gegangen wäre, vielleicht nie zur Ausführung gekommen. Die Repetenten hatten nämlich das Recht, über Philosophie zu lesen. Strauß fühlte sich berufen, als Apostel Hegels aufzustehen und trug dessen Logik mit gewaltigem Erfolg vor. Zeller, der jene Vorlesungen hörte, rühmt den unvergeßlichen Eindruck, den er davon mitgenommen. Daneben las der Hegelianer über Plato und Geschichte der neueren Philosophie. Es waren drei glückliche Semester.

»In meiner Theologie«, schreibt er 1833 in einem Brief, »schlägt die Philosophie so ganz vor, daß meine theologische Ansicht sich nur durch gründlichere Durcharbeitung der Philosophie vervollkommnen kann, und diesen Kursus will ich jetzt ungestört durchmachen, ausgesetzt, ob er mich zur Theologie zurückführen wird oder nicht«. Und weiter: »Wenn ich mich recht prüfe, so steht es bei mir in theologischer Hinsicht so: was mich interessiert in der Theologie, das ist anstößig, und was nicht anstößig ist, gilt mir gleich. Deswegen habe ich auch dem Lesen theologischer Kollegien entsagt.«

Die philosophische Fakultät empfand jedoch ein gewisses Mißbehagen über den Erfolg des Apostels Hegels. Sie wollte das Recht der Repetenten, über Philosophie zu lesen, eingeschränkt wissen. Diese aber bestanden auf der Tradition. Bis der Fall ausgetragen war, sollte Strauß seine Vorlesungen aussetzen. Am liebsten hätte er der Sache dadurch ein Ende gemacht, daß er sich in der philosophischen Fakultät habilitierte. Die andern baten ihn, es nicht zu tun und vorläufig die Repetentenrechte zu vertreten. Vielleicht auch, daß sein Plan in der philosophischen Fakultät selbst auf Schwierigkeiten stieß. Wie dem auch sei, es kam nicht dazu. Strauß wurde zur Theologie zurückgedrängt.

Nach Hase[2] hat Strauß seine Arbeiten über das Leben Jesu mit einer ausführlichen Rezension über sein Lehrbuch begonnen. Er sandte dieselbe nach Berlin an die Jahrbücher für wissenschaftliche Kritik, die sie aber

2 Hase: Leben Jesu. 1876. S. 124.

zurückwiesen. Sein Entschluß, statt des allgemeinen Werkes über die Genesis der christlichen Dogmen zunächst eine kritische Untersuchung über das Leben Jesu zu veröffentlichen, wurde wohl durch Schleiermachers Vorlesungen über diesen Gegenstand bestimmt. Er hatte sich in Berlin die Abschrift eines Kollegheftes verschafft und fühlte sich dadurch gegensätzlich angeregt.

Das Werk entstand verhältnismäßig rasch. Als es in zwei Bänden 1835[3] erschien, war der Name des Verfassers, trotz einiger kritischer Vorarbeiten, die er über die Evangelien geliefert hatte, fast ganz unbekannt. Das Buch, das er dort im Repetentenzimmer am Fenster, das gegen den Torbogen schaut, in jugendlicher Begeisterung geschrieben, machte ihn über Nacht zum berühmten Mann... und vernichtete seine Zukunft. Unter seinen Gegnern ragt hervor Steudel, von der theologischen Fakultät, der als Vorsteher des Stifts gegen ihn beim Staatsministerium vorstellig wurde und seine Absetzung vom Repetentenposten durchsetzte. Die Hoffnungen, die Strauß auf seine Freunde gesetzt hatte, verwirklichten sich nicht. Kaum zwei oder drei – und diese erst drei Jahre nach dem Erscheinen seines Werkes – wagten es, literarisch für ihn einzutreten.[4] Baur, der selber von der Orthodoxie wegen seiner Bestreitung der Echtheit der Pastoralbriefe angegriffen wurde, unternahm nichts, um seinem Schüler zu helfen.

Zunächst nahm Strauß die Versetzung als Professoratsverweser nach Ludwigsburg an, hielt es aber dort kaum ein Jahr aus und zog sich dann nach Stuttgart zurück. Dort lebte er mehrere Jahre, mit der Vorbereitung der neuen Auflagen des Lebens Jesu und mit der Erledigung der Streitschriften beschäftigt.

Gegen das Ende der dreißiger Jahre tritt ein Zug zum Positiven immer stärker an ihm hervor. Die Gegenschriften hatten zum Teil Eindruck auf ihn gemacht. Der zweite Band der Streitschriften unterblieb. An seiner Stelle erschien die dritte Auflage des Lebens Jesu, 1838 und 1839, mit einer Reihe verblüffender Zugeständnisse. Strauß will durch De Wettes Kommentar und Neanders Leben-Jesu an seinen früheren Zweifeln, die Echtheit und Glaubwürdigkeit des vierten Evangeliums betreffend, irre geworden sein. Die historische Persönlichkeit Jesu nimmt wieder greifbare Züge für ihn an. Diese Inkonsequenzen, die er durch die folgende Ausgabe wieder aufhob, indem er bekannte nicht zu wissen, wie er sich selbst so hatte fremd werden können, sind psychologisch zu erklären. Er sehnte sich nach Frieden, denn er litt mehr, als seine Feinde ahnten und seine Freunde wußten. Die Verfehmung drückte ihn nieder. Darum wollte er bis an die äußerste Grenze der Zugeständnisse gehen. In die-

3 Der Verleger ließ den zweiten Band mit der Zahl 1836 erscheinen, obwohl derselbe Ende 1835 ausgegeben wurde. Die Vorrede ist vom Oktober.

4 Siehe Ziegler I, S. 211 ff.

ser Stimmung verfaßte er die Selbstgespräche über »Vergängliches und Bleibendes im Christentum«, 1839, die im folgenden Jahre mit der Überschrift »Friedliche Blätter« nochmals erschienen.

Einen Augenblick schien es, als ob seine Rehabilitierung glücken sollte. Im Januar 1839 war es dem edlen Hitzig, dem der Heidelberger Paulus beisprang, trotz des Widerspruchs seines Kollegen Alexander Schweizer gelungen, die Berufung von Strauß auf den erledigten Lehrstuhl der Dogmatik in Zürich durchzusetzen. Aber die Orthodoxen und Pietisten demonstrierten so leidenschaftlich, daß die Regierung seine Ernennung rückgängig machen mußte. Strauß wurde vor dem Antritt seines Amtes pensioniert.[5]

Um jene Zeit, im März 1839, starb seine Mutter; den Vater verlor er 1841. Bei der Ordnung des Nachlasses fand sich, daß die Vermögenslage weniger schlecht war, als man befürchtet hatte. So war er vor Not sicher. Der Erfolg seines zweiten großen Werkes, der dogmengeschichtlichen und systematischen Glaubenslehre, entschädigte ihn für die Enttäuschung in Zürich. Als Konzeption ist es fast größer als das Leben-Jesu und an Gedankentiefe gehört es zu den bedeutendsten theologischen Erscheinungen. Trotzdem wurde es nicht so beachtet wie das erste Werk. Strauß blieb der Verfasser des Lebens Jesu. Das Ärgernis, das er sonst noch geben konnte, sah man nur als Zugabe an.

Und des Anstoßes enthielt dieses Werk über die Maßen. Strauß übt Kritik an der Art, wie man das aus der Ideenwelt der Antike herausgewachsene christliche Dogma mit dem Christentum des Rationalismus und der spekulativen Philosophie in Einklang bringt. Entweder, um mit seinen Worten zu reden, pulverisiert man beide behufs der Mischung so fein, wie Schleiermacher es mit dem Christentum und dem Spinozismus tut, so daß ein scharfes Auge dazu gehört, die vermischten Bestandteile zu unterscheiden; oder aber, man schüttelt beide durcheinander wie Wasser und Öl, wobei sie freilich nur solange vermischt erscheinen, als das Schütteln dauert. Anstelle dieses elementaren Verfahrens will er ein anderes setzen, welches auf vorausgehender historischer Kritik des Dogmas beruht, so daß das Denken sich nicht mehr mit der gegenwärtigen Form der Kirchenlehre auseinandersetzt, sondern mit den Ideen, welche in ihrem Werden als treibende Kräfte wirkten.

Dies wird im einzelnen glänzend durchgeführt. Es resultiert nicht eine positive, sondern eine negative Hegelsche Glaubenslehre. Die Religion hat es nicht mit außerweltlichen Wesen und mit einer göttlichen Zukunft

5 Die Vorgänge in Zürich sind durch Zieglers Biographie (I, S. 288–324) des genaueren klargelegt worden. Strauß wurde am 2. Februar 1839 berufen und am 18. März mit einem Ruhegehalt von 1000 Franken pensioniert. Der Putsch, durch den die radikale Regierung weggefegt wurde, fand erst im September statt und war hauptsächlich gegen Thomas Scherr, den freisinnigen Reformator des Volksschulwesens gerichtet.

zu tun, sondern mit gegenwärtigen geistigen Realitäten, die als Momente in dem ewigen Sein und Werden des absoluten Geistes erscheinen. Am Schluß des zweiten Bandes begegnen sich alle diese Ideen in dem schweren Ringen um die persönliche Unsterblichkeit. Diese wird zuletzt in jeder Form abgelehnt, mit den kritischen Gründen, die er schon in Briefen von 1832 angedeutet hatte. Die Unsterblichkeit ist nicht etwas in eine Zukunft Hineinragendes, sondern einzig und allein die gegenwärtige Qualität des Geistes, als seine innere Allgemeinheit, seine Kraft, sich über alles Endliche zur Idee zu erheben. Hier sind die Gedanken Hegels identisch mit denen Schleiermachers. »Das Schleiermacher'sche Wort: ›Mitten in der Endlichkeit eins werden mit dem Unendlichen und ewig zu sein in jedem Augenblick‹ ist alles, was die moderne Wissenschaft über Unsterblichkeit zu sagen weiß.« Nur daß Schleiermacher und Hegel die Konsequenzen ihrer letzten Erkenntnis nicht ziehen wollten, oder sie doch nicht hervortreten ließen.

Nicht die Anwendung des Mythus auf die evangelische Geschichte trennt die Theologen und Strauß, sondern die Frage der persönlichen Unsterblichkeit. Es wäre für die Theologie besser, sie hätte es nur mit dem Strauß des Lebens Jesu, nicht mit dem, der dieses Problem in unerbittlicher Schärfe gestellt hat, zu tun. Sie könnte ruhiger in die Zukunft blikken, und brauchte nicht zu bangen, daß wieder einmal Hegel und Schleiermacher in einem kritischen frommen Gemüt nicht als Versöhner, sondern als Frager aufstehen und sie von neuem den Kampf mit Strauß kämpfen muß.

Zu derselben Zeit, da Strauß aufatmete, fertig war mit allen Vermittlungsversuchen, sich in den Verzicht auf die Lehrtätigkeit gefunden hatte und nach Regelung der väterlichen Hinterlassenschaft die Gewißheit hatte, vor Not geschützt zu sein: zu derselben Zeit legte er den Grund zu neuem, unheilbarem Leid durch seine Verheiratung mit der berühmten Sängerin Agnese Schebest. Die Trauung fand am 30. August 1842 in der Dorfkirche zu Horkheim bei Heilbronn statt.

Sie waren nicht füreinander geschaffen. Seine Pläne waren ihr fremd. Sie ihrerseits litt unter der Pedanterie seines Wesens und quälte ihn durch unsinnige Eifersucht. Häusliche Sorgen und die Nöte des Lebensunterhaltes kamen hinzu. Es half nichts, daß sie ihren Wohnsitz nach Sontheim bei Heilbronn verlegten, um sich, fern von dem Getriebe der Stadt, miteinander einzuleben. Nachdem sie zeitweilig getrennt gewesen waren, gingen sie nach einigen Jahren endgültig auseinander. Eine gerichtliche Scheidung konnte, da sich die Frau nicht dazu verstand, nicht ausgesprochen werden. Die Kinder wurden vom Vater erzogen; die Mutter lebte in Stuttgart. Strauß zahlte ihr eine Pension bis zu ihrem 1870 erfolgten Tode.

Was er gelitten, mag man zwischen den Zeilen lesen, wo er im Alten und Neuen Glauben über die Heiligkeit der Ehe und die Zulässigkeit der Ehescheidung redet. Er verblutete innerlich. Seine geistige Kraft erlahmte. Zu jener Zeit schrieb er kaum. Nur in der Schrift »Julian der Abtrünnige oder der Romantiker auf dem Throne der Cäsaren«, jener glänzenden Satire auf Friedrich Wilhelm IV. aus dem Jahre 1847, flammt der alte Geist auf.

Aber trotz seines Widerwillens gegen das romantische Wesen des Preußenkönigs trat er Anno 1848 für die kleindeutschen Bestrebungen zur Gründung eines einigen Deutschlands unter Preußens Führung mit Ausschluß von Österreich ein. Sein politischer Scharfblick wurde durch keine persönlichen Antipathien und durch keinen Partikularismus getrübt. Die Ludwigsburger wollten ihn als ihren Vertreter in das Frankfurter Parlament bringen, aber die pietistische Landbevölkerung brachte seine Kandidatur zum Scheitern. Dafür sandte ihn seine Vaterstadt in die württembergische Abgeordnetenkammer. Aber hier brach wieder das Philisterhafte bei ihm durch. Das Phrasenhaft-Revolutionäre jener Kammer widerte ihn an. Er sah sich mehr und mehr auf die Rechte gedrängt und mußte politisch mit Leuten gehen, deren reaktionäres Wesen ihm ganz entgegengesetzt war. Seine Wähler waren mit seiner Haltung sehr unzufrieden. Auf die Dauer wurde die Lage unhaltbar. Auch der Aufenthalt in Stuttgart war ihm peinlich, da er dort derjenigen begegnete, die er zum Unglück auf seinem Lebenswege getroffen hatte.

Zudem – er erzählt es selbst in seinen literarischen Denkwürdigkeiten – hatte er keine Übung in der freien Rede und schnitt als Debatter schlecht ab. Da kam der Fall Blum. Robert Blum war am 9. November 1848 in Wien standrechtlich erschossen worden. Die württembergische Kammer wollte eine Totenfeier für ihn beschließen. Strauß war nicht der Ansicht, daß man aus einem erschossenen Revolutionär einen großen Helden machen sollte, und wollte es der österreichischen Regierung nicht allzusehr verargen, daß sie mit dem Aufrührer kurzen Prozeß gemacht hatte. Das trug ihm eine Tadelsadresse der Wähler ein. Als ihn kurz darauf der Präsident der Kammer zur Ordnung rief, weil er von dem Vorredner behauptet hatte, er habe in einen von einem andern Abgeordneten gebrauchten Ausdruck bei der Diskussion einen andern Sinn »hineineskamotiert«, nahm er den Tadel nicht an, legte sein Mandat nieder und verzichtete auf alle ihm noch zustehenden Diäten. Er war, wie er selbst sagt, »aus dem Kahn gesprungen«.[6]

Nun begann eine Zeit unsteten Wanderns, die er mit literarischen Werken ausfüllte. Er schrieb unter anderem über Lessing, Hutten und Reimarus, welch letzteren er für das deutsche Volk wiederentdeckte.

Zur Theologie kehrte er wieder anfangs der sechziger Jahre zurück. Sein »Leben-Jesu fürs deutsche Volk bearbeitet« erschien 1864. In der

6 Über den Politiker Strauß siehe Ziegler II, S. 409.

Vorrede nimmt er auf Renan Bezug, dessen Werk er große Vorzüge zuerkennt.

Der preußisch-österreichische Krieg brachte ihn in eine schwere Lage. Seinem historischen Verständnis nach konnte er den Partikularismus seiner Freunde nicht teilen; er sah vielmehr jetzt das sich vorbereiten, was er anno 1848 erträumt hatte: einen kleindeutschen Staatenbund unter Preußens Führung. Da er aus seinen Gedanken keinen Hehl machte, mußte er es erleben, daß Menschen, die ihm bisher treu zur Seite gestanden, sich von ihm wandten.

Anno 1870 war es ihm vergönnt, der Sprecher des deutschen Volkes zu sein. Durch eine nicht lange zuvor erschienene Veröffentlichung über Voltaire war er in Beziehung zu Renan getreten, der dann in einem nach den ersten Schlachten geschriebenen Briefe die großen Ereignisse streifte. Darauf nahm Strauß Gelegenheit, ihm in einem feurigen offenen Schreiben vom 12. August die Gründe und das Recht Deutschlands zum Kriege auseinanderzusetzen, und, auf eine Antwort Renans hin, in einem zweiten Sendschreiben vom 29. September auch das Recht auf Abtretung des Elsasses, zwar nicht als eines ehemaligen deutschen Landes, aber zum Schutze der natürlichen Grenzen, zu verteidigen. Der Widerhall, den diese von der Begeisterung des Augenblicks eingegebenen Worte fanden, entschädigte ihn für viele erduldete Bitternis.

Sein letztes Werk, »Der alte und der neue Glaube«, erschien 1872. Noch einmal, wie in der Glaubenslehre von 1840 und 1841, stellt er die Frage, was denn in dieser künstlichen Verbindung von Theologie und Philosophie, Glauben und Denken, Bestand habe. Aber er stellt die Frage mit einer gewissen Bitterkeit und dabei zu sehr unter dem Eindruck des Darwinismus stehend, der eben Macht über ihn bekommen hatte. Die Hegelsche Weltanschauung, die dem Werk von 1840 seinen Rückhalt bot, ist in Trümmer gestürzt. Strauß ist allein mit seinen Gedanken, um sich über die neue naturwissenschaftliche Weltanschauung zu erheben. Sein alterndes, bei aller Tiefe der Kritik eigentlich nie schöpferisches Denken, versagt. Gewalt und Größe fehlen dem Buch. Aber ehrfurchtsgebietend ist es trotzdem. Der Geist der Wahrhaftigkeit redet aus ihm.

Auf die Frage »Sind wir noch Christen?« antwortet er mit »Nein«; die zweite: »Haben wir noch Religion?« bejaht er, wenn man ihm zugestehen will, daß das aus der pantheistischen Weltanschauung entsprungene Gefühl der Abhängigkeit, der Ergebung, der inneren Freiheit noch Religion genannt wird. Aber statt daß er nun diese innere Freiheit entwickelt und die Religion darstellt, wie er sie erlebt hat, glaubt er das Neue auf der Basis des Darwinismus aufführen zu müssen und beantwortet die zwei Fragen »Wie verstehen wir die Welt?« und »Wie ordnen wir unser Leben?«, deren zweite schon an sich banal ist, in einer ganz unpersönlichen Weise. Er vermag es nicht, den Frieden, den er dem Leben in tiefem Leid abgerungen, als das darzustellen, was er ihm ist. So kommt das Schulmeisterhafte und Pedantische, das neben allen seinen größten Gedanken immer miteinhergeht, zu sehr zu Worte.

Es war ein totes Buch, trotz der vielen Auflagen, die es erlebte, und das Geschrei, das Freund und Feind drum erhoben, war das Geschrei um einen Toten. Die Theologen konstatierten Straußens Bankrott und kamen sich reich vor, weil sie nicht durch eben eine solche unschöpferische Wahrhaftigkeit ruiniert worden waren; Friedrich Nietzsche, von der Höhe seines vermeintlichen Schopenhauerschen Pessimismus aus, verspottete den gefallenen Helden in seinen »Unzeitgemäßen Betrachtungen«.

In demselben Jahre erkrankte Strauß an einem Darmgeschwür. Monatelang ertrug er das Leiden mit stiller Ergebung und innerer Heiterkeit, bis ihn der Tod am 8. Februar 1874 in Ludwigsburg heimholte.

Wenige Wochen vorher, am 29. Dezember 1873, verklärten sich sein Leiden und sein Denken in ergreifenden Strophen an Frieda Boger:

Wem ich dieses klage,
Weiß, ich klage nicht;
Der ich dieses sage,
Fühlt, ich zage nicht.
Heute heißt's verglimmen,
Wie ein Licht verglimmt,
In die Luft verschwimmen,
Wie ein Ton verschwimmt.
Möge schwach wie immer,
Aber hell und rein,
Dieser letzte Schimmer,
Dieser Ton nur sein.

Der Friedhof seiner Vaterstadt birgt seine irdische Hülle.

8 David Friedrich Straußens erstes Leben-Jesu

1. Ausgabe 1835 und 1836. 2 Bände. – Die 2. Auflage ist unverändert. – 3., veränderte Ausgabe, 1838 und 1839. – 4., mit der ersten wieder zusammenstimmende Auflage, 1840.

Als literarisches Werk gehört Straußens erstes Leben-Jesu zum vollendetsten, was die wissenschaftliche Weltliteratur kennt. Über vierzehnhundert Seiten, und kein Satz zuviel; ein Zerlegen bis in die geringsten Details und kein Sichverlieren in Kleinigkeiten; der Stil einfach, reich an Bildern, zuweilen ironisch, aber immer vornehm und würdig. Zur Nachricht der Synoptiker, daß Jesus auf einem Esel, der noch niemand getragen, in Jerusalem eingezogen sei, nach Matthäus gar auf dem Muttertier und dem Füllen zugleich, bemerkt er sarkastisch: »Man begreift hier nicht, wie sich Jesus das Vorwärtskommen durch die Wahl eines noch nicht zugerittenen Tieres absichtlich erschweren mochte, welches, wenn er es nicht durch göttliche Allmacht in Ordnung hielt (denn bei dem ersten Ritt auf einem solchen Tier reicht auch die größte menschliche Reitkunst bei weitem nicht aus), gewiß manche Störung des festlichen Zuges herbeigeführt haben wird, zumal ihm kein Vorgehen des Muttertieres zu statten kam, welches nur im Kopfe des ersten Evangelisten mitgelaufen ist.« Gegen die, welche in solchen Sarkasmen etwas Lästerliches erblicken, bemerkt Hase sehr schön: »Für einen Autor gehört viel Resignation dazu, einen guten Einfall zurückzuhalten, der für ihn kämpft.«

Was die Heranziehung des Mythus zur Erklärung der heiligen Geschichte betrifft, weist Strauß nach, daß De Wette, Johann Gottfried Eichhorn und Gabler und andere dieses Verfahren schon längst und ganz unbefangen auf das Alte Testament anwenden, und daß man auch schon verschiedene Anläufe genommen habe, das Leben Jesu nach der kritischen Auffassung, die sein Unternehmen leitet, darzustellen. Als einen, der ihm den Weg bereitet habe, bezeichnet er Usteri. Der Unterschied bestehe nur darin, daß man vor ihm den Begriff des Mythus falsch faßte und ihn inkonsequent auf die Geschichte Jesu anwandte, indem man ihn nur für die Beschreibung der Art, wie Jesus in die Welt kam und dieselbe wieder verließ, gelten lassen wollte, den eigentlichen Kern der evangelischen Überlieferung, von der Taufe bis zur Auferstehung, hingegen unangetastet ließ. Die Mythen des Beginns der irdischen Existenz Jesu waren, nach Straußens Worten, das Prachttor, durch das man in die evangelische Geschichte eintrat; diejenigen des Endes der Laufbahn ein anderes, durch das man sie wieder verließ. Zwischen beiden aber lagen die krummen und winkligen Gassen der natürlichen Erklärung.

Die Hauptschwierigkeit in der umfassenden Anwendung des Mythus, fährt Strauß fort, bestand einmal in der Annahme, daß zwei unserer

Evangelien, Matthäus und Johannes, Berichte von Augenzeugen wären, sodann in dem Anstoß, den das Wort Mythus erregte, sofern ihm durch die Erinnerung an die heidnische Mythologie Zweideutiges anhaftete. Nun ist aber die Augenzeugenschaft oder ein solches Verhältnis zu Augenzeugen, welches die Aufnahme von Mythen undenkbar machte, für keinen der Verfasser unserer Evangelien durch äußere Zeugnisse streng zu beweisen. Wenn die Existenz des Herrn auch in eine historische Zeit fällt und man kaum ein Menschenalter zwischen seinem Tod und der Abfassung der Evangelien ansetzen will, so reicht doch diese Zeit schon hin, um das Historische mit Mythischem durchsetzt werden zu lassen. Die Sage beginnt ihr geschäftiges Werk sogleich nach dem Tode der großen Persönlichkeiten.

Auch der Anstoß des Begriffes Mythus hebt sich für den, der Einblick in das Wesen des religiösen Mythus gewonnen hat. Was ist er anderes als die geschichtsartige Einkleidung religiöser Ideen, gebildet in der absichtslos dichtenden Sage und konsolidiert an einer historischen Persönlichkeit? So ist die Annahme schon a priori fast unabweisbar, daß uns der historische Jesus in dem Gewande alttestamentlicher, messianischer Ideen und urchristlicher Erwartungen entgegentreten wird.

Der Unterschied zwischen Strauß und seinen Vorläufern besteht nur darin, daß jene sich bang fragten, was vom historischen Leben Jesu als Fundament der Religion übrig bliebe, wenn man den Begriff des Mythus konsequent anzuwenden wagte, er aber nicht. Er habe etwas vor allen kritischen und gelehrten Theologen seiner Zeit voraus, bekennt er in der Vorrede, ohne das mit aller Gelehrsamkeit auf historischem Gebiet nichts auszurichten ist: die innere Befreiung des Gemüts und Denkens von gewissen religiösen und dogmatischen Vorstellungen, die ihm durch philosophische Studien früh zuteil geworden sei. Hegels Philosophie hatte ihn befreit; sie hatte ihm das Verhältnis von Idee und Wirklichkeit aufgeklärt, ihn zur höheren Erkenntnis der spekulativen Christologie geführt und ihm die Augen für jene geheimnisvolle Durchdringung von Endlichkeit und Unendlichkeit, Gott und Mensch geöffnet.

Die Gottmenschlichkeit, als die höchste Idee des menschlichen Denkens, realisiert sich wirklich in der historischen Persönlichkeit Jesu. Aber während das befangene Denken meint, daß diese Realisierung als Phänomen vollkommen sein muß, weiß das Denken, welches durch wahrhaftige Kritik zur höheren Unbefangenheit eingegangen ist, daß keine Idee sich historisch vollkommen realisieren kann, ihre Wahrheit auch nicht von dem Erweis ihrer vollkommenen natürlichen Darstellung abhängt, sondern daß die Vollendung zustande kommt durch das, was die Idee in die Geschichte hineinträgt oder durch die Art, wie die Geschichte zur Idee erhoben wird. Darum ist es im letzten Grunde indifferent, bis zu welchem Grade die Gottmenschlichkeit sich in der Person Jesu realisiert hat, denn lebendig ist die Idee in dem Gemeinbewußtsein derer, die durch die sinnliche Erscheinung jener Idee angeregt sind und in deren Vorstellung jene historische Persönlichkeit so einging, daß ihnen die in ihm gesetzte Einheit des Göttlichen und Menschlichen allgemeines Bewußtsein wird, und die Momente, welche den äußeren Verlauf seines Lebens konstituieren, sich an ihnen auf geistige Weise reproduzieren.

Eine rein historische Darstellung war jener ersten Zeit unmöglich; es gab nur eine schaffende Erinnerung, unter dem Eindruck der Idee, welche jene Persönlichkeit in der Menschheit zum Leben gerufen hatte. Und diese Idee der Gottmenschlichkeit, als des Zieles der Menschheit, das sich in jeder Persönlichkeit verwirklichen soll, ist das Ewig-Wirkliche an der Person Jesu, welches keine Kritik zerstören kann. Mag diese auch noch so weit gehen in dem Nachweis der Rückwirkung der Idee auf die Darstellung des historischen Verlaufs des Lebens Jesu: die Tatsache, daß Jesus jene Idee dargestellt und in der Menschheit zum Leben erweckt hat, ist wirklich und durch keine Kritik rückgängig zu machen. Sie lebt von dort an bis heute und in alle Ewigkeit.

In dieser Befreiung des Geistes und in dem Bewußtsein, Jesus als Schöpfer der Menschheitsreligion nicht antasten zu können, geht Strauß an die historische Arbeit und schlägt den Verputz herunter, wissend, daß sein Pickel dem Stein nichts anhaben kann.

Daß die Zeit zu diesem Unternehmen gekommen ist, erkennt er an dem Zustand der Erschöpfung, in dem sich die Theologie befindet. Auf die supranaturale Erklärung der Ereignisse des Lebens Jesu war die rationale gefolgt und hatte sich vermessen, wie jene alles ins Übernatürliche deutete, so alles als natürliches Geschehen begreiflich zu machen. Beide haben alles gesagt, was sie zu sagen hatten. Aus ihrem Widerstreite wird die neue Lösung, die mythische Deutung geboren. Sie ist, nach Hegelscher Methode, die Synthese aus einer Thesis, repräsentiert durch die supranaturale Erklärung, und aus einer Antithesis, repräsentiert durch die rationalistische Deutung.

Das Leben-Jesu von Strauß ist also auch eine Konstruktion aus Gegensätzen, wie das Schleiermachersche. Aber während bei dem letzteren die Gegensätze, Doketismus und Ebionitismus, Grenzbegriffe sind, zwischen denen er seine eigene Ansicht aufhängt, sind sie bei Strauß treibende Kräfte, die eine neue Ansicht aus sich heraussetzen. Die Dialektik des einen ist beschreibend, die des andern schöpferisch.

Damit ist die Anlage des Werkes gegeben. Jede einzelne Peripetie des Lebens Jesu wird für sich betrachtet: zuerst in supranaturalistischer und nachher in rationalistischer Erklärung, wobei der Supranaturalismus durch den Rationalismus, und der Rationalismus durch den Supranaturalismus widerlegt wird. »Hierdurch«, sagt Strauß in der Vorrede, »ist zugleich der äußere Vorteil erreicht worden, daß das Werk nun als Repertorium der vornehmsten Ansichten und Verhandlungen über alle Teile der evangelischen Geschichte dienen kann.«

Jedesmal wird der vollständige Kreis aller vertretenen Auffassungen durchlaufen. Zuletzt weisen dann die Gewalttätigkeiten, welche zur natürlichen Erklärung der betreffenden Erzählung nötig sind, zu der supranaturalen zurück. Das hatten schon Hase und Schleiermacher empfunden und waren dadurch zur Statuierung unerklärlicher, übernatürlicher Bestandteile neben dem, was man im Leben Jesu historisch begreifen kann, gedrängt worden. Gleichzeitig waren allenthalben neuere Versuche aufgetaucht, mit Hilfe einer mystischen Philosophie sich wieder in die supranaturale Anschauungsweise der Vorfahren zurückzuversetzen. Darin aber erkennt Strauß nur die letzten verzweifelten Unternehmungen, sich das Vergangene gegenwärtig, das Undenkbare denkbar zu machen, und setzt, in klarem Gegensatz zu den reaktionären Velleitäten der kritischen Theologie, die sich aus dem Rationalismus herausarbeiten will, eben jenes Unerklärliche als mythisch.

An den Vorgeschichten ist alles Mythus. Die Erzählungen sind nach alttestamentlichen Vorbildern unter Berücksichtigung messianischer oder messianisch gedeuteter Stellen gewoben. Weil Jesus und der Täufer sich später begegnen, müssen schon die Eltern in Beziehung gestanden haben. Die Versuche, davidische Stammtafeln Jesu aufzustellen, zeigen uns, daß es in der evangelischen Geschichtsbildung eine Periode gab, in welcher der Herr noch unbefangen als der Sohn Josephs und Marias angesehen wurde, denn sonst hätte man solche genealogischen Studien nicht unternommen. Auch an der Geschichte vom zwölfjährigen Jesus im Tempel ist kaum etwas als historisch anzunehmen.

In der Erzählung von der Taufe Jesu ist sicher dieses unhistorisch, daß dem Täufer die messianische Würde seines Täuflings offenbar geworden ist, denn sonst hätte er später nicht daran zweifeln können. Ob die Sendung der Jünger mit der Frage an Jesus historisch ist, mag dahingestellt bleiben und hängt davon ab, ob die Art der Gefangenschaft dem Täufer einen solchen Verkehr mit der Außenwelt erlaubte. Konnte die Sage sich nicht veranlaßt finden, einen solchen Zug der Überlieferung hinzuzufügen, um den Täufer nicht ohne eine wenigstens werdende Anerkennung der Messianität Jesu scheiden zu lassen? So bliebe als historisch nur übrig, daß Jesus eine Zeitlang unter den Anhängern des Täufers weilte, von ihm getauft wurde, bald nachher mit derselben Botschaft wie er in Galiläa auftrat und auch, nachdem er über ihn hinausgewachsen war, niemals aufhörte, ihm aufrichtige Hochachtung zu zollen, wie die Worte, die er über ihn redete, zeigen.

War aber die Taufe Johannis eine Taufe der Buße auf den Kommen-Sollenden hin, so kann Jesus sich nicht für sündlos gehalten haben, als er sich ihr unterzog. Oder man müßte annehmen, daß er es zum Schein tat. Ob in jenem Augenblick das Messianitätsbewußtsein in ihm entstand, wissen wir nicht. So viel aber ist sicher, daß die Vorstellung, welche Jesum bei der Taufe mit dem Geist ausgerüstet werden ließ, jene andere, daß er aus dem Geist übernatürlich gezeugt sei, noch nicht kannte. Wir haben bei den Synoptikern also mehrere in- und übereinander gelagerte Sagen- und Erzählungskreise.

Die Versuchungsgeschichte befriedigt weder als übernatürlicher, noch als innerer, noch als natürlicher Vorgang (wie etwa bei Venturini, wo ein versuchender Pharisäer die Rolle des Teufels übernimmt), sondern sie ist urchristliche Sage, aus alttestamentlichen Motiven zusammengewoben.

Die Berufung der ersten Jünger kann so, ohne vorherige Bekanntschaft, auch nicht erfolgt sein, sondern ist der Art, wie Elias den Elisa berief, nachgebildet. An das Wort »Menschenfischer« hat sich die andere Sage vom wunderbaren Fischzug Petri angeschlossen, die dann Joh 21 in einer neuen Brechung erscheint. Die siebzig Jünger sind auch nicht geschichtlich.

Ob die Tempelreinigung historisch ist, oder ob sie nicht vielmehr aus der messianischen Anwendung des Spruches »Mein Haus ist ein Bethaus« herausgewachsen ist, bleibt unsicher. Die Schwierigkeit, sich den Vorgang vorzustellen, ist jedenfalls nicht leicht zu heben. Wie frei die ausschmückende Geschichte verfährt, ersieht man aus Anekdotengruppen, die sich um ein einziges Erlebnis, wie z. B. die historische Salbung Jesu in Bethanien durch ein unbekanntes Weib bilden, woraus Lukas eine Salbung durch eine Sünderin, Johannes eine Salbung durch Maria von Bethanien macht.

Was die Heilungen betrifft, so sind sicher einige davon historisch, aber nicht in der Fassung, in der sie uns überliefert sind. So befremdet schon, daß die Dämonen Jesum als den Messias begrüßen, was doch eher auf die Tendenz der späteren Anschauung weist, ihn auch durch die böse Geisterwelt als den Messias verherrlichen zu lassen, als auf eine klare Erkenntnis, welche die geistig Gestörten vor ihren Zeitgenossen voraus haben sollten. Die Heilung des Dämonischen in der Synagoge zu Kapernaum kann historisch sein. Aber andere Male ist dann der Vorgang wieder so ins Wunderhafte gesteigert, daß eine psychische Einwirkung Jesu auf den Kranken zur Erklärung nicht mehr genügt, sondern eben die schaffende Sage als mitbeteiligt zur Entwirrung des Tatbestandes mitherangezogen werden muß. Aus einer Heilung sind zuweilen drei oder vier Perikopen entstanden. Manchmal erkennt man noch die umbildenden Kräfte. Wenn z. B. die Jünger den mondsüchtigen Knaben während des Verweilens Jesu auf dem Verklärungsberg nicht heilen können, so erinnert dies an 2 Kön 4, wo Elias Knecht Gehasi vergebens versucht, einen gestorbenen Knaben durch den Stab des Propheten zu erwecken; die plötzliche Heilung vom Aussatz ist in der Geschichte des Syrers Naeman vorgebildet. Die Geschichte von den zehn Aussätzigen zeigt eine so moralisierende

Tendenz, daß ihre historische Geltung schon dadurch zweifelhaft wird. Die Blindenheilungen gehen alle auf eine, die des Blinden zu Jericho, zurück. Wer vermag aber zu sagen, inwieweit diese historisch haltbar ist? Auch die Heilungen von Paralytischen gehören eher der Ausrüstung des Messias als der Geschichte an. An der Stirn tragen das Sagenhafte die Heilungen durch Berühren der Kleider und durch Fernwirkung. Der Messias muß eben die Prophetentaten erreichen und überbieten. Darum figurieren auch Totenerweckungen unter seinen Wundern.

Die Naturwunder, von denen Strauß eine Sammlung mit »Sturm-, See- und Fischgeschichten« überschreibt, sind in noch viel höherem Maße mythisch. Seine Gegner machten ihm aus dieser kecken Überschrift einen schweren Vorwurf.

Der Doppelbericht von der wunderbaren Speisung erweckt gegen die Glaubwürdigkeit des Erzählten Verdacht und macht zugleich die Annahme der direkten apostolischen Abfassung des Matthäusevangeliums unmöglich. Zudem lagen hier die alttestamentlichen Motive so nahe, daß es ein Wunder gewesen wäre, wenn diese Erzählung nicht in das Leben Jesu hineingekommen wäre. Eine Erklärung nach Analogie eines beschleunigten Naturprozesses ist hier, und ebenso bei dem Kanawunder, ein für allemal abzulehnen. Strauß macht sie durch ihre eigene Lächerlichkeit tot. Die Verfluchung des Feigenbaums und ihre Erfüllung geht irgendwie auf eine Bilderrede Jesu, die nachher zur Geschichte wurde, zurück.

Wichtiger aber als die bisher besprochenen sind die Wunder, die sich an Jesus selbst ereignen und Daten in seiner Geschichte bilden. Die Verklärung muß in Jesu Leben figurieren, weil schon Mosis Angesicht einen Lichtglanz besaß. Bei der Behandlung der Auferstehungsberichte zeigt sich, daß wir zwei Schichten der Sagenbildung anzunehmen haben: eine ältere, durch Matthäus repräsentiert, die Erscheinungen in Galiläa – und nur solche – kennt, und eine jüngere, in welcher die Erscheinungen in Galiläa durch solche zu Jerusalem verdrängt sind. In jedem Falle aber handelt es sich um mythische Erzählungen. Die Auslegung kommt nie über das Dilemma hinaus, daß entweder der Tod oder die Auferstehung real war, nie aber beide zusammen. Daß die Himmelfahrt Mythus ist, versteht sich von selbst.

Dies die radikalen Resultate der Kritik der supranaturalistischen und der rationalistischen Erklärung des Lebens Jesu. Bei der Lektüre der Straußschen Ausführungen empfindet man das Radikale nicht so, weil in wunderbarer Dialektik die ganze Unmöglichkeit irgendwelcher Erklärung, die nicht auf den Mythus reflektiert, nachgewiesen wird. Dabei kommt die supranaturale Deutung als die, welche den Wortlaut wenigstens respektiert, viel besser weg als die rationale, deren Erschlichenes überall schonungslos aufgedeckt wird.

Diese Abschnitte sind weit entfernt, ihre Bedeutung inzwischen verloren zu haben. Sie haben das Terrain geschaffen, auf dem die heutige Forschung sich bewegt, und enthalten die Totenscheine einer Reihe von Erklärungen, die auf den ersten Augenblick ganz lebensfähig erscheinen und es doch nicht sind. Wenn sie noch heute in der Theologie umgehen, tun sie es als Gespenster, die man durch den bloßen Namen David Friedrich Strauß in die Flucht zu treiben vermag, und die sich überhaupt nicht mehr zeigen könnten, wenn diejenigen der Theologen, die auf das Leben-Jesu von 1835 als auf ein überwundenes Buch zurückblicken, sich die Mühe gäben, es zu lesen.

Diese Resultate stellen aber nicht das dar, was Strauß als historisch vom Leben Jesu zu halten entschlossen ist. Er hat nur die Grenze des Mythischen so weit wie irgend angängig vorgeschoben. Daß er zu weit gegangen, ist klar.

Einmal überschätzt er die Bedeutung der alttestamentlichen Motive für die schöpferische Tätigkeit der Überlieferung. Er sieht nicht, daß er damit oft nur die Wurzel des zureichenden Grundes für die Form der betreffenden Erzählung bloßgelegt hat, nicht aber die der Entstehung. Gewiß ist Mythisches an der Geschichte von der wunderbaren Speisung. Aber das Aufkommen dieser Geschichte wird durch den Hinweis auf die Speisung des Wüstenvolkes und das Speisungswunder des Propheten Elisa[1] nicht erklärt; dazu ist sie viel zu charakteristisch und steht zudem in einem viel zu straffen geschichtlichen Zusammenhang. Es muß ihr also irgendwelche historische Tatsache zugrunde liegen. Sie ist nicht ein Mythus, sondern enthält Mythisches. Ebenso steht es mit der Verklärungsgeschichte. Der Unterbau historischer Tatsachen ist für das Leben Jesu viel umfassender, als Strauß annimmt. Manchmal sieht er die Fundamente nicht, weil er verfährt wie jene, die bei ihren assyrischen Ausgrabungen mit dem Schutt, den sie aufhoben, die wertvollsten Stücke zudeckten.

Zum zweiten aber will er manchmal rein dialektisch durch angenommene Unmöglichkeiten oder dadurch, daß er Perikopen kritisch gegeneinander spielen läßt, Erzählungen, wie z. B. die Anfrage des Täufers, außer Kraft setzen. Das hängt damit zusammen, daß er sich manche Berichte nicht in dem Halte und der Festigkeit vergegenwärtigt, welche sie durch den Zusammenschluß mit dem, was vorausgeht und nachfolgt, erhalten.

Aber das war sein Recht. Wer entdeckt ein wahres Prinzip, ohne damit die Wahrheit zu vergewaltigen?

Was die Zeitgenossen erschreckte, war nicht allein die umfassende Anwendung des Mythischen, sondern eigentlich noch vielmehr die Minierarbeit an den Evangelien, der sie zusehen mußten. Bei jeder Perikope verhört Strauß die Berichte gegeneinander bis in das geringste Detail und weist dann nach, in welchem Maße jeder mythisch durchsetzt ist. Dabei entscheidet sich alles zuungunsten des Johannesevangeliums. Er war

1 2 Kön 4,42–44.

der erste, welcher so urteilte. Zwar waren schon Ende des 18. Jahrhunderts manche Zweifel gegen die Authentie dieses Evangeliums laut geworden, die Bretschneider, der berühmte rationalistische Generalsuperintendent zu Gotha (1776–1848) in seinen Probabilia [2] versuchsweise zusammengestellt hatte. Die Schrift rief auch einige Bewegung hervor. Aber Schleiermacher deckte das Johannesevangelium mit seiner Autorität; den Rationalisten war es sympathisch, weil es nur wenige Wunder enthielt. Bretschneider selbst erklärte sich eines Besseren belehrt.

Nach diesem Intermezzo war die johanneische Frage fünfzehn Jahre lang hors de cause geblieben. Desto größer war die Aufregung, als Strauß sie wieder zur Sprache brachte. Er bekämpfte ein Dogma der wissenschaftlichen Theologie, und diese verteidigt sie zäher als die Kirche die ihren, bis auf den heutigen Tag.

Der ganze Nimbus der Anschaulichkeit, mit dem man bis dahin das vierte Evangelium umgeben hatte, fällt dahin. Strauß zeigt, daß eine Theorie die Darstellung des Lebens Jesu dort ganz beherrscht und daß die Schilderung jedesmal in der Verlängerung der Tendenzen liegt, welche schon bei den Synoptikern zutage treten. Er weist dies an der johanneischen Relation der Taufe Jesu nach, in welcher man bis dahin die glaubwürdigste Darstellung des Hergangs gefunden hatte, und zeigt, daß gerade in dieser Pseudoeinfachheit der Prozeß, Jesum und den Täufer so nahe als möglich aneinanderzurücken, zur Ruhe kommt. Ebenso in der Geschichte der Berufung der Jünger: es ist nach Strauß späteres Postulat, daß sie aus dem Kreise des Täufers gekommen sein mußten und dem Herrn durch ihn zugeführt worden seien. Er scheut auch nicht vor der Behauptung zurück, daß Johannes mit fingierten Persönlichkeiten operiere. Wenn dieses Evangelium nur wenige Wunder erzählt, so sind sie um so krasser und immer so gesteigert, daß das Wunderbare unabweisbar ist und zugleich eine moralische oder symbolische Bedeutung in sich schließt.

Es ist also nicht mehr die unbewußt bildende Sage, welche auswählt, schafft, gruppiert, sondern eine klar bestimmte apologetisch-dogmatische Tendenz.

Was den Unterschied in der Lokalität und der Chronologie des Lebens Jesu angeht, so war derselbe vor Strauß immer zugunsten des vierten Evangeliums entschieden worden. De Wette zählte es unter den Bedenken gegen die Echtheit des Matthäus auf, daß er die Wirksamkeit Jesu fälschlich auf Galiläa beschränke. Von dem einfachen Gegeneinander der chronologischen und geographischen Angaben aus will Strauß die Frage nun auch nicht entscheiden, um nicht auf seine Art ebenso einseitig zu sein, wie die Verteidiger der johanneischen Authentie. Nur bemerkt er, daß, wenn Jesus wirklich mehrmals in Jerusalem gelehrt hat, es unbe-

2 Probabilia de evangelii et epistolarum Ioannis Apostoli indole et origine, eruditorium iudiciis modeste subjecit C. Th. Bretschneider. Leipzig 1820.

greiflich sei, wie die Kunde davon sich in der synoptischen Überlieferung so habe verlieren können, daß diese Evangelien die Reise zum Todespassah als die einzige Reise nach Jerusalem hinstellen. Hingegen ist es sehr gut denkbar, daß, wenn Jesus auch nur einmal in Jerusalem war, die Sage versucht war, aus der einen Reise nach und nach mehrere zu machen, indem es für sie ein natürlicher Schluß war, daß er regelmäßig auf die Feste kam und sein Evangelium nicht nur in der abgelegenen Provinz, sondern auch in der Hauptstadt verkündigte.

Die Differenz zwischen dem synoptischen und dem johanneischen Bericht vom Einzug bis zur Auferstehung ist so groß, daß alle Harmonisierungsversuche abzulehnen sind. Wie will man zusammenbringen, daß nach den Synoptikern der Empfang beim Einzug von den begleitenden Galiläern verbreitet wurde, während er nach Johannes das Werk einer jerusalemitischen Menge war, die Jesum, der zudem nach demselben Johannes gar nicht von Galiläa und Jericho kommt, einholt? Zwei verschiedene Einzüge anzunehmen ist lächerlich.

Die Entscheidung erfolgt aber dennoch nicht auf dem Boden der reinen Tatsachen, sondern der Gedankeninhalt gibt den Ausschlag. Johannes repräsentiert eine fortgeschrittenere Stufe der Mythenbildung, weil er den griechisch-metaphysischen Begriff der Gottessohnschaft dem jüdisch-messianischen substituiert hat und den Herrn, aus seiner Bekanntschaft mit der Logoslehre heraus, sogar die griechisch-spekulative Präexistenzvorstellung auf sich selbst anwenden läßt. Er kennt schon die doketische und gnostische Gefahr und vertritt eine apologetische Christologie, die Gnostiker als ein Gnostiker anderer Art bekämpfend. Daß er dabei von eschatologischen Vorstellungen frei ist, ist nicht ein Vorteil für ihn, sondern ein schweres Präjudiz; er ignoriert sie nicht, sondern bildet sie um und sucht die Wiederkunft Christi von der Bedeutung eines äußeren zukünftigen Vorgangs immer wieder in die Innerlichkeit und die Gegenwart hineinzuziehen.

Die letzte Entscheidung des Dilemmas liegt in den Abschiedsreden und in der Nichterwähnung des Seelenkampfes in Gethsemane. Diese Darstellung will zeigen, daß Jesus sein Leiden und seinen Tod nicht nur zum voraus gewußt, sondern innerlich auch schon vollständig überwunden habe und in einem Zustande der Verklärung den dunkeln Ereignissen entgegengegangen sei. Das ist aber keine Geschichtserklärung mehr, sondern die höchste Stufe andächtiger Verschönerung.

Die Frage ist entschieden. Das Johannesevangelium steht als Geschichtsquelle so weit hinter den Synoptikern zurück, wie es theologisch und apologetisch mehr interessiert ist als sie. Zwar trägt Straußens Kritik einen mehr divinatorischen Charakter. Er kann die Stellung und die Tendenz dieses Evangeliums im Detail noch nicht genau bestimmen, weil die Dogmenbildung im zweiten Jahrhundert für ihn noch zu sehr im Dunkeln liegt. Er selbst gesteht später, daß erst Baur seine 1835 eingenommenen Stellungen uneinnehmbar gemacht habe. Und doch kann man sagen, daß die johanneische Forschung zu dem von Strauß Gesagten im Prinzip nichts Neues mehr hinzugetan hat. Er erkannte eben, worauf es ankam. Mit kritischem Scharfblick verzichtete er darauf, aus dem Vergleich der historischen Daten irgendeine Entscheidung herbeizuführen, und läßt den theologischen Charakter den Ausschlag geben. Tut man dies nicht, so ist die Debatte aussichtslos, da ein geistreicher Kopf, der auf Johannes eingeschworen ist, immer tausend Wege findet, um die synoptischen Angaben mit den johanneischen zu vereinigen und sich zuletzt gar noch mit Haut und Haaren für die Stelle zu verbürgen, wo der ausgefallene Abendmahlsbericht eingeschaltet werden muß.

Mit dieser Umwertung des Johannes wird nun aber auch die Reihenfolge der Entstehung der Evangelien umgeworfen. Aus Johannes, Lukas, Matthäus wird Matthäus, Lukas, Johannes. Es erfüllte sich das Wort von den Letzten, die die Ersten, und von den Ersten, die die Letzten werden. Straußens natürliches Empfinden befreite den Matthäus aus der schmachvollen Gefangenschaft, in die ihn Schleiermachers Ästhetik gebracht hatte. Die Differenzierung zwischen Johannes und den Synoptikern, mit der dieser und Hase ein elegantes Spiel aufgeführt hatten, war in einem ganz unerwarteten Sinne bestätigt worden, und es konnte mit der Erforschung des Lebens Jesu nun endlich vorangehen.

Aber indem er ihr die Bahn öffnete, hielt Strauß sie alsbald dadurch auf, daß er Markus nicht als ersten durchlassen wollte. Seine Stellung zu diesem Evangelisten befremdet auf den ersten Anblick. Er ist für ihn ein epitomierender Darsteller, ein Satellit des Matthäus ohne eigenes Licht. Seine nüchterne Anschaulichkeit erscheint ihm als etwas Gemachtes. Er will es diesem Evangelisten nicht glauben, daß am ersten Tage zu Kapernaum sich die »ganze Stadt«, Mk 1,33, vor der Tür des Petrus versammelt habe und daß an anderen Tagen, Mk 3,20 und 6,31, der Zudrang so groß war, daß Jesus und die Jünger nicht zum Essen kommen konnten. »Alles höchst anschauliche Züge«, bemerkt er, »aber deren Fehlen Matthäus nur zur Ehre gereichen kann; denn was sind sie anders, als sagenhafte Übertreibungen?« In dieser Kritik stimmt er vollständig mit Schleiermacher überein, der in seinem Versuch über Lukas[3] von falschen anschaulichen Zügen des Markus redet, »die diesem Evangelium nicht selten ein fast apokryphisches Ansehen geben«.

Diese Animosität gegen Markus hat einen doppelten Grund. Zunächst einmal hatte dieses Evangelium mit seinen anschaulichen Zügen der rationalistischen Wundererklärung große Dienste geleistet. Seine Schilderung der Heilung des Blinden zu Bethsaïda, Mk 8,22–26, dem Jesus das

3 Friedrich Schleiermacher: Über die Schriften des Lukas. Ein kritischer Versuch. 1817. Berlin, bei G. Reimer. 302 S.

Auge mit Speichel benetzt, worauf er die Gegenstände zuerst undeutlich und dann, nachdem er des Herrn Hände ein zweites Mal auf den Augen gefühlt, immer deutlicher sieht, war von jeher die vornehmste Fundgrube für den Rationalismus gewesen. Da nun Strauß gegen die natürliche Erklärung viel heftiger vorgeht als gegen die supranaturale, hält er über Markus ein Gericht ab, bei dem er nicht unbefangen ist.

Dazu kommt als zweites, daß man die Vorzüge des Markus erst erkennt, wenn man auf den historischen Plan und den inneren Zusammenschluß der Perikopen ausgeht. Diese Absicht liegt aber gar nicht in Straußens Gesichtskreis. Im Gegenteil: er verneint jeden pragmatischen Zusammenhang und will nur jede einzelne Erzählung auf ihren mythischen Gehalt hin prüfen.

Eine synoptische Frage existiert für ihn eigentlich nicht. Das lag zum Teil daran, daß sie damals so verfahren wie möglich war. Die verschiedensten Lösungsversuche griffen ineinander. Die Markushypothese wurde nach dem Vorgang von Koppe[4], Storr[5], Gratz[6] und Herder[7] durch Credner und Lachmann vertreten, die in Matthäus eine Kombination der Spruchsammlung mit Markus erkannten. Die Urevangeliumshypothese J. G. Eichhorns, nach welcher die drei Evangelien auf ein gemeinsames, aber mit keinem von ihnen identisches Urevangelium zurückgehen sollten, hatte ihren Kredit ziemlich eingebüßt. Diskutiert und variiert wurden Griesbachs Benutzungstheorie, nach welcher Markus aus Matthäus und Lukas zusammengezogen sein sollte, und Schleiermachers Diegesentheorie, welche das Primäre nicht in einem Evangelium erblickte, sondern in zusammenhangslosen Aufzeichnungen, aus welchen sich dann Erzählungsaggregate bildeten, die später, in der nachapostolischen Zeit, sich zu Gesamtdarstellungen zusammenschlossen, wie wir deren noch drei in unsern Synoptikern erhalten haben.

Strauß ist skeptischer Eklektiker. Im Grunde verbindet er Griesbachs Theorie von der sekundären Entstehung des Markus mit Schleiermachers Diegesentheorie, die seiner isolierten Behandlungsweise der Perikopen entgegenkommt. Aber während Schleiermacher noch den johanneischen Plan gehabt hatte, in den er die isolierten Erzählungen einfügte, behält Strauß mit der Verwerfung des vierten Evangeliums überhaupt keinen Zusammenhang der Perikopen mehr übrig. Er legt es darauf an, diese Zu-

4 Koppe: Marcus non epitomator Matthäi. 1782.

5 Storr: De fontibus Evangeliorum Mt et Lc. 1794.

6 Gratz: Neuer Versuch, die Entstehung der drei ersten Evangelien zu erklären. 1812.

7 Siehe S. 76–78. – Nach Wellhausen (Einleitung in die drei ersten Evangelien. 1905. S. 43) ist Lachmann als der eigentliche Begründer der Markushypothese anzusehen. – Für die ältere Geschichte der Evangelienfrage siehe Ferdinand Christian Baur: Kritische Untersuchungen über die kanonischen Evangelien. Tübingen 1847. S. 1–76.

sammenhangslosigkeit der Berichte in möglichst grelles Licht zu rücken. Darum erschien sein Unternehmen so radikal.

Wie die johanneischen, so sind, nach ihm, auch die synoptischen Reden Kompositionen, in denen die spätere Tradition aus zeitlich und sachlich auseinanderliegenden Sprüchen nach gewissen Stichworten größere Redeeinheiten schuf. Die Bergpredigt, die Aussendungsrede, die große Gleichnisrede, die Rede wider die Pharisäer, sie alle sind durch Ablagerung entstanden, wobei Matthäus, was die etwaige Ursprünglichkeit der Zusammenstellung betrifft, wohl noch am zuverlässigsten ist. »Aus der bisher angestellten Vergleichung«, sagt Strauß einmal, »sehen wir bereits, daß die körnigen Reden Jesu durch die Flut der mündlichen Überlieferung zwar nicht aufgelöst werden konnten, wohl aber nicht selten aus ihrem natürlichen Zusammenhange losgerissen, von ihrem ursprünglichen Lager weggeschwemmt und als Gerölle an Orten abgesetzt sind, wohin sie eigentlich nicht gehörten. Und dabei finden wir zwischen den drei ersten Evangelien den Unterschied, daß Matthäus, einem geschickten Sammler ähnlich, den Stücken zwar bei weitem nicht immer den ursprünglichen Zusammenhang wiederzugeben vermocht, doch aber meistens das Verwandte sinnig zusammenzureihen gewußt hat, während bei den beiden andern manche kleine Stücke da, wo gerade der Zufall sie abgesetzt hatte, namentlich in Spalten zwischen größeren Redemassen, liegengeblieben sind, wobei dann insbesondere Lukas in einigen Fällen sich bemüht hat, sie künstlich zu fassen, was aber den natürlichen Zusammenhang nicht ersetzen konnte.«

Am radikalsten ist die Kritik der Gleichnisse. Strauß geht von der Voraussetzung aus, daß sie sich gegenseitig beeinflußt haben und daß die, welche etwa echt sein könnten, nur in ganz sekundärer Form erhalten sind. In dem Gleichnis von der königlichen Hochzeit will er den Umstand, daß die Eingeladenen zuletzt die Boten mißhandelten und töteten, und ebenso die Frage nach dem hochzeitlichen Kleide als sekundäre Züge angesehen wissen.

Wie äußerlich er sich den Zusammenhang der Berichte denkt, erhellt aus der Art, wie er die Verklärungsgeschichte mit dem »Gespräch beim Abstieg« verbindet. Sie haben beide nichts miteinander zu tun. Die Jünger haben Jesum einmal über das Kommen des Vorläufer-Elias befragt; bei der Verklärungsszene figuriert Elias ebenfalls: dann hat die Überlieferung die Verklärung und jene Unterredung einfach ad vocem Elias zusammengestellt und später eine Verbindung zwischen beiden geschaffen.

Die rein kritisch zerlegende Tendenz des Werkes, welches auf jede pragmatische Ergänzung mit Ostentation verzichtet, und nicht minder die Beurteilung der Synoptiker als bloßer Erzählungs- und Redebündel, machen es schwierig, ja eigentlich unmöglich, die eigentliche Straußische Auffassung des Lebens Jesu festzustellen und zu sehen, was sich denn eigentlich hinter dem mythischen Vorhang bewegt. Je nachdem man es interpretiert, kommt ein positives oder ein negatives Leben-Jesu heraus. Es stecken nämlich in einer Reihe hingeworfener Bemerkungen Ansätze zu einer positiven Konstruktion des Lebens Jesu, die, wenn man sie aus dem Zusammenhange herauslöste und zusammenstellte, ein Bild ergäben, das sich mit der neuesten eschatologischen Auffassung berühren würde. Aber Strauß wirft mit Absicht nur wenige unzusammenhängende Striche hin. Er will keine Linie zu Ende ziehen. Jedes der Einzelprobleme wird zwar behandelt und in der scharfsinnigsten Weise nach allen Seiten beleuchtet. Aber bei keinem will er eine Lösung versuchen. Manchmal, wenn er meint, in seinen positiven Andeutungen zu weit gegangen zu sein, wischt er alles mit einem skeptischen Wort wieder aus.

Für die Dauer der Wirksamkeit Jesu will er nicht einmal einen ungefähren Ansatz geben. Über den Zusammenhang gewisser Ereignisse läßt sich, nach ihm, nichts ausmachen, da der johanneische Aufriß nicht gilt, und die Synoptiker alles nur mit Rücksicht auf Analogien und Ideenassoziationen ordnen, wobei sich die Verfasser noch schmeichelten, eine chronologisch geordnete Erzählung zu bieten. Aus dem Inhalt des Erzählten und aus den unbestimmten und monotonen Verbindungsformeln ergibt sich aber, daß eine klare Anschauung von einem wirklich und organisch zusammenhängenden Ganzen bei ihnen nicht vorausgesetzt werden darf. Anhaltspunkte, die chronologische Ordnung auch nur einigermaßen zu rekonstruieren, besitzen wir nicht.

Besonders interessant sind die Erörterungen über den Ausdruck »Menschensohn«. In dem Sabbatspruch »Der Menschensohn ist auch ein Herr des Sabbattages« (Mt 12,8) könnte, nach Strauß, das Wort auch einfach »Mensch« bedeuten. An anderen Stellen hat man den Eindruck, als redete Jesus von dem Menschensohn als von einer übernatürlichen, von ihm ganz unterschiedenen Person, dem Messias allgemein. Dies ist die natürlichste Deutung der Stelle Mt 10,23, wo er den Jüngern bei der Aussendung verheißt, daß sie mit den jüdischen Städten nicht zu Ende sein werden, bis der Menschensohn kommt. Jesus spricht also vom Messias wie als dessen Vorläufer. Diese Aussprüche würden dann in die erste Zeit, ehe er sich selbst als Messias bekannte, fallen. Strauß ahnt die Bedeutung dieser hingeworfenen Bemerkung nicht: sie birgt den Keim zur Lösung des Menschensohnproblems im Sinne von Johannes Weiß. Aber alsbald triumphiert der Skeptizismus. Wie können wir wissen, fragt Strauß, wo der Ausdruck Menschensohn in Jesu Wort authentisch ist, und wo er einfach gewohnheitsmäßig sinnlos hineingefügt wurde?

Nicht minder unlösbar ist, ihm zufolge, die Frage nach dem Zeitpunkt, in welchem Jesus die messianische Würde für sich in Anspruch nimmt. »Während bei Johannes«, führt er aus, »Jesus seinem Bekenntnis, die Jünger und seine Anhänger unter dem Volk ihrer Überzeugung, daß er der Messias sei, durchweg getreu bleiben: so sind bei den Synoptikern gleichsam Rückfälle zu bemerken, indem bei den Jüngern und dem Volke die in früheren Fällen ausgesprochene Überzeugung von Jesu Messianität im Verlauf der Erzählung zuweilen wieder verschwindet, um einer weit niedrigeren Ansicht von ihm Platz zu machen, und auch Jesus selbst mit der früher unumwunden gegebenen Erklärung in späteren Fällen mehr zurückhält.« Das Messianitätsbekenntnis zu Cäsarea Philippi, wo Jesus den Petrus für seine Erkenntnis selig preist und dazu den Zwölfen verbietet, sie weiter kundzutun, ist unbegreiflich, da diese Ansicht demselben Evangelium zufolge unter den Jüngern schon mehrmals zutage getreten und auch den Dämonischen bekannt war. Die Synoptiker widersprechen sich also selbst. Dazu kommen noch die Fälle, wo Jesus geradezu sinnlos die Bekanntmachung seiner Messianität verbietet. Als historisch könnte man wohl annehmen, daß es ihm langsam aufgegangen sei, daß er der Messias wäre, aber jedenfalls erst nach der Johannestaufe, da er sonst bei der Taufe simuliert hätte. So oft dann der Gedanke, er könnte der Messias sein, durch irgend etwas bei andern erregt und ihm von außen entgegengebracht wurde, erschrak er gleichsam, das laut und bestimmt ausgesprochen zu hören, was er bei sich selber kaum zu vermuten wagte, oder worüber er doch erst seit kurzem mit sich ins Reine gekommen war. Aus diesen Erwägungen geht hervor, daß das Messianitätsbewußtsein Jesu für Strauß ein historisches Faktum ist und nicht, wie man es zuweilen verstanden hat, auf das Konto des Mythischen kommt. Zu behaupten, daß er das Leben Jesu in einen Mythus auflöse, ist ein Unsinn, der, wenn er von Leuten, die sein Werk nie oder nur oberflächlich gelesen haben, noch so oft wiederholt wird, doch nicht weniger unsinnig bleibt.

Seine Messianität soll Jesus sich des näheren so gedacht haben, daß er, der Erdgeborene, nach Vollendung seiner irdischen Laufbahn in den Himmel aufgenommen und von da zur Eröffnung seines Reiches wiederkommen werde. »Da zudem in der höheren jüdischen Theologie unmittelbar nach Jesu Zeit die Idee von einer Präexistenz des Messias gegeben war, so liegt die Vermutung nahe, daß dieselbe auch schon in der Zeit, da Jesus sich bildete, vorhanden gewesen, und daß er somit, wenn er sich einmal als Messias faßte, auch diesen Zug der Messiasvorstellung auf sich habe übertragen können. Ob jedoch Jesus so weit wie etwa ein Paulus in die Schulweisheit seiner Zeit eingeweiht gewesen ist, so daß er aus ihr jene Vorstellung schöpfen konnte, ist noch die Frage...«

In der Auffassung der Eschatologie macht Strauß eine hervorragende Anstrengung, aus dem Dilemma zwischen politischen und geistigen Messiasplänen herauszukommen und die eschatologische Erwartung als eine solche begreiflich zu machen, die die Hoffnung nicht auf menschliches Zutun, sondern auf überirdische Intervention gründet. Dies ist einer der bedeutsamsten Ansätze zur wirklichen Erfassung des eschatologischen Problems. Man meint zuweilen Johannes Weiß zu lesen; so, wenn Strauß ausführt, daß Jesus seinen Jüngern ein Sitzen auf Thronen verheißen konnte, ohne an politische Revolution zu denken, sofern er eine von Gott heraufgeführte Umwälzung der Dinge erwartete und jene richterliche Tätigkeit und Herrschaft in die Zeit der παλινγενεσία versetzte. »Allerdings also erwartete Jesus, den Thron Davids wiederherzustellen und mit seinen Jüngern ein befreites Volk zu beherrschen: aber keineswegs setzte er dabei auf das Schwert menschlicher Anhänger seine Hoffnung (Lk 22,38; Mt 26,52), sondern auf die Engellegionen, welche sein himmlischer Vater ihm senden könne (Mt 26,53). Wo immer er von dem Antritt seiner messianischen Herrlichkeit spricht, sind es Engel und himmlische Mächte, mit welchen er sich umgibt (Mt 16,27; 24,30 ff; 25,31); vor der Majestät des in den Wolken des Himmels kommenden Menschensohnes werden sich die Völker ohne Schwertstreich beugen, und auf den Ruf der Engelsposaune sich samt den auferstehenden Toten ihm und seinen Zwölfen zum Gerichte stellen. Dies alles wollte Jesus nicht eigenwillig herbeiführen, sondern überließ es dem himmlischen Vater, der allein die rechte Zeit für diese Katastrophe wisse (Mk 13,32), ihm gleichsam das Signal zu geben, und wurde auch dadurch nicht irre gemacht, daß ihn das Ende erreichte, ehe ein solches erfolgt war. Wer diese Ansicht von dem Hintergrunde des messianischen Planes Jesu bloß deswegen scheut, weil er durch dieselbe Jesum zum Schwärmer zu machen glaubt, der bedenke, wie genau diese Hoffnungen den langgehegten Messiasbegriffen der Juden entsprachen, und wie leicht auf dem supranaturalistischen Boden jener Zeit und in dem abgeschlossenen Kreise der jüdischen Nation eine für sich abenteuerliche Vorstellung, wenn sie nur Nationalvorstellung war und sonst wahre und großartige Seiten bot, auch einen besonnenen Mann in sich hineinziehen konnte.«

Einer der Hauptbeweise für die eschatologische Bedingtheit der Predigt Jesu ist das Abendmahl. »Wenn er diese Feier«, führt Strauß aus, »mit dem Wort beschließt: ›Ich werde hinfort von dem Gewächs des Weinstocks nicht mehr trinken, bis daß ich es neu trinke mit euch in meines Vaters Reich‹, so mag er erwartet haben, daß in dem messianischen Reich das Passahmahl mit besonderer Feierlichkeit werde begangen werden. Wenn er ihnen also versichert, dieses Mahl nicht mehr in diesem, sondern erst in jenem Aeon wieder zu genießen, so erwartet er, daß binnen eines Jahres die vormessianische Weltordnung für die messianische aufgehoben sein wird.« Freilich, setzt Strauß gleich hinzu, kann die bestimmte Versicherung, welche ihm die Evangelisten in den Mund legen, auch nur ein frommer Wunsch gewesen sein. In derselben Weise beschränkt er dann auch die anderen Äußerungen über die eschatologischen Gedanken Jesu, indem er darauf hinweist, daß wir den Anteil, welchen die urchristliche Erwartung an solchen Reden hat, nicht bestimmen können.

So ist er z. B. in der Beurteilung der großen Parusierede Mt 24 äußerst behutsam. Die ausführlichen Weissagungen, welche die Synoptiker dem Herrn über sein Kommen in Herrlichkeit in den Mund legen, können nicht von ihm selber herrühren. Es fragt sich aber, ob er nicht doch im allgemeinen gehofft und verheißen hat, einst als Messias herrlich zu erscheinen? »Hielt er sich in irgendeinem Abschnitt seines Lebens für den Messias, woran nicht zu zweifeln ist, und bezeichnete er sich als den Menschensohn, so mußte er, scheint es, auch das Kommen in den Wolken erwarten, welches diesem bei Daniel zugeschrieben ist: nur frägt es sich, ob er dies als eine Verherrlichung gedacht habe, welche noch während seines Lebens eintreten würde, oder als etwas, das ihm erst nach seinem Tod bevorstünde? Nach Aussprüchen wie Mt 10,23; 16,28 könnte man das erstere vermuten; dabei bleibt jedoch immer möglich, daß, wenn ihm später sein Tod gewiß wurde, seine Vorstellung die letztere Form annahm, aus welcher heraus dann Mt 26,64 gesprochen wäre.« Schon bei Strauß ist also das Menschensohnproblem das Zentralproblem, in welchem alle Fragen über Messianität und Eschatologie zusammentreffen.

Aus alledem ersieht man, wie stark Reimarus, den er auch öfters erwähnt, auf ihn gewirkt hat. Es würde dies noch viel stärker zutage treten, wenn er seine historischen Anschauungen nicht immer wieder durch das Hereinspielenlassen des Mythischen problematisch machte.

Von dem Gedanken der übernatürlichen Realisierung des Reiches Gottes muß man, nach Strauß, auch ausgehen, um Jesu Stellung zum Gesetz und zu den Heiden zu verstehen, soweit dies nach den widersprechenden Angaben noch möglich ist. Am meisten Glaubwürdigkeit verdienen die konservativen Stellen. Sie brauchen darum nicht in den Anfang seiner Wirksamkeit zu fallen, da es sehr fraglich ist, ob die Annahme einer nachher kommenden Periode zunehmender Gesetzesfreiheit und Heidenfreundlichkeit durchführbar ist. Eher ließe sich beweisen, daß die konservativen Aussprüche die einzig authentischen sind, denn, wenn nicht alles täuscht, ist erst der Tod Jesu der terminus a quo für jene Prinzipienänderung. Jesus hat die Aufhebung des Gesetzes und die Beseitigung der Schranke zwischen Juden und Heiden zwar auch erwartet, aber erst im zukünftigen Reich. »Hiernach«, bemerkt Strauß, »wären dann die Ansicht Jesu und die des Paulus nur so verschieden, daß, was jener erst auf der bei seiner Wiederkunft zu erneuernden Erde sich als wegfallend dachte, dieser schon infolge der ersten Ankunft des Messias, noch auf der alten Erde, abschaffen zu dürfen glaubte.«

Die eschatologischen Stellen sind also die gesichertsten. Wenn an Jesus irgend etwas historisch ist, so ist es sein Anspruch, in dem kommenden Reiche als Menschensohn offenbar zu werden.[8]

8 In dem ersten Bande seiner Biographie (S. 171 und 176–177) sucht Theobald Ziegler die Anerkennung der Eschatologie durch Strauß abzuschwächen, damit er

Hingegen befinden wir uns bei den Leidens- und Auferstehungsweissagungen auf ganz unsicherem Boden. Die genauen Angaben über die Art der Katastrophe machen es unzweifelhaft, daß wir vaticinia ex eventu vor uns haben. Anders läßt sich auch die Fassungslosigkeit der Jünger beim Eintreten der Ereignisse nicht erklären. Dennoch ist es möglich, daß Jesus seinen Tod vorausgesehen hat. Vielleicht war der Todesentschluß mit der Messianitätsvorstellung an sich gegeben und wurde Jesu nicht erst durch die Ereignisse aufgezwungen. Dies könnten wir bestimmt ausmachen, wenn wir etwas Genaueres über die Vorstellung vom leidenden Messias in der zeitgenössischen jüdischen Theologie wüßten, was aber nicht der Fall ist. Wir wissen nicht einmal, ob es diese Vorstellung im Judentum jemals gegeben hat. »Im Neuen Testament hat es fast durchaus das Ansehen, als hätte an einen leidenden und sterbenden Messias unter den mit Jesu lebenden Juden niemand gedacht. Aus späteren Stellen der rabbinischen Literatur könnte man diese Vorstellung allerdings gewinnen.« Die Frage ist also unlösbar. Es bleibt alles ein Operieren mit Möglichkeiten. Das Resultat aller Erwägungen über den Leidensentschluß und die Leidenswertung faßt Strauß in diesen Sätzen zusammen: »Hiernach könnte Jesus durch psychologische Reflexion darauf gekommen sein, wie zuträglich der geistigen Entwicklung seiner Jünger eine solche Katastrophe sein werde, und nationalen Vorstellungen gemäß mit Berücksichtigung alttestamentlicher Stellen selbst auf die Idee einer sühnenden Kraft seines messianischen Todes. Indessen könnte doch namentlich das, was die Synoptiker Jesum von seinem Tod als Sühnopfer sagen lassen, mehr dem nach Jesu Tod ausgebildeten System anzugehören, und was der vierte Evangelist ihm über die Beziehung seines Todes zum Paraklet in den Mund legt, ex eventu gesagt zu sein erscheinen, so daß auch bei diesen Aussprüchen Jesu über den Zweck seines Todes eine Sonderung des Allgemeinen vom Speziellen vorgenommen werden müßte.«

Straußens Leben-Jesu ist für die moderne Theologie etwas anderes als für die Zeitgenossen. Für jene war es das Werk, welches mit dem historischen Wunderglauben aufräumte und die mythische Deutung in ihr Recht einsetzte. Wir aber entdecken darin auch das Historisch-Positive, sofern die historische Persönlichkeit, welche aus dem Mythus herausragt, ein jüdischer, in einer rein eschatologischen Gedankenwelt lebender Messiasprätendent gewesen sein soll. Strauß ist nicht nur ein Zerstörer unhaltbarer Lösungen, sondern auch der Prophet einer kommenden Wissenschaft.

Er selbst aber ist schuld daran, daß ihm diese Würdigung im 19. Jahrhundert nicht zuteil wurde, weil er, im »Leben-Jesu fürs deutsche Volk«, 1864, da er das positiv historische Jesusbild zu zeichnen unternahm, seine bessere Erkenntnis von 1835 verleugnete, die Eschatologie eliminierte und statt des historischen den liberalen Jesus darstellte.

nicht etwa als der Vorläufer der neueren Anschauung, die seinem Biographen nicht ganz sympathisch ist, angesprochen werden könne.

9 Des Buches Freunde und Widersacher

DAVID FRIEDRICH STRAUSS: Streitschriften zur Verteidigung meiner Schrift über das Leben Jesu und zur Charakteristik der gegenwärtigen Theologie. Tübingen 1837. – Das Leben Jesu. 3. verbesserte Auflage. Tübingen 1838–1839.

AUGUST THOLUCK: Die Glaubwürdigkeit der evangelischen Geschichte, zugleich eine Kritik des Lebens Jesu von Strauß. Hamburg 1837.

AUGUST WILHELM NEANDER: Das Leben Jesu-Christi. Hamburg 1837.

DR. NEANDERS auf höhere Veranlassung abgefaßtes Gutachten über das Buch des Dr. Strauß' »Leben-Jesu« und das in Beziehung auf die Verbreitung desselben zu beachtende Verfahren. 1836.

JOHANN LEONHARD HUG: Gutachten über das Leben-Jesu, kritisch bearbeitet von D. Fr. Strauß. Freiburg 1840.

WILHELM FERDINAND WILKE: Tradition und Mythe. Ein Beitrag zur historischen Kritik der kanonischen Evangelien überhaupt, wie insbesondere zur Würdigung des mythischen Idealismus im Leben-Jesu von Strauß. Leipzig 1837.

AUGUST EBRARD: Wissenschaftliche Kritik der evangelischen Geschichte. Frankfurt (Main) 1842.

GEORG HEINRICH AUGUST EWALD: »Geschichte Christus' und seiner Zeit.« 1855. Fünfter Band der Geschichte des Volkes Israel.

CHRISTOPH FRIEDRICH VON AMMON: Die Geschichte des Lebens Jesu mit steter Rücksicht auf die vorhandenen Quellen. 3 Bände. 1842–1847.

Eine Reihe von Schriften aus der Anti-Strauß-Literatur werden im Anhang verzeichnet (S. 631 ff).

Kaum jemals hat ein Buch eine solche Diskussion entfacht; kaum jemals ist eine Diskussion zunächst so ergebnislos verlaufen. Der befruchtende Regen brachte nur Pilze hervor. Unter den vierzig oder fünfzig Schriften, die in den nächsten fünf Jahren über diesen Gegenstand erschienen, sind nur vier oder fünf, die einen Wert haben, und dieser ist noch sehr gering.

Strauß dachte zunächst daran, sich mit seinen Gegnern einzeln auseinanderzusetzen, und veröffentlichte 1837 nacheinander drei »Streitschriften zur Verteidigung meiner Schrift über das Leben Jesu und zur Charakteristik der gegenwärtigen Theologie«.[1] In der Vorrede zur ersten bekennt er, zwei Jahre lang geschwiegen zu haben, weil er eine »gründliche Abneigung gegen alles, was Replik, Antikritik heißt«, habe und weil er von solchen Diskussionen wenig erwarte. Diese Schriften sind geistreich, oft mit beißendem Spott geschrieben, so besonders die gegen seinen Erbfeind Steudel aus Tübingen, den Vertreter des verständigen Supranaturalismus, und die gegen Eschenmayer, Pfarrer ebendaselbst. Des letzteren

1 Streitschriften zur Verteidigung meiner Schrift über das Leben Jesu und zur Charakteristik der gegenwärtigen Theologie. Von Dr. David Friedrich Strauß. Tübingen 1837.

Opus »Über den Ischariotismus unserer Tage«, 1835, hatte er in der Vorrede zum zweiten Band seines Lebens Jesu, 1836, mit folgendem Spruch bedacht: »Diese Ausgeburt der legitimen Ehe zwischen theologischer Ignoranz und religiöser Intoleranz, eingesegnet von einer schlafwandelnden Philosophie, fällt so sehr durch sich selbst ins Lächerliche, daß sie jedes Wort der Verteidigung überflüssig macht.«

Aber ein geschickter Debatter war Strauß trotz dieser Sarkasmen damals ebensowenig wie später im Landtag. Es ist merkwürdig zu sehen, wie wenig schlagfertig der Mann ist, der mit fast spielender Leichtigkeit ein so eminent kritisches Werk produziert hatte. Wenn seine Gegner nichts taten, um ihn richtig zu verstehen, und manche von ihnen auch wohl schrieben, ohne die zwei Bände mit ihren vierzehnhundert Seiten gewissenhaft studiert zu haben, so wurde Strauß seinerseits wie von einer gewissen Unsicherheit erfaßt, verlor sich in Details und versäumte es, die Probleme, die er zur Diskussion gestellt hatte, immer aufs neue zu formulieren und eine klare Stellungnahme zu erzwingen.[2]

Es waren ihrer drei. Das erste setzte sich aus den Fragen nach dem Wunder und dem Mythus zusammen; das zweite betraf die Beziehung von Christus und Jesus; das dritte bezog sich auf das Verhältnis des Johannesevangeliums zu den Synoptikern.

Das erste beschäftigte die Geister am meisten; mehr als die Hälfte der

Erstes Heft. Herr Dr. Steudel oder die Selbsttäuschung des verständigen Supranaturalismus unserer Tage. 182 S. (Steudels Schrift, ein Sonderabdruck aus der Tübinger Zeitschrift für Theologie, war schon 1835 erschienen und führte den Titel »Vorläufig zu Beherzigendes bei Würdigung der Frage über die historische oder mythische Grundlage des Lebens Jesu«. 88 S.)

Zweites Heft. Die Herren Eschenmayer und Menzel. 247 S.

Drittes Heft. Die Evangelische Kirchenzeitung, Die Jahrbücher für wissenschaftliche Kritik und Die Theologischen Studien und Kritiken in ihrer Stellung zu meiner Kritik des Lebens Jesu. 179 S.

Die Studien und Kritiken hatten zwei Rezensionen gebracht. Eine kritische, gediegene von dem Heidelberger Ullmann (Jahrg. 1836, S. 770–816) und die von dem Marburger Müller, welche vom Standpunkt des »gemeinen Glaubens« aus verfaßt ist (Jahrg. 1836, S. 816–890).

In der Evangelischen Kirchenzeitung kommen folgende Artikel in Betracht: »Vorwort« (Jahrg. 1836, S. 1–6, 9–14, 17–23, 25–31, 33–38, 41–45); »Die Zukunft unserer Theologie« (Jahrg. 1836, S. 281 ff.); »Betrachtungen, veranlaßt durch den Aufsatz von Dr. Strauß: Über das Verhältnis der theologischen Kritik und Spekulation zur Kirche« (Jahrg. 1836, S. 382 ff.; Straußens Aufsatz war in der Allgemeinen Kirchenzeitung 1836 Nr. 39 erschienen); »Die kritische Bearbeitung des Lebens Jesu von D. F. Strauß nach ihrem wissenschaftlichen Werte beleuchtet«, von Prof. Dr. Harleß, Erlangen 1836.

2 Ziegler (I, S. 254–256) sieht in diesen Bemerkungen zu Unrecht erhobene »Vorwürfe« gegen Strauß. Zur richtigen Würdigung der Streitschriften, meint er, müsse man in Betracht ziehen, daß sie nicht bloß zur Verteidigung des angegriffenen Buches geschrieben sind, sondern zugleich eine Charakteristik der damaligen Theologie und aller Theologie überhaupt »sein und geben« wollen.

Gegenschriften sehen überhaupt dieses allein. Dabei erfassen sie es nicht einmal richtig. Klar ist ihnen nur, daß Strauß das Wunder radikal verneint. Aber wie weit die mythische Erklärung der überlieferten Tatsachen des Lebens Jesu geht, und was dabei für ihn noch historische Geltung behält, ist ihnen unklar. Das liegt nun zum Teil auch an der Anlage des Straußischen Werkes selbst, dessen aneinandergereihte Einzeluntersuchungen selbst dem, der sehen will, die Sache manchmal unnötig schwer machen.

Die Stellung, welche die Anti-Strauß-Literatur zum Wunder einnimmt, zeigt, wie weit die antirationalistische Tendenz die sich wissenschaftlich gebärdende Theologie zum Supranaturalismus zurückgeführt hatte. Schon Hases und Schleiermachers Leben-Jesu hatten merkwürdige Symptome dieser geistreichen, fast ans Unwahrhaftige grenzenden Art der Überwindung des Rationalismus erkennen lassen. Das Wesen dieser neueren geschichtlichen Theologie trat aber erst zutage, als Strauß sie zwang, Rede und Antwort zu stehen und ein einfaches Ja oder Nein an die Stelle der geistreichen Phrasen zu setzen, mit denen man sich gar schnell gewöhnt hatte, über die Schwierigkeiten hinwegzukommen.

Die Mottos, welche diese neuere Theologie den Werken, die sie gegen den unzeitgemäßen Mahner losließ, um den Hals hing, zeigen sie in ihrer ganzen Ratlosigkeit und in jener koketten Resignation, mit der die Gottesgelahrtheit zu jeder Zeit ihre Blöße deckt, wenn sie der Versuchung der Unwahrhaftigkeit erlegen ist.

Adolf Harleß in Erlangen[3] erkor sich das trostlose Wort Pascals: »Tout tourne en bien pour les élus, jusqu'aux obscurités de l'écriture; car ils les honorent à cause des clartés divines qu'ils y voient; et tout tourne en mal aux réprouvés jusqu'aux clartés: car ils les blasphèment à cause des obscurités qu'ils n'entendent pas.«

Herr Diakonus Wilhelm Hoffmann zu Winnenden erwählt sich zum Motto: »Animus ad amplitudinem mysteriorum pro modulo suo dilatetur, non mysteria ad angustias animi constringantur.«[4]

Professor Ernst Osiander, vom Seminar zu Maulbronn, ruft Cicero an: »O magna vis veritatis, quae contra hominum ingenia, calliditatem, solertiam facillime se per ipsam defendit.«[5]

Franz Baader in München ziert sein Opus mit dem Spruch: »Il faut que

3 Adolf Harleß: Die kritische Bearbeitung des Lebens Jesu von David Friedrich Strauß, nach ihrem wissenschaftlichen Werte beleuchtet. Erlangen 1836.

4 Das Leben Jesu, kritisch bearbeitet von Dr. Dav. Friedr. Strauß. Geprüft für Theologen und Nichttheologen von Wilhelm Hoffmann, Diakonus zu Winnenden, 1836.

5 Apologie des Lebens Jesu gegenüber dem neuesten Versuch, es in Mythen aufzulösen, von Johannes Ernst Osiander, Professor am evang. Seminar zu Maulbronn. Tübinger Zeitschrift für Theologie 1837, Heft IV, S. 35–232. Erwähnt sei auch der Aufsatz des Tübinger Theologen Kern, »Erörterung der Haupttatsachen der evangelischen Geschichte . . .« in der Tübinger Zeitschrift für Theologie 1836, II. Heft, S. 14–160; III. Heft, S. 3–59.

les hommes soient bien loin de toi, ô vérité! puisque tu supporte (sic!) leur ignorance, leurs erreurs et leurs crimes.«[6]

Tholuck stärkt sich durch das katholische Sprüchlein des Vincentius von Lerinum: »Teneamus quod semper, quod ubique, quod ab omnibus creditum est.«[7]

Die Angst vor Strauß zeitigte überhaupt katholisierende Gedanken in der protestantischen Theologie. Einer seiner verständigsten Rezensenten, Dr. Ullmann, in den Studien und Kritiken,[8] hätte gewünscht, daß er sein Werk lateinisch verfaßt hätte, damit es unter dem Volke keinen Schaden anrichtete. In einem anonymen Dialog[9] sehen wir den Schulmeister zum Pfarrer kommen. Er hat sich von seinem Stammtischgenossen, dem Herrn Major, verleiten lassen, Straußens Werk zu lesen, und möchte nun die Zweifel, die es in ihm angeregt hat, wieder los werden. Nach glücklich beendeter Kur entläßt ihn Hochwürden mit folgender Vermahnung: »Übrigens hoffe ich, nach der Erfahrung, die Sie gemacht haben, daß Sie sich für die Zukunft des Lesens solcher Schriften enthalten werden, die nicht für Sie geschrieben sind, zu deren Beachtung Sie keinen Beruf, und zu deren Bestreitung, wenn es darauf ankommt, Sie keine Waffen haben. Leben Sie der Überzeugung, daß das, was aus solchen Schriften sich für Sie als nützlich und brauchbar bewähren kann, Ihnen bald genug auf geeignetem Wege und auf die rechte Weise wird dargeboten werden, wobei Sie nichts von Ihrer Ruhe der Gefahr des Zufalls auszusetzen genötigt sind.«

Tholucks Werk geht eigentlich nur auf den »geschichtlichen Beweis für die Glaubwürdigkeit der evangelischen Wundergeschichte« aus. »Gestehen wir nämlich auch das wissenschaftliche Bedenken zu«, sagt er einmal, »daß kein über die Naturgesetze hinausgehendes Faktum von Christo aus-

6 »Über das Leben-Jesu von Strauß« von Franz Baader, 1836.
Angeführt seien hier auch Krabbes, des nachmaligen Rostocker Professors, gegen Strauß gerichtete »Vorlesungen über das Leben Jesu für Theologen und Nichttheologen« (Hamburg 1839), die für den Nichttheologen erträglicher sind als für den Theologen. Der Verfasser machte sich später einen Namen durch den fanatischen Eifer, mit dem er die Absetzung seines Kollegen Michael Baumgarten betrieb, dessen 1859 erschienene, ganz wundergläubige »Geschichte Jesu« von ihm gewogen und nach Rostocker Gewicht zu leicht gefunden wurde.

7 »Die Glaubwürdigkeit der Evangelischen Geschichte, zugleich eine Kritik des Lebens Jesu von Strauß«. 1837. Hamburg. 2. Aufl. 1838. August Tholuck war geboren 1799 zu Breslau, wurde 1826 Professor zu Halle, wo er bis zu seinem Tode, 1877, wirkte. Er war mit Neander der bedeutendste Vertreter der Vermittlungstheologie. Seine Frömmigkeit war tief, sein Wissen umfassend, seine Urteilsfähigkeit aber immer getrübt durch das Bestreben, mit seinem Pietismus zwischen dem Rationalismus und der Orthodoxie glücklich hindurchzulavieren.

8 Stud. u. Krit. 1836, S. 777. In seinem »Sendschreiben an Herrn Dr. Ullmann« beleuchtet Strauß dieses Ansinnen in sachlicher und würdiger Weise und weist nach, daß mit solcher Maßregel nichts gewonnen wäre. Streitschriften, 3. Heft, S. 129 ff.

9 Zwei Gespräche über die Ansicht des Herrn Dr. Strauß von der evangelischen Geschichte. Jena 1839.

gegangen sein könne, so bleibt dennoch für jene vermittelnde Ansicht von der Wundertätigkeit Christi Raum, welche uns teilweise schon bekannte, geheimnisvolle Naturkräfte in seiner Geschichte tätig denkt, wie namentlich die aus mystischer Tiefe, wie ein Nachtgespenst am lichten Tage, in unsere Zeit hineinragenden magnetischen Kräfte.« Vom Standpunkt dieses schlechten Rationalismus aus tadelt er dann Strauß, daß er die Wunder ablehne. »Hätte der neuste Kritiker mit Unbefangenheit zu den evangelischen Wundergeschichten hintreten können, d. h. mit dem Bekenntnis Augustins: dandum est deo, eum aliquid facere posse, quod nos investigare non possumus, so würde sich auch bei ihm, da er ein Mann ist, welcher über dem Scharfsinn der Schule den gesunden Menschenverstand nicht verloren hat, gewiß ein ganz anderes Urteil über diese Differenzen gebildet haben. Nun ist er aber mit der Überzeugung zu den Evangelien hinzugetreten: Wunder sind unmöglich; somit war es denn von vornherein erwiesen, daß die Evangelisten Betrüger oder Betrogene sind.«

Neander,[10] in seinem Leben-Jesu, behandelt die Frage feiner, mehr in Schleiermacherscher Art. »Christi Wunder«, führt er aus, »sind als Einwirkung auf die menschliche und materielle Natur zu verstehen.« Dabei läßt er aber die Schwierigkeit, welche die Annahme des Einwirkens Christi auf die materielle Natur bereitet, nicht mehr in dem Maße hervortreten, wie es Schleiermacher getan hatte. Er gibt seine Behauptungen wieder, aber ohne die großartige Dialektik, die sie bei jenem einigermaßen annehmbar machte. Zum Kanawunder bemerkt er: »Wenngleich wir über eine solche Wirkung, welche durch ein in den Naturzusammenhang eingetretenes höheres schöpferisches Prinzip hervorgebracht wird, nicht mit Sicherheit, wie wir sie uns zu denken haben, urteilen können, da uns der

10 Das Leben Jesu-Christi. Hamburg 1837. August Wilhelm Neander wurde 1789 zu Göttingen als Sohn jüdischer Eltern geboren und hieß eigentlich David Mendel. Er ließ sich 1806 taufen, studierte Theologie und wurde 1813 als Professor nach Berlin berufen, wo er eine vielseitige und gesegnete Wirksamkeit entfaltete. Er starb 1850. Am bekanntesten ist seine »Geschichte der Pflanzung und Leitung der christlichen Kirche durch die Apostel«, Hamburg 1832–1833, die noch 1890 in neuem Abdruck erschien. Neander war nicht nur eine tieffromme Persönlichkeit, sondern auch ein durch und durch vornehmer Charakter.

Über Neanders Werk urteilt Strauß in seinem Leben-Jesu von 1864: »Ein Buch, wie Neanders Leben Jesu-Christi hienach werden mußte, kann Mitleid einflößen; der Verfasser selbst gesteht in der Vorrede, er fühle wohl, wie es das Gepräge des Zeitalters der Krisis, der Isolierung, der Schmerzen und Wehen, woraus es hervorgegangen ist, an sich trage.«

Von den zahllosen, Ende der dreißiger Jahre erschienenen »positiven« Leben-Jesu sei noch das von Julius Hartmann (2 Bde., 1837–39) genannt.

Unter den späteren Leben-Jesu der Vermittlungstheologie wäre zu erwähnen das zu seiner Zeit viel gelesene Leben Jesu-Christi des Tübingers Theodor Pressel (1857, 592 S.), das vorzugsweise erbaulich sein will, und das »Leben des Herrn Jesu-Christi« von Wilhelm Jakob Lichtenstein (Erlangen 1856), das die Gedanken v. Hofmanns wiedergibt.

beste Maßstab für ein solches Urteil fehlt, so sind wir doch keineswegs durch irgend etwas genötigt, die Sache so auf die Spitze zu stellen, sondern wir können uns den Hergang recht gut so denken, daß Christus durch seine unmittelbare Einwirkung dem Wasser eine solche höhere Kraft, durch welche es dieselben Wirkungen wie ein starker Wein hervorbringen konnte, mitgeteilt habe.« Bei allen Wundern wird zugleich immer die höhere symbolische Deutung gesucht. Dem Wunder am Feigenbaum – es ist das einzige seiner Art – kommt sogar nur diese eine Bedeutung zu, da es nicht wohltätig und schöpferisch ist, sondern nur auf Zerstörung geht. »Es kann nur als sinnlich anschaulich machende Darstellung einer Weissagung des göttlichen Strafgerichts nach Art der symbolischen, prophetischen Darstellungen des Alten Testaments aufgefaßt werden.«

Von der Auferstehung und Himmelfahrt heißt es: »Wenngleich wir uns von der besonderen Art und Form dieser Erhebung Christi von der Erde keine klare Vorstellung machen können, wie auch über das irdische Dasein Christi nach seiner Auferstehung überhaupt manches Dunkel verbreitet ist, so ist doch eine solche Tatsache in dem Zusammenhange des christlichen Glaubens so gewiß als seine Auferstehung, welche ohne dieselbe nicht in ihrer wahren Bedeutung anerkannt werden kann.«

Das ist die Richtlinie des Neanderschen Lebens Jesu, das zu seiner Zeit als eine große Leistung gefeiert wurde, von dem man die wissenschaftliche Widerlegung der Straußschen Kritik erwartete, und das noch 1873 in siebenter Auflage erschien! Die wahre innerliche Frömmigkeit, die es durchzieht, vermag nicht darüber hinwegzutäuschen, daß es aus den trostlosesten Kompromissen zusammengesetzt, aus der Verzagtheit heraus geboren ist und die Ratlosigkeit zum Gevatter hat. Man kann es nicht ohne Wehmut lesen.

Aber Neander will nicht nach diesem Werk, sondern nach seiner persönlichen Haltung in dem Kampf gegen Strauß beurteilt werden. Durch letztere steht er groß und vornehm in der theologischen Wissenschaft da. Gleich nach dem Erscheinen des anstößigen Buches hatte das preußische Ministerium ein Gutachten von ihm eingefordert, um es eventuell zu verbieten. Er reichte dasselbe am 15. November 1835 ein. Als ein ungenauer Bericht darüber in der »Allgemeinen Zeitung« erschien, veröffentlichte er es.[11] Er tadelt an dem Werk, daß es zu rein verstandesmäßig abgefaßt sei, beschwört aber die Regierung, es nicht durch ein Verbot tot zu machen. Es ist für ihn »ein Buch, das zwar die heiligen Interessen der Kirche gefährdet, aber auf eine Weise, welche nur auf die wissenschaftliche Überzeugung und nur durch Gründe zu wirken bestimmt ist. Hier kann

11 Dr. Neanders auf höhere Veranlassung abgefaßtes Gutachten über das Buch des Dr. Strauß' »Leben-Jesu« und das in Beziehung auf die Verbreitung desselben zu beachtende Verfahren. 15. Februar 1836.

alles nur als wissenschaftlicher Machtspruch erscheinen, wenn nicht die Gründe durch Gründe widerlegt sind.«

In dieser Zuversicht, daß die Wissenschaft aus sich heraus am Leben-Jesu von Strauß überwinden werde, was daran überwindbar ist, begegnet sich Neander mit dem Anonymus der »Aphorismen zur Apologie des Dr. Strauß und seines Werkes«,[12] der sich mit Goethes Wort tröstet:

Das Tüchtige, auch wenn es falsch ist,
Wirkt Tag für Tag, von Haus zu Haus.
Das Tüchtige, wenns wahrhaftig ist,
Wirkt über alle Zeiten hinaus.

»Dr. Strauß«, sagt dieser Anonymus, »vertritt nicht des Verfassers Überzeugung und Glaube, wie er nicht des Dr. Strauß Resultate vertreten mag. Aber das ist ihm klar, daß des Dr. Strauß Werk als wissenschaftliches wissenschaftlicher ist, denn die Entgegnungen von religiösen Standpunkten aus religiös sind. Woher sonst die Leidenschaftlichkeit, Ängstlichkeit und Ungerechtigkeit?!!«

Nicht dasselbe Zutrauen zur reinen Wissenschaft hatte Herr Privatdozent Daniel Schenkel zu Basel, später Professor zu Heidelberg. In einer öden, seinem Göttinger Lehrer Lücke gewidmeten Schrift »Die Wissenschaft und die Kirche«[13] erwartet er alles Heil der Zukunft von jener Mitte, wo Glaube und Wissenschaft sich durchdringen, und begrüßt »den neuen, der wissenschaftlichen Behandlung sich nähernden Supranaturalismus« als eine hoffnungsvolle Erscheinung. Den Züricher Aufstand, der zum Teil durch Straußens Ernennung veranlaßt war, feiert er als ein erhebendes Ereignis.

Auf derselben Höhe steht der Anonymus der Schrift[14] »Dr. Strauß und die Züricher Kirche«, welche De Wette mit einem Vorwort begleitete. Bei aller Hochachtung für Strauß und trotz des Rechts, das er ihm auf rein wissenschaftlichem Gebiete zugestehen will, kann er nicht umhin, die Züricher zu beglückwünschen, ihn nicht zum Lehramt zugelassen zu haben.

Viel schwieriger als den jungen und alten Vermittlungstheologen wurde es den reinen Rationalisten, zu der neuen Lösung der Wunderfrage Stellung zu nehmen. Strauß selbst hatte es ihnen schwer gemacht, indem er schonungslos nur immer das Lächerliche und Ungereimte ihres Verfahrens aufdeckte, sie aber nicht als Bundesgenossen in dem Kampf um die Wahrhaftigkeit anerkannte, was sie eigentlich waren. Paulus hätte ein

12 Grimma 1838.

13 Die Wissenschaft und die Kirche. Zur Verständigung über die Straußische Angelegenheit von Daniel Schenkel, Lizentiat der Theologie und Privatdozent an der Universität Basel. Mit einem Sendschreiben an Herrn Konsistorialrat Dr. Lücke. Basel 1839.

14 Dr. Strauß und die Züricher Kirche. Eine Stimme aus Norddeutschland. Mit einer Vorrede von Dr. W. M. L. De Wette. Basel 1839.

Recht gehabt, ihm zu grollen. Aber darin zeigt sich die innerliche Größe dieses trockenen Menschen, daß er alle persönliche Empfindlichkeit zurückstellte und, als der Kampf gegen die Reinheit und Freiheit der Wissenschaft um die Person Straußens entbrannte, dem Bekämpfer des Rationalismus schützend zur Seite trat. In seinem wundervollen Sendschreiben an den freien Kanton Zürich »Über theologische Lehrfreiheit und Lehrerwahl für Hochschulen«[15] bittet er Volk und Rat, Strauß anzustellen um des Prinzipes willen und um der retrograden Bewegung in der wissenschaftlichen Theologie keinen Vorschub zu leisten. Es ist, als fühlte er, daß des Rationalismus Ende gekommen, daß aber in dem Feinde, der ihn besiegte, die reine Wahrhaftigkeit, auf die es allein ankommt, wenn auch in einer andern Form, über alles reaktionäre Wesen triumphieren werde.

Ganz vernichtet hat Strauß den Rationalismus dennoch nicht. In Ammons[16] berühmtem Leben-Jesu, das ihm gegenüber eine sehr anerkennende Stellung einnimmt, lebt ein eigentümlicher, von Kant inspirierter Rationalismus kraftvoll weiter. Ein Wunder existiert für den Verfasser nur, wenn seine natürlichen Ursachen aufgedeckt sind. »Die heilige Geschichte unterliegt keinen andern Gesetzen als alle übrigen Ansichten von der Vergangenheit.« Lücke hatte bei der Behandlung der Auferweckung des Lazarus die Frage aufgeworfen, ob das biblische Wunder historisch überhaupt denkbar sei, und damit die Absolutheit desselben zu stützen gemeint. »Wir«, sagt Ammon, »kehren die Antwort um: nur das historisch denkbare Wunder besteht.« Er mag nicht wie die Menschen, die Wissen und Glauben unaufhörlich verwechseln, »in einem Ozean von Gedanken schwimmen, in welchem Seyn und Wähnen ebensowenig wie Seewasser und Salz in dem Meere geschieden sind«.

In jedem Naturvorgang, führt er aus, ist, nach Kant, ein Ineinander von Übernatürlichem und Natürlichem anzunehmen. Eben darum existiert das rein Übernatürliche für unsere Erfahrung nicht. »Es ist zwar gewiß«, legt er im Sinne der Kritik der reinen Vernunft dar, »daß jede von Gott ausgehende Kausalität unmittelbar, allgemein und ewig sein muß, weil sie als Effekt seines Willens gedacht ist, welcher über Raum und Zeit er-

15 Zürich 1839. Ziegler macht auf die freundliche Rezension aufmerksam, die Paulus dem Leben-Jesu von Strauß alsbald nach seinem Erscheinen im Literaturblatt zur »Allgemeinen Kirchenzeitung« zuteil werden ließ.

16 Dr. Christoph Friedrich von Ammon: Die Geschichte des Lebens Jesu mit steter Rücksicht auf die vorhandenen Quellen. 1. Bd. 1842. 443 S.; 2. Bd. 1844. 451 S.; 3. Bd. 1847. 506 S. Leipzig. Siehe auch desselben Verfassers »Fortbildung des Christentums zur Weltreligion«. Leipzig 1833–35. 4 Bde.

Ammon wurde 1766 zu Bayreuth geboren, war Professor der Theologie zu Erlangen seit 1790 und kam 1813, nachdem er von 1794 bis 1804 Professor zu Göttingen gewesen, nachher aber wieder nach Erlangen zurückgekehrt war, als Oberhofprediger und Oberkonsistorialrat nach Dresden, wo er 1850 starb. Er war der hervorragendste Vertreter des historisch-kritischen Rationalismus.

haben ist und beide zwar mit seiner Urkraft durchdringt, jedoch nicht aufhebt, sondern in ihrer Kohärenz und Sukzession bestehen läßt. Für uns Menschen sind daher alle Wirkungen Gottes mittelbar, weil wir von Zeit und Raum umflossen sind, wie der Fisch von dem Meere und der Vogel von der Luft, und wir ohne diese Stellung gar keiner Aperzeption, also auch keiner wirklichen Erfahrung fähig sein würden. Als freie Wesen können wir uns zwar das Wunder als unmittelbar göttlich denken, aber nicht wahrnehmen, weil das nicht möglich sein würde ohne Anschauung Gottes, die uns aus weisen Gründen versagt ist.« »Diesen Grundsätzen gemäß werden wir es für Pflicht achten, künftig auch bei den Wundern Jesu auf die Naturseite derselben aufmerksam zu machen, weil ohne sie keine Tatsache beglaubigt werden kann.«

In diesem intelligiblen Sinne allein sind die Heilungen Jesu als »Wunder« aufzufassen. Alles Magnetische, mit dem die Vermittlungstheologie es zu tun hat, ist abzulehnen. »Die psychische Heilart durch die Macht des Wortes und des Glaubens ist die einzige, aus welcher der Naturforscher seine Mutmaßungen über die Kausalität der Wunder Jesu abzuleiten suchen kann.«

Für andere Wunder nimmt Ammon eine Art Okkasionalismus an, sofern es der Vorsehung gefallen haben kann, »zuversichtlich ausgesprochene Verheißungen durch die Tat zu erfüllen und dadurch sein persönliches Ansehen zu befestigen, welches ihm zur Begründung seiner göttlichen Heilslehre nötig war«.

In den meisten Fällen aber wiederholt er nur die rationalistischen Erklärungen und zeichnet einen Jesus, der mit Arzeneien umgeht, dem Dämonischen erlaubt, sich auf die Sauherde zu stürzen, einem Aussätzigen, bei dem er einen leichteren Fall konstatiert, »die öffentliche Reinsprechung nach dem Gesetz erleichtert« und gegen das schnelle Begraben der Scheintoten in Wort und Tat eifert. Die wunderbare Speisung beruht auf »einer rührenden Hospitalität und freundlichen Mitteilung aller Vorräte auf Grund des Tischgebets Jesu und seines Vorgehens gegen die mit ihrem Vorrat selbstsüchtig zurückhaltenden Jünger«. Das Kanawunder ist nichts anderes als ein Mißverständnis derjenigen, die nicht wissen, daß der Wein, den Jesus geheimnisvoll auftragen läßt, das Hochzeitsgeschenk ist, das er im Namen der Familie darbringt. Als Jünger Kants muß aber Ammon die Verdächtigung, als hätte Jesus die Völlerei begünstigt, zurückweisen und bekommt heraus, »daß das Weingeschenk, welches Jesus dem Ehepaar zugedacht hatte, nicht höher als auf achtzehn Flaschen berechnet werden kann«.[17] Zur Erklärung des Meerwandelns nimmt er für Jesus die »Kunst des Wassertretens« in Anspruch.

17 Einig weiß er sich mit Strauß in der Zurückweisung der Erklärung dieses Wunders nach Analogie eines Naturvorgangs, auf welche Hase hingewiesen hatte und die Augustin im »Tractatus VIII in Johannem« zuerst aufgestellt hat.

Nur in der Erklärung der Auferstehung Jesu geht Ammon nicht mit dem Rationalismus. Er will die Wirklichkeit des Todes Jesu für geschichtlich erwiesen halten, wagt aber dennoch nicht eine wirkliche Wiedererweckung zum Leben anzunehmen, und bleibt auf Herders Standpunkt stehen.

Aber die Art, wie er, trotz der feineren von Kant eingegebenen Fassung des Wunderbegriffes, immer wieder in die platteste natürliche Deutung zurückfällt und von dem Vorurteil nicht loskommt, daß allen berichteten Wundern ein wenn auch nicht wunderbarer, doch tatsächlicher Vorgang zugrunde liegen müsse, beweist zur Genüge, daß es sich nur um eine Restauration des Rationalismus, d. h. um etwas Unhaltbares, durch Straußens Widerlegung des Paulus schon Überwundenes handelt.

Viel besser als der reine Rationalismus konnte sich der reine Supranaturalismus mit Strauß abfinden. Für diesen war Strauß nur der Feind der Vermittlungstheologie. Man hatte von ihm nichts zu befürchten, viel zu gewinnen. Darum begrüßte Hengstenbergs[18] Evangelische Kirchenzeitung Straußens Buch als »eine der erfreulichsten Erscheinungen auf dem Gebiete der neueren theologischen Literatur« und lobte den Verfasser, daß er den Begriff des Mythus, den man vor ihm nur auf das Alte Testament und bestimmte Teile der evangelischen Überlieferung anwandte, konsequent geltend gemacht hätte. »Strauß hat weiter nichts getan, als den Zeitgeist zum Bewußtsein seiner selbst gebracht, der notwendigen Konsequenzen, die aus seinem Grundwesen hervorgehen; ihn gelehrt, die fremdartigen Bestandteile abzustreifen, die ihm aus Mangel an tüchtiger Durchbildung noch beiwohnten.«

Es ist das größte Agens in dem notwendigen Scheidungsprozeß. Mit keinem weiß sich Hengstenberg so eines Sinnes wie mit dem Tübinger; hat dieser doch die Ergebnisse der Hegelschen Philosophie, die Ergebnisse der Philosophie überhaupt, in Beziehung auf den christlichen Glauben mit größter Bündigkeit ans Licht gestellt. »Es ist nun das Verhältnis der Spekulation zum Glauben deutlich an den Tag gekommen.«

»Zwei Völker«, schreibt Hengstenberg 1836, »sind im Leibe dieser Zeit, und nur zwei. Immer fester geschlossen werden sie sich entgegentreten. Der Unglaube wird mehr und mehr ausscheiden, was er noch von Glauben, der Glaube aber auch, was er noch von Unglauben in sich hat.

»Daß Christus Wasser in Wein verwandelt, ist kein Wunder für die, welche auf Gottes Werke achten! Was in den Hydrien geschah, tut Gott alljährlich in den Weinstöcken.«

Jedoch ist die banalste natürliche Erklärung immer noch besser als Lückes Resignation, die warten will, »bis es Gott gefalle, durch weitere Entwicklung des christlichen Denkens und Lebens die Lösung dieses Rätsels aus der Natur und Geschichte herbeizuführen«. Lücke: Johanneskommentar, S. 474 ff.

18 Ernst Wilhelm Hengstenberg war geboren 1802 zu Fröndenberg in der Grafschaft Mark, wurde 1826 Professor der Theologie zu Berlin, wo er 1869 starb. Die Evangelische Kirchenzeitung wurde 1827 von ihm gegründet.

Daraus wird unberechenbarer Segen entstehen. Hätte der Zeitgeist fortgefahren, Zugeständnisse zu machen, so würden auch ihm fortwährend Zugeständnisse gemacht worden sein.« Darum hat der Mann, »der mit Ruhe und Kaltblütigkeit den Gesalbten des Herrn antastete, ungerührt durch den Anblick von Millionen, die vor dem Erschienenen auf den Knien lagen und noch liegen«, sein eigen Verdienst.

Seinerseits flüchtet Strauß aus der Studierstubenluft der Theologie in Filzpantoffeln mit Behagen in die frische Atmosphäre der Hengstenbergischen Kirchenzeitung. In den »Streitschriften« widmet er ihr vierundfünfzig Seiten. »Ich muß gestehen«, sagt er, »daß ich mit der Evangelischen Kirchenzeitung nicht ungern zu tun habe. Man weiß bei ihr doch, woran man ist und wessen man sich zu versehen hat.« »Wenn Herr Hengstenberg verdammt, so weiß er warum, und selbst der, den er trifft, muß bekennen: das Verdammen steht ihm gut an ... Wer, wie der Herausgeber der Evangelischen Kirchenzeitung, das Joch der symbolisch-kirchlichen Lehre mit allen ihren Konsequenzen auf sich genommen hat, der hat auf seinem Standpunkt ein Recht, Andersdenkende zu verdammen.«

Nur war Strauß Hengstenberg noch nicht konsequent genug. Am liebsten hätte er ihn in die Rolle des Wolfenbüttler Fragmentisten hineingedrängt, und meinte, wenn er nicht wie jener zur Annahme des absichtlichen Betrugs von seiten der Apostel fortschreite, so sei dies weniger Achtung vor einem historischen Kern des Christentums als bloße Maske.

Auch in der katholischen Theologie rief Straußens Werk eine große Bewegung hervor. An sich verhielt sie sich damals absolut nicht abwehrend zur protestantischen Wissenschaft und hatte mannigfach rationalistische und besonders Schleiermachersche Gedanken aufgenommen. So erschien ihr Strauß fast wie ein Feind, den sie mit der protestantischen Theologie gemeinsam hatte. 1837 veröffentlichte Joseph Mack, Professor der katholischen Fakultät zu Tübingen, seinen »Bericht über des Herrn Dr. Strauß' historische Bearbeitung des Lebens Jesu«; 1839 erschien »Dr. Strauß' Leben-Jesu aus dem Standpunkt des Katholizismus betrachtet« von Dr. Maurus Hagel, Professor der Theologie am Lyzeum zu Dillingen; 1840 gab der allzeit schlagfertige Hypothesenvirtuose Johann Leonhard Hug,[19] Professor der Theologie in Freiburg, sein Gutachten über das Werk ab.[20]

Sogar der französische Katholizismus befaßte sich mit diesem Leben-

19 Johann Leonhard Hug war geboren 1765 zu Konstanz und war seit 1791 Professor der neutestamentlichen Theologie zu Freiburg, wo er 1846 starb. Er war in seinem Gebiete universell bewandert; seine »Einleitung in die Schriften des Neuen Testaments«, 2 Bde., 1808–09, machte auch in der protestantischen Theologie Aufsehen.

20 Unter den von Strauß angeregten katholischen Leben-Jesu nimmt das von Kuhn in Tübingen den ersten Platz ein. Leider erschien nur der erste Band, 1838, 488 S. Hier haben wir wirklich ein ernstes wissenschaftliches Ringen mit den Problemen.

Jesu. Dies ist vielleicht das erste bedeutende Datum des Bekanntwerdens der deutschen kritischen Theologie in der romanischen Geisteswelt. Im Dezemberheft der Revue des Deux Mondes von 1838 referierte Edgar Quinet über die Wirkungen der Hegelschen Philosophie auf die religiösen Vorstellungen des gebildeten Deutschlands klar und sachgemäß.[21] In einer gewaltigen peroratio enthüllt er die Gefahr, die von der Nation Hegels und Straußens droht. Seine Landsleute möchten sich ja nicht einbilden, sie sei mit einigen geistreichen Worten zu beschwören, sondern es sei ein wirklicher effort des katholischen Geistes nötig, um ihr zu begegnen. Eine neue Völkerwanderung wälzt sich gegen das heilige Rom. »Barbaren strömen von allen Seiten des Horizonts mit fremden Göttern herzu und schicken sich an, das priesterliche Rom zu umzingeln. Wie einst Leo dem Attila entgegenzog, so trete auch jetzt das Papsttum, mit seinem Purpur angetan, hervor und schrecke, wenn es noch möglich, mit einer bloßen Handbewegung, jenen moralischen Zerstörerschwarm in die moralische Wüste, seine ursprüngliche Wohnung, zurück.«

Noch viel besser hätte Quinet getan, wenn er dem Papste geraten hätte, gegen das ungläubig-kritische Werk von Strauß das gläubige geoffenbarte Leben-Jesu der gottseligen Anna Katharina Emmerich herauszugeben.[22] Wie gründlich dasselbe Strauß widerlegte, konnte man ja schon aus dem 1834 daraus veröffentlichten Fragment »Das bittere Leiden unseres Herrn Jesu Christi« ersehen, wo sogar das Alter Jesu beim Tode genau angegeben wurde. Es betrug an jenem Gründonnerstag den 13. Nisan dreiunddreißig Jahre achtzehn Wochen weniger einen Tag. Der »Pilger« Clemens Brentano hätte sich sicher dazu verstanden, seine Tagebücher in den Dienst der heiligen Sache zu stellen und das Leben Jesu, wie es ihm die Visionärin von Ende Juli 1820 an im Verlauf dreier Jahre offenbart hatte, der Welt preiszugeben, so daß der Schatz nicht noch mehr denn zwanzig Jahre verborgen gehalten worden wäre. Er selbst erkannte ja diesen Geschichten den strengsten historischen Charakter zu und wollte in ihnen nicht Reflexionen über das Geschehene, sondern unmittelbare vollkommene Reflexe der Tatsachen selbst erblicken und darin das Leben Jesu

Weniger bedeutend ist das 1843–46 in sieben Bänden erschienene gleichnamige Werk des Münchener Priesters und Professors der Geschichte Nepomuk Sepp. 2. Aufl. 1853–62.

21 Über das Leben Jesu von Doktor Strauß. Von Edgar Quinet. Aus dem Französischen von Georg Kleine. Holzminden, bei J. Erdmann und C. C. Müller, 1839.

1840 wurde Straußens Buch durch M. Littré ins Französische übersetzt. Es blieb jedoch ohne Einfluß auf die französische Theologie und Literatur. Überhaupt gehört Strauß zu denjenigen deutschen Geistern, die dem französischen Denken immer fremd und unbegreiflich bleiben müssen. Hätte Renan sein Leben-Jesu so schreiben können, wenn er Strauß auch nur einigermaßen begriffen hätte?

22 Anna Katharina Emmerich war geboren 1774 zu Flamske bei Coesfeld. Ihre Eltern waren Bauern. Seit 1803 lebte sie bei den Augustinerinnen des Klo-

wie das Bild im Spiegel besitzen. Hug seinerseits konstatierte in seinen Vorlesungen, wie genau die Topographie der Leidensgeschichte bei Katharina Emmerich mit der Ortsbeschreibung des Josephus übereinstimmte. Wenn er ihr ganzes Leben-Jesu gekannt hätte, würde er sich wohl auch über die Harmonie, die sie zwischen Synoptikern und Johannes herstellt, anerkennend ausgelassen haben; und mit Recht, denn diese ist wirklich geistreich und geschickt.

Auch sonst enthält dieses schon vor Strauß geschriebene Leben-Jesu des Interessanten die Fülle. Johannes taufte zuerst zu Ainon, empfing aber später die Weisung, nach Jericho zu ziehen. Getauft wurde in »Taufbrunnen«. Petrus besaß drei Schiffe; eines war für Jesus besonders gezimmert und faßte etwa zehn Mann; vorn und hinten war ein Verschlag, »wo man allerlei bewahren und auch die Füße waschen konnte«; seitwärts daran hingen die Fischbehälter.

Judas Ischariot war, als er zu Jesus kam, fündunfzwanzig Jahre alt. Er hatte schwarze Haare und einen roten Bart, war aber eigentlich nicht häßlich. Die Vergangenheit, die er hinter sich hatte, war sehr bewegt. Seine Mutter war eine Tänzerin und Sängerin; das Kind selbst unehelich, von einem Kriegsobersten bei Damaskus. Es wurde ausgesetzt, kam aber später zu seinem Oheim, Simon, dem Gerber von Ischariot. Als der Jüngling sich dem Gefolge Jesu anschloß, hatte er sein ganzes Vermögen vertan. Die Jünger mochten ihn anfänglich gut leiden wegen seiner Dienstwilligkeit; er putzte sogar die Schuhe.

Der Fisch mit dem Geldstück im Maul war so groß, daß sie am Mittag alle satt daran zu essen hatten.

Eine besondere, in den Evangelien nicht vermerkte Tätigkeit Jesu bestand in der Aussöhnung unzufriedener Ehepaare und in der Neueinsegnung der Ehen von Ehebrecherinnen. Nicht erwähnt in den Evangelien ist auch Jesu Reise nach Cypern, die er nach dem Abschiedsmahl beim

sters Agnetenberg zu Dülmen; nach Aufhebung des Klosters bewohnte sie ein Zimmer in Dülmen selbst. Die blutenden Wundmale zeigten sich zuerst 1812. Sie starb am 9. Februar 1824. Brentano befand sich in ihrer Umgebung sei 1819.

»Das bittere Leiden unseres Herrn Jesu Christi« wurde von Brentano selbst, 1834, herausgegeben. Das »Leben-Jesu« erschien nach seinen Aufzeichnungen – Brentano starb 1842 – in drei Bänden. 1858–60, mit der Approbation des Bischofs von Limburg, zu Regensburg.

Erster Band: Vom Tode des heiligen Joseph bis zum Schlusse des ersten Jahres nach der Taufe Jesu im Jordan. Mitgeteilt vom 1. Mai 1821 bis 1. Oktober 1822.

Zweiter Band: Vom Beginne des zweiten Jahres nach der Taufe im Jordan bis zum Schlusse der zweiten Osterfeier in Jerusalem. Mitgeteilt vom 1. Oktober 1822 bis 30. April 1823.

Dritter Band: Vom Schlusse der zweiten Osterfeier in Jerusalem bis zur Sendung des heiligen Geistes. Mitgeteilt vom 21. Oktober 1823 bis 8. Januar 1824 und vom 29. Juli 1820 bis Mai 1821.

Beide Werke wurden seither des öfteren neu aufgelegt; das »Bittere Leiden« noch 1894.

kananäischen Weiblein antrat. Diese Reise fand statt während des Krieges zwischen Herodes und Aretas, zur Zeit, da die Jünger in Palästina auf der Missionsreise waren. Weil sie nicht nach dem Augenschein davon berichten konnten, schwiegen sie darüber und erzählten auch nichts von dem Mahl, das der römische Landpfleger zu Salamis dem Heiland bereitete. Auch über die Reise Jesu ins Land der heiligen drei Könige wissen sie weniger als das historische Orakel des »Pilgers«.

Monoton wirkt nur, daß die Visionärin, um die sämtlichen Tage der drei Jahre auszufüllen, die aus der evangelischen Geschichte bekannten Personen mehrmals mit dem Herrn zusammentreffen läßt, ehe der in den Evangelien erzählte Auftritt sich ereignet. Hier tritt das Gemachte der Darstellung, über das sonst die reiche Phantasie hinweghilft, allzu kraß zutage. Und doch liegt in diesen naiven Ausmalungen und Erfindungen etwas Ergreifendes; man kann das Buch nicht ohne eine gewisse Ehrfurcht in den Händen halten, wenn man bedenkt, unter welchen Schmerzen diese Offenbarungen erlebt wurden.

Hätte Brentano seine Aufzeichnungen in der durch das Leben-Jesu von Strauß erregten Zeit herausgegeben, so wäre der Erfolg unbeschreiblich gewesen. Wurden doch von den ersten beiden Bänden, als sie Ende der fünfziger Jahre erschienen, in einem Jahr dreitausend und einige hundert Exemplare verkauft, wobei die alsbald erschienene französische Auflage nicht eingerechnet ist.

Zuletzt aber vermochten alle Anstrengungen der Vermittlungstheologie, des Rationalismus, des Supranaturalismus und der katholischen Wissenschaft und Offenbarung nichts gegen die klare Erkenntnis Straußens, daß es mit dem Supranaturalismus in der historischen Erforschung des Lebens Jesu aus sei, und daß die Wissenschaft, statt vom Rationalismus zum Supranaturalismus zurückzukehren, geradeaus, zwischen beiden sich vorwärts bewegend, einen neuen Weg suchen müsse. Der Hegelsche Schematismus erwies sich als die Logik der Wirklichkeit. Mit Strauß beginnt die Periode der wunderlosen Betrachtung des Lebens Jesu; in dem Kampf gegen sein Werk erschöpften sich alle andern Ansichten und gaben dann wie von selbst eine Position nach der anderen auf. Die Scheidung, die Hengstenberg so freudig begrüßt hatte, vollzog sich, aber so, daß der Supranaturalismus tatsächlich aus der wirklichen Geschichtsforschung ausschied. Besondere Daten sind in diesem Prozeß eigentlich nicht anzuführen. Nach der ersten Explosion geht alles lautlos vonstatten; das Wunderproblem wird einfach immer mehr beiseite gelassen. In der neuen Periode der Leben-Jesu-Forschung, die mit der Mitte der sechziger Jahre einsetzt, ist es ganz bedeutungslos geworden.

Das will nicht heißen, daß das Wunderproblem gelöst ist. Historisch ist es überhaupt nicht zu lösen, da wir den Prozeß der Entstehung einer Reihe von Wunderberichten oder der Umbildung von historischen Geschehnissen in Wunderberichte nicht mehr rekonstruieren können, und diese Berichte einfach als Fragezeichen stehen lassen müssen. Nur so viel ist erreicht, daß das an sich selbstverständliche Prinzip der wunderlosen Geschichtsauffassung in der kritischen Wissenschaft allgemein anerkannt ist, und daß das Wunder die historische Darstellung weder positiv noch negativ beschäftigt. Die wissenschaftlichen Theologen von heute, die ihr »Gemüt« zeigen wollen, verlangen höchstens, daß man ihnen ein oder zwei Wünderchen beläßt, etwa in der Vorgeschichte oder in den Auferstehungsberichten, die zudem noch insofern wissenschaftlich sind, als sie so, in diesem Sinne, gar nicht im Texte stehen, zahme, magere Schoßhündlein der »Kritik«, die der Wissenschaft kein Leids tun, zumal ihre Bürger die Steuer redlich für sie entrichten durch die Art, wie sie über Strauß reden, schreiben und ... schweigen. Das ist immer noch besser als die prätentiöse Art, mit der man es heutzutage fertig bringt, etwa über die Auferstehungsberichte rein als »Historiker« zu schreiben, ohne sich mit einem Worte anmerken zu lassen, ob man die Sache selbst für möglich oder unmöglich hält. Das alles darf sich die moderne Theologie aber ungefährdet erlauben, da das Fundament, welches Strauß geschaffen hat, nicht zu erschüttern ist.

Die Frage der mythischen Geschichtserklärung trat in der Polemik ganz hinter der Wunderfrage zurück. Die wenigsten begriffen, was Strauß damit wollte; die allgemeine Meinung war, er löse das Leben Jesu ganz in Mythen auf.

Es erschienen sogar drei Spottschriften, die seine Methode persiflierten. Die eine bewies, daß für die zukünftige Geschichtsbetrachtung das Leben Luthers auch nur ein Mythus sein werde;[23] die andere wandte diese Betrachtungsweise auf Napoleon an;[24] in der dritten wurde Strauß selber gar zum Mythus.[25]

Herr Eugène Mussard, Candidat aus Saint Ministère, ließ es sich angelegen sein, die hohe Fakultät zu Genf über diese Frage zu beruhigen, durch seine These »Du système mythique appliqué à l'histoire de la vie de Jésus«, 1838, der er als geistreiches Motto das οὐ σεσοφισμένοις μύθοις aus 2 Petr 1,16 vorsetzte. Im übrigen machte er sich die Sache nicht allzu schwer, sondern ließ einfach auf die »Exposition du système mythique« eine »Réfutation du système mythique appliqué à la vie de Jésus« folgen.

Auf Straußens Problemstellung ging eigentlich nur Wilhelm Ferdinand Wilke in seinem Werk »Tradition und Mythe« ein.[26] Er erkennt an, daß Strauß eine ungemein fruchtbare Anregung gegeben habe, den

23 Auszüge aus der Schrift »Das Leben Luthers kritisch bearbeitet« von Dr. Casuar. Mexiko 1836. Herausgegeben von Julius Ferdinand Wurm.

24 »Das Leben Napoleons kritisch geprüft.« Aus dem Englischen nebst einigen Nutzanwendungen auf das Leben-Jesu von Strauß. 1836.

25 »La vie de Strauß«. Ecrite en l'an 1839. Paris 1839.

Rationalismus und Supranaturalismus zu überwinden und zugleich mit der heillosen Vermittlungstheologie fertig zu werden. »Eine schärfere Prüfung wird der Wahrheit des Evangeliums den Sieg verleihen, indem Haltbares fester gestellt, Unhaltbares aufgegeben, die geist- und wahrheitslose neuevangelische Aftertheologie in ihrer Blöße gezeigt wird.« Zugleich aber »hat der Beifall und die Aufregung, welche Strauß gefunden und veranlaßt hat, hinlänglich gezeigt, wie überwiegend die rationalistische Spekulation über die Faseltheologie der Neuevangelischen ist«. Die Zeit der rationalen Mystik ist gekommen, die vom alten Rationalismus das Wahrhaftigkeitsbewußtsein ungebrochen, ohne Konzessionen an den Supranaturalismus beibehält, zugleich aber jenen »renommistischen Rationalismus des kantischen Kritizismus« durch eine religiöse Auffassung überwindet, in der mehr religiöse Wärme und mehr frommes Gefühl ist.

Diese rationale Mystik wirft dem »mythischen Idealismus« von Strauß vor, daß in ihm die Philosophie die Geschichte vergewaltigt, und der »historische Christus« seine Bedeutung nur mehr als Ideal behält. Eine neue Prüfung der Geschichtsquellen soll über den Umfang des Mythischen entscheiden.

Das Evangelium Matthäi kann auch nach W. F. Wilke nicht das Werk eines Augenzeugen sein. »Gegen die Authentie spricht vor allem der Mangel der Autopsie, welche einem Evangelium, von einem Jünger des Herrn verfaßt, unerläßlich ist und sich hier durchaus nicht vorfindet. Die Erzählung ist schwankend, lücken- und sagenhaft, überall die Tradition selbst in der Form sichtbar.« Schwankend sind die Sagen des ersten und zweiten Kapitels, sowie noch andere, z. B. die Tauf- und Versuchungsgeschichte und die Verklärung; bei andern historischen Vorfällen findet sich ein sagenhafter Bericht eingemischt, so beim Tod und der Auferstehung Jesu.

Bei Markus erkennt W. F. Wilke die Plastik mancher Schilderungen an und mutmaßt, daß er irgendwie auf petrinische Tradition zurückgeht. Der Autor des vierten Evangeliums ist nicht Autopte; das κατά gibt nur die Herkunft der Tradition an, die er direkt oder indirekt vom Apostel hatte, der er aber »die gnostisierende, dialektische Form der Alexandriner gab«.

26 W. F. Wilke: Tradition und Mythe. Ein Beitrag zur historischen Kritik der kanonischen Evangelien überhaupt, wie insbesondere zur Würdigung des mythischen Idealismus im Leben-Jesu von Strauß. Leipzig 1837. Der Verfasser dieses Werkes ist nicht mit Christian Gottlob Wilke, dem Entdecker der Priorität des Markusevangeliums, zu verwechseln, wie es in der ersten Auflage der Geschichte des Lebens Jesu irrtümlicherweise geschah. Auf das Versehen machte Wellhausen (Einleitung in die drei ersten Evangelien, 2. Aufl. 1911, S. 34) aufmerksam. – Aus späterer Zeit über dieselbe Frage: Emanuel Marius: Die Persönlichkeit Jesu mit besonderer Rücksicht auf die Mythologien und Mysterien der alten Völker. Leipzig 1879. 395 S. – Otto Frick: Mythus und Evangelium. Heilbronn 1879. 44 S.

Der Diegesentheorie gegenüber verteidigt Wilke die Selbständigkeit und Ursprünglichkeit der einzelnen Evangelien. »Kein Evangelist hat den andern gekannt, sondern jeder lieferte eine aus einer besonderen Quelle geschöpfte selbständige Schrift.«

In den Detailbemerkungen dieser Studie steckt eine eminente kritische Beobachtung. Jedoch tritt der Historiker ganz hinter dem Literarkritiker zurück. Zuletzt nimmt Wilke doch keine klare Stellung zum Straußischen Problem ein, sofern er mit mehr oder weniger guten Mitteln eine ganze Reihe von Wundern, unter ihnen das Kanawunder und die Auferstehung, halten möchte.

Mehr als in ihrer geschichtlichen Form, ob Mythus oder Historie, beschäftigte die Frage des Verhältnisses von Jesus und Christus die Geister damals in ihrer philosophischen Fassung. Das war das zweite von Strauß aufgestellte Problem. Man glaubte ihn dadurch widerlegen zu können, daß man die Berechtigung seiner Ausführungen über das Verhältnis des historischen Jesus zum idealen Christus vom Standpunkt der Hegelschen Philosophie selbst bestritt und nachwies, daß sein Plan nicht in der Bauflucht Hegelscher Spekulation läge. Darum sieht er sich genötigt, in seiner Replik an die Jahrbücher für wissenschaftliche Kritik das »allgemeine Verhältnis der Hegelschen Philosophie zur theologischen Kritik« zu entwickeln und die Gedanken, die er am Schluß des zweiten Bandes seines Lebens Jesu über spekulative und historische Christologie ausgesprochen hatte, zu präzisieren.[27]

Er gibt zu, daß Hegels Philosophie in dieser Sache unklar sei, sofern nicht deutlich wird, »ob das evangelische Faktum, nur nicht in seiner Vereinzelung, sondern zusammen mit der ganzen weltgeschichtlichen Reihe der Verwirklichungen der Idee das Wahre, oder ob die Konzentration der Idee in jenem einen Faktum nur eine Abbreviatur für das vorstellende Bewußtsein sein soll«. Die Hegelsche Rechte, durch Marheineke und Göschel repräsentiert, betont mehr die positive Seite der Religionsphilosophie des Meisters, als hätte sich in Jesus die Idee der Gottmenschheit vollendet und gewissermaßen greifbar verwirklicht. »Wenn diese sich auf Hegel berufen«, führt Strauß aus, »und versichern, er würde mein Buch nicht als Ausdruck seines Sinnes anerkannt haben, sagen sie nichts, was nicht auch meine Überzeugung wäre. Hegel war persönlich kein

27 Streitschriften. Drittes Heft. S. 55–126. Die Jahrbücher für wissenschaftliche Kritik: I. Allgemeines Verhältnis der Hegelschen Philosophie zur theologischen Kritik. II. Hegels Ansicht über den historischen Wert der evangelischen Geschichte. III. Verschiedene Richtungen innerhalb der Hegelschen Schule in betreff der Christologie. 1837.

Hegels »Leben-Jesu«, das 1907 von Hermann Nohl herausgegeben wurde (Tübingen. 64 S.), ist ein Jugendwerk ohne wissenschaftliche Bedeutung. Es stammt aus dem Jahre 1795 und bietet eine kantisch-rationalistische Paraphrase der Lehre der Synoptiker und des Johannesevangeliums.

Freund der historischen Kritik. Es verdroß ihn, wie es Goethe verdroß, die Heroenfiguren des Altertums, an welchen ihr großer Sinn mit Liebe hing, von kritischen Zweifeln angeregt zu sehen. Waren es auch mitunter Nebelballen, die sie für Felsenmassen nahmen, so wollten sie doch nicht darauf aufmerksam gemacht, nicht in den Illusionen gestört sein, durch welche sie sich gehoben fühlten.«

Aber obwohl er die historische Kritik fast gegen den Willen Hegels an dessen Religionsphilosophie angebaut hat, ist Strauß sich bewußt, der einzig konsequente Vertreter von Hegels eigentlicher Ansicht zu sein. »Nicht ob dasjenige, was die Evangelien berichten, wirklich geschehen sei oder nicht, kann vom Standpunkte der Religionsphilosophie entschieden werden, sondern nur, ob es vermöge der Wahrheit gewisser Begriffe notwendig geschehen sein müsse oder nicht. Und in dieser Hinsicht ist nun meine Behauptung, daß vorerst aus der allgemeinen Stellung der Hegelschen Philosophie die Behauptung der Notwendigkeit eines solchen Geschehenseins auf keine Weise folge, sondern eben jene Stellung setze diese Geschichte, von welcher als dem Unmittelbaren ausgegangen wird, zu etwas Gleichgültigem herunter, welches so geschehen sein könne, aber ebensogut auch nicht und worüber die Entscheidung ruhig der historischen Kritik anheimzugeben sei.«

Strauß erinnert daran, daß auch nach Hegel der Glaube an Jesum als menschgewordenen Gott nicht mit seiner sinnlichen Erscheinung zugleich gegeben war, sondern erst nach dem Tode und dem Aufhören seiner sinnlichen Gegenwart eingetreten sei. Der Meister selbst habe auch Mythisches in Jesu Leben angenommen; hinsichtlich der Wunder habe er geäußert, das wahre Wunder wäre der Geist selbst; die Auffassung der Auferstehung und Himmelfahrt als äußerer sinnlicher Fakta habe er nicht als die wahre anerkannt.

Durch Hegels Autorität ist also jeder gedeckt, der nicht bloß an eine Menschwerdung Gottes überhaupt glaubt, »sondern auch, daß diese Erscheinung Gottes im Fleische an diesem Menschen (Jesus), an diesem Ort, in dieser Zeit hervorgetreten ist«. »Mit der Behauptung«, schließt Strauß, »daß die Wahrheit der evangelischen Geschichte von der Philosophie aus weder ganz noch teilweise zu beweisen,[28] sondern die Prüfung derselben durchaus der historischen Kritik freizulassen sei, würde ich auf die linke Seite der Hegelschen Schule treten, wenn es diese Schule nicht vorzöge, mich aus ihrem Bereiche ganz auszuschließen und andern Geistesrichtungen zuzuwerfen – freilich nur, um mich von diesen, wie einen Ball, wieder zurückgeworfen zu bekommen.«

Das dritte Problem, das Verhältnis zwischen Synoptikern und Johannes betreffend, hatte Strauß vergeblich zur Diskussion gestellt. Der ein-

28 Die Worte »zu beweisen« sind zum Straußschen Text hinzu ergänzt, da sie in demselben fehlen und der Satz so, wie er dort steht, eigentlich sinnlos ist.

zige, der verstand, um was es sich handelte, war Hengstenberg. Er allein sah, was es bedeutete, daß Strauß die wissenschaftliche Theologie, die zuerst Mythisches im Alten Testament, dann in den Vor- und Nachgeschichten der Synoptiker anerkannt hatte, und sich deswegen genötigt sah, die drei ersten Evangelien preiszugeben und nur das vierte zu halten, nun in ihrer letzten Stellung belagerte. »Man zog sich«, schreibt die Evangelische Kirchenzeitung, »in das Evangelium Johannis zurück und rühmte sich laut, dort sicher zu sein, ohne daß man im Geheimen das Bewußtsein ganz unterdrücken konnte, daß man nur noch von der Gnade des Feindes lebte; jetzt ist dieser erschienen: er bedient sich derselben Waffen, mit denen er früher siegreich gewesen; es steht um Johannes jetzt gerade so mißlich, wie früher um die drei ersten Evangelien. Jetzt gilt es einen kühnen Entschluß, eine große Wahl: entweder muß man alles aufgeben, oder man muß gerade bis zu dem Punkte und durch dieselben Stationen wieder bergauf gehen, von dem und durch die man früher bergab gegangen.« Besser kann man die verzweifelte Lage, in die Hase und Schleiermacher die Vermittlungstheologie durch ihr geistreiches Herabsetzen der Synoptiker zugunsten des Johannes gebracht hatten, nicht zeichnen. Ehe noch irgendeine Gefahr drohte, hatten sie die Forts einfach preisgegeben und sich auf die Zitadelle zurückgezogen, nicht bedenkend, daß sie damit Gefahr liefen, von den verlassenen Stellungen aus mit ihren eigenen Geschützen beschossen zu werden und die als uneinnehmbar gepriesene Position ohne Schwertstreich räumen zu müssen. Man kann dies nicht genug betonen: nicht Strauß, sondern Schleiermacher und Hase haben die Vermittlungstheologie in die aussichtslose Lage gebracht, daß der Fall des vierten Evangeliums mit dem Aufgeben der historischen Überlieferung überhaupt gleichbedeutend war.

Nun ist aber keine Lage so verzweifelt, daß die Theologie keinen Ausweg wüßte. Die Vermittlungstheologie erkannte einfach Straußens Problemstellung nicht an. Nach wie vor legte sie die johanneische Darstellung als authentisch zu Grunde und fügte in dieselbe die synoptischen Perikopen da ein, wo sie ihr am besten zu passen schienen. Der Unterschied zwischen dem johanneischen und synoptischen Lehrvortrag Jesu ist nur angeblich unlösbar, sagt Neander, und führt zum Beweise dieser Behauptung den ganzen Landsturm alter, verbrauchter Auskünfte und Künsteleien ins Feld, unter anderen das Argument, daß die paulinische Christologie nur aus der Verbindung der synoptischen und johanneischen Ansichten denkbar sei. Die andern, Tholuck, Ebrard,[29] Wieseler,[30] Lan-

29 Wissenschaftliche Kritik der evangelischen Geschichte. Von August Ebrard. Frankfurt 1842; 3. Aufl. 1868.

Johann Heinrich August Ebrard wurde 1818 zu Erlangen geboren. Er wirkte zunächst als Professor der reformierten Theologie zu Zürich und Erlangen, kam dann 1853 als Konsistorialrat nach Speyer, mußte dort der liberalen Opposition weichen und kehrte 1861 nach Erlangen zurück, woselbst er 1888 starb.

ge,[31] Ewald[32] und wer noch zu diesen Apologeten gehört, stehen auf demselben Standpunkt, nur daß ihre Verteidigung gewöhnlich viel plumper ist. Der einzige, der einigermaßen auf die Schwierigkeiten eingeht, ist Ammon. Er sieht zwar die ganze Differenz ein, meint aber, man könne bei dieser Einsicht nicht stehen bleiben, sondern müsse sie, wenn auch gewaltsam, lösen, »indem man die unbestimmten chronologischen Angaben der Synoptiker, von welchen ohnehin nur einer Augenzeuge war oder sein konnte, den bestimmten Berichten des Johannes unterordnet«. Der vierte Evangelist berichtet über die galiläische Periode so kurz, »weil es in seinem Plan lag, den Vorträgen Jesu im Tempel und seinen Unterredungen mit den Schriftgelehrten überall den Vorzug vor den Parabeln und Belehrungen des Volks zu geben«. Die Tempelreinigung fällt in den Anfang der Wirksamkeit Jesu: »Jesus eröffnet seinen Beruf zu Jerusalem durch tätliche Abstellung eines Marktunfuges im Vorhofe des Tempels.« Völlig entschieden wird die Frage durch die Nebeneinanderstellung der beiden Berichte vom Einzug Jesu in Jerusalem, weil dort zutage tritt, »daß Matthäus, die Hauptautorität der Synoptiker, alles nach dem ihm ei-

Charakteristisch für die Auffassung Ebrards ist die Art, wie er dem Einwand begegnet, daß ein Fisch mit einem Geldstück im Mund nicht nach der Angel schnappen könne. »Der Fisch habe ja«, erklärt er, »im Augenblick, als Petrus ihm das Maul öffnete, das Geldstück aus dem Magen in die Rachenöffnung speien können.« Dazu bemerkt Strauß: »Diese Gründe wirft der Urheber mit einer Miene hin, als wollte er sagen: ich weiß wohl, daß sie schlecht sind, aber für euch sind sie gut genug, überhaupt so lange gut genug, als die Kirche Amt und Brot zu geben und wir Konsistorialräte die Kandidaten zu examinieren haben.« Darum charakterisiert Strauß Ebrards Leben-Jesu als »Restaurierte Orthodoxie auf dem Standpunkt der Frechheit«. Die rabulistische Haltung dieses Werkes verletzte auch in konservativen Kreisen.

30 Chronologische Synopse der vier Evangelien. Von Karl Georg Wieseler. Hamburg 1843. Wieseler wurde 1813 zu Altencelle (Hannover) geboren und war nacheinander Professor in Göttingen, Kiel und Greifswald. Er starb 1883.

31 Johann Peter Lange, Pfarrer in Duisburg, später Professor zu Zürich, an der Stelle Straußens: Das Leben Jesu. 5 Bde. 1844–47.

32 Georg Heinrich August Ewald: Geschichte des Volkes Israel. 7 Bde. Göttingen 1843–59; 3. Aufl. 1864–70. 5. Bd.: Geschichte Christus' und seiner Zeit. 1855. 2. Aufl. 1857. Ewald war 1803 zu Göttingen geboren, wo er 1827 zum Professor der orientalischen Sprachen ernannt wurde. Als er gegen die Aufhebung des Hannoverschen Staatsgrundgesetzes protestierte, wurde er 1837 seines Amtes entsetzt und ging nach Tübingen, zunächst als Professor der Philologie; 1841 trat er in die theologische Fakultät über. 1848 kehrte er nach Göttingen zurück. Als er 1866 sich weigerte, dem Könige von Preußen den Huldigungseid zu leisten, wurde er in den Ruhestand versetzt und verlor auch wegen unbedachter Äußerungen die venia legendi. Die Stadt Hannover wählte ihn als ihren Vertreter in den deutschen Reichstag, wo er unter der welfischen Opposition, mitten im Zentrum, saß. Er starb 1875 zu Göttingen. Seine neutestamentlichen Leistungen bleiben weit hinter seinen orientalischen und alttestamentlichen Forschungen zurück. Insbesondere ist sein Leben-Jesu sozusagen wertlos, trotz der alttestamentlichen und orientalischen Gelehrsamkeit, mit der es aufgeputzt ist. Besonderen Wert legt er darauf, daß der Genitiv von Christus nicht Christi, sondern, unter Beobachtung der deutschen Flexion, »Christus'« heißt.

gentümlichen jüdisch-messianischen Standpunkte darstellt«. Nun bestand aber nach Ammons rationalistischer Auffassung die Wirksamkeit Jesu gerade in der Umbildung der jüdisch-messianischen Vorstellungen zum Begriffe eines »Weltheilandes«. Darin beruht auch das Schicksal Jesu: »Die Masse der Juden konnte einen so geistigen Christus, wie Jesus, nicht anerkennen, weil sie für eine so erhabene Ansicht des Glaubens noch nicht reif war.«

Sehr zu statten kommt Ammon hierbei seine kantische Philosophie. Sie erklärt ihm nämlich das Präexistenzbewußtsein des johanneischen historischen Jesus als etwas einfach Menschliches. Auch wir, führt er aus, können dem Geiste nach ein ideales Sein vor der räumlichen Schöpfung ansprechen, ohne zu träumen oder an eine wirkliche Existenz zu denken. So ist Jesus für sich selbst eine biblische Idee, mit der seine Person eins geworden ist. »Je reiner und tiefer das Selbstbewußtsein des Menschen ist, desto lebendiger kann in ihm das Bewußtsein Gottes werden, bis die Zeit vor ihm verschwindet und nur die Teilnahme an der göttlichen Natur seine Seele erfüllt.«

Aber diese Geltendmachung der johanneischen Authentie ist bei Ammon, auch rein literarisch betrachtet, nicht mehr so unbefangen wie bei den übrigen Gegnern von Strauß. Im Hintergrunde steht die Annahme, daß unser Evangelium nur die Überarbeitung des authentischen Johannes ist, eine Idee, deren Priorität Ammon für sich in Anspruch nehmen kann, da er sie schon 1811, neun Jahre vor Bretschneiders »Probabilia«[33] angedeutet hatte. Wäre nicht die Unbefangenheit, mit der er die synoptischen Angaben in den johanneischen Plan einarbeitet, so könnte man ihn zu Alexander Schweizer und Weiße stellen, die dann den Straußschen Einwendungen durch ausgeführte Überarbeitungshypothesen Rechnung zu tragen suchen.[34]

Der erste Gang der Diskussion über das Verhältnis zwischen Johannes und Synoptikern verlief also vollständig ergebnislos. Die Vermittlungstheologie blieb im ungestörten Besitz ihrer Position und, was das Merkwürdigste ist: Strauß selbst begehrte einen Waffenstillstand.

33 Ammon: Johannem evangelii auctorem ab editore huius libri fuisse diversum. Erlangen 1811.

34 Vollständig wertlos ist das Leben-Jesu von Werner Hahn. Berlin 1844. 196 S. Die »pragmatische Geschichtsdarstellung«, die der Autor bietet, ist nicht gewillt, sich der historischen Kritik zu unterwerfen. Er findet in den Evangelien keine nackte Geschichte, sondern vor allem das Prinzip der Liebe. Aus allen vieren entwirft er das Bild des Lebens Jesu als »wahrer Historiker«, indem er einzig auf die innerliche Wahrheit bedacht ist und den wirklichen Verlauf der Existenz Jesu »künstlerisch und wissenschaftlich idealisiert«. »Es ist niemals Sache eines Geschichtswerks«, führt er aus, »nur die nackte Wirklichkeit zu erzählen. Das ist plan- und zwecklose Chronik, die alles erzählt, was vorgefallen ist, deren Worte weiter nichts als ein knechtischer Abdruck des äußeren Verlaufs der Dinge sind.«

Es ist, als ob die Geschichte es darauf absähe, die großen kritischen Entdeckungen mit dem Stempel der Zufälligkeit zu zeichnen, indem sie die Entdecker selbst den Versuch unternehmen läßt, das Entdeckte zunichte zu machen. So entstellt Kant den kritischen Idealismus durch widerspruchsvolle Zusätze, mit denen er einem Rezensenten begegnen will, der ihn mit Berkeley zusammengeworfen hatte. Strauß nimmt Zusätze und Retraktationen in die dritte Auflage seines Lebens Jesu auf,[35] um den kritiklosen Arbeiten Tholucks und Neanders Rechnung zu tragen! Wilhelm Ferdinand Wilke, den einzigen, von dem er etwas hätte lernen können, ignoriert er. »Von dem hohen Pferde Tholuckscher Vielseitigkeit herab habe ich, trotz seines bisweilen unsicheren Trittes, für dies und jenes einen richtigen Gesichtspunkt gewonnen«, bekennt er in der Vorrede dieser verhängnisvollen Auflage.

Nichts zu bedeuten hätte es zwar, wenn er hie und da die Ausdehnung des Mythischen etwas vorsichtiger formulierte, den Kreis der möglichen Heilungen weiter ausdehnte, die Beanstandung historischer Tatsachen mit etwas weniger negativer Voreingenommenheit ausführte und in dem Nachweis der mythusschaffenden Faktoren etwas weniger zuversichtlich wäre. Aber nun wird er gerade an dem, was die Grundlage seiner kritischen Ansicht bildet, dem unhistorischen Charakter des vierten Evangeliums, irre. Ein erneutes Studium desselben an der Hand von De Wettes Kommentar und Neanders Leben-Jesu habe ihm »die früheren Zweifel an der Echtheit und Glaubwürdigkeit dieses Evangeliums selbst wieder zweifelhaft gemacht«. »Nicht als ob ich von seiner Echtheit überzeugt wäre«, gesteht er, »nur auch von seiner Unechtheit bin ich es nicht mehr.«

Er fühlt sich also verpflichtet, anzuführen, was zu dessen Gunsten spricht und eine Reihe von Möglichkeiten offen zu lassen, die er früher nicht anerkannte. Die »Anschließung der ersten Jünger an Jesum« kann nun also im wesentlichen so erfolgt sein, wie es das vierte Evangelium meldet; mit der Verlegung der Tempelreinigung in die erste Periode kann Johannes gegen die synoptische Überlieferung recht haben, »die gar kein bestimmtes Zeugnis für sich hat«; in der Frage, ob Jesus nur einmal oder mehrmals in Jerusalem gewesen ist, urteilt er jetzt, »daß dem vierten Evangelium in diesem Stück die überwiegende Sachgemäßheit seiner Darstellung nicht streitig gemacht werden kann«.

Auch in der Geltendmachung der Eschatologie wird alles abgetönt und gemildert. Überall haltlose Vermittlungen! Aber Strauß kam eben auf diese abschüssige Bahn, als er das im Grunde richtige Empfinden zu Wort kommen ließ, daß er dem vierten Evangelium keinen geschlossenen synoptischen Plan entgegenzusetzen habe und daher jener Geschlossenheit als solcher Zugeständnisse machen könne.

Doch erkannte er alsbald, daß so nur Flickwerk entstehe. Schon im

35 1838 und 1839.

Sommer 1839 klagte er Hase in einer Unterredung, daß er, durch die Gegenschriften verwirrt, zu viel zugestanden habe.[36] In der vierten Auflage, 1840, nahm er wieder alle Konzessionen zurück. »Die sich durchkreuzenden Stimmen der Gegner, Beurteiler und Mitarbeiter«, sagt er in der Vorrede, »nach denen aufmerksam hinzuhören ich mir zur Pflicht machte, hatten die Idee des Werkes in mir übertäubt; über dem emsigen Vergleichen der Ansichten hatte ich die Sache selbst aus dem Gesichte verloren. Daher fanden sich, wie ich in gesammelter Stimmung diese letzte Überarbeitung wieder durchsah, Änderungen, über die ich mich selbst wundern mußte, und durch die ich mir offenbar selbst Unrecht getan hatte. In allen diesen Stellen sind jetzt die früheren Lesarten hergestellt, und hat somit, wenn man will, meine Arbeit bei dieser neuen Auflage nur darin bestanden, die Scharten, die in mein gutes Schwert nicht sowohl der Feind gehauen, als ich selbst hineingeschliffen hatte, wieder auszuwetzen.«

Dieses Irrewerden Straußens hatte also nicht einmal seinen Zweck erfüllt. Statt auf einen pragmatischen Zusammenhang in der synoptischen Überlieferung auszugehen, an dem er den Plan des vierten Evangeliums messen könnte, restauriert er einfach seine erste Ansicht, und zeigt dadurch, daß sie in dem entscheidenden Punkte nicht fortbildungsfähig ist. In demselben Jahr, in dem er seine »verbesserte Ausgabe« veranstaltete, hatte zwar Weiße in seiner Evangelischen Geschichte die Markushypothese aufgestellt und die Kritik über den toten Punkt, den Strauß nicht überwinden konnte, hinausgebracht. Diese Entdeckung machte aber keinen Eindruck auf letzteren. Er erwähnte zwar Weißes Werk in der Vorrede jener dritten Ausgabe und begrüßte es »als eine in mehrfacher Hinsicht erfreuliche Erscheinung«. Für den ersten Band konnte er es nicht mehr benutzen, weil es zu spät erschienen war; im zweiten macht er aber auch keinen Gebrauch davon. Er hat eben geradezu eine Antipathie gegen die Markushypothese.

Verhängnisvoll war, daß in diesen Diskussionen die großen Gesichtspunkte, welche Straußens Leben-Jesu über gewisse historische Probleme in die Verhandlungen hineingeworfen hatte, nicht zur Sprache kamen. Die treibende Kraft, die in seinen Ausführungen über die Stellung Jesu zum Gesetz, das Problem des Partikularismus, die Auffassung der Eschatologie, den Menschensohn und die Messianität Jesu lagen, gingen ganz verloren, und erst auf langen Umwegen bekam die Theologie diese Probleme wieder in so günstiger Beleuchtung in Sicht. Darin teilte Strauß das Los des Reimarus: die positiven Lösungen, die im Umriß hinter ihren negativen Ausführungen sichtbar wurden, wurden über dem Anstoß, den das Negative erregte, nicht beachtet und die Autoren selbst ahnten ihre Tragweite nicht.

36 Hase: Geschichte Jesu. 1876. S. 128.

10 Die Markushypothese

CHRISTIAN HERMANN WEISSE: Die Evangelische Geschichte kritisch und philosophisch bearbeitet. 2 Bände. Leipzig, Breitkopf und Härtel 1838. I. Bd. 614 S.; II. Bd. 543 S.

CHRISTIAN GOTTLOB WILKE: Der Urevangelist. Dresden und Leipzig 1838. 694 S.

CHRISTIAN HERMANN WEISSE: Die Evangelienfrage in ihrem gegenwärtigen Stadium. Leipzig 1856. 292 S.

Die Evangelische Geschichte von Weiße ist wie Straußens Leben-Jesu von einem Philosophen geschrieben, der aus der Philosophie vertrieben und zur Theologie zurückgedrängt wurde. Weiße, geboren 1801 zu Leipzig und daselbst außerordentlicher Professor der Philosophie seit 1828, ging an die Ausführung des von ihm schon längere Zeit geplanten Unternehmens, als er sich 1837, weil ihm die Herbartianer den Weg zur ordentlichen Professur versperrten, von der akademischen Lehrtätigkeit zurückzog. Nachdem er es glücklich zu Ende geführt, fing er 1841 wieder als Privatdozent der Philosophie an und wurde dann 1845 ordentlicher Professor. Von 1848 ab las er auch Theologie. Bekannt ist sein dogmatisches Werk: »Philosophische Dogmatik oder Philosophie des Christentums.«[1] Er starb 1866 an der Cholera. Sein Einfluß auf Lotze und Lipsius war sehr bedeutend.

Weiße bewunderte Strauß und begrüßte sein Leben-Jesu als einen Fortschritt in der Versöhnung von Religion und Philosophie. Er dankt ihm, daß er den alten theologischen Wald ausgerodet hat, wodurch es ihm ermöglicht ist, nun seine Ansicht ohne alle Polemik zu entwickeln, »sofern man die meisten der bisherigen Ansichten als durch Strauß abgetan betrachten darf«. Mit ihm teilt er auch die allgemeinen Anschauungen über das Verhältnis von Religion und Philosophie, daß nämlich die letztere frei und auf ihrem eigenen Wege zu der Überzeugung von den Wahrheiten des Christentums gelangt sein müsse, wenn sich ihre Mitwirkung für Theologie und Religion als heilsam und förderlich erweisen soll.[2] Darum gipfelt sein Werk, wie das Straußens, in einer philosophischen Schlußbetrachtung, in der er zeigt, wie für uns der Jesus der Geschichte zum Christus des Glaubens wird.[3]

1 Drei Bände. Leipzig 1855–62.

2 Sehr schön sagt er am Ende der Vorrede: »Wie ohne das Organ der Philosophie der christliche Glaube die Gestalt soll gewinnen können, in der er für unser Zeitalter wieder zur Wahrheit wird, davon gestehe ich mir keinen Begriff bilden zu können: eine Denkart, in der ich mich freue, manche der würdigsten und verdienstvollsten Theologen unserer Zeit zu Gleichgesinnten zu haben.«

3 2. Bd., S. 438–543: »Philosophische Schlußbetrachtung über die religiöse Bedeutung der Persönlichkeit Christi und der evangelischen Überlieferung.«

Weiße ist der direkte Fortsetzer von Strauß. Außerhalb des Bannes der Hegelschen Formeln stehend, setzt er da ein, wo Strauß nicht mehr weiter konnte. Er will untersuchen, ob sich nicht irgendein allgemeiner Zusammenhang in den Erzählungen der evangelischen Überlieferung finden läßt, der das historisch Gesicherte des Lebens Jesu darstellt, an dem man dann das, was dem Mythus in der Überlieferung angehört, besser abgrenzen kann, als es die Straußische Willkür will und vermag. Zum Dank dafür nannte ihn Strauß einen Dilettanten. Sehr mit Unrecht, denn Weiße gebührt der Thron zu seiner Rechten.

Die Idee, daß Markus der Urevangelist sein könne, kam Weiße erst über der Arbeit; als er im März 1837 Tholucks »Glaubwürdigkeit der evangelischen Geschichte« rezensierte, war er von jener Entdeckung noch weit entfernt. Als er aber die Beobachtung machte, daß die plastischen Detailzüge des Markus, die man bisher als Ausmalung einer epitomisierenden Darstellung ansah, genau betrachtet zu bedeutungslos sind, um in dieser Absicht hinzugefügt worden zu sein, war ihm klar, daß nun nur noch die andere Möglichkeit blieb: ihr Fehlen bei Matthäus und Lukas auf Auslassung zurückzuführen. Er weist dies an der Schilderung der ersten Tage Jesu zu Kapernaum nach. »Den Erzählungen des Markus gegenüber«, konstatiert er, »verhält sich der Verfasser des ersten Evangeliums in denjenigen Partien, die beiden gemeinschaftlich sind, mit mehr oder weniger Ausnahmen nur epitomisierend.«

Entscheidend für die Markuspriorität ist aber nicht allein die natürliche Plastik des Details, sondern fast noch mehr »die Komposition und Anordnung des Ganzen«. »Zwar trägt auch das Markusevangelium gar sehr die Spuren seiner Entstehung aus einem keineswegs geordneten und in sich zusammenhängenden, sondern zerstreuten und fragmentarischen Vortrag an sich«, sofern es nämlich, seiner Urform nach, eine Aufzeichnung petrinischer Erzählungen ist. »Es ist nicht wie das Werk eines Augenzeugen, auch nicht wie das Werk eines solchen, der noch unmittelbar Gelegenheit hatte, durch sorgfältig forschende Befragung von Augenzeugen oder auch von Forschern, die ihrerseits schon ein zusammenhängendes Studium aus dem Gegenstande gemacht, die Lücken auszufüllen, jedem einzelnen Teile seine rechte Stelle anzuweisen, und das Ganze zu einer nicht bloß innerlichen, andererseits bloß äußerlichen, sondern wahrhaft organischen Einheit zusammenzuschließen.« Aber dennoch leitet den Evangelisten bei seiner Arbeit eine richtige Erinnerung an den allgemeinen Verlauf des Lebens Jesu. »Gerade bei Markus«, führt Weiße aus, »wird man, wenn man näher zusieht, unfehlbar gewahr werden, wie jene Zwischenbemerkungen (sie betreffen fast sämtlich die Art und Weise, wie sich der Ruf von Jesus verbreitete, wie sich das Volk um ihn zu sammeln begann, Kranke sich an ihn drängten usw.), weit entfernt, die einzelnen Bestandteile in sich abzuschließen, vielmehr dieselben untereinander verknüpfen, in der Absicht, sie nicht als eine zufällig aneinandergereihte Anekdotengruppe, sondern wirklich als eine Gesamterzählung erscheinen zu lassen. Durch sie und durch manche ähnliche, die er in die Erzählung der einzelnen Anekdoten einverwebt, hat Markus es erreicht, von dem Aufsehen, welches Jesus in Galiläa und von Galiläa aus bis nach Jerusalem hin machte, von dem allmählichen Zuströmen der Menge zu ihm, von dem innigeren Anschließen der eigentlichen Jünger, und diesem allen gegenüber, von der Entstehung der Feindschaft der Pharisäer und Schriftgelehrten gegen ihn eine anschauliche Vorstellung zu erwecken, welche zu wecken die einzelnen Anekdoten, trocken aneinander gereiht, für sich allein unzureichend gewesen wären.« Dies findet sich bei den beiden andern Synoptikern nicht in solchem Maße und fehlt ganz bei Johannes. Aus ihm allein würde man von der Stellung Jesu zum Volk einen ganz falschen Begriff bekommen. »Der Leser würde, durch den Inhalt der einzelnen Erzählungen verleitet, auf die Meinung kommen, daß die Gesinnung des Volks gegen ihn durchweg und von vornherein eine feindselige war; daß Jesus nur auf Augenblicke die Menge durch Wundertaten in Erstaunen setzte, übrigens aber mit einem Haufen Jünger eine Zeitlang dem Volksunwillen trotzte, bis er endlich demselben, den er freilich durch unaufhörliche Scheltreden immer wieder aufs neue wider sich hervorrief, unterlag.«

Die Einfachheit des Markusplanes spricht für die Priorität dieses Evangeliums mehr als alle gelehrten Beweise. Man vergleiche damit den verworrenen Aufriß des Lukas, welcher Jesum eine Samariareise unternehmen läßt. »Wie kann«, fragt Weiße, »bei einem Schriftsteller, der sich solche Dinge zu Schulden kommen läßt, ernsthafterweise noch von einer historischen Genauigkeit in Benutzung seiner Quellen im entferntesten die Rede sein?«

Des näheren setzt sich die Weißesche Markushypothese aus folgenden Axiomen zusammen:

1. Eine Spur gemeinschaftlicher Norm findet sich überall nur in denjenigen Partien, die der erste und dritte Evangelist mit Markus, nicht in denjenigen, die sie zwar unter sich, aber nicht auch mit jenem gemein haben.

2. Auch in denjenigen Partien, welche alle drei Synoptiker gemeinschaftlich haben, ist die »Einstimmung« der beiden andern immer eine durch Markus vermittelte.

3. In den Partien, die sie vor Markus voraus haben, bezieht sich die Übereinstimmung auf Worte und Sachen, aber nie auf die Anordnung. Die gemeinschaftliche Quelle, die Logia des Matthäus, welche ihnen noch vorlag, enthielt also keinen Traditionstypus, der unabhängig von Markus die Reihenfolge der Erzählungen bestimmt haben könnte.

4. Die Abweichungen der beiden andern Evangelisten voneinander sind, was den Wortlaut betrifft, im ganzen größer in den Teilen, wo beide aus der Spruchsammlung, als wo sie aus Markus geschöpft haben.

5. Das erste Evangelium reproduziert die Spruchsammlung treuer als Lukas. Seiner Entstehung nach dürfte es aber später fallen als letzterer.

Diese vom Standpunkt des Historikers aufgestellte Markushypothese wurde in demselben Jahre durch Wilkes[4] Schrift »Der Urevangelist« bestätigt, die das Problem mehr von der literarischen Seite anfaßte und die mathematische Berechnung zur astronomischen Hypothese lieferte.

In bezug auf das Johannesevangelium teilte Weiße alle negativen Voraussetzungen von Strauß. Wie kann man, fragt er, immer wieder von dem Plane dieses Evangeliums reden, da es doch bis jetzt noch niemand gelungen ist, ihn aufzuzeigen? Es hat eben keinen. Niemals würde man nach Johannes vermuten, daß Jesus bis zu seinem Weggang in Galiläa einen fast ungetrübt bleibenden Erfolg hatte. Man versuche nicht, diese Planlo-

4 Christian Gottlob Wilke, vormaliger Pfarrer zu Herrmannsdorf im sächsischen Erzgebirge: Der Urevangelist oder Eine exegetisch-kritische Untersuchung des Verwandtschaftsverhältnisses der ersten Evangelien. 694 S.

Wilke war 1786 zu Werm bei Zeitz geboren und studierte Philosophie und Theologie. Die Pfarrstelle in Herrmannsdorf legte er 1837 nieder, um seinen gelehrten Studien zu leben, vielleicht auch schon innerlich uneins mit sich selbst. 1845 bereitete er durch seine Schrift: »Kann ein Protestant mit gutem Gewissen zur römisch-katholischen Kirche übertreten?« seinen Übertritt vor. Den entscheidenden Schritt tat er im August 1846. Später siedelte er nach Würzburg über. Seine berühmte, 1840–41 erschienene »Clavis Novi Testamenti philologica« (3. Aufl. 1867) arbeitete er später zu einem Lexikon für Studenten der katholischen Theologie um; seine Hermeneutik des Neuen Testaments von 1843–44 erschien 1853 als »Biblische Hermeneutik nach katholischen Grundsätzen«. Er starb 1854, mit der Umarbeitung der Clavis beschäftigt.

Die Diskussion über die Markushypothese nahm dann folgenden Verlauf:

Gegen Wilke erschien die »Philosphotos Alethias« unterzeichnete Schrift »Die Evangelien, ihr Geist, ihre Verfasser und ihr Verhältnis zueinander«. Leipzig 1845. 440 S. Der Verfasser sieht in Paulus den bösen Dämon des Urchristentums und meint, die Arbeit der Wissenschaft müsse darauf gerichtet sein, das Paulinische in den Evangelien aufzuzeigen und auszuscheiden. Lukas ist für ihn eine paulinische Parteischrift, an deren Abfassung Paulus beteiligt war und die er meint, wenn er Röm 2,16 (11,28?) und 16,25 von seinem Evangelium redet. Seine Hand ist besonders im Kap. 1–3, 7, 9, 11, 18, 20, 21 und 24 erkennbar. Markus ist ein Auszug aus Matthäus und Lukas; Johannes setzt die drei andern voraus.

Den Tübinger Standpunkt legte Baur in seiner Schrift »Kritische Untersuchungen über die kanonischen Evangelien« dar. Tübingen 1847. 622 S. Markus beruht nach ihm auf Matthäus und Lukas. Zugleich wird die Unvereinbarkeit des vierten Evangeliums mit den Synoptikern zum erstenmal näher begründet und sein historischer Charakter bis ins Detail widerlegt.

Für die Reihenfolge: Matthäus, Markus, Lukas trat Adolf Hilgenfeld in seiner Schrift »Die Evangelien« ein. Leipzig 1854. 355 S.

Karl Reinhold Köstlins Werk »Der Ursprung und die Komposition der synoptischen Evangelien« blieb in Unklarheiten und Kompromissen stecken. Stuttgart 1853. 400 S. – Für die Markushypothese traten ein: Eduard Reuß: Die Geschichte der heiligen Schriften Neuen Testamentes. 1842; H. Ewald: Die drei ersten Evangelien. 1850; A. Ritschl: Die Entstehung der altkatholischen Kirche. 1850; A. Réville: Etudes critiques sur l'Evangile selon St. Matthieu. 1862.

Neu begründet wurde die Markushypothese 1863 durch Holtzmanns Schrift »Die synoptischen Evangelien«. Leipzig 1863. 514 S.

sigkeit damit zu erklären, daß Johannes »in Absicht der Ergänzung und Berichtigung seiner Vorgänger« geschrieben und danach seine Auslassungen und Zusätze eingerichtet habe. Eine solche Absicht zeigt sein Unternehmen mit keinem Worte an.

Die Planlosigkeit liegt eben in seinem Plan selbst. »Es ist, kann man sagen«, führt Weiße aus, »eine fixe Idee des Referenten, den Jesus, von dem er gehört hatte, daß er in Jerusalem dem Hasse der Häupter des Volkes, insbesondere der Schriftgelehrten, unterlegen sei, diesen Jesus von vornherein, sogleich von seinem ersten Auftreten an, in einem ununterbrochenen Kampfe mit ›den Juden‹ begriffen zu zeigen, – mit derselben Volksmasse, von der wir doch wissen, daß sie noch bis zuletzt, sogar in Jerusalem, auf der Seite Jesu stand, so daß seine Feinde nur durch heimlichen Verrat ihn in ihre Gewalt bekommen konnten.«

Mit der vielgerühmten johanneischen Plastik steht es nicht besser. Sie ist die des Schriftstellers, der schildern will, nicht die des Augenzeugen, dazu noch voller Widersprüche, wie es z. B. die Geschichte der Heilung am Teich Bethesda zeigt. Die Ausführlichkeit rührt von dem Bestreben des Autors her, nichts von jüdischen Gebräuchen oder von der Geographie als bekannt vorauszusetzen. »Ein beträchtlicher Teil dieser Hinweisungen ist so beschaffen, daß man unwillkürlich den Eindruck erhält, der Erzähler habe dieselben als Nachwirkung der Mühe, die ihm selbst das sich Orientieren in dem Schauplatz und den Persönlichkeiten gekostet, hingestellt, in der Absicht, dem Leser eine gleiche Mühe zu ersparen, wiewohl er dies nicht immer auf eine zweckmäßige Weise tut.«

Auch die Unmöglichkeit, daß der historische Jesus die Lehre des johanneischen Christus verkündigt habe, sieht Weiße so gut ein wie Strauß. »Es ist weniger ein Christusbild«, sagt er, »als ein Christusbegriff, was Johannes gibt; sein Christus spricht nicht aus seiner Person heraus, sondern über seine Person.«

Andererseits aber ist für Weiße die »Autorität der gesamten christlichen Kirche vom zweiten Jahrhundert bis ins neunzehnte hinab« so gewaltig, daß er es doch nicht wagt, die johanneische Abkunft dieses Evangeliums ganz zu verneinen, und nach einem Mittelweg sucht. Darum nimmt er an, daß das didaktische Gut zum größten Teil wirklich auf Johannes den Apostel zurückgeht. »Johannes«, führt er aus, »von dem Interesse eines Lehrzusammenhangs getrieben, der nicht ohne eigene produktive Tätigkeit, mehr auf Anlaß der Lehre seines Meisters, als unmittelbar durch diese Lehre sich in seinem Geiste gestaltet hatte, ging darauf aus, diesen Zusammenhang auch in der eigenen Lehre des Meisters wieder zu finden, und unternahm es zu diesem Behufe, für sich selbst, nicht zunächst zum Behuf einer Mitteilung an andere, sich, was ihm von den Reden des Herrn noch erinnerlich war, im Lichte dieses Zusammenhangs vorzuführen.« »Die johanneischen Reden sind also solche, die der Geist des Jüngers, als ihm die Gestalt des Meisters in ein Nebelbild zu verschwimmen drohte, in dem Streben dieses Bild festzuhalten, seine schon zerfließenden Züge wieder zu sammeln und, durch Hilfe einer selbstgebildeten oder anderswoher entlehnten Theorie über das Wesen und die Bestimmung des Meisters, aufs neue in eine Form zu gießen, mühsam hervorrief. Für das Christusbild der Synoptiker ist das Gemüt der referierenden Jünger nur ein gleichgültiger Durchgangspunkt, für das des Johannes eine in der Erzeugung dieses Bildes mitwirkende Potenz.« Dasselbe Porträt zeichnete der Apostel auch in dem ersten nach ihm benannten Briefe.

Diese zur Veröffentlichung nicht bestimmten »Aufsätze« bekamen die Anhänger und Schüler des Apostels nach seinem Tode in die Hände und wählten nun die Form einer vollständigen Lebensbeschreibung, um sie der Öffentlichkeit zu übergeben. Sie taten also erzählende Teile hinzu, die sie den Reden anpaßten, wobei letztere oft Schaden litten. So entstand das vierte Evangelium.

Weiße verhehlt es sich nicht, daß dieser Annahme eines johanneischen Grundstocks die schwersten, ja fast unüberwindliche Bedenken entgegenstehen. »Es fällt uns keineswegs leicht«, meint er, »zu erklären und vorstellig zu machen, wie es zugehe, daß ein unmittelbarer Jünger des Herrn, ein solcher, der in den synoptischen Evangelien, in der Apostelgeschichte und in den paulinischen Briefen nichts weniger als in einem Charakter erscheint, welcher auf jene geistige Metamorphose hindeutet, ein solcher endlich, der zu einer verhältnismäßig schon sehr späten Zeit, wo man wohl meinen sollte, daß seine Bildung in der Hauptsache abgeschlossen sein mußte, bei jener Anwesenheit des Paulus in Jerusalem, die wenigstens zehn Jahre nach des letzteren Bekehrung fällt, zugleich mit Jakobus und Petrus, gegenüber den Heidenaposteln Paulus und Barnabas zum Judenapostel erkoren wurde, – daß gerade ein solcher ein so durchaus hellenistisches Gepräge des Gedankens und der Sprache, kurz der gesamten Geistesbildung trägt, ja daß er, der vor allen bevorzugte und vertraute Jünger, wie er wenigstens in diesem nach ihm genannten Evangelium dafür gegeben wird, seinen Herrn und Meister nicht anders, als in jenem fremden hellenistisch-spekulativen Gewande sich zu denken und ihn uns redend vorzuführen weiß. Aber so schwer uns diese Erklärung fällt, so hart uns die Unwahrscheinlichkeit dünkt, die in diesen Voraussetzungen liegt, welche die Annahme der Verfasserschaft des Johannes für den Brief und für jene Grundbestandteile des Evangeliums offenbar mit sich bringt, so geben wir doch lieber das Unwahrscheinliche zu, so unterziehen wir uns doch lieber der Last einer Erklärung des kaum zu Erklärenden, als daß wir gegen das Gewicht jener Zeugnisse, gegen die Autorität der gesamten christlichen Kirche vom zweiten Jahrhundert an bis in das neunzehnte hinab uns beharrlich sträuben sollten.«

Besser als durch eine solche Hypothese seiner Echtheit kann man die

Unechtheit des vierten Evangeliums nicht dartun. In dieser Form möge ihr ein ewiges Leben beschieden sein. Worauf es der Erforschung des Lebens Jesu ankommt ist nur, daß das vierte Evangelium für den Aufbau des Lebens des Herrn ausgeschaltet wird. Das tut aber Weiße so gründlich, daß man es sich nicht besser denken kann. Die Reden sind ja trotz ihrer apostolischen Authentie unhistorisch und dürfen nicht zur Darstellung der Gedankenwelt Jesu verwandt werden. Dem armen Redaktor aber, der durch Hinzufügung der erzählenden Partien das Evangelium schuf, wird jegliche Möglichkeit der Tatsächlichkeit seiner Nachrichten glattweg bestritten, und er muß es sich obendrein noch gefallen lassen, daß er ein Stümper gescholten wird. »Ich habe, aufrichtig gestanden, keine allzu hohe Meinung von der schriftstellerischen Kunst des Bearbeiters der johanneischen Evangelienschrift«, sagt Weiße noch in seiner »Evangelienfrage« von 1856, die der beste Kommentar seines ersten Werkes ist.[5]

So ernannte einst Friedrich der Große einen nicht abzuweisenden Titelpetenten zum geheimen Kriegsrat, unter der Bedingung, daß er sich niemals unterstände, ihm einen Rat zu geben.

Die Hypothese, die, fast zu gleicher Zeit mit Weiße, Alexander Schweizer[6] für die Rettung der johanneischen Authentie aufstellte, führt auch nicht weiter. Er geht von der entgegengesetzten Beobachtung aus, indem er nicht so sehr die Reden, als gewisse Teile des erzählenden Berichts für johanneisch ansieht. Das, was man möglicherweise auf den Apostel zurückführen kann, ist, nach ihm, ein wunderloser Bericht über die Wirksamkeit und Predigt Jesu zu Jerusalem. Die »Wunder«, die in demselben vorkommen – daß Jesus den Nathanael gesehen, das Vorleben der Samariterin kannte und den Kranken am Bethesdateiche heilte –, sind einfacher Art und stechen grell ab von denen, die sich in Galiläa zugetragen haben sollen, wo Jesus Wasser in Wein verwandelte und eine Volksmenge mit einigen Brocken speiste. Wir müssen also annehmen, daß in jenes kurze authentische, geistige, jerusalemitische Evangelium ein galiläisches Leben-Jesu eingearbeitet wurde, wodurch sich die Zerfahrenheit der Darstellung und dieses merkwürdige Hin und Her zwischen geistiger und sinnlicher Auffassung gleich gut erklären würden.

5 Auch die Paulusbriefe sind nach Weiße überarbeitet worden. Er verficht diese These in seiner Dogmatik (1855 Bd. I, S. 144–147) und in einer nach seinem Tode von Sulze herausgegebenen Arbeit »Beiträge zur Kritik der paulinischen Briefe«. 1867. 65 S. Siehe Albert Schweitzer: Geschichte der paulinischen Forschung. 1911. S. 111–112.

6 Alexander Schweizer: Das Evangelium Johannis nach seinem inneren Wert und seiner Bedeutung für das Leben Jesu kritisch untersucht. 1841.

Alexander Schweizer war 1808 zu Murten geboren und wurde 1835 zum Professor der praktischen Theologie in Zürich ernannt, wo er bis zu seinem Tode, 1888, die Gedanken seines Lehrers Schleiermacher in freier und doch pietätvoller Weise vortrug. Am bekanntesten ist seine Glaubenslehre. 2 Bde. 1863–72. 2. Aufl. 1877.

Diese Scheidung läßt sich aber nicht durchführen, weil dann Alexander Schweizer die krassen Auferstehungsberichte der galiläischen Quelle zuschreiben müßte, während sie, da sie die galiläischen Erscheinungen Jesu negieren, dem jerusalemitischen Evangelium zuzuteilen sind, womit die ganze Unterscheidung eines sinnlichen und eines geistigen Berichts in nichts zusammenfällt. So rettet auch diese Hypothese im besten Falle dem vierten Evangelium seine Namensauthentie, um ihm zugleich den Wert als Geschichtsquelle zu rauben.

Hätte Strauß die Tragweite der Weißeschen Hypothese ruhig geprüft, so hätte er gesehen, daß sie für die Auffassung des historischen Lebens Jesu seine Außerdienststellung des vierten Evangeliums, wenn auch in einer andern Form, nur bestätigte, und wäre dann weniger ungerecht gegen Weiße gewesen, vielleicht auch weniger ungerecht gegen die Markushypothese, die er geradezu mit Blindheit haßte, weil sie ihm in ihrer ausgebildeten Gestalt zum erstenmal in Verbindung mit scheinbar reaktionären johanneischen Tendenzen entgegentrat. Er ist zeitlebens das Vorurteil nicht losgeworden, als wäre die Anerkennung der Markuspriorität identisch mit dem Rückfall ins Schlecht-Positive.

Für Weiße trifft dies jedenfalls in keiner Weise zu. Er ist weit davon entfernt, Markus ohne weiteres als Geschichtsquelle zu benutzen. Im Gegenteil; sagt er doch ausdrücklich, daß die Darstellung dieses Evangelisten die »eines phantasiereichen, von der Herrlichkeit seines Gegenstandes erfüllten Glaubensjüngers ist, in welchem die Begeisterung für den großen Gegenstand mächtiger als das nüchterne besonnene Urteil war«. Auch bei ihm ist die Mythenbildung schon in vollem Gang, sodaß die Arbeit des Historikers manchmal gerade darauf gerichtet sein muß, zu erklären, wie solche Mythen bei einem Berichterstatter Aufnahme finden konnten, der den Begebenheiten noch so verhältnismäßig nahe steht wie unser Markus.

Von den »Mirakeln« – so nennt Weiße die »unechten Wunder« zum Unterschied von den »echten« – ist die Speisung dasjenige, welches am gebieterischsten eine Erklärung verlangt. Es steht nach vorn und hinten in gesichertem historischem Zusammenhang, und zwar in jeder der beiden Markusrelationen. Darum geht es nicht an, diese Erzählung, wie Strauß will, als reinen Mythus zu betrachten, sondern man muß aufzeigen, wie sie in jenem Zusammenhang aus irgendeiner Situation literarisch erwachsen konnte. Die authentischen Worte vom Sauerteig der Pharisäer, die Mk 8,14 und 15 auf die beiden Speisungen Bezug nehmen, lassen vermuten, daß ihnen eine zweifache parabolische Belehrung Jesu vorausging, in der er jedesmal, vielleicht mit Anlehnung an die Mannaspeisung, von einer geistigen Speisung durch ihn redete. Diese Reden wurden dann durch die Überlieferung beide Male in das Faktum der wunderbaren Speisung umgesetzt. Hier versucht also Weiße den »unhistorischen« Straußischen Begriff des Mythus durch einen andern zu ersetzen, welcher den zureichenden historischen Grund jedesmal aufzeigt.

Die Wunder bei der Taufe Jesu gehen auf seine Erzählung von einem visionären Erlebnis in jenem Augenblick zurück. In der jetzigen Form der Verklärungsgeschichte ist ein Doppeltes enthalten. Zunächst liegt ihr ein wirkliches gemeinsames Erlebnis der drei Jünger zugrunde. Daß es sich um ein historisches Faktum handelt, ergibt sich schon aus der Art, wie es durch eine bestimmte Zeitangabe in den Zusammenhang der Erzählung eingegliedert ist. Die sechs Tage von Mk 9,2 können eben nicht, wie Strauß möchte, auf 2 Mos 24,16[7] zurückgeführt werden, sondern bedeuten einfach, daß zwischen der letzten Rede Jesu und dem jetzt berichteten Ereignis sechs Tage verflossen waren. Die drei Jünger hatten zusammen ein waches, geistiges Gesicht, nicht ein sinnliches, nicht ein Traumgesicht; der Inhalt dieses Gesichts ist die Messianität Jesu. Hier setzt aber gleich das zweite, das Mythisch-Symbolische ein. Die Jünger sehen Jesum in der israelitischen Messiaserwartung, umgeben von den volkstümlichen Vorläufern. Er aber verwandelt sich vor ihnen, und Elias und Moses, denen sie eine Hütte zum Bleiben bauen möchten, verschwinden. Das Mythische ist der Niederschlag der damaligen Belehrung Jesu, durch welche ihnen die wahre, geistige »Bedeutung jener Erwartungen und Verkündigungen aufging, jene Bedeutung, welche sie nicht für annoch zu erfüllen, sondern für bereits erfüllt erkennen mußten«. Der hohe Berg, auf dem nach Markus die Begebenheit statt hat, »ist nicht im eigentlichen, sondern im symbolischen Sinne, nämlich von der Höhe der Erkenntnis zu verstehen, und der Berg nicht auf der Landkarte von Palästina, sondern in den Tiefen des Geistes aufzusuchen«.

Am handgreiflichsten ist die Mythenbildung in den Auferstehungsberichten. Zwar auch hier muß der Mythus sich an ein historisches Faktum angesetzt haben. Das betreffende Faktum ist aber nicht das leere Grab. Dieses kam erst später in die Auferstehungsgeschichte hinein, nachdem die Juden zur Widerlegung des christlichen Auferstehungsglaubens das Gerücht ausgesprengt hatten, man habe den Leichnam Jesu betrügerisch aus dem Grabe entfernt. Dann allerdings mußte das leere Grab in die Auferstehungserzählungen hineingezogen werden, sofern der christliche Bericht nun selbst mit der Tatsache operierte, daß der Leichnam Jesu bei der Auferstehung nicht mehr gefunden wurde, also Jesus leiblich auferstanden sei. Die Betonung der Identität des begrabenen und auferstandenen Leibes, auf welche beim vierten Evangelium geradezu alles ankommt, existiert aber erst seit dem Kampfe der Kirche mit der geistigen, unkörperlichen Unsterblichkeitsvorstellung der Gnostiker. Die antignostische Reaktion, sagt Weiße mit Recht, ist überhaupt einer der lebendigsten Fak-

7 2 Mos 24,16: »Und die Herrlichkeit des Herrn wohnte auf dem Berge Sinai und deckte ihn mit der Wolke sechs Tage.«

toren der Mythenbildung in der evangelischen Geschichte. Er hätte dafür noch die antignostische Form des johanneischen Berichts von der Taufe Jesu anführen können.

Was ist aber die historische Tatsache der Auferstehung? »Geschichtliche Tatsache«, antwortet Weiße, »ist eben nur der Glaube, nicht der mythische Glaube der späteren christlichen Welt an die leibliche Auferstehung des Herrn, sondern der persönliche Wunderglaube der Apostel und ihrer Gefährten an die Gegenwart des Auferstandenen in den von ihnen selbst erlebten Gesichtern und Erscheinungen«. »Die Frage, ob jene außerordentlichen Phänomene, die sich bald nach dem Tode des Herrn im Schoße seiner Jüngerschaft tatsächlich und unleugbar zugetragen haben, auf Wahrheit oder auf Täuschung beruhen, d. h. mit andern Worten, ob in denselben der abgeschiedene Geist des Herrn, den die Jünger zu vernehmen glaubten, wirklich gegenwärtig war, oder ob sie durch Naturursachen anderer Art, physische oder psychologische, erzeugt worden sind, ist eine Frage, die sich auf historischem Weg nicht mehr beantworten läßt.« Sicher ist nur, »daß die Auferstehung Jesu überhaupt nur eine dem Gebiete des Geistes- und Seelenlebens, nicht der äußeren Körperlichkeit angehörende Tatsache sei, daß an ihr der irdische, ins Grab gelegte Leib keinen Anteil gehabt habe«.

Als die Jünger die ersten Visionen der verklärten Leiblichkeit ihres Herrn hatten, waren sie fern von Jerusalem, fern vom Grab, und dachten nicht daran, jene geistige Leiblichkeit mit dem natürlichen, toten Leibe des Gekreuzigten in irgendwelche Beziehung zu setzen. Daß die ersten »Erscheinungen« in Galiläa stattfanden, deutet der echte Markusschluß an, nach welchem der Engel den Frauen die Botschaft an die Jünger aufträgt, ihn in Galiläa zu erwarten.

Straußens nicht in die Geschichte eingreifender Begriff des Mythus hatte den Ausweg aus der rationalistischen und supranaturalistischen Auffassung der Auferstehung nicht gefunden. Weiße schafft die neue historische Basis. Er ist der erste, welcher das Problem historisch-psychologisch behandelt, und ist sich der Neuheit und der Tragweite des Unternehmens wohl bewußt. Über ihn kam die Wissenschaft sechzig Jahre lang nicht hinaus, wenn sie auch seine Einseitigkeit, nur die galiläischen Erscheinungen gelten zu lassen, im allgemeinen nicht teilte, was aber nichts zu besagen hat, da sie das Problem der gedoppelten Auferstehungsüberlieferung auch nicht zu lösen vermochte. Seine Ausführungen sind historisch und religiös das Sympathischste, was über den Gegenstand überhaupt geschrieben worden ist; das gezierte und vorsichtige Gerede der allermodernsten Theologie über das »leere Grab« nimmt sich daneben sehr armselig aus. Weißes Psychologie bedarf nur einer Korrektur: daß man die eschatologischen Prämissen in sie einsetzt.

Aber nicht nur der mythische Einschlag, sondern die ganze Darstellung des Markus als solche verbietet, ihn einfach als Quelle des Lebens Jesu zu benutzen. Der Entdecker der Markushypothese wird nicht müde, es immer und immer wieder zu sagen, daß auch beim zweiten Evangelisten nur die große allgemeine Linie des Verlaufes des Lebens Jesu historisch ist, nicht aber die Verknüpfung der einzelnen Perikopen. Darum wagt er es nicht, ein Leben-Jesu zu schreiben, sondern schickt eine »Übersichtliche Darstellung der evangelischen Geschichte« voraus, in der er den allgemeinen Aufriß des Lebens Jesu nach Markus gibt, und erörtert dann die Erzählungen und Reden jedes einzelnen Evangeliums in der Reihenfolge, in welcher es sie bietet.[8]

Er vermeidet die historische Ausdeutung der Details, die dann die späteren Vertreter der Markushypothese, Schenkel vor allem, in so verhängnisvoller Weise üben, daß Wredes Buch, indem es dieser gekünstelten Hineininterpretierung ein Ende setzt, geradezu eine Erlösung der Markushypothese von ihren Peinigern bedeutet. Weiße ist von diesen Künsteleien frei. Er sieht davon ab, die galiläische Wirksamkeit Jesu in eine Periode des Erfolgs und des Mißerfolgs zu teilen und einen wachsenden Abfall der Anhänger herauszudeuten, und vertritt die allgemeine Beobachtung, daß Jesu Auftreten von stetig steigendem Erfolg begleitet war. Auch kommt es ihm nicht in den Sinn, den Aufenthalt des Herrn auf phönizischem Gebiet und seine Reise in die Gegend von Cäsarea Philippi als ein erzwungenes Verlassen Galiläas, ein Aufgeben seiner dortigen Sache aufzufassen, und jenes Kapitel, wie dies in der zweiten Periode der Markusausdeutung üblich wird, mit »Fluchtwege und Reisen« zu überschreiben. Er bleibt bei der einfachen Konstatierung stehen, daß Jesus einst in jene Gegenden kam, und bemerkt ausdrücklich, daß die Synoptiker zwar von einem Agitieren der Pharisäer und Schriftgelehrten gegen ihn wissen, daß aber nirgends auch nur eine Andeutung von einer Bewegung gegen ihn zu finden ist, sondern daß dieses im Gegenteil, trotz jener Machinationen immer zum Beifall und zur Parteinahme für ihn bereit ist, weshalb ihn die Gegner auch nur durch heimlichen Verrat in ihre Hände zu bekommen hoffen.

Weiße erkennt kein Fehlschlagen der Tätigkeit und kein mit unentrinnbarer Sicherheit heraufziehendes äußeres Todesschicksal für Jesus an. Er kann deshalb auch die Übernahme des Leidensgedankens nicht als

8 Anbei die interessante Disposition seines Werkes:

Erster Band, 1. Buch: Von den Quellen der evangelischen Geschichte. – 2. Buch: Die Sagen der Kindheit des Herrn. – 3. Buch: Übersichtliche Darstellung der evangelischen Geschichte. – 4. Buch: Evangelische Erzählungen und Reden nach Markus.

Zweiter Band, 5. Buch: Evangelische Erzählungen und Reden nach Matthäus und Lukas. – 6. Buch: Evangelische Erzählungen und Reden nach Johannes. – 7. Buch: Die Auferstehung und die Himmelfahrt. – 8. Buch: Philosophische Schlußbetrachtung über die Bedeutung der Persönlichkeit Christi und der evangelischen Überlieferung.

durch äußere Ereignisse Jesu aufgenötigt ansehen. Der Leidensentschluß war, nach ihm, nicht ein Erheben der sich immer deutlicher offenbarenden Katastrophe in die Sphäre freier religiös-sittlicher Notwendigkeit, wie es die späteren Markusinterpreten darstellen. Jesus wurde durch keine äußeren Umstände bewogen, als er nach Jerusalem aufbrach, um dort zu sterben, sondern er tat es auf Grund einer irrationalen höheren Notwendigkeit. Als Mutmaßung kann man höchstens äußern, die Abnahme der Wunderkraft, welche er an sich konstatierte, habe ihm geoffenbart, daß Gottes Stunde da sei. Er tat nämlich in Jerusalem keine Zeichen mehr.

Inwieweit Jes 53 auf seine Auffassung von der notwendigen Todesleistung des Messias eingewirkt hat, ist – nach Weiße – nicht auszumachen. In der volkstümlichen Anschauung war ein Leiden des Messias nicht vorgesehen. Jesus ist selbständig, allein durch seinen tiefen und gewaltigen Geistesblick, auf jene erhabene Idee gekommen. Ohne daß irgendwelche äußeren Motive vorliegen, kündigt er seinen Jüngern an, daß er zu Jerusalem sterben werde und daß er darum hinaufziehe. Es war eine Todes-, keine Passahreise. Daß sie zur Zeit des Festes stattfand, war für Jesus zufällig. Die Umstände, unter denen er einzog, waren solche, die alles andere eher als das Eintreffen seiner Weissagungen vom Leiden vermuten ließen. Aber er ließ sich durch die jubelnde Mauer, die ihn alltäglich schützend umlagerte, nicht irre machen, sondern zwang die Obersten, sich an ihm zu vergreifen. Vor Pilatus schwieg er, weil er seinen Tod als eine Notwendigkeit heraufführen wollte. Die Idee der späteren Vertreter der Markushypothese, daß Jesus, seine Sache in Galiläa verloren gebend, nach Jerusalem zog, um zu siegen oder zu sterben, ist Weiße also noch fremd. Sein Jesus zieht, die galiläische Tätigkeit mitten im größten Erfolg abbrechend, nach Jerusalem, allein um dort, unter Mißachtung jedes möglichen Erfolgs, zu sterben.

Freilich, Anzeichen der späteren »Ausdeutung« des Markus finden sich auch schon bei ihm. Das zweite Evangelium erwähnt keine in die öffentliche Wirksamkeit Jesu fallenden Passahreisen; die natürlichste Annahme wäre nun, daß kein Passah in jene Zeit fiel, d. h. daß Jesu Predigt nach einem Passah einsetzte und mit einem Passah schloß, also kein Jahr gedauert hat. Weiße meint aber, daß man den Erfolg seiner Lehrtätigkeit nur dann begreift, wenn man ein Wirken von mehreren Jahren, sogar mehr als drei Jahren, voraussetzt. Markus hat die Feste einfach nicht erwähnt, weil Jesus nicht nach Jerusalem zog. »Die innere Wahrscheinlichkeit«, sagt Weiße, »spricht nach unserem Gefühle so laut für die Dauer von einer nicht allzu geringen Reihe von Jahren, daß es uns schier unbegreiflich bedünken will, wie bisher auch unter den übrigens unbefangenen Forschern nicht mehrere sich dadurch zu einer Abweichung vom Hergebrachten haben bewogen finden können.«

Auch die Aussendung der Jünger wird aus Gründen »innerer Wahrscheinlichkeit« gegen den einfachen Wortlaut erklärt. »Wir glauben dies nicht so verstehen zu müssen«, meint Weiße, »als habe er alle zwölf zu gleicher Zeit paarweise weggeschickt und sei unterdes allein geblieben, sondern viel natürlicher so, daß er immer nur zwei auf einmal von sich hinwegließ und indes die übrigen in seiner Nähe behielt. Zweck dieser Sendung war wohl weniger die unmittelbare Verbreitung seiner Lehre durch die ausgesandten Jünger, als vielmehr die Vorbereitung der Jünger zu jener Selbständigkeit, die sie nach seinem Tode gewinnen sollten.« Das sind aber die einzigen schweren Vergewaltigungen der Markusangaben.

Seit wann hielt Jesus sich für den Messias? Die Taufe, meint Weiße, scheint eines der grundlegenden Ereignisse seines Messianitätsbewußtseins zu sein, womit aber nicht gesagt ist, daß er sich nicht schon vorher solche Gedanken über sich gemacht habe. Jedenfalls ist er durch jenes Erlebnis nicht mit einem Schlage auf denjenigen Punkt der inneren Reife gelangt, den er bei seinem ersten öffentlichen Auftreten einnimmt. Man muß einen längeren Zeitraum zwischen der Taufe und dem Beginn der öffentlichen Wirksamkeit annehmen – viel länger als ihn die Synoptiker vermuten lassen –, in welchem Jesus mit den jüdischen Messiasvorstellungen fertig wurde und zur geistigen Auffassung der Messianität durchdrang. Als er anfing zu lehren, war seine »Entwicklung« abgeschlossen. Die spätere Markusausdeutung läßt den Herrn, gegen Weiße, sich noch während der öffentlichen Wirksamkeit entwickeln.

Jesus fühlte sich also als fertiger Messias, als er in Kapernaum auftrat. Aber das Volk ließ er bis zum Einzug in Jerusalem nicht merken, für wen er sich hielt. Um sich über seine Messianität nicht äußern zu müssen, blieb er von Jerusalem fern. »Nur in Galiläa, und nicht in der jüdischen Hauptstadt, war für ihn ein längeres Lehren und Handeln möglich, ohne daß die ausdrückliche Erklärung darüber, ob er der Messias sei, ihm abgenötigt ward. In Jerusalem selbst würden die Hohenpriester und Schriftgelehrten gar bald ihm diese Frage auf eine Weise vorgelegt haben, daß er ihre Beantwortung nicht hätte umgehen können, während er in Galiläa zudringliche Reden dieser Art durch die Gewalt seiner geistvollen Antworten gewiß mehr als einmal niederschlug.«

Mit Strauß erkennt Weiße, daß die Entscheidung über das Wesen des Messianitätsbewußtseins Jesu in der Erklärung der Selbstbezeichnung »Menschensohn« liegt. »Wir sind gewiß in unserem guten Rechte«, sagt er fast prophetisch in der »Evangelienfrage« von 1856, »wenn wir die Frage, welchen Sinn der Göttliche in dieses Prädikat hat hineinlegen oder was er mit dem Namen Menschensohn von sich hat aussagen wollen, als eine Lebensfrage für das richtige Verständnis seiner Lehre, und nicht seiner Lehre nur, sondern auch des innersten Kernes oder Wesens seiner Persönlichkeit betrachten.«

Zugleich aber läßt nun Weiße gerade hier die verhängnisvolle Interpretierung einsetzen, durch welche die Vertreter der Markushypothese in seiner Nachfolge bis zum Ende des Jahrhunderts den stummen hartnäckigen Kampf gegen die Eschatologie zugunsten einer eingebildeten originalen und »geistigen« Auffassung Jesu von seiner Messianität führen werden. Durch die fixe Idee, sie sei berufen, die »Originalität Jesu« zu verteidigen, dadurch daß sie ihm eine moderne Umdeutung und Vergeistigung der eschatologischen Gedankenwelt unterschiebt, hat die Markushypothese die Leben-Jesu-Forschung in unglaublicher Weise aufgehalten.

Die Erklärung des Namens Menschensohn, führt Weiße aus, schwankte bisher zwischen zwei Extremen. Die einen fanden diesen Ausdruck auch in Jesu Munde gleichbedeutend mit »Mensch« überhaupt, eine Deutung, die sich nicht durchführen läßt; die andern dachten an den danielischen Menschensohn und meinten, Jesus habe damit eine den Juden schon verständliche und gebräuchliche Messiasbezeichnung angewandt. Aber wie kommt er dann dazu, den selteneren und umschreibenden Messiasnamen einzig und allein zu gebrauchen? Ferner, wenn dieser Name wirklich Messiasbezeichnung war, wie konnte er zu wiederholten Malen messianische Begrüßung ablehnen und erst beim Einzug sich vom Volke messianische Ovation gefallen lassen?

Die Fragen sind richtig gestellt. Desto verhängnisvoller ist die falsche Antwort. Es geht daraus hervor, sagt Weiße, daß Jesus ein Bewußtsein von der alttestamentlich-messianischen Bedeutung des Ausdrucks bei seinen Hörern nicht voraussetzte. »Für diese sollte das Wort unstreitig nach Jesu eigener Ansicht – wer solche für eine seiner unwürdige erklären wollte, verriete dadurch nur die eigene Gedankenlosigkeit – etwas Geheimnisvolles, zum Nachsinnen über seine Bedeutung Aufforderndes haben.« Der Ausdruck Menschensohn war bestimmt, zu jenem höheren Begriffe seiner Natur und Abkunft hinzuführen, und birgt also die ganze Vergeistigung der Messianität in sich.

Darum wehrt Weiße sich mit Leidenschaftlichkeit gegen jede auch noch so bescheidene Annahme, daß Jesus durch die Selbstbezeichnung Menschensohn irgendwie in der apokalyptisch-jüdischen Welt lebt. Ewald[9] hatte sein Leben-Jesu mit alttestamentlicher Gelehrsamkeit aufgeputzt und einige Scheinversuche gemacht, den Zusammenhang der Gedankenwelt Jesu mit der des nachdanielischen Judentums aufzuzeigen, ohne die Sache selbst ernst zu nehmen und ohne auch nur eine Ahnung von dem wirklichen Wesen der Eschatologie Jesu zu haben. Aber schon dieses Scheinmanöver bringt Weiße in Aufregung; er wirft Ewald in der Schrift von 1856 vor, daß er seine Aufgabe nicht richtig verstanden habe.

Die Aufgabe der Wissenschaft, nach Weiße, besteht nämlich in dem

9 Geschichte Christus' und seiner Zeit. Von Heinrich Ewald. Göttingen 1855. 450 S.

Nachweis, daß Jesus an jenen phantastischen Irrtümern, die man ihm andichtet, keinen Teil hat, wenn man dem großen Worte von der Zukunft des Menschensohnes eine jüdisch-buchstäbliche Deutung gibt, und in der Beseitigung aller Hindernisse, welche der Anerkennung der Neuheit und Eigentümlichkeit des Ausdrucks Menschensohn im Munde dessen, der sich durch eigene, freie Wahl diesen Namen beigelegt hat, bisher entgegenzustehen schienen. »Wie lange wird es noch dauern«, ruft er aus, »bis unsere Theologie es endlich gewahr wird, welch ein Interesse darin liegt, daß durch eine mit aller der Gründlichkeit und Aufrichtigkeit, die allein wirkliche Überzeugung herbeiführen kann, geübte historische Kritik der eigene Lehrbegriff des Meisters von dem Scheine der Teilhaftigkeit an jenen Irrtümern und falschen Erwartungen befreit wird, in denen, wie man sich doch nicht verleugnen kann, durch unvollkommenes oder fehlgehendes Verständnis der Andeutungen des Meisters, die Apostel und mit ihnen die gesamte urchristliche Kirche befangen waren!«

Alles übrige ist durch diese Grundtendenz von vornherein bestimmt. Jesus kann nicht partikularistisch-jüdisch gedacht haben. Das Gesetz war für ihn nicht bindend. Darum machte er auch die Festreisen nicht mit. Laut und wiederholt hat er das Bewußtsein der universalistischen Bestimmung seiner Lehre ausgesprochen. Wenn er von der Parusie des Menschensohnes redet, so gebraucht er ein Bild. Dasselbe schließt in dunkler Rede alle Zukunftsweissagungen in sich. Er hat seinen Jüngern nicht von seiner Auferstehung, von seiner Himmelfahrt und von seiner Parusie als von drei Akten geredet, sofern das in Aussicht gestellte Ereignis mit keinem der drei identisch ist, sondern sich aus allen zusammensetzt. Die Auferstehung ist Himmelfahrt und Parusie zugleich, und in der Parusie sind Auferstehung und Himmelfahrt schon mitgesetzt. »Als sicheres Ergebnis glauben wir dies bezeichnen zu dürfen, daß Jesus von der Zukunft seines Werkes und seiner Lehre in einer Weise gesprochen hatte, welche das Bewußtsein einer auch nach seinem Tode, sei es fortdauernden oder wiederkehrenden Wirksamkeit, das Bewußtsein, daß durch diese Wirksamkeit Werk und Lehre vor dem Untergange geschützt und ein endlicher Sieg ihnen gesichert sei, einschloß.«

Die persönliche Gegenwart, die die Jünger nach Jesu Tod erlebten, war ihnen nur eine teilweise Erfüllung jener allgemeinen Verheißung. Die Parusie erschien ihnen dann als noch unerfüllt ausstehend. In dieser Isoliertheit konnten sie dieselbe nur vom jüdisch-apokalyptischen Standpunkt aus verstehen und meinten zuletzt, der Meister selbst hätte sie in jenen phantastischen Ideen erzogen.

In steter Polemik gegen die Anerkennung der Eschatologie durch Straußens erstes Leben-Jesu entwickelte Weiße hier das Programm der liberalen Leben-Jesu der sechziger und der folgenden Jahre, die sich von ihm nur durch die gekünstelte Interpretierung des Markusdetails, nicht immer zu ihrem Vorteil, unterscheiden. Das einzige Werk, das Straußens Unternehmen wirklich zielbewußt fortsetzt, leitet also, trotz seiner richtigen Einsicht in das Wesen der Quellen, auf eine falsche Bahn, durch die verkehrte Idee der »Originalität« Jesu, die es zum Geschichtsprinzip erhebt. Erst auf langen Umwegen schlägt die Forschung wieder die richtige Richtung ein. Der ganze Kampf um die Eschatologie ist nichts als ein fortgesetztes Ausscheiden Weißescher Gedanken. Erst Johannes Weiß überwand Christian Hermann Weiße.

11 Bruno Bauer. Das erste skeptische Leben-Jesu

Bruno Bauer: Kritik der evangelischen Geschichte des Johannes. Bremen 1840. 435 S. – Kritik der evangelischen Geschichte der Synoptiker. 3 Bände. Leipzig 1841–1842. I: 416 S.; II: 392 S.; III: 341 S. – Kritik der Evangelien. 2 Bände. Berlin 1850–1851. – Kritik der Apostelgeschichte. 1850. – Kritik der paulinischen Briefe. Berlin 1850–1852. In drei Abteilungen. – Philo, Strauß, Renan und das Urchristentum. Berlin 1874. 155 S. – Christus und die Cäsaren. Der Ursprung des Christentums aus dem römischen Griechentum. Berlin 1877. 387 S. – Über Bauer und seine theologischen Werke siehe Martin Kegel: Bruno Bauer und seine Theorie über die Entstehung des Christentums. Leipzig 1908. 74 S.

Bruno Bauer wurde 1809 zu Eisenberg im Herzogtum Sachsen-Altenburg geboren. Anfangs stand er ganz auf der Hegelschen Rechten. Wie Strauß empfing er lebhafte Anregungen von Vatke. In diesem Stadium rezensierte er, 1835 und 1836, Straußens Leben-Jesu in den Jahrbüchern für wissenschaftliche Kritik und schrieb, 1838, eine »Kritik der Geschichte der Offenbarung«.

Er hatte sich 1834 in Berlin habilitiert, siedelte aber 1839 nach Bonn über, schon mitten in der inneren Krise, die in der Kritik des Johannes und der Synoptiker dann zutage trat. Schon im August 1841 wurden die preußischen Fakultäten vom Minister Eichhorn um ein Gutachten angegangen, ob Bauer die venia docendi zu belassen sei. Die meisten antworteten ausweichend, Königsberg sprach sich bejahend, Bonn verneinend aus. Im März 1842 mußte Bauer seine Vorlesungen aufgeben und zog sich nach Rixdorf bei Berlin zurück. In der ersten maßlosen Aufregung über diese Behandlung verfaßte er eine Schrift »Das entdeckte Christentum«, die jedoch in Zürich, 1843, vor der Ausgabe vernichtet wurde.[1]

Er wandte sich darauf zur Profangeschichte und schrieb über die französische Revolution, über Napoleon, über die Aufklärung im achtzehnten Jahrhundert und die Parteikämpfe in Deutschland während der Jahre 1842 bis 1846. Mit dem Anfang der fünfziger Jahre kehrte er zur theologischen Schriftstellerei zurück, übte jedoch keinen Einfluß aus. Er wurde einfach ignoriert.

Dieser radikale Geist kämpfte Ende der fünfziger und sechziger Jahre in den Reihen der preußischen Konservativen. Man erinnere sich, daß Strauß in der württembergischen Kammer auch unter die Reaktionäre gedrängt wurde. Bruno Bauer starb 1882.

Als er von Berlin nach Bonn übersiedelte, stand er am Ende der zwan-

1 Siehe auch: »Die gute Sache der Freiheit und meine eigene Angelegenheit.« Zürich 1843.

ziger Jahre, in jenem entscheidenden Alter, wo die Schüler ihren Lehrern Überraschungen bereiten, und die Männer werden, was sie sind, nicht was sie gelernt haben.

Im Begriff, die Untersuchung der evangelischen Geschichte vorzunehmen, sah Bauer, wie er selbst sagt, zwei Wege offen. Er konnte vom jüdischen Messiasbegriff ausgehen und die Frage beantworten, »wie die prophetische unmittelbare Anschauung vom Messias zu einem festen Reflexionsbegriff geworden sei«. Das war der historische Weg. Er wählte aber den andern, den literarischen. Dieser geht vom entgegengesetzten Punkt, vom Ende der evangelischen Geschichte aus. Man setzt beim johanneischen Evangelium ein, wo greifbare Reflexion das Leben des jüdischen Messias im Rahmen der Logosvorstellung darstellt, und kehrt dann von dieser Niederung, den Stromlauf rückwärts verfolgend, auf die Höhen des Entspringens der evangelischen Überlieferung zurück. Damit war das Schicksal der Lebensarbeit Bauers entschieden: er sollte die literarische Lösung des Problems des Lebens Jesu bis in ihre äußersten Konsequenzen verfolgen.

Wie weit ihn dieser Weg führen würde, wußte er damals noch nicht. Aber er ahnte die Kraft des aus der Idee heraus Geschichte schaffenden Pragmatismus, der bildet und formt in dem unmittelbaren Instinkte der Kunst. Besonders fesselte ihn Philo, der ohne Wissen und Wollen für die Lösung einer höheren Aufgabe arbeitete, als die war, welche ihn beschäftigte. Ein solches spekulatives Prinzip, urteilt Bauer, wenn es sich eben erst der Geister bemächtigt hat, wirkt in der ersten Begeisterung so übermächtig, daß die vernünftige Macht des Empirischen und Geschichtlichen nicht immer rein und vollständig hervortreten kann. Man muß also bei Philos Schüler Johannes nicht Geschichte, sondern Kunst suchen.

Das vierte Evangelium ist ein Kunstwerk. Zum erstenmal wurde es von einem Künstler gewürdigt. Wohl hatte schon Schleiermacher es als Ästhetiker betrachtet. Aber er war ein Apologet, der die Wahrheit, die er in der Kunst empfand, alsbald zur historischen Wirklichkeit erhob, und dessen Kritik, eben weil er ästhetischer Apologet war, am vierten Evangelium versagte. Nun kommt aber ein wahrer Künstler, der zeigt, daß diese Tiefe, dies Göttliche und Sinnige, was Tholuck und Neander gegen Strauß für das vierte Evangelium geltend machen ... christliche Kunst ist.

Der Ästhetiker ist aber zugleich Kritiker. Wenn auch manches im vierten Evangelium wundervoll empfunden ist, wie die Anfänge des Täufers und Jesu, die Bauer unter dem Titel »Der Kreis der Erwartung« zusammenfaßt, so ist seine Kunst doch keine einwandfreie. Der Autor, der Reden konzipiert, die sich in fortschreitenden Tautologien bewegen, der Gleichnisse in schleppenden Allegorien einherstolpern läßt, ist kein reiner Künstler. »Das Gleichnis vom Hirten, wie es das vierte Evangelium gibt«, sagt Bauer, »ist weder einfach, noch naiv, noch eine Parabel, sondern ein Gleichnis, das als solches viel zu weit ausgedehnt, unklar gehalten und endlich von der Reflexion, die das Ganze gestaltet hat, zuweilen sehr nackt durchzogen wird.«

Er behandelt in dieser Schrift von 1840[2] das vierte Evangelium für sich allein. Mit den Synoptikern operiert er nur ganz nebenbei, »wie man mit einer feindlichen Macht Demonstrationen macht, um den Gegner zur Besinnung und zur Entscheidung zu bringen«.

Mit dem Beginn der Leidensgeschichte bricht er ab, weil hier die synoptischen Parallelen in die Untersuchung hereingezogen werden müssen. »Von den fernen Höhen, auf welchen wir die synoptische Macht wie in einer drohenden Stellung stehen ließen, werden wir dieselbe nun in die Ebene herabführen; jetzt wird die heiße Schlacht zwischen ihr und dem vierten Evangelium beginnen, und jetzt wird auch die Frage nach dem geschichtlichen Charakter dessen, was wir im letzten Evangelium als letzten Grundstock vorfanden, gelöst werden können.«

Wenn sich im Johannesevangelium kein Atom gefunden hat, das von der Reflexionsarbeit des schaffenden Schriftstellers unberührt geblieben, wie wird es mit den Synoptikern stehen?

Als Bauer die Arbeit über Johannes abbrach – denn dieser Schluß war im ersten Plan nicht vorgesehen – wie weit ging da sein historischer Glaube an die Synoptiker noch? Es sieht hier noch so aus, als ob er vorhätte, mit ihnen als mit einer festen Größe zu operieren, im Gegensatz zu den schemenhaften Gebilden des vierten Evangeliums. Als er aber den Fels anbohrte, zerbröckelte er. Statt eines Artunterschiedes konstatierte er nur einen Gradunterschied. Die »Kritik der evangelischen Geschichte der Synoptiker«, 1841/42, erhebt sich auf dem Baugrund, den Strauß geebnet hat. »Das bleibende Verdienst von Strauß«, sagt Bauer, »besteht darin, daß er die weitere Entwicklung der Kritik der Gefahr und der Mühe einer unmittelbaren Berührung mit dem früheren orthodoxen System überhoben hat.«

Das Material liefern Weiße und Chr. G. Wilke. Weiße fand durch Divination in Markus die Quelle, aus welcher der in dem Straußischen Werk verdorrten Kritik neue Lebenskraft zuströmen konnte, und Wilke, den Bauer höher schätzt, erhob diese Divination zur exakten wissenschaftlichen Erkenntnis. Die Markushypothese ist keine Frage mehr.

Wohl aber ihre Anwendung auf die Geschichte Jesu. Wie stellen sich Weiße und Wilke zur Traditionshypothese, innerhalb der Markushypothese? Wenn zugestanden wird, daß die ganze evangelische Überlieferung, ihrem Aufriß nach, auf einen einzigen Schriftsteller zurückgeht, der die Verbindung zwischen den einzelnen Ereignissen geschaffen hat, da ja weder Weiße noch Wilke den Zusammenhang der Perikopen als historisch ansehen, liegt dann nicht die Möglichkeit nahe, die Überlieferung

2 Kritik der evangelischen Geschichte des Johannes. 1840.

der Ereignisse selbst, nicht nur die Verbindung, in welcher sie bei Markus erscheinen, bis zu einem gewissen Grade auf das Konto des Schriftstellers zu setzen? Die andern ahnten gar nicht, welche Gefahr entsteht, wenn man von den drei die Tradition repräsentierenden Zeugen nur einen behält, und die Tradition nur in dieser einen schriftlichen Form anerkannt wird und existieren soll. Der dreifache Damm hielt; ob aber der einfache halten wird?

Man erwäge folgendes. Die Kritik des vierten Evangeliums zwingt uns zur Anerkennung der Möglichkeit, daß ein Evangelium rein schriftstellerischen Ursprungs sein könne. Als Bauer jene Erkenntnis aufging, »lag er«, wie er selbst sagt, »mit dem Resultat der Wilkeschen Schrift noch in innerem Kampfe«. Als ihm aber beide Erkenntnisse feststanden, sah er beide sich miteinander zu dem Gedanken verbinden, daß Markus eben auch nur schriftstellerischen Ursprungs sein könnte.

Auf Weiße und Wilke wirkte die Markushypothese nicht so, weil sie neben ihr in gewissem Grade noch immer die breite Traditionshypothese bestehen ließen, wonach Matthäus und Lukas die Spruchsammlung benutzt hätten und auch sonst ihre Bereicherung dem ausgiebigen Gebrauch der Überlieferung verdankten, so daß Markus gewissermaßen nur das von ihnen adoptierte formende Prinzip der Materie war.

Wenn nun aber jene Papiasnotiz von der Spruchsammlung wertlos wäre und durch literarische Beobachtungen außer Kraft gesetzt würde? Dann wären Matthäus und Lukas nur noch literarische Weiterbildungen des Markus, wie er, schriftstellerische Produkte.

Entscheidend sind in dieser Hinsicht die Beobachtungen über die Geburtsgeschichten. Wären sie Schöpfungen der Tradition, so könnten sie nicht so von einander differieren. Will man aber annehmen, daß diese eine reiche Auswahl von zusammenhängenden Kindheitsgeschichten produziert habe, aus der dann die beiden Evangelisten ihre Vorgeschichte zusammenstellten, so geht dies auch nicht an, denn es sind eben keine Zusammenstellungen. Die Erzählungen, aus denen jede dieser Vorgeschichten besteht, konnten nicht einzeln und unabhängig voneinander gebildet worden sein; keine bestand für sich; jede weist auf die andere hin und ist aus der Totalanschauung des Ganzen heraus geschaffen. Die Vorgeschichten sind also nicht schriftstellerisch gefaßte Tradition, sondern schriftstellerisches Produkt.

Untersucht man daraufhin den Rede- und Erzählungsstoff, mit welchem Matthäus und Lukas den Markus überbieten, so kommt man zu demselben Ergebnis. Alles ist unter bestimmten Gesichtspunkten konzipiert, und ist also keine in den Markusplan eingefügte mündliche oder schriftliche Traditionsmasse, sondern literarische Fortbildung gewisser Grundgedanken und Motive jenes ersten Schriftstellers. Und zwar sind die Fortbildungen, wie die Differenz in der Relation der Bergpredigt und der

Aussendungsrede zeigt, bei Lukas unentwickelter als bei Matthäus. Der neue Stoff des letzteren erscheint geradezu als eine weitere Ausführung der Ansätze des ersteren. Lukas bildet den Übergang von Markus zu Matthäus. Die Markushypothese nimmt jetzt folgende Form an. Es gibt keine Tradition, sondern nur drei Schriftsteller, auf welchen unsere Kunde der evangelischen Geschichte beruht. Zwei sind unselbständig, sofern sie nur Fortbildungen des ersten darstellen, wobei der dritte, Matthäus, noch vom zweiten abhängig ist. Folglich gibt es keine Tradition, sondern eigentlich nur einen Schriftsteller der evangelischen Geschichte.

Wer sagt uns nun aber, daß diese evangelische Geschichte, die Jesu Messianität behauptet, vor ihrer schriftlichen Fixierung schon Gemeingut war, und es nicht erst auf Grund einer schriftstellerischen Tat wurde, so, daß ein Mann aus allgemeinen Ideen die bestimmte historische Tradition geschaffen hat, in welcher jene Ideen sich nun bewegen?

Das einzige, was man dieser literarischen Möglichkeit als historische Gegenmöglichkeit entgegenstellen könnte, wäre der Nachweis, daß um jene Jahrhundertwende, in der die evangelische Geschichte sich abspielen soll, die jüdischen Kreise von einer messianischen Erwartung wirklich beherrscht gewesen sind, und also ein Mensch mit dem messianischen Anspruch und der messianischen Anerkennung, wie Markus sie für Jesus in Anspruch nimmt, historisch denkbar ist. In dieser Voraussetzung fanden sich bisher alle Gegner zusammen. Sie wußten alle, »daß vor dem Auftreten Jesu die messianische Erwartung unter den Juden geherrscht habe«, und konnten sogar angeben, von welcher Beschaffenheit sie gewesen war.

Aber woher wußten sie es, wenn man von den Evangelien absieht? Wo sind die Dokumente für die jüdische Christologie, welcher die evangelische nachgebildet sein soll? Der letzte Prophet war Daniel. Alles deutet darauf hin, daß der tiefe Inhalt seines Werks in der folgenden Zeit unwirksam blieb. Die jüdische Schriftstellerei läuft in der Sapientialiteratur aus, in der vom Messias keine Rede ist. In der Septuagintaübersetzung findet sich kein Versuch, Stellen nach einem präkonzipierten Bilde messianisch zu wenden. In den unbedeutenden Apokalypsen ist vom messianischen Reich die Rede; der Messias spielt aber eine ganz nebensächliche Rolle und wird kaum erwähnt. Für Philo existiert er nicht; der Alexandriner denkt nicht daran, ihn in seine Logosspekulation hineinzuziehen. Also bleiben als Zeugen für die jüdisch-messianische Erwartung zur Zeit des Tiberius nur Markus und seine Nachbildner. Dieses Zeugnis ist aber derart, daß es sich in gewissen Punkten selbst aufhebt.

Zunächst, wenn die Juden zur Zeit, als die Gemeinde ihre Geschichtsanschauung und die religiöse Reflexion der Evangelien ausbildete, bereits eine Christologie besessen hätten, so hätte die messianische Erklärung des Alten Testaments schon in einem festen Typus existiert, und es wäre nicht mehr möglich gewesen, daß dieselben Aussprüche der Propheten im

Neuen Testament so verschiedenartig, wie wir es vorfinden, auf Jesum und sein Werk angewandt wurden.

Sodann betrachte man die Darstellung der Wirksamkeit des Täufers. Wir würden erwarten, daß er die Taufe und die Predigt vom »Kommenden«, wenn dieser der Messias sein soll, so untereinander verbinde, daß er auf den »Kommenden« tauft. Er hält aber beides auseinander, tauft auf das Reich und redet vom Kommen-Sollenden.

Der Urevangelist hat es nicht gewagt, die Idee, daß Jesus als Messias auftrat, offen in die Geschichte zurückzutragen, weil er noch ein Bewußtsein davon hatte, daß zur Zeit Jesu die Erwartung des Messias nicht allgemein unter dem Volke geherrscht habe. Als er die Jünger die Volksmeinung über Jesum berichten läßt, Mk 8,28, können sie niemand namhaft machen, der Jesus für den Messias hält. Erst Petrus darf zur Erkenntnis der Messianität gelangen. Aber alsbald läßt der Evangelist den Herrn seinen Jüngern verbieten, dem Volk zu sagen, wer er sei. Warum diese erschlichene und widerspruchsvolle Art, Jesu die Messianität beizulegen? Weil der, welcher diesen Typus bildete, wohl wußte, daß nie jemand auf dem Boden Palästinas öffentlich als Messias aufgetreten und vom Volke als solcher anerkannt worden war.

Der »Reflexionsbegriff des Messias« wurde also nicht fertig vom Judentum übernommen, sondern jenes Dogma entstand erst mit der christlichen Gemeinde, oder vielmehr der Augenblick, da es entstand, gab der christlichen Gemeinde das Leben.

Wie ungeschichtlich ist zudem, schon a priori, jenes mechanische Verhältnis, wonach Jesus beim ersten Auftreten sogleich sich kurzweg hinstellte und sagte: Sehet, ich bin der, den ihr erwartet habt! Eigentlich, meint Bauer, unterscheidet sich Strauß nicht so sehr von Hengstenberg. Für Hengstenberg ist das ganze Leben Jesu nur das belebte Herumwandeln des alttestamentlichen Messiasbildes; Strauß, der weltliche Hengstenberg, hat das Messiasbild zu einer Larve gemacht, welche Jesus bereits selbst anlegen mußte, worauf die Sage mit derselben sein historisches Antlitz ganz bedeckte.

»Wir retten die Ehre Jesu«, sagt Bauer, »wenn wir seine Person von dem Standpunkte des Todes, auf welchen sie die Apologetik gebracht hat, wieder ins Leben versetzen und ihr das lebendige Verhältnis zur Geschichte zurückgeben, welches sie, wie nun nicht mehr zu leugnen ist, gehabt hat. Wenn jene Anschauung, die Himmel und Erde, Gott und Mensch verbindet, zur Herrschaft gelangen sollte, so war zuvor nichts mehr und nichts weniger notwendig, als daß eine Persönlichkeit auftrat, deren Selbstbewußtsein in nichts anderem, als in der Auflösung dieses Gegensatzes seinen Inhalt und Bestand hatte, und die nun dies ihr Selbstbewußtsein vor der Welt entwickelte und den religiösen Geist zu dem einen Punkt hinzog, in welchem seine Rätsel gelöst sind. Jesus hat dies ungeheure Werk vollbracht, aber nicht in der Weise, daß er voreilig auf seine Person hingewiesen hätte; er entwickelte vielmehr vor dem Volke den Inhalt, der mit seinem Selbstbewußtsein gegeben und eins war, und erst auf diesem Umweg geschah es, daß seine Person, die er seiner geschichtlichen Bestimmung und der Idee, der er lebte, zum Opfer brachte, in der Anerkennung dieser Idee fortlebte. Als er im Glauben der Seinigen auferstand und in der Gemeinde fortlebte, war er der Sohn Gottes, welcher den wesentlichen Gegensatz aufgelöst und versöhnt hatte, und das Einzige, das Allereinzige, in welchem das religiöse Bewußtsein Ruhe, Frieden und den Gegenstand fand, außer dem es keinen festen, zuverlässigen und dauernden gab. Jetzt erst fuhren die schwankenden und haltungslosen Anschauungen der Propheten in den einen Punkt zusammen, in dem sie nicht nur erfüllt waren, sondern erst ihr gemeinsames Band und den Halt bekamen, der jede einzelne stützte und wichtig machte. Der Messias war nun als Begriff und feste Vorstellung mit seiner Erscheinung und mit dem Glauben an ihn gegeben – und es entstand die erste Christologie.«

Während es also am Schluß der ersten Schrift Bauers noch scheinen konnte, als ob das Johannesevangelium allein schriftstellerisches Produkt wäre, ist hier dasselbe vom Urevangelium gesagt. Nur daß wir die ursprüngliche Reflexion in den Synoptikern finden, die spätere Arbeit in der Darstellung des vierten Evangelisten; die erstere ist mehr »positiver Natur«, die zweite hat dogmatische Art.

Nichtsdestoweniger ist es falsch, wenn man behauptet, nach Bruno Bauer habe der Urevangelist die evangelische Geschichte und die Persönlichkeit Jesu erfunden. Damit trägt man die Gedanken der späteren Periode und der späteren Evolution in die ursprüngliche Form seiner Anschauung zurück. In dem Augenblicke, wo er nach diesen Präliminarien in die Untersuchung eintritt, nimmt er noch an, daß eine große, einzigartige Persönlichkeit, durch den Eindruck ihres Selbstbewußtseins in einem gewissen Kreise, wo sie als Idealgestalt weiterlebte, die messianischen Ideen zur Wirklichkeit weckte, und daß die Tat des Urevangelisten darin bestand, das Leben dieses Jesus, der für die Gemeinde Christus ist, so zu entwerfen, wie es nach dieser Schätzung sein mußte, wie der vierte es entwarf von der Voraussetzung aus, daß Jesus die Offenbarung des Logos war. Erst im Verlauf der Untersuchung werden Bauers Ansichten radikaler. Die Darstellung wird erregt und bewegt sich zuletzt in Zwiegesprächen mit den »Theologen«, die er in beißender und verletzender Weise apostrophiert und denen er immer wieder vorwirft, daß sie aus apologetischem Interesse die Dinge eben nicht zu sehen wagen, wie sie sind, und vor der letzten Erkenntnis bangen, weil sie fürchten, es könnte von der Überlieferung mehr historischen Abfall geben, als die Religion ertragen kann. Bei diesem Haß, der gerade so pathologisch ist wie seine sinnlose Interpunktion, bleiben aber seine kritischen Analysen immer gleich scharf. Man hat den Eindruck, mit einem Menschen zu gehen, der ganz vernünftig räsoniert, aber wie von einer fixen Idee besessen in sich hineinredet. Wenn zuletzt alles eben schriftstellerische Produktion sein sollte, nicht nur die Ereignisse und die Reden, sondern auch die Persönlichkeit selbst, welche zum Ausgangspunkt der ganzen Bewegung gesetzt wird, wenn die evangelische Geschichte nur eine späte Dichtung einer großen Ideengeschichte wäre, welch letztere als das einzig Geschichtliche bliebe? Diese fixe Idee faßt ihn immer stärker und läßt ihn höhnisch auflachen. Was dann die sicheren Apologeten mit den Fetzen, die ihnen in der Hand blieben, wohl machen würden?

Aber am Anfangspunkt der Untersuchung ist Bauer von diesem Gedanken noch weit entfernt. Eigentlich will er nur das Werk von Strauß fortsetzen. Der von jenem verwandte Begriff des Mythus und der Sage ist viel zu allgemein, als daß er diese zielbewußte »Umschaffung« einer Persönlichkeit erklären könnte. An die Stelle des Mythus setzt Bauer daher die »Reflexion«. Das Leben, das in der evangelischen Geschichte pulsiert, ist zu lebendig, als daß es sich aus der Sage erklären könnte; es ist wirkliches »Erleben«, nur nicht das Erleben Jesu, sondern das Erleben der Gemeinde. Die Darstellung dieses Gemeindeerlebnisses als Leben einer Person ist nicht das Werk einer Masse, sondern eines Schriftstellers. Unter diesem doppelten Gesichtspunkt will die evangelische Geschichte betrachtet werden. Sie ist tiefe, wahre religiöse Kunst. So lösen sich die Schwierigkeiten, die ihrer Auffassung als Wirklichkeit entgegenstehen, von selbst.

Von dem Glauben an den Opfertod und die Auferstehung Jesu ist auszugehen. Alles andere hat sich um diesen Zentralgedanken herum angesetzt. Als sich das Bedürfnis einstellte, den Anfangspunkt des Heilserweises festzustellen und den Zeitpunkt zu fixieren, wo der Herr aus der Verborgenheit hervortrat, brachte man ihn ganz natürlich mit der Tätigkeit des Täufers in Verbindung. Jesus läßt sich taufen. Während dies dem Urevangelisten genügt, bringen Lukas und Matthäus den Täufer und Jesus noch einmal, in der Anfrage des Täufers, zusammen, obwohl diese Weiterbildung der ursprünglichen Annahme des Urevangelisten ganz zuwider läuft. Wenn er die Taufgeschichte mit dem Gedanken konzipiert hätte, den Täufer nachher noch einmal, und zwar als Zweifler, auftreten zu lassen, so hätte er sie anders entworfen. Die Beobachtung Bauers ist richtig: die Taufgeschichte mit dem Wunder, und die Täuferanfrage, als Zweifel an der Messianität Jesu aufgefaßt, schließen sich aus.

Die Versuchungsgeschichte ist ein Erlebnis der Gemeinde. Diese Erzählung stellt ihre inneren Kämpfe so dar, daß sie ihr als ein Kampf des Erlösers entgegentreten. Auf ihrem Zuge durch die Wüste der Welt hat sie mit teuflischen Versuchungen gekämpft und in der Geschichte, welche

Markus und Lukas geschrieben und Matthäus künstlerisch vollendet hat, tat sie das Gelübde, nur auf die innere Kraft ihres Prinzips zu bauen.

Auch in der Bergpredigt hat Matthäus das, was Lukas vorschwebte, vollendeter ausgeführt.

Erst wenn man die Worte Jesu als Gemeindeerlebnis faßt, kommt ihr tiefer Sinn heraus; zugleich schwindet dann das Anstößige, das ihnen anhaftet. Das Wort »Laß die Toten ihre Toten begraben« ist im Munde des historischen Jesus wunderbar; wenn dieser wahrer Mensch war, wäre ihm nie der Gedanke gekommen, eine Kollision von so abstrakter Grausamkeit zu schaffen. Es kommt also wieder darauf hinaus, daß der Spruch in der Gemeinde gebildet ist und den Verzicht auf eine Welt, die als Totenreich erschien, ausdrücken, gebieten und an einem extremen Beispiel zur Anschauung bringen soll.

Auch die Aussendung der Zwölfe ist als historisches Ereignis absolut unbegreiflich. Ja, wenn Jesus ihnen eine Lehre, ein Symbol, eine positive Anschauung mit auf den Weg gegeben hätte. Wie schlecht aber erfüllt die Aussendungsrede ihre Aufgabe als Instruktionsrede! Was die Jünger zu hören nötig hatten, nämlich wie sie lehren sollten, erfahren sie nicht. Die Instruktionsrede, die Matthäus nach dem Vorbilde des Lukas komponiert, hat es mit ganz andern Zuständen zu tun. Es ist eine Rede über den Kampf der Gemeinde mit der Welt und über die Leiden, die sie ausstehen muß. Darum dieses Leidensmotiv, das überall in den Reden Jesu wiederkehrt, während doch nachweislich seine Anhänger gar nichts erlitten und der Evangelist die Möglichkeit auch gar nicht begreiflich machen kann, daß diejenigen, denen er den Kreuzesweg vormalt, jemals in jene Lage kommen könnten. Die Jünger jedenfalls haben nichts erlitten, und wenn Jesus sie in die umliegenden Ortschaften schickte, so konnten sie doch auch nicht mit Fürsten und Königen zusammenstoßen.

Daß es sich um Geschichtskomposition handelt, zeigt sich auch darin, daß die Evangelisten über die Tätigkeit der Jünger gar nichts berichten, sondern sie alsbald zurückkehren lassen, wobei der Urevangelist, um die Sache nicht allzu auffällig zu machen, die Erzählung vom Ende des Täufers dort einschiebt.

Auch das ist scharf und richtig beobachtet. Die Aussendungsrede ist keine Instruktionsrede. Was Jesus den Jüngern dort in Aussicht stellt, konnten sie in jenem Moment gar nicht verstehen, und was er ihnen verheißt, kamen sie nicht in die Lage zu erleben.

Manche Reden sind nichts als ein Konvolut heterogener Sprüche. Bei Markus tritt dies noch nicht so hervor wie bei den andern. Er weiß noch, wie Gegner geschlagen werden müssen, nämlich durch Argumente, die kurz, treffend und einschneidend sind. Die andern aber, als fortgeschrittenere Theologen, sind der Ansicht, daß man auch Argumente gebrauchen kann, die mit der Sache nichts zu tun haben oder nur durch einen entfernten Anklang mit ihr in Berührung stehen. Sie bilden den Übergang zu den Reden des vierten Evangelisten, die gewöhnlich in ein unsachliches Gezänk ausarten.

Daran ist richtig beobachtet, daß der Fortgang in den Reden Jesu nicht durch die logische Entwicklung einer Idee gegeben ist, sondern daß Gedanken ganz unvermittelt aneinandergereiht werden, wobei dann der Zusammenhang, wenn ein solcher vorhanden ist, in einem bei der Rede gewissermaßen vorausgesetzten Schema zu suchen ist.

Die Parabeln, fährt Bauer fort, bieten nicht geringere Schwierigkeiten. Es ist eine Apologetennaivität, zu behaupten, daß die Parabeln etwas verdeutlichen sollen. Jesus widerlegt diese Ansicht mit klaren und dürren Worten, da er zu den Jüngern spricht, ihnen sei es gegeben, das Geheimnis des Reiches Gottes zu erkennen, dem Volke aber müsse alles in Parabeln vorgestellt werden, damit es mit sehendem Auge sehe und nicht sehe, und höre und nicht verstehe. Die Parabeln sind also für die Jünger allein bestimmte Exerzitien, von denen das Volk nichts verstand, mit denen Jesus es aber behelligte und quälte, als ob er die Jünger in dieser Weise nicht viel besser hätte üben können, wenn er mit ihnen allein gewesen wäre. Nun verstehen aber die Jünger nicht einmal das einfache Gleichnis vom Säemann, so daß es ihnen ausgelegt werden muß. Der Evangelist macht also überdies noch einen Strich durch seine eigene Theorie.

Bruno Bauer hat richtig beobachtet, daß in den Geheimnisgleichnissen ein großes Problem steckt, sofern sie verbergen, nicht verdeutlichen sollen, und Jesus doch nur Parabeln lehrt. Nur daß die Schwierigkeit hier so beschaffen ist, daß auch die Literarkritik keine Erklärung bereit hat. Bruno Bauer gesteht, nicht zu wissen, was der Evangelist bezweckte, als er diese Parabeln bildete, und meint, er habe sich selbst nichts Bestimmtes dabei gedacht, wenigstens die Anklänge, die ihm im Kopfe schwirrten, nicht zu einem klaren Ganzen zusammengefügt und ausgearbeitet.

Hier versagte also Bauers Methode. Er ließ sich aber im Beobachten nicht irre machen, ebensowenig wie durch eine neue Schwierigkeit, die er selbst klar aufgedeckt hat. Markus soll einer einheitlichen künstlerischen Konzeption entsprungen sein. Wie erklärt es sich dann aber, daß, neben andern unbedeutenden Dubletten, zwei Berichte über die wunderbare Speisung darin figurieren? Hier beruft sich Bauer nun auf Chr. G. Wilke, der von unserem Markus einen Urmarkus unterscheidet, und will jene Dublette auf eine spätere Einarbeitung zurückführen. In der Folge wurde er an der künstlerischen Einheitlichkeit des Markus, die doch die Grundvoraussetzung seiner Konstruktion ist, immer mehr irre, und schritt in der zweiten Ausgabe seiner Kritik der Evangelien von 1851 zu der konsequenten Scheidung zwischen dem kanonischen Markus und dem Urmarkus.

Eingehend behandelt Bauer die Worte Jesu, in denen er den Geheilten verbietet, das, was ihnen widerfahren, bekanntzumachen. Historisch können sie in dieser Form nicht sein; Jesus erläßt das Verbot auch in ganz sinnlosen Situationen, wo er die Heilung vor einem großen Volke vollzieht. Es muß also vom Urevangelisten gemacht sein. Nun erst, wenn es als freie Schöpfung dasteht, wird sich sein Sinn enthüllen lassen. Es hat seinen Grund in den sich innerlich widersprechenden Wunderanschauungen der Gemeinde. Fest stand, Jesus habe Wunder verrichtet und durch Wunder sich als Gottgesandten bezeugt. Andererseits aber war mit der Anerkennung des christlichen Prinzips die jüdische Zeichenforderung so weit beschränkt und im Gegenteil der Beweis aus dem Geiste in dem Maße zur Geltung gekommen, oder wenigstens Postulat geworden, daß man nicht allein auf die Wunder bauen, noch Jesum allein als Wundertäter anschauen wollte, und nun irgendwie die tatsächliche Wertung des Wunders beschränken mußte. In der plastischen Darstellung der evangelischen Geschichte erhielt dieser Widerspruch die Gestalt, daß Jesus Wunder tat – denn das war nun einmal unumgänglich notwendig – andererseits es aber selbst aussprach, er wolle auf solche Taten kein Gewicht gelegt wissen. Da also die Wunder zuweilen in den Winkel versteckt oder unter den Scheffel gestellt werden müssen, verbietet Jesus sie bekanntzumachen. Die Seitenreferenten haben dann den Sinn dieser Theorie des Urevangelisten nicht mehr verstanden und das Verbot auch da angebracht, wo es sinnlos war.

Auf einer Theorie des Urevangelisten beruht auch die Art, wie Jesus sich als Messias zu erkennen gibt. Die Chronologie des Markus kann uns zwar über die Chronologie des Lebens Jesu nicht belehren, weil dieses Evangelium alles eher als eine Chronik ist. Man kann auch nicht einmal sagen, daß in der Verknüpfung der Perikopen eine besondere Logik walte. Aber ein Grundprinzip der Anordnung der Begebenheiten tritt mit voller Schärfe zutage: daß Jesus sich erst in Cäsarea Philippi, in der letzten Zeit seines Lebens, als Messias zu erkennen gibt, und also vorher weder bei den Jüngern noch beim Volk als solcher gegolten hat, wie es ja in der Antwort der Jünger auf seine Frage, für wen man ihn halte, zur Genüge ausgesprochen wird. Nun ist aber dieser Gang der Dinge eben nur Kunst, nicht Geschichte: als Geschichte wäre er unbegreiflich.

Gibt es eine abgeschmacktere Unmöglichkeit? »Jesus«, sagt Bauer, »muß diese zahllosen, diese himmelschreienden Wunder verrichten, weil er der evangelischen Anschauung als der Messias gilt; er muß sie verrichten, um sich als den Messias zu beweisen – und niemand erkennt in ihm den Messias! Es ist selbst das allergrößte Wunder, daß das Volk in diesem Wundertäter nicht schon längst den Messias erkannt hatte. Jesus konnte erst als der Messias gelten, als er Wunder tat: Wunder tat er aber erst, als er im Glauben der Gemeinde als der Messias auferstand, und das war ein und dasselbe Faktum, daß er als Messias auferstand und Wunder tat.«

Nun muß also Markus einen Jesus darstellen, der Wunder tut und sich dadurch doch nicht als den Messias offenbart, weil er noch eine Art von Gefühl davon hat, daß Jesus nicht vom Volk, auch nicht von seiner näheren Umgebung in jener platten Weise, wie die Späteren es sich vorstellen, als Messias erkannt und anerkannt worden sei.

Bauer hat die Schwierigkeit aufgedeckt, die in der Ansicht vom Wunder als Beweis der Messianität Jesu liegt. Nur daß er hier, statt auf den letzten Grund der Frage zu gehen, unterwegs innehält. Woher wissen wir denn, hätte er zunächst fragen müssen, daß der Messias als irdischer Wundertäter erscheinen sollte? In jüdischen Schriften steht nichts davon. Und beweisen die Evangelien nicht gerade, daß jemand Wunder tun konnte, ohne daß es auch nur einem Menschen einfiel, ihn darauf anzusehen, ob er der Messias wäre? So wäre nur zu schließen, daß nach der Markusdarstellung die Wunder nicht zum Signalement des Messias gehören, und daß erst in der späteren Gemeinde, die den Wundertäter Jesus zum Messias machte, jene Verbindung zwischen Wundern und Messianität hergestellt wurde.

Auch für die Frage des Einzugs zu Jerusalem bleibt Bauer auf halbem Wege stehen. Wo ist zu lesen, daß Jesus als Messias begrüßt wurde? Wenn er dem Volke damals als Messias erschienen wäre, so müßten die Diskussionen in Jerusalem sich um diese persönliche Frage gedreht haben. Sie streifen sie aber nicht einmal, und das Synedrium denkt nicht daran, Zeugen für Jesu Behauptung, daß er der Messias sei, aufzustellen. Da nun Bauer die historische und literarische Unmöglichkeit dargetan hatte, daß Jesus dort vom Volk als Messias begrüßt wurde, hätte er auch die Konsequenz ziehen sollen, die lautet: also zog nach Markus Jesus nicht als Messias in Jerusalem ein.

Es ist aber schon eine ungeheure Tat, daß Bauer im allgemeinen die Schwierigkeiten des historischen Verlaufs des Lebens Jesu so aufgedeckt hat. Man sollte meinen, daß zwischen dem Werk von Strauß und Bauers Kritik der evangelischen Geschichte nicht fünf, sondern fünfzig Jahre, mit der kritischen Arbeit einer ganzen Generation, liegen.

Mit Unerbittlichkeit deckt Bauer die Schwierigkeiten in der Reise Jesu von Galiläa nach Jerusalem auf, um sich dann über die Verlegenheiten »der Apologeten« zu freuen. »Der Theologe«, ruft er ihnen zu, »darf sich diese Reise nicht verdrießen lassen: er muß sie glauben! Im Glauben muß er auf ihr seinem Herrn nachfolgen! Mitten durch Samaria und Galiläa! und zu gleicher Zeit – denn Matthäus will auch gehört werden – durch Judäa jenseits des Jordan! Glückliche Reise!«

Die eschatologischen Reden sind nicht historisch, sondern nur die Fortsetzung der Ausführung über die Leiden der Gemeinde, die schon Gegenstand der Aussendungsrede waren. Ein Evangelist, der vor der Zerstörung

Jerusalems schrieb, würde auf den Tempel, auf Jerusalem, auf das jüdische Volk ganz anders Rücksicht genommen haben.

Judas' Verrat, wie ihn die Schrift berichtet, ist unerklärlich.

Das Abendmahl, als historische Szene, ist grauenvoll und unvollziehbar. Jesus kann es ebensowenig eingesetzt haben, wie er den Spruch tat: »Laß die Toten ihre Toten begraben«. Beide Male entsteht die Ungeheuerlichkeit dadurch, daß eine Überzeugung der Gemeinde in ein historisches Wort Jesu gefaßt wird. Ein Mensch, der dasitzt, leiblich und individuell dasitzt, kann nicht auf den Gedanken kommen, andern seinen Leib und sein Blut zum Genuß darzubieten. Die Forderung an andere zu stellen, sie sollen in seinem Beisein die gewisse Vorstellung haben, daß sie in Brot und Wein ihn selbst genießen, ist einem wirklichen Menschen unmöglich. Erst später, als Jesu leibliche und individuelle Erscheinung entrückt war und selbst dann erst, als die Gemeinde schon längere Zeit bestanden hatte, konnte die Anschauung entstehen, die in jener Formel ihren Ausdruck erhalten hat. Die spätere Komposition tritt in ihrer ganzen Schroffheit darin zutage, daß der Herr sich nicht zu den am Tische sitzenden Jüngern wendet und sagt: »Das ist mein Blut, das für *euch* vergossen wird«, sondern, da die Worte von der späteren Gemeinde produziert sind, von den vielen redet, für die er sich dahingibt. Historisch ist nur, daß die erste Gemeinde das jüdische Passahmahl allmählich zu einer auf Jesus bezogenen Feier umbildete.

Was die Szene in Gethsemane betrifft, so hielt es Markus, nach Bauer, für notwendig, daß der Herr in dem Augenblick, wo der letzte Kampf und die Katastrophe hereinbrachen, faktisch und ernstlich zeigte, daß er mit freiem Willen seinem Schicksal entgegenging. Diesen Ernst konnte er aber nicht anders darstellen als so, daß er Jesum mit seiner Bestimmung erst in Kampf und Zwiespalt setzte, ehe er zeigte, wie der Dulder sich freiwillig seinem Schicksal unterwarf.

Die letzten Worte, die Markus seinem Herrn in den Mund legt: »Mein Gott, mein Gott, warum hast du mich verlassen«, schreibt er, ohne sich in die möglichen Konsequenzen irgendwie einzulassen, nur deshalb hin, um zu zeigen, daß Jesus wirklich auch bis zum Augenblick seiner letzten Leiden sich als den Messias bewiesen habe, dessen Schmerzensbild der heilige Geist schon längst zuvor dem Psalmisten enthüllt hatte.

Mit den Aufdeckungen der Widersprüche in den Auferstehungsgeschichten, meint Bauer, braucht man sich kaum noch abzugeben, denn der »wackere, grundehrliche Reimarus« hat sie schon ans Licht gezogen, und niemand hat ihn widerlegt.

Und das Resultat der Analyse? Der vierte Evangelist hat das Geheimnis des Urevangeliums verraten, daß es nämlich auch rein literarisch erklärt werden könne. Markus hat uns dann »von der theologischen Lüge befreit«! »Dank dem gütigen Schicksal«, ruft Bauer aus, »welches uns die

Schrift des Markus erhalten hat, um uns aus dem Truggewebe dieser höllischen Afterwissenschaft herauszureißen.«

Um diese Truggewebe zu zerreißen, hat der Kritiker mit Widerwillen immer wieder die Scheingründe der Theologen für die Geschichtlichkeit der Erzählungen der Evangelien ins Leben gerufen, um sie immer wieder zu widerlegen. Zuletzt blieb ihm nur noch die Verachtung. »Dieser Ausdruck der Verachtung«, gesteht er, »ist das letzte, was dem Kritiker, wenn er die theologische Weisheit aufgelöst hat, gegen sie zu Gebote steht; es steht ihm von Rechts wegen zu, ist seine letzte Pflicht und eine Weissagung von jener glücklichen Zeit, wo man von den Argumenten der Theologie nichts mehr wissen wird.«

Diese Ausbrüche des Hasses erklären sich aus dem Eindruck, den die damalige deutsche Apologetentheologie, wie sie gegen Strauß aufstand, auf jeden streng wahrhaftigen und tiefer denkenden Menschen machen mußte. Darum diese dämonische Freude, der Pseudowissenschaft die Krücken zu brechen, sie weit wegzuwerfen und sich an ihrer Hilflosigkeit zu belustigen. Ein gewaltiger Haß, ein wildes Verlangen, den »Theologen« alles, alles zu nehmen, reißt Bauer viel weiter fort, als seine kritische Erkenntnis ihn sonst geführt hätte.

Dieser Haß gegen die Theologie, welche noch an der barbarischen Vorstellung festhält, daß ein großer Mensch sich selbst in ein feststehendes, geistloses Schema eingezwängt und so gewaltige Ideen entbunden habe, während das den Tod der Persönlichkeit und der Idee bedeutet hätte, ist aber nur der Ausdruck eines andern Hasses, der tiefer als in der Theologie, in den tiefsten Tiefen der Weltanschauung liegt. Bruno Bauer haßt das Christentum, nicht nur die Theologen, weil es der falsche Ausdruck der Wahrheit ist. Es ist die Religion, die in einem Übergangsstadium erstarrte. Eine Formation, welche zur wahren Religion führen sollte, hat sich als die wahre Religion behauptet und hält in ihrer Erstarrung alle wahren religiösen Kräfte gefangen.

Religion ist Überwindung der Welt durch das Selbstbewußtsein. Erst wenn die Persönlichkeit sich in ihrem Gegensatz zur Welt als Gesamtheit erfaßt, nicht mehr als Statist in der Weltgeschichte mitspielt, sondern ihr zurückgezogen und fremd gegenübersteht, ist die Voraussetzung der Universalreligion gegeben. Diese Voraussetzung war da mit der Entstehung des römischen Imperiums, wo plötzlich der einzelne der großen Welt hilflos und wehrlos gegenüberstand, nicht mehr tätig eingreifen konnte, sondern gefaßt sein mußte, jeden Augenblick von ihr zermalmt zu werden.

Die Persönlichkeit, welche dieses Problem erkannte, stand vor der Notwendigkeit, sich in der Einsamkeit von der Welt loszuringen, sie zu überwinden. Weltentfremdung, Weltüberwindung: aus diesem Gedanken wurde das Christentum geboren. Aber es war nicht die wahre Weltüberwindung: das Christentum blieb bei der Weltvergewaltigung stecken.

Das Wunder, auf welches sich die christliche Religion immer beruft, welches sie zu ihrem Fundament erhebt, ist das wahre Symbol dieser falschen Weltüberwindung. Es sind wunderbar tiefe Gedanken, die Bauer in seine kritische Untersuchung einstreut. »Das Selbstbewußtsein«, sagt er, »ist der Tod der Natur, aber so, daß es diesen Tod selbst erst in der Anerkennung der Natur und ihrer Gesetze, also in immanenter Weise herbeiführt, wie es an sich die Aufhebung und Negation der Natur ist. Der Geist adelt, ehrt und anerkennt selbst dasjenige, dessen Negation er ist.... Der Geist poltert, tobt, rast und wütet nicht gegen die Natur, was er im Wunder, in dieser Verleugnung ihres inneren Gesetzes tun würde, sondern er arbeitet sich durch den Gegensatz hindurch.... Kurz, der Tod der Natur im Selbstbewußtsein ist ihre verklärte Auferstehung, aber nicht ihre Mißhandlung, Verspottung und Lästerung, die sie im Wunder erfahren müßte.«

Nicht anders als das Wunder ist auch der in den Evangelien geschilderte Jesus-Christus eine Erstarrung jenes Gedankens der falschen Weltüberwindung. Der evangelische Christus, als eine wirkliche geschichtliche Erscheinung gedacht, wäre eine Erscheinung, vor welcher der Menschheit grauen müßte, eine Gestalt, die nur Schrecken und Entsetzen einflößen könnte. Der geschichtliche Jesus, wenn er wirklich existiert hat, kann nur eine Persönlichkeit gewesen sein, welche den Gegensatz des jüdischen Bewußtseins, nämlich die Trennung des Göttlichen und Menschlichen, in ihrem Selbstbewußtsein aufgelöst hatte, ohne aus dieser Auflösung eine neue religiöse Trennung und Entfremdung hervorgehen zu lassen, und die sich aus den Formen der gesetzlichen Knechtschaft in ihre Innerlichkeit zurückgezogen hatte, ohne um neue gesetzliche Fesseln besorgt zu sein.

Der historische Christus der Evangelien hingegen ist der Mensch, den das religiöse Bewußtsein in den Himmel erhoben hat, d. h. der Mensch, der auch dann, wenn er auf die Erde herabkommt, um Wunder zu tun, um zu lehren und zu leiden, nicht mehr der wahre Mensch ist. Der Menschensohn der Religion ist auch als Versöhner der sich selbst entfremdete Mensch. Dieser historische Christus, das in den Himmel erhobene, das Gott gewordene Ich, hat das Altertum gestürzt, die Welt besiegt, indem er sie aussaugte. Seine geschichtliche Bestimmung hätte dieses grandiose Ich erfüllt, wenn es durch die ungeheure Zerrüttung, in die es den wirklichen Geist stürzte, diesen gezwungen hätte, sich selbst zu erkennen und mit einer Gründlichkeit und Entschiedenheit, die dem naiven Altertum nicht möglich war, Selbstbewußtsein zu werden.

Es war aber verhängnisvoll, daß die Gestalt, welche die erste Befreiung des Selbstbewußtseins verkörperte, am Leben blieb. Die Evangelien hatten jene Umwandlung des menschlichen Geistes, die in der Begegnung der Weltherrschaft Roms und der Philosophie vor sich ging, in Abhängigkeit von dem Alten Testament an einer Persönlichkeit geschichtlich durchgeführt und die Macht des Volksgeistes in der Allmacht des reinen, aber der wirklichen Menschheit entfremdeten Ich sich verzehren lassen. Das Selbstbewußtsein hatte es in den Evangelien mit sich selbst, wenn auch mit sich selbst in seiner Entfremdung, also mit einer fürchterlichen Periode seiner selbst, aber doch mit sich selbst zu tun: daher jener Zauber, der die Menschheit anzog, fesselte und sie so lange, als sie sich noch nicht selbst gefunden hatte, zwang alles aufzubieten, um ihr Abbild sich zu erhalten, ja es allen andern vorzuziehen und alles andere, wie der Apostel tat, im Vergleich mit ihm »Dreck« zu nennen.

Auch als die römische Welt aufgehört hatte und eine neue Welt anbrach, starb jener Christus nicht. Sein Zauber wurde nur grausiger; und als die neue Kraft in die alte Welt hineinflutete, kam die Zeit, da er sein größtes Zerstörungswerk vollenden sollte. Er wurde der Vampyr der geistigen Abstraktion, der Vernichter der Welt. Saft und Kraft, Blut und Leben bis auf den letzten Blutstropfen saugte er der Menschheit aus. Natur und Kunst, Familie, Volk und Staat wurden aufgelöst; und auf den Trümmern der untergegangenen Welt blieb das ausgemergelte Ich sich selbst als die einzige Macht übrig.

Nach dem ungeheuren Verlust konnte sich das Ich aus seiner Tiefe und Allgemeinheit Natur und Kunst, Volk und Staat noch nicht sogleich wiederschaffen; das Große und Ungeheuere, was jetzt vorging, die einzige Tat, die es beschäftigte, war vielmehr die Absorption alles dessen, was bisher in der Welt gelebt hatte. Alles war jetzt das Ich, und doch war es leer; es war die allgemeine Macht geworden, und doch mußte es auf den Trümmern der Welt vor sich selbst erschrecken und wegen des Verlusts verzweifeln. Dem leeren, alles verschlingenden Ich graute vor sich selber.

In dieser furchtbaren Knechtschaft wird die Menschheit erzogen; unter diesem grausigen Zuchtmeister wird sie auf die wahre Freiheit vorbereitet, daß sie sich in der höchsten Not aufraffe, sich aus ihrer Selbstentfremdung wiederfinde und jenes fremde Ich, das ihre Kraft verpraßt, stürze. Odysseus ist in seine Heimat zurückgekehrt, aber nicht durch Götterhuld, nicht schlafend, sondern wachend, denkend und durch seine eigene Kraft. Vielleicht wird er auch mit den Freiern kämpfen müssen, die ihm das Seinige verpraßt haben und das Teuerste ihm vorenthalten wollen. Odysseus wird den Bogen noch spannen müssen.

Der grausige Zauber der Selbstentfremdung des Ich ist gebrochen in dem Augenblick, wo der religiösen Menschheit nachgewiesen wird, daß jener Jesus-Christus seine Wirklichkeit nur ihr verdankt und ihre Schöpfung ist.

Die Frage, die die Geister so viel beschäftigt, ob Jesus der historische Christus sei, ist dahin beantwortet, daß alles, was der historische Christus ist, was von ihm gesagt wird, was wir von ihm wissen, der Welt der Vorstellung, und zwar der christlichen Vorstellung angehört, also auch mit einem Menschen, der der wirklichen Welt angehört, nichts zu tun hat.

Die Welt ist jetzt frei und reif für jene höhere Religion, wo das Ich die Natur nicht durch Selbstentfremdung überwindet, sondern dadurch, daß es sie durchdringt und adelt. Dem Theologen aber wirft man die Lumpen seiner Wissenschaft, wenn man sie zerrissen hat, als Geschenk und zur Beschäftigung zu, damit ihm in der neuen immer näher kommenden Welt die Zeit nicht lang werde.

Die Aufgabe, welche Bauer sich mit seiner Kritik der evangelischen Geschichte gestellt hat, ist ihm also während der Arbeit eine andere geworden. Als er begann, wollte er die Ehre Jesu retten und seine Person vom Standpunkt des Todes, auf welchen die Apologetik sie gebracht hat, fortbringen und ihr mit dem Nachweis, daß der historische Jesus nicht der Jesus-Christus der Evangelien gewesen sein konnte, das lebendige Verhältnis zur Geschichte wiedergeben. Diese Aufgabe tritt dann hinter der umfassenderen zurück, die Welt von jenem römisch-jüdischen Idol Jesus-Christus zu befreien, wobei der Satz, daß Jesus-Christus das Vorstellungsprodukt der Urgemeinde war, nun so formuliert wird, daß die Existenz eines historischen Jesus problematisch, oder doch ganz indifferent wird.

Am Ende der Untersuchung will Bauer die Entscheidung, ob es eine historische Persönlichkeit Jesus gegeben hat, von der in Aussicht gestellten Untersuchung über die paulinischen Briefe abhängig machen. Er lieferte diese Arbeit aber erst zehn Jahre später, 1850–1851, und zog die Konsequenz in der zugleich erscheinenden neuen Auflage der Kritik der evangelischen Geschichte.[3] Sie ist negativ: Eine historische Persönlichkeit Jesus hat es nie gegeben. In dieser Untersuchung über die vier großen Paulinen, welche die Tübinger als über jeder Kritik stehend wähnten, zeigt nun aber Bauer, daß er nicht imstande ist, seine Ansicht von der Entstehung des Christentums positiv-historisch zu begründen. Die Verpflanzung der Briefe in das 2. Jahrhundert erfolgt so gewaltsam, daß sie sich selbst widerlegt. Dabei sollte dieses Werk nur eine Vorarbeit auf ein größeres sein, in welchem die neue Theorie vollständig durchgeführt würde. Es erschien erst 1877 und war betitelt: »Christus und die Cäsaren. Der Ursprung des Christentums aus dem römischen Griechentum.« Die hier gebotene historische Begründung der Theorie ist noch unbefriedigender als die in der Vorarbeit über die paulinischen Briefe entwickelte. Von

3 Kritik der paulinischen Briefe. In drei Abteilungen. Berlin 1850–52. – Kritik der Evangelien und Geschichte ihres Ursprungs. 2 Bde. Berlin 1850–51. Für die Beurteilung der Bauerschen Kritik der paulinischen Briefe siehe Albert Schweitzer: Geschichte der paulinischen Forschung. 1911. S. 92 ff.

wissenschaftlicher Methode ist keine Rede mehr. Das ganze läuft auf eine romanhafte Darstellung des Lebens Senecas hinaus. Seinem innersten Wesen nach war der Lehrer Neros, meint Bauer, schon ganz beim inneren Gegensatz zur Welt angelangt. In seinen Werken figurieren Aussprüche, die in ihrer mystischen Freiheit von der Welt Präformationen paulinischer Sprüche sind. Es waren dies Gedanken, die nicht ihm allein, sondern der Zeit angehören, denn wir finden sie auch in den Werken der drei Dichter der Neronischen Zeit, Persius, Lucian und Petronius. Wenn diese auch die Weihe der Musen nur in kärglichem Maß erhalten haben, sind sie doch für die Seelenstimmung der Zeit interessante Zeugen. Auch sie haben für das Christentum gearbeitet.

Aber Seneca stand noch mitten in der Welt. Er wollte das Reich der Tugend auf Erden gründen. Am claudischen und neronischen Hofe benutzte er die Künste der Überlistung für seine Zwecke und sah sogar den Gewalttaten, die er für seine Sache förderlich hielt, ruhig zu. Zuletzt streckte er seine Hand nach der höchsten Gewalt aus und mußte dafür büßen. Der Stoizismus hatte einen Versuch der Weltreformation gemacht; er war mißlungen. Die großen Geister verzweifeln daran, auf die Geschichte einzuwirken; der Senat ist machtlos; alle Körperschaften haben ihre Rechte verloren. Da kam der Geist der Resignation über jene Welt. Die Weltentfremdung, mit der Seneca noch halb gespielt hatte, war da. Sie war das Resultat der großen Zeit der Einkehr unter Nero und Domitian, jener verborgenen, wahren geistigen Geschichte, die stumm neben der lärmenden Weltgeschichte einherging. Als dieser Stoizismus durch platonische Ideen vertieft wurde, war er auf dem Weg zum Evangelium.

Aber aus sich selbst hätte er jenes Neue nicht hervorgebracht. Das Judentum, das sich vom Nationalboden losriß, kam als formenschaffendes Prinzip hinzu. Als Typus dieses römischen Judentums führt Bauer den Josephus an. Dieser »Neurömer« lebte der Überzeugung, daß sein Gott, der aus dem Heiligtum gewichen war, die Welt einnehmen und daß das Gesetz das römische Reich unterwerfen werde. Was jener in seinem Leben verwirklichte, hatte Philo geistig vorbereitet. Er unternahm nicht nur eine Verschmelzung jüdischer Ideen mit griechischen Anschauungen, sondern er nahm zugleich von der Welteinheit, welche die Römer gestiftet hatten, Besitz und gründete auf derselben seine geistige Welt. In dieser Rolle hatte ihn Bauer schon 1874 in der Schrift »Philo, Strauß und Renan und das Urchristentum« dargestellt.

So entstand das neue Gebilde. Das Gemüt desselben kam von Westen, das Knochengerüst lieferte das Judentum. Die neue Bewegung hatte zwei Zentren: Rom und Alexandria. Philos Therapeuten haben existiert: sie sind Vorläufer des Christentums. Unter Trajan trat die neue Religion zutage. Das Schreiben des Plinius, in dem er Verhaltungsmaßregeln der neuen Bewegung gegenüber erbittet, ist sein Geburtsdokument, wohlverstanden das Schreiben des Plinius in seiner Urform, nicht in der jetzigen, die mehrfach christlich überarbeitet ist.

Der schriftstellerische Prozeß, in dem die neue Erscheinung sich rückwärts in die Geschichte projizierte, hat etwa fünfzig Jahre gedauert.

Als diese letzte Schrift Bauers erschien, war er für die Theologen schon längst abgetan, mehr noch, vergessen. Er hatte ja auch nicht gehalten, was er versprochen hatte. Was jene höhere, dem Christentum überlegene Form der Weltüberwindung sei, vermochte er nicht auszuführen, und an die Stelle der Persönlichkeit Jesu hatte er zuletzt eine Zwittergestalt gesetzt, die er erst mühselig aus zwei so dünnen Persönlichkeiten, wie Seneca und Josephus, zusammengeformt hatte. Das war das Ende des großen Unternehmens.

Aber es war falsch, mit dem Bauer der zweiten Periode zugleich den der ersten, den Kritiker, zu begraben, denn dieser war nicht tot. Man muß es geradezu ein Verhängnis nennen, daß Strauß und Bauer in so kurzer Zeit aufeinander folgten. Bauer ging eigentlich unbeachtet vorüber, da die Welt noch ganz mit Strauß beschäftigt war. Zudem schlug Bauer mit seiner gewaltigen Kritik die positiv-historische Markushypothese nieder, ehe sie sich noch in der Theologie festgesetzt hatte, so daß sie für längere Zeit gar nicht mehr in Betracht kam, und ein zwanzigjähriger Stillstand in der Erforschung des Lebens Jesu eintrat.

Man kann Bauer nur mit Reimarus vergleichen. Beide haben erschreckend und lähmend auf ihre Zeit gewirkt. Niemand hatte wie sie die gewaltige Komplexität des Problems des Lebens Jesu empfunden. Darum sahen sie sich gezwungen, die Lösung außerhalb des Gebietes der kontrollierbaren Geschichte zu verlegen, Reimarus, indem er sein Leben-Jesu auf dem Trug der Jünger erbaute, Bauer, indem er einen Geschichte produzierenden Urevangelisten statuierte. Dadurch fielen sie unter das Gericht. Mit der Lösung verurteilten die Zeitgenossen die Probleme, welche zu jener Lösung gedrängt hatten; sie verurteilten sie, weil sie diese Schwierigkeiten weder zu begreifen noch zu heben vermochten.

Aber die Zeit ist vorüber, wo man die »Leben-Jesu« nach den Lösungen, die sie bieten, beurteilt und verurteilt. Groß sind für uns nicht die, welche die Probleme einebneten, sondern die, welche sie entdeckten. Bauers Kritik der evangelischen Geschichte ist ein Dutzend gute Leben-Jesu wert, weil sie, wie wir das erst jetzt, nach einem halben Jahrhundert erkennen können, das genialste und vollständigste Repertorium der Schwierigkeiten des Lebens Jesu ist, das überhaupt existiert.

Leider hat er selbst, durch die souveräne, allzu souveräne Art, wie er die Probleme entwickelte, seine Gedanken für die zeitgenössische Theologie unwirksam gemacht. Er verschüttete den Gang, den er in den Berg getrieben, so daß eine ganze Generation damit zu tun hatte, die Adern wieder bloßzulegen, auf welche er schon gestoßen war. Sie konnten nicht ahnen, daß die Abnormität seiner Lösungen in der Intensität begründet war, mit der er die Fragen als Fragen erfaßt hatte, und daß er für die Geschichte blind geworden war, weil er zu scharf beobachtet hatte. So war er für die Zeitgenossen nur ein Phantast.

Aber in seiner Phantasterei liegt zuletzt doch eine tiefe Erkenntnis verborgen. In dieser grandiosen Art war es noch niemandem aufgegangen, daß das Ur- und Frühchristentum nicht als das einfache Resultat der Predigt Jesu zu begreifen ist, sondern daß es das Erleben der Weltseele in den ersten Generationen unserer Zeitrechnung widerspiegelt. Seit Paulus hatte niemand die Mystik des überpersönlichen Seins Christi in dieser gewaltigen Art erfaßt. Bauer übersetzte sie in Geschichte und machte das in Todeszuckungen liegende römische Imperium zum »Leib Christi«.

12 Neue romanhafte Leben-Jesu

HENNELL: Untersuchungen über den Ursprung des Christentums. 1840. Vorrede von David Friedrich Strauß. Englische Ausgabe 1838.

Wichtige Enthüllungen über die wirkliche Todesart Jesu. Nach einem alten, zu Alexandria gefundenen Manuskripte von einem Zeitgenossen Jesu aus dem heiligen Orden der Essäer. 5. Auflage. Leipzig 1849.

Historische Enthüllungen über die wirklichen Ereignisse der Geburt und Jugend Jesu. Als Fortsetzung der zu Alexandria aufgefundenen alten Urkunden aus dem Essäerorden. 2. Auflage. Leipzig 1849.

AUGUST FRIEDRICH GFRÖRER: Kritische Geschichte des Urchristentums.
I. Band. 1. Ausgabe 1831; 2. Ausgabe 1835. 1. Abt. 543 S., 2. Abt. 406 S.
II. Band. 1838. 1. Abt. 452 S., 2. Abt. 417 S.

RICHARD VON DER ALM (Pseudonym für Friedrich Wilhelm Ghillany): Theologische Briefe an die Gebildeten der deutschen Nation. 1863. I. Band 929 S., II. Band 656 S., III. Band 802 S.

LUDWIG NOACK: Die Geschichte Jesu auf Grund freier geschichtlicher Untersuchungen über das Evangelium und die Evangelien. 2. Auflage. Mannheim 1876. Erstes Buch 251 S., zweites Buch 187 S., drittes Buch 386 S., viertes Buch 285 S.

Es gereicht Strauß nicht zu besonderer Ehre, daß er die Übersetzung des Buches von Hennell mit einem Vorwort begleitete. Dieses Werk ist nichts anderes als Venturinis »Natürliche Geschichte des großen Propheten von Nazareth« in phantastisch wissenschaftlichem Aufputz.[1]

Die beiden Hefte der wichtigen Enthüllungen sind gar nur geistlose Exzerpte aus jenem klassischen Jesus-Roman, was nicht hinderte, daß sie bei ihrem Erscheinen nicht geringes Aufsehen erregten.[2] Jesus ist, nach dieser Darstellung, der Sohn eines Essenerjüngers, dem Maria sich in Ekstase hingab, da sie ihn ob seines weißen Gewandes für einen Engel ansah. Das Kind wurde vom Orden überwacht und auf seine Mission vorbereitet. Nachdem der Jüngling seine Neigung zu Maria von Bethanien überwunden hatte, trat er seine öffentliche Tätigkeit an, ein Werkzeug der

1 Hennell, ein Londoner Kaufmann, zog sich auf zwei Jahre von den Geschäften zurück, um die Vorstudien zu diesem Leben-Jesu zu betreiben.

In dieselbe Kategorie gehört die »Wohlgeprüfte Darstellung des Lebens Jesu« des Heidelberger Mathematikers Karl von Langsdorf. Mannheim 1831. Supplementheft mit Vorrede zur künftigen 2. Auflage 1833.

2 Hase scheint nicht zu sehen, daß diese »Wichtigen Enthüllungen« nur Plagiate aus Venturini bieten. Er erwähnt sie im Anschluß an Bruno Bauer und will ihn dafür verantwortlich machen, wie wenigstens die Art des Übergangs vermuten läßt, wenn er bemerkt: »Zunächst an ihn hat sich die Leichtfertigkeit apokryphischer Behauptungen angeschlossen.« Das ist ganz unzutreffend. Der anonyme Epitomator Venturinis hat mit Bauer nichts zu tun und wohl niemals eine Zeile von ihm gelesen. Venturini, den er gelesen hat, nennt er mit keiner Silbe.

Ordensbrüder, die ihn dann auch vom Kreuz abnahmen und vom Scheintod auferweckten.

Diese »Enthüllungen« halten sich nur an das Äußerliche der Darstellung Venturinis. Jenes Leben-Jesu war aber mehr als ein bloßer Roman: es war eine romanhafte Lösung intuitiv empfundener Probleme. Man kann es als den Vorläufer der rationalistischen Forschung betrachten. Die von ihm geahnten Probleme waren weder durch den Rationalismus noch durch Strauß, noch durch Weiße gelöst worden. Es war ihnen nicht gelungen, was Venturini vorgeschwebt hatte, einen lebendigen pragmatischen Zusammenhang der Ereignisse des Lebens Jesu zu schaffen und seine Persönlichkeit und sein Wirken, positiv oder negativ, aus den Zuständen des Spätjudentums zu erklären. Mit Venturinis Plan, so phantastisch er auch erscheint, ist nämlich die Eingliederung des Lebens Jesu in die jüdische Zeit- und Ideengeschichte viel konsequenter erreicht, als in irgendeinem andern Leben-Jesu, da sie die Voraussetzung des Romanes bildet. Mit Weißes evangelischer Geschichte hatte die Wissenschaft sogar ausdrücklich darauf verzichtet, Jesum unmittelbar aus dem Judentum zu erklären, weil sie die Verbindung zwischen seinen Worten und den Ideen des Spätjudentums nicht herzustellen vermochte. Nun war die Bahn wieder für die Phantasie frei. Einige romanhafte Darstellungen präludieren auf eine kommende Periode der Leben-Jesu-Forschung, indem sie Jesum aus rein jüdischen Ideen zu begreifen suchen, die einen als Bejahung, die andern als vergeistigende Verneinung des Spätjudentums. Bei Gfrörer, Richard von der Alm und Noack kündigt sich der spätere Kampf für und wider die Eschatologie an.[3]

August Friedrich Gfrörer, geboren 1803 zu Calw, war Repetent am Tübinger Stift zur Zeit, als Strauß dort studierte. Nachdem er ein Jahr Stadtvikar zu Stuttgart gewesen war, nahm er 1830 daselbst eine Stelle als Bibliothekar an und schied aus der Theologie aus, um ganz seinen wissenschaftlichen Studien zu leben.

Zu jener Zeit war er mit dem Christentum eigentlich fertig. In der Vorrede zur ersten Auflage des ersten Bandes kennzeichnet er es als eine Erscheinung, die sich nur durch die Kraft der Gewohnheit erhält, nachdem sie sich der alten Welt »durch die Hoffnung auf das dunkle Reich der Zukunft auf das Jenseits« anempfohlen und das Mittelalter durch die

3 Einer der geistreichsten Epigonen Venturinis ist der französische Israelit Salvator. In seinem Werk »Jésus Christ et sa doctrine« (Paris, 2 Bde., 1838) weist er nach, daß Jesus nur die letzte Erscheinung eines Mystizismus ist, der seit Salomo, von den andern orientalischen Religionen genährt, sich im Judentum bemerkbar macht. Bei Jesus verbindet sich dieser Mystizismus mit messianischem Enthusiasmus. Als er am Kreuz das Bewußtsein verlor, retteten ihn Joseph von Arimathia und die Gattin des Pilatus wider sein Wissen und seinen Willen. Er beschloß seine Tage bei den Essenern.

Von einem mystisch durchgeistigten Mosaismus erwartet Salvator auch die Überwindung des Christentums.

Furcht vor demselben Reich beherrscht hatte. Damit glaubt er alle hochfliegenden Hegelschen Konzeptionen vernichtet zu haben und, von keiner Spekulation beeinflußt, imstande zu sein, die Aufgabe rein historisch anzufassen und zu zeigen, »was die Tat einer außerordentlichen Persönlichkeit sei, und was dagegen der Geburtszeit des Christentums angehöre«.

Im ersten Band schildert er die Umbildung der jüdischen Theologie in Alexandrien, wie sie die palästinensische Theologie beeinflußt und in Philo ihre Vollendung erlebt. Der große Alexandriner ist für Gfrörer ein Vorbildner paulinischer Ideen; seine Therapeuten sind identisch mit den Essenern. Zur selben Zeit wurde Judäa durch eine Reihe von Aufständen, die alle durch die messianischen Erwartungen hervorgerufen waren, aufgewühlt. Da erschien Jesus. Seine Geschichte ist nach den drei Fragen zu erforschen, was er gewollt, warum er gestorben, welche Veränderungen sein Werk durch die Apostel erlitten.

Der zweite Band, »Die heilige Sage« betitelt, führt aber diesen Plan nicht aus. Strauß und Weiße verlangten eine neue Betrachtungsweise. Straußens kritischer Lorbeer ließ Gfrörer nicht ruhen, und Weiße mit seiner Markuspriorität und seiner Verwerfung des vierten Evangeliums mußte widerlegt werden. So wird das Werk fast als polemische Schrift gegen den jeden »historischen Sinns« ermangelnden Weiße fortgeführt, und endigt in Aufstellungen, an die Gfrörer bei der Abfassung des ersten Bandes am allerwenigsten gedacht hatte.

Die Papiastradition über die Synoptiker, der Weiße gefolgt war, ist falsch. Eine ganze Generation hindurch und noch länger war die Überlieferung über Jesus von Mund zu Mund gegangen und hatte sich dabei mit Sagen gesättigt. Lukas war der erste – seine Vorrede zeigt es –, der jenem Prozeß Einhalt tat und das Echte vom Unechten zu sondern unternahm. Er ist der Glaubwürdigste, denn er verarbeitet nur Quellen und tut nichts vom Eigenen hinzu, zum Unterschied von dem später schreibenden Matthäus, der minderwertige Quellen benutzt und Eigenes produziert, was Gfrörer besonders in der Leidensgeschichte dieses Evangelisten konstatiert. Die Posteriorität des Matthäus tritt auch in seiner Tendenz, das Alte Testament auf das Neue zu übertragen, klar zutage. Hingegen ist bei Lukas die Zusammenarbeitung so gewissenhaft, daß es Gfrörer nicht schwerfällt, bei ihm eine reinliche Quellenscheidung durchzuführen, besonders da er es jedesmal ganz instinktmäßig fühlt, »wenn wieder eine andere Luft weht«.

Beide Evangelien können aber erst lange nach der Zerstörung der heiligen Stadt geschrieben sein, da sie nicht mehr aus der jerusalemitischen Tradition, sondern »aus der christlichen Lokalsage vom See Tiberias« schöpfen und daher »den Schauplatz der Tätigkeit Jesu fälschlich nach Galiläa verlegen«. Daher es nicht verwunderlich ist, »daß bis in das zweite Jahrhundert herein viele Christen Bedenken gegen die Wahrheit der Synoptiker gehabt und laut geäußert haben«. »Diese Zweifel hörten erst auf, als die Kirche ein wohlgegliedertes Gebäude ward und durch ihre Autorität alle Widersprüche Einzelner niederzuschlagen begann.« Der älteste Zeuge urchristlicher Zweifel an der Glaubwürdigkeit seiner Vorgänger ist Markus. Lukas und Matthäus sind für ihn noch nicht heilige Bücher; er will ihre Widersprüche vereinen und zugleich »ein Evangelium aus solchen Dingen zusammenstellen, die auch gegen die Evangelienzweifler als haltbar anerkannt werden können«. Darum läßt er die Reden meistens aus, sieht von der Geburtsgeschichte ab und hält von den Wundern nur, was zum eisernen Bestand der Überlieferung gehört. Dieses Evangelium mag etwa zwischen 110 und 120 entstanden sein. Den unechten Schluß fügte der Evangelist später selbst hinzu.

So beweist Markus, daß die Synoptiker Sage enthalten, wenn sie auch den Ereignissen nur anderthalb oder zwei Generationen fernstehen. Damit man sich darüber nicht wundere, führt Gfrörer einen langen Katalog von Wundern an, welche sich bei Geschichtsschreibern finden, die ihre zeitgenössischen Ereignisse beschreiben und an ihnen sogar mitbeteiligt waren, wofür ihm die Geschichte von Cortez besonders reiche Ausbeute liefert.

Hingegen fallen fast alle Einwände gegen die Echtheit des vierten Evangeliums kläglich in sich zusammen. Zwar bietet auch es keine historisch treuen Reden Jesu; es schildert ihn als Logos-Christus und läßt ihn auch so reden, was Jesus sicherlich nicht tat. Dabei passiert es seinem Verfasser, daß schon der Täufer dieselben Reden führt. Das schadet aber nichts, denn die historischen Verhältnisse sind richtig; richtig, weil der Schauplatz Jerusalem ist, und die fünf johanneischen Wunder zu halten sind. Die Heilung des Knaben des Königlichen, die des Lahmen am Teich Bethesda und die des Blinden sind so geschehen. Das Kanawunder war ein Mißverständnis, denn es handelte sich um den Wein, den Jesus als Hochzeitsgast mitgebracht hatte; die Lazarusgeschichte ist zusammengewoben aus einer wahren »Scheintodaffäre« und einer polemischen Übertreibung derselben, um die Scheintodaffäre den Juden gegenüber zum Wunder zu machen. Wenn man sich so in Gemeinschaft mit Johannes von der Hegelschen Wunderverneinung – wenn auch nur mit Hilfe von Venturini – losgerungen hat und noch die wunderbare Speisung platt rationalistisch zu erklären bereit ist, so ist tatsächlich »der Zweifel gegen das vierte Evangelium in einen kleinen Winkel zurückgedrängt«.

»Das leidige Verneinen«, ruft Gfrörer aus, »ist nun zu Ende, das Bejahen beginnt. Wir steigen hinan auf die Berge des Morgenlandes, von denen überirdische Himmelslüfte den Geist anwehen. Unsere Wegweiserin aber sei die historische Mathematik, eine Wissenschaft, die freilich noch wenige kennen und welche auf das Neue Testament noch von keinem angewandt worden ist.« Diese Mathematik besteht darin, daß Gfrörer aus einem Satz, den man ihm zugesteht, alles andere entwickelt. Nun muß man ihm zugestehen, daß alle andern messianischen Prätendenten – Gfrörer macht nämlich gegen das Zeugnis des Josephus alle palästinensischen Empörer zu messianischen Prätendenten – durch die Römer umgebracht wurden, Jesus aber von seinen eigenen Stammesgenossen gekreuzigt worden ist. Also, schließt Gfrörer, war seine Messianität nicht politisch, sondern geistig. Er hat sich in einem gewissen Sinn für den Ersehnten erklärt, in einem andern nicht. Seine Verkündigung bewegte sich in philonischen Gedanken; wenn er auch die Logoslehre noch nicht ausdrücklich anwandte, lag sie doch in der Konsequenz seiner Gedanken, so daß die Reden des vierten Evangelisten dem Sinne nach das Richtige treffen. Alle messianischen Begriffe, Reich Gottes, Gericht, zukünftige Welt, wurden ins Geistige verflüchtigt. Die Totenauferstehung wird zum gegenwärtigen ewigen Leben. Das Wort Joh 5,24: »Wer mein Wort hört und glaubet an den, der mich gesandt hat, hat das ewige Leben und kommt nicht ins Gericht, sondern ist vom Tod zum Leben hinübergegangen«, ist allein authentisch; der darauf folgende Hinweis auf das kommende Gericht und die Totenauferstehung ist jüdische Einarbeitung. Jesus glaubte nämlich nicht selbst aufzuerstehen. Dennoch ist die »Auferstehung« historisch. Joseph von Arimathia, vom Orden der Essener, dessen Werkzeug Jesus unbewußt war, hatte die Römer bestochen, daß sie nur eine Scheinkreuzigung mit Jesus vornahmen und noch zwei andere mitkreuzigten, um die Aufmerksamkeit von ihm abzulenken. Er brachte ihn dann in ein eigens dazu in der Nähe des Kreuzes ausgehauenes Grab, wo er ihn dem Leben wiedergab. Die christliche Kirche ging aus der essenischen Gemeinschaft hervor, deren Gedanken sie fortbildete und ohne deren Regeln ihre Organisation unerklärlich wäre. Das ganze schließt mit einem Hymnus auf die Kirche und ihre Entwicklung zur Papstkirche.

Gfrörer arbeitet also in den Plan Venturinis das ganze aus Philo gewonnene Material ein. Nur daß man sich auf Grund des ersten Bandes das Resultat wissenschaftlicher und origineller vorstellte. Aber der Verfasser gehört eben zu den kritischen Epileptikern, für welche die Kritik nicht ein Erlebnis zur natürlichen Gesundung einer Anschauung ist, sondern die durch die kritischen Anfälle, denen sie ausgesetzt sind, und die sie noch nach Kräften steigern, in einen Zustand der Erschöpfung kommen, wo das Bedürfnis nach »dem festen Punkt« sich so gebieterisch einstellt, daß sie sich denselben, wie vorher die Kritik, durch Selbstsuggestion schaffen und nun des Glaubens leben, ihn wirklich zu besitzen.

Das Bedürfnis nach dem festen Punkt führt dann den einstigen Rivalen Straußens zum Katholizismus. Schon die »Allgemeine Kirchengeschichte« (1841–1846) ist ganz in Bewunderung für den Katholizismus geschrieben; daraufhin kam Gfrörer als Professor der Geschichte an die Universität Freiburg; 1848 wirkte er im deutschen Parlament für die Wiedervereinigung der Protestanten mit den Katholiken; 1853 trat er über; seine Familie war schon während der Revolutionszeit in Straßburg übergetreten. In den Streitigkeiten der Kirche mit der badischen Regierung verfocht er mit Vehemenz die Rechte des Papstes. Er starb 1861.

Ungleich hervorragender und eindringender ist der Versuch eines Lebens Jesu, den die »Theologischen Briefe an die Gebildeten der deutschen Nation« darbieten. Ihr Verfasser fußt auf Gfrörers Studien, nur daß er, statt falsch zu spiritualisieren, die jüdische Gedankenwelt Jesu in ihrem elementaren Realismus zu erfassen wagt. Er ist der erste, welcher die von Reimarus und Strauß erkannte Eschatologie in einen positiven historischen Rahmen, den Aufriß Venturinis, einträgt und es unternimmt, ein einseitig eschatologisches Leben-Jesu zu schreiben.

Friedrich Wilhelm Ghillany war 1807 zu Erlangen geboren und studierte zunächst Theologie. Seine rationalistischen Anschauungen zwangen ihn aber, aus dem Amte zu treten. 1841 wurde er Bibliothekar zu Nürnberg und verlegte sich auf die antiorthodoxe Schriftstellerei, zeichnete sich aber auch durch hervorragende profangeschichtliche Werke aus. Ein Jahr nach dem Erscheinen der »Theologischen Briefe«, die er unter dem Pseudonym Richard von der Alm herausgab, veröffentlichte er »Die Urteile heidnischer und christlicher Schriftsteller der vier ersten christlichen Jahrhunderte über Jesus« (1864), eine Schrift, die von einer erstaunlichen Belesenheit zeugt und in der Folgezeit oft ausgeschrieben worden ist. 1855 war er nach München übergesiedelt, in der Hoffnung, eine Stellung in der Diplomatie zu finden, was ihm aber trotz seiner gediegenen Kenntnisse nicht gelang. Man wagte nicht, einen Mann mit so ausgesprochen unkirchlichen Ansichten anzustellen. Er starb 1876.

In der Quellenfrage steht Ghillany ungefähr auf dem Tübinger Standpunkt, nur daß er Matthäus für jünger als Lukas hält, und Markus als einen Auszug nicht aus diesen beiden Evangelien selbst, sondern aus ihren Quellen ansieht. Johannes ist nicht authentisch.

Jesus, wie er in der Gemeinde nachher verehrt wird, ist nach Ghillany nicht aus dem reinen, sondern aus einem orientalisch beeinflußten Judentum zu verstehen. So ist z. B. der Einfluß des Mithrasdienstes unverkennbar. Dort finden wir ebenfalls die Geburt aus der Jungfrau, den Stern, die Magier, das Kreuz und die Auferstehung. Ohne die Menschenopfer des Mithrasdienstes wäre die im Abendmahl wirksame Idee vom Essen und Trinken des Fleisches und Blutes des Menschensohnes unerklärlich.

Die ganze orientalische Welt war damals von »gnostischen« Ideen bewegt, die die Offenbarung des Göttlichen im Menschlichen zum Gegenstand hatten. So entstand die von der christlichen unabhängige samaritanische Gnosis. Das Christentum selbst ist eine Art jener allgemeinen Gnosis. Jedenfalls ist die metaphysische Auffassung der Gottessohnschaft Jesu sekundär. Wenn er schon für seine Jünger Gottessohn war, so konnten sie sich diese Sohnschaft nur gnostisch vorstellen, daß nämlich der höchste Engel, der »Sohn Gottes«, in ihm Wohnung genommen habe.

Johannes war wahrscheinlich aus den Essenern hervorgegangen und predigte ein vergeistigtes Himmelreich. Er selbst hielt sich für den Elias. Der Zweck Jesu war ursprünglich derselbe; er trat auf, »um für eine gesunde religiöse Volksbildung zu kämpfen«. Auf davidische Abstammung hat er keinen Anspruch gemacht; sie kommt auf Kosten des Dogmas. Ebenso ist es falsch, wenn Papias, in dem Spruch von dem wunderbaren Weinstock im messianischen Reich, für Jesus die grobsinnliche eschatologische Erwartung in Anspruch nimmt.

Sicher aber ist, daß Jesus sich für den Messias hielt und das Reich baldigst erwartete. Seine Lehre ist rabbinisch; alle seine Gedanken fließen aus dem zeitgenössischen Judentum, dessen Vorstellungswelt wir aus den rabbinischen Schriften rekonstruieren können. Denn wenn diese auch erst später fixiert worden sind, so waren die Grundgedanken doch schon zur Zeit Jesu wirksam. Eine nicht minder wichtige Quelle ist Justins Dialog mit dem Juden Trypho.

Auszugehen ist von der Idee der Buße. Es heißt nämlich im Traktat Sanhedrin: »Alle Fristen des Messias sind verstrichen; seine Ankunft hängt jetzt bloß von der Buße und den guten Werken ab. Rabbi Elieser sagt: Wenn die Juden Buße tun, werden sie erlöst.« Das Targum Jonathan bemerkt zu Sach 10,3 und 4: »Der Messias ist schon geboren, kennt aber sich selbst nicht und bleibt wegen der Sünden der Hebräer verborgen.« Denselben Gedanken finden wir im Munde des Trypho bei Justin. In demselben Targum Jonathan wird Jes 53 auf das Leiden des Messias gedeutet. Also kennt auch das Judentum einen leidenden Messias. Derselbe ist aber mit dem danielischen himmlischen Messias nicht identisch, sondern die Rabbinen unterscheiden zwei Messiasse: einen israelitischen und einen jüdischen. Zuerst sollte der Messias des Reiches Israel, genannt Sohn Josephs, aus Galiläa kommen, um von den Heiden zur Entsündigung des Hebräervolkes den Tod zu erleiden. Dann erst würde der danielische Messias, der Sohn Davids, aus dem Stamme Juda, in Glorie auf den Wolken des Himmels erscheinen, bis auch er nach zweiundsechzig Jahrwochen weggerafft würde, da das messianische Reich, wie ja auch bei Paulus, nur ein vorübergehender übernatürlicher Weltzustand ist.

Da sie auf übernatürliche Ereignisse ging, hatte die messianische Erwartung keinerlei politischen Charakter, und derjenige, der sich für den Messias hielt, konnte nicht auf den Gedanken kommen, sich irdischer Mittel zur Verwirklichung seiner Zwecke zu bedienen, sondern er erwartete alles von der göttlichen Intervention. Damit hat Ghillany das Wesen der Eschatologie vollständig klar erfaßt, so klar wie keiner zuvor.

Die Rolle des vor seinem überirdischen Offenbarwerden verborgen auf Erden weilenden Messias ist also passiv. Der Mensch mit Messianitätsbewußtsein arbeitet nicht an der Gründung des Reiches Gottes unter den Menschen. Er wartet als ein Wissender. Aus seiner Passivität tritt er nur heraus, um durch stellvertretendes Leiden die Sünden des Volkes zu sühnen, damit Gott den neuen Zustand heraufführen kann. Wenn also das Reich trotz der Buße des Volkes und der auf seine unmittelbare Nähe hinweisenden Zeichen ausbleibt, muß der Mensch mit dem Messiasbewußtsein durch seinen Tod die Intervention Gottes erzwingen. Sein diesseitiger Beruf ist zu sterben.

In diese Reflexion eingespannt stellt sich das Leben Jesu folgendermaßen dar.

Jesus war das Werkzeug einer mit den Essenern verwandten mystischen Partei, deren Haupt wohl der in der Leidensgeschichte so plötzlich und auffällig hervortretende Joseph von Arimathia war. Diese Partei wollte durch mystische Mittel den Eintritt des Himmelreichs »bezwecken«, während die durch den Pharisäismus irregeleitete Volksmasse es durch Aufstände irdisch herbeizuzwingen gedachte. In dem Prediger des geistigen Himmelreichs, der für seine Sache in den Tod zu gehen entschlossen war, entdeckte die mystische Partei den Messias, Sohn Josephs, und erkannte seinen Tod als notwendig, um das Erscheinen des himmlischen danielischen Messias zu ermöglichen. »Daß Jesus selbst dieser danielische Messias sei, daß er sofort wieder auferstehen werde, um zum himmlischen Throne zu steigen und von dort mit den himmlischen Heerscharen zur Gründung des Himmelreichs zu erscheinen, das haben die Leute selbst nicht geglaubt. Ihn aber hat man in dieser Meinung bestärkt, denn zu einem Opfertode, dem keine Verherrlichung in Aussicht stand, hätte er sich schwerlich verstanden. Man hat es in seiner Vorstellung ungewiß gelassen, ob Jehova mit der bisherigen Buße der Juden für die Verwirklichung des Himmelreichs sich begnüge, oder ob noch eine blutige Versöhnung durch den Tod des Messias, des Sohnes Josephs, nötig sei. Man hat ihm bedeutet, er müsse, wenn das berechnete Gnadenjahr beginne, als Messias von Galiläa nach Judäa ziehen und in Jerusalem den Versuch machen, die Juden in messianische Aufregung zu bringen, damit Jehova genötigt werde, mit den himmlischen Heerscharen zu Hilfe zu kommen. Aus dem Verhalten Jehovas werde man sodann ersehen, ob das bisherige Bußpredigen und Taufen zur Entsündigung des Volkes genügt habe oder nicht. Erscheine Jehova nicht, so müsse eine höhere Buße stattfinden, dann müsse Jesus für die Sünden der Juden den Tod erleiden, werde aber am dritten Tage wieder auferstehen, zum Throne Gottes emporsteigen, und von dort zur Gründung des Himmelreichs wiederkommen.« »Man sieht«, schließt Ghillany, »daß nach dieser unserer Ansicht sich die Ängstlichkeit der Jünger, die Bangigkeit Jesus selbst, das Beten: Herr ist's möglich, so gehe dieser Kelch von mir! sehr natürlich erklären.«

»Erst gegen das Ende seiner Laufbahn scheint Jesus den Jüngern entdeckt zu haben, daß der Menschensohn vielleicht auch leiden und sterben müsse, bevor er das messianische Reich gründen könne.«

So kam er nach Jerusalem und wartete auf die göttliche Intervention. Währenddessen betrieb Joseph von Arimathia im Hohen Rat seine Verurteilung. Am Passahtage sollte er sterben; am Vorabend mußte er sich in der Stadt bereithalten. Er feierte mit den Jüngern ein Liebesmahl auf essenische Art, kein Passahmahl, und knüpfte dabei an das Brechen des Brotes und an das Ausgießen des Weines Gedanken über seinen Tod. »Eine Verpflichtung, diese Art Mahle bis zu seiner Wiederkunft fortzusetzen, hat er für seine Anhänger nicht ausgesprochen, da er sich seine Auferstehung und himmlische Glorie als schon in drei Tagen bevorstehend dachte. Als sich aber diese Wiederkunft verzögerte, schlossen die ersten Christen an ihre essenischen Liebesmahle diese seine Bemerkungen über das Brot und den Kelch an und erklärten ihre gemeinsamen Mahle für eine Erinnerung an das letzte Mahl Jesu, für eine Gedächtnisfeier an ihren Heiland, die man fortsetzen müsse, bis er komme.«

Als die Häscher ihn griffen, ergab Jesus sich in sein Schicksal. Pilatus hätte ihn fast befreit; er hielt ihn für einen ungefährlichen Schwärmer, da alles bei ihm auf göttliche Intervention gestellt war. Es gelang aber Joseph von Arimathia, diese Gefahr zu beschwören. »Noch am Kreuze scheint Jesus auf Wunder gehofft zu haben; der Ausruf: Mein Gott, mein Gott, warum hast du mich verlassen? spricht hierfür.« Joseph von Arimathia begrub ihn.

Der Glaube an seine Auferstehung beruht auf Visionen der Jünger, die sich durch die intensive Erwartung der Parusie, die er ihnen in Aussicht gestellt hatte, erklären. Nach Ordnung ihrer Angelegenheiten kehrten sie zum Pfingstfest nach Jerusalem, das sie aus Furcht verlassen hatten, wieder zurück, dort mit andern galiläischen Gläubigen die Parusie Jesu zu erwarten.

Das Bekenntnis der ersten Gemeinde war das denkbar einfachste: Jesus der Messias, kein weltlicher Eroberer, sondern der danielische Menschensohn, sei schon einmal für die Sünden des Volkes dagewesen und gestorben. Im übrigen waren sie strenge Juden, hielten das Gesetz, besuchten den Tempel. Nur die Gütergemeinschaft und die Brüdermahle weisen auf essenische Art.

»Das Christentum der ersten Gemeinde in Jerusalem war also ein Gemisch von jüdischem Zelotismus und Mystizismus, das in seinem ganzen Wesen gar nichts Neues und auch in der Vorstellung vom Messias und seinem Reiche nichts Eigentümliches hatte, als die Behauptung, daß der danielische Gottessohn in der Person des Jesus von Nazareth schon einmal dagewesen sei . . ., daß er jetzt zur Rechten Gottes sitze und als der erwartete danielische Menschensohn in den Wolken des Himmels demnächst wieder erscheinen werde.« Jesus hatte also gegen die »mystische Partei«, die ihn als Messias, Sohn Josephs, brauchen wollte, recht behalten: ihr Messias-Menschensohn war nicht gekommen; er aber hatte auf Grund seiner Leistung im Himmel und in der Geschichte seinen Platz eingenommen.

Was ist von Venturinis Plan noch übriggeblieben? Die mystische Partei, um die Handlung des Dramas in Gang zu setzen! Alles andere aber, das Rationalistische daran, ist in geschichtliche Vorstellung aufgelöst. Wunder und Trug samt der inszenierten Auferstehung sind in dem Läuterungsfeuer der Straußschen Kritik als Schlacken ausgeschieden worden. Es bleibt nur die reine und große Grundanschauung, daß eine Brüderschaft, die das Himmelreich erwartet, eines ihrer Mitglieder bestimmt, als sühnender Messias für die andern in den Tod zu gehen, damit das Reich, dessen Stunde erkannt ist, komme.

Diese Brüderschaft ist das einzige Romanhafte in der ganzen Konstruktion, so etwa wie man bei den primitiven Dampfmaschinen die Schieberbewegung noch mit Menschenhand regulierte, während das Räderwerk im übrigen durch eine eigene Kraft in Gang erhalten wurde. So ist auch die treibende Kraft in der Konstruktion dieses Lebens Jesu ganz aus geschichtlichen Energien gewonnen und der Mangel der selbsttätigen Steuerung nur ein Anachronismus. Man streiche die überflüssige Rolle Josephs von Arimathia und die für den Gang des Dramas ganz belanglose, zudem bei den Rabbinen nicht sicher gezeichnete, Unterscheidung des Messias, Sohn Josephs, und des Messias-Menschensohnes und lasse an ihre Stelle die einfache Annahme treten, daß Jesus in messianischem Selbstbewußtsein, da er die Stunde des Reiches für gekommen hält, freiwillig in den Tod geht, ihn von der weltlichen Macht gewissermaßen erzwingt, um durch diese Sühneleistung für die Welt das Himmelreich, für sich die Menschensohnherrlichkeit alsbald zu erringen: dann erhält man das erste, durch rein geschichtliche Energie in Bewegung gesetzte Leben-Jesu! Es läßt sich in Kürze gar nicht aufzählen, aus welchen Stücken sich der in seiner scheinbaren Kompliziertheit so grandios einfache Mechanismus dieses Lebens Jesu zusammensetzt. Das Verhalten Jesu, seine Entschlossenheit und sein Schwanken wird klar; nicht minder das der Jünger. Alle schlechte historische Vernünftelei ist ausgeschaltet. Jesus handelt, weil die Stunde da ist. Dieses entschiedene Hineinstellen des Lebens Jesu in die Tage der Endzeit ist eine historische Tat ohnegleichen. Nicht minder die Erfassung des Leidensgedankens im Rahmen der Eschatologie. Wo ist vorher jemals so klar Wesen und Entstehung der ersten Gemeinde aus dem Tode Jesu entwickelt worden? Wer hatte vorher das Problem, warum die erste Gemeinde in Jerusalem, nicht in Galiläa entstand, so ernsthaft in Erwägung gezogen?

Aber die Lösung ist zu einfach und zudem nicht durch korrekte wissenschaftliche Kettenschlüsse, sondern durch historische Intuition und Initiative, durch das einfache Experiment der Einfügung des Lebens Jesu in die jüdisch-eschatologischen Vorstellungen gewonnen! So replizierten die Theologen, – so hätten sie repliziert, wenn sie das seltsame Werk ernst genommen, wenn sie es überhaupt gelesen hätten. Aber wie sollte man auch erwarten, daß in einem Buch, dessen Tendenz auf die Gründung einer neuen deistischen Kirche ausging, das in der ödesten Wolfenbüttelschen natürlichen Gottesverehrung versandete, eine historische Konzeption sich finden könne? Man ahnte freilich zur selben Zeit auch noch nicht, daß in der vergessenen Schrift des Reimarus gefährliche geschichtliche Erkenntnis verborgen war, ein Zündstoff, wie er sich nur bei denen ansammeln kann, die sich von jeder Verantwortlichkeit dem historischen Christentum gegenüber frei wissen, die letzten Vorurteile, auch im guten Sinn, aufgegeben haben und der Geschichte gegenüber nur verneinende Geister sein wollen, die, wenn sie geschichtlich veranlagt sind, durch die wahre Geschichte die gemachte Geschichte verneinen, und Böses wollend Gutes schaffen – wenn man es zugesteht, daß das Wahre gut ist.

Dann muß aber die Leistung des Verfassers der Briefe an die deutsche Nation hervorragend sein, denn seine Verneinung ist radikal. Die neue Kirche, die aus dieser Überwindung des historischen Christentums hervorgehen wird, soll nur »das Vernunftgemäße aus dem Judentum und Christentum zusammennehmen, aus dem Judentum den Glauben an einen einzigen, geistigen, vollkommenen Gott, aus dem Christentum die Verpflichtung zur Bruderliebe gegen alle Menschen, das Vernunftwidrige dagegen tilgen, aus dem Judentum das Formenwesen und den Opferdienst, aus dem Christentum die Vergötterung Jesu und die Lehre von der Erlösung durch sein Blut«. Wie kommt ein so platt unhistorisches Gemüt zu einem solchen historischen Verstand? Aber auch sein Jesus ist ohne Gemüt, – eine eschatologische Maschine.

Die Reihe der wissenschaftlichen romanhaften Leben-Jesu wird beschlossen durch Noacks »Geschichte Jesu«. Ein Freigeist wie Ghillany, aber ohne die finanzielle Unabhängigkeit, die ein gütiges Schicksal diesem beschieden hatte, führte er ein Leben, das eigentlich ein fortgesetztes Martyrium war, nur verklärt durch eine innige Liebe zur Theologie, die doch an seinem ganzen Unglück schuld war. Geboren 1819, aus hessischem Pastorengeschlecht, wurde er 1842 als Pfarrgehilfe und Religionslehrer zu Worms in der hessischen Pfalz angestellt. Die Darmstädter Reaktionäre vertrieben ihn 1844 aus dieser Stelle, ohne daß er zu dieser Maßregel irgendwie Ursache gegeben hatte; 1849 wurde er Repetent der Philosophie an der Universität Gießen mit vierhundert Gulden Besoldung; 1855 avancierte er zum außerordentlichen Professor, ohne daß sein Gehalt erhöht wurde; 1870, einundfünfzig Jahre alt, wurde er Gehilfe an der Universitätsbibliothek und erhielt zugleich den Titel eines Professor Ordinarius. Er starb 1885.

Als Schriftsteller war er ungeheuer fruchtbar, immer geistreich, mit ausgedehnten Kenntnissen, ohne jedoch etwas Bleibendes zu schaffen, weder in Philosophie noch in Theologie. Sein kritisches Empfinden war nicht ohne Schärfe; aber der Dichter war zu mächtig in ihm: er empfand jede kritische Erkenntnis nur als Anregung zu einem poetischen Neuschaffen der Geschichte. In den Jahren 1870 und 1871 veröffentlichte er nach mannigfachen Vorarbeiten sein Hauptwerk: »Aus der Jordanwiege nach Golgatha; vier Bücher über das Evangelium und die Evangelien.« Es ging unbeachtet vorüber. Diesen Mißerfolg den Kriegsereignissen zuschreibend, die damals alles Interesse gefangen nahmen, gab er sein Werk in neuer Bearbeitung 1876 heraus, unter dem Titel: »Die Geschichte Jesu auf Grund freier geschichtlicher Untersuchungen über das Evangelium und die Evangelien«, mit kaum mehr Erfolg.

Und doch, die kritischen Grundgedanken, die sich unter und hinter dieser romanhaften Darstellung bewegen, geben diesem Werk eine Bedeutung, welche die zeitgenössischen, von der Theologie angepriesenen Leben-Jesu nicht haben. Es ist nämlich bis jetzt das einzige Leben-Jesu, welches konsequent vom Standpunkt der johanneischen Darstellung aus geschrieben ist. Strauß hat, nach Noack, die vollständige Unvereinbarkeit der Synoptiker und des vierten Evangeliums noch nicht dargetan; er und die andern haben die Wucht des Rätsels noch gar nicht empfunden, warum der vierte Evangelist mehrere Festreisen erfinden soll, da doch die Durchführung der Logoschristologie eine Veränderung der Szenerie gar nicht verlangte, der Evangelist im Gegenteil darauf hätte bedacht sein müssen, die neue Theorie in die gewöhnliche Überlieferung einzubauen, um sein Werk nicht durch Neuschaffung der Geschichte von vornherein zu diskreditieren. Nicht die literarische Tat eines einzelnen, schließt Noack, hat diese Unvereinbarkeit geschaffen: sie ist das Resultat einer nach verschiedenen Richtungen auseinandergehenden fortgesetzten Überarbeitung der Evangelien. Da nun aber das vierte Evangelium nicht als der logische Endpunkt der Differenzierung erscheint, so muß es an den Anfang gestellt werden. Es handelt sich darum, in ihm das Urevangelium zu entdecken, von welchem die Umbildung der Überlieferung ausgegangen ist.

Noch von einem andern Punkte aus führt der Gegensatz in der evangelischen Überlieferung zu der Annahme, daß wir Evangelienüberarbeitungen vor uns haben. Entweder war Jesus der jüdische Messias der Synoptiker, oder ein Gottessohn in griechisch-geistigem Sinn, dessen Selbstbewußtsein man durch die Logostheorie erklären könnte. Beides gleichzeitig war er nicht. Nun wäre es aber unbegreiflich, wie man einen jüdischen, messianischen Prätendenten so bis zuletzt unbehelligt ließ, daß er sich geradezu zum Tode drängen mußte. War er aber ein einfacher schwärmerischer Gottessohn, ein Mensch, der nur für sein »Selbstbewußtsein« lebte, so konnte er von Anfang an als solcher auftreten, ohne irgendwie anders als durch den Spott der Menschen behelligt zu werden. Also kommt auch hierin dem aus Johannes zu gewinnenden Urevangelium der Vorzug zu. Erst später ist dieser »Gottessohn« der Judenmessias geworden.

Die johanneische Grundschrift gewinnt man, wenn man aus dem vierten Evangelium alle jüdische Dogmatik und alle Wunder tilgt.[4] Sie stammt aus dem Jahre 60 und ist – von Judas, dem Lieblingsjünger, verfaßt. Dieses Urevangelium enthielt wenig Handlung und zeigt »noch ganz die wunderbare Wirklichkeit der Geschichte«, indem es nur »ein kurzer Ausschnitt aus der Geschichte eines Menschen ist, nur eine Darstellung seiner Gemütszustände«. In »argloser Unbefangenheit« gibt es uns »mit dem Kern des evangelischen Geschichtsgerüstes zugleich die persönliche Anschauung Jesu von sich selbst in den geheimnisvollen Orakelsprüchen und tiefsinnig schwungvollen Reden, womit der Nazaräer die Welt mehr aufgeregt als erleuchtet hatte«. Aufregende Ereignisse kannte diese Grundschrift nicht. Das Speisungswunder figurierte als natürlicher Hergang. Es war die menschenfreundliche Speisung einer Volksmenge, die sicherlich nicht nach Tausenden zählte; die Zahlen kamen erst später hinein. Jesus speiste die Anwesenden mit Brot und Fischen, die er bei einem »Marketenderknaben« kaufte. Die Heilung des Lahmen am Teich Bethesda war die Entlarvung eines verstellten Kranken, den der Herr durchschaute und forttrieb. Weil er ihm zumutete, am Sabbat sein Bett heimzutragen, kam er mit den Pharisäern in Konflikt. Seine einzigen »Taten« waren Taten der Selbstoffenbarung, Geheimnisworte, die er unter das Volk warf. »Es ist in der Tat nur ein psychologisches Rätsel, dem wir in der Geschichte des Mannes begegnen, dessen überschwängliche Selbstanschauung für einen bei seinen Lebzeiten nur kleinen, nach seinem Abtreten immer mehr wachsenden Kreis von gläubigen Anhängern für bare Wahrheit und Wirklichkeit galt.« So schlich sich das Evangelium des Busenjüngers Judas schweigend in die Welt ein, nur von wenigen verstanden, wie auch Jesus nur von wenigen verstanden worden war.

Etwa zehn Jahre später entstand Urlukas, den wir noch aus dem Evangelium des Marcion rekonstruieren können.[5] Dieser Evangelist steht schon unter paulinischem Einfluß und hat apologetische Tendenz. Er muß nämlich den Vorwurf zurückweisen, daß Jesus ein »Geistbesessener« gewesen sei und tut dies, indem er ihn gerade Dämonische heilen läßt. So dringt das Wunder in die evangelische Geschichtsdarstellung ein.

Aber diese Lukasgrundschrift, wie sie Noack, die Angaben der Kirchenväter über das Marcionevangelium systematisierend, rekonstruiert, weiß nichts von der Todesreise Jesu nach Jerusalem. Dieser Umstand erhält nun für ihn eine grundlegende Bedeutung, weil er beim Versuch, die Lokalitäten des vierten Evangeliums mit den synoptischen in Einklang zu

4 Ihr Bestand ist in Buch III, S. 196–225, angegeben.

5 Der Bestand des Urlukas wird Buch III, S. 326–386, angegeben.

bringen, zu dem merkwürdigen Ergebnis kommt, daß auch der johanneische Christus in Galiläa, nicht in Judäa wirkt. Eusebs Onomastikon zufolge, das Noack nach Lokalüberlieferungen aus den Kreuzzügen und nach mohammedanischen Angaben geradezu verbrecherisch interpretiert, sind Kana und Bethanien (Bethabara) nicht in der Höhe von Jerusalem, sondern »im Jordanwiegenlande, am Oberlauf des Jordan, vor seinem Einfluß in den Schilfrohrsee zu suchen. Dort, in Cölesyrien, am Südabhang des Hermon, wirkte Johannes; dort fing Jesus an; dorthin kehrte er zurück, um zu sterben«. »In der Galiläischen Landschaft des Hohenliedes das Kreuz auf Golgatha zu finden, soll sich der Leser dieses Buches anschicken«: Mit diesem Satze beginnt Noacks Darstellung des Lebens Jesu. Ein von ihm schon früher in Studien über das Hohelied[6] entwickelter Gedanke geht nämlich dahin, daß Cölesyrien, die Gebirgslandschaft des oberen Jordan, das vorexilische Judäa gewesen sei und daß dort die Davidstadt gestanden habe. Die aus dem babylonischen Exil zurückkehrenden Juden hatten zuerst versucht, jene cölesyrische Davidstadt mit den Trümmern des salomonischen Tempels wieder aufzurichten, waren aber zurückgewiesen worden und faßten nun den verzweifelten Entschluß, auf jener weitab südwärts vom alten Israel gelegenen Bergplatte ihren Zorobabeltempel aufzubauen. Der Schriftgelehrte Esra leitet die Fälschung ein, auf Grund deren dieser Ort als die ehemalige Davidstadt zu gelten anfing; mit der syrischen Bedrückung schwand die Erinnerung an die »alte Stadt Davids« vollends.

Der Verlauf der von Noack rekonstruierten öffentlichen Wirksamkeit Jesu ist folgender. Sie dauerte vom Frühjahr 35 bis zum 14. Nisan 37 und setzte ein mit dem Augenblick, wo Jesus sein Selbstbewußtsein preisgab. Wir wissen nicht, wie lang er sich schweigend damit getragen hatte. Sicher ist, daß der Täufer bei der Offenbarung desselben Hilfe leistete. Dies ist seine einzige Rolle im Johannesurevangelium. Er war weder der Bußprediger, noch der Elias, noch der Vorläufer Jesu, noch der hölzerne, auf den Messias zeigende Wegweiser, den die sekundäre Überlieferung aus ihm macht.

Ebenso ist alles Messianische in Jesu Selbstbewußtsein sekundär. Bestimmend für ihn waren die griechischen Ideen von Göttersöhnen, da der Boden Nordgaliläas mit griechischen Ideen getränkt war. Dazu kam noch die Personifikation der göttlichen Weisheit in der Spruchliteratur und philonische Gedanken. Gottessohn wurde Jesus in der Ekstase! Auch Philo kannte die Ekstase als das letzte und höchste Mittel, sich zu Gott zu erheben.

Jesu Gemüt war auf die Ekstase angewiesen; er war ein uneheliches Kind. Wenn er als Sohn Josephs eingeführt wird, so ist dies nicht vom

6 »Tharraqah und Sunamith. Das Hohelied in seinem geschichtlichen und landschaftlichen Hintergrunde.« Von Ludwig Noack. 1869.

Vater, sondern vom Stamme zu verstehen. »Ein in solcher Weise verwundeter Geist mag sich früh mit seinen Gedanken über die Wolken zu dem Gotte seiner Väter geflüchtet haben, der ihm Vater und Erlöser war von Ewigkeit. Von der schnöden Welt tausendfach angefochten, wird es ihn gemahnt haben, als öffne ihm ein himmlischer Vater unsichtbar tröstend die Arme. Die Einbildungskraft, die ja stets dem Menschen barmherzig das Joch der Notdurft lüftet, täuschte den Vaterlosen über die irdische Wehmut hinweg und reichte ihm das gefärbte Glas, wodurch er Welt und Leben in falschem Lichte sah. Auf die schwindelnde Höhe einer geistigen Vereinigung mit dem Vater im Himmel hatte ihn die ekstatische Erregung getragen.« Hundertmal wurde er aus seinen Träumen herausgerissen und wieder nüchtern, um von neuem die irdische Bedürftigkeit zu empfinden: immer wieder zwang er durch Fasten, Wachen und Beten unter dem Sternenhimmel die Ekstase herbei.

»Jesus«, führt Noack aus, »hatte sein irdisches Geborensein übersprungen und sich zu der Vorstellung verstiegen, daß sein Ich früher als dieser lebendige Leib gewesen sei, in welchem er sichtbar auf der Bühne der Welt stand. Sein Ich sollte schon gelebt und geweset haben, bevor er hienieden leibte. ... Dieses still gesponnene neue Vorstellungsgewebe verleibte sich mit seinem natürlich-persönlichen Ich. ... Ein neues Ich hatte das alte, natürlich-leiblich-begründete Ich verdrängt.«

Auch Ehrgeiz war dabei im Spiele: der hohe Ehrgeiz, etwas zu sein bei Gott durch Aufopferung seines Ichs. Die Aufopferungsleidenschaft ist mit diesem Selbstbewußtsein gesetzt. Nach der johanneischen Grundschrift faßt Jesus den Todesentschluß nicht infolge äußerer Ereignisse. »Erst die jüngere evangelische Überlieferung ließ das Todeslos aus seinem Kampfe mit einer stumpfen Welt als unausweichliche Folge hervorgehen.« In der Grundschrift ist es ein von Anfang an freiwillig übernommenes, mit der Rolle des Gottessohnes verknüpftes Geschick. »Nur durch den begleitenden Todesgedanken konnte ein Leben, das in solchem schwindelnden Traume zwei Jahre lang fortlief, vom Taumel bewahrt bleiben. Die richtige Einsicht oder Ahnung, daß der Wandel eines Gottessohnes auf Erden keine Rolle für Jahrzehnte sei, war der notwendige Gegenpol in der Geistesstimmung Jesu, der sich dem Tode von vornherein ebenso vertraut gemacht hatte, wie seinem himmlischen Vater.«

Dieser Menschensohn – nach Noacks Deutung gleich »Sohn der Hoffnung« – mutet der Menge zu, seinen reinen Traum für bare Wirklichkeit hinzunehmen. »Er eröffnete seine Botschaft vom Himmel an die Welt am Passahfeste des Jahres 35, mit einer Aufforderung an den sadduzäischen Tempeladel von Jerusalem.« In die Zeit zwischen dem Abtreten des Johannes vom Schauplatz und dem Tode desselben fällt ein Besuch bei den Samaritern und sein Verweilen in der Umgebung seiner galiläischen Heimat. Beim Laubhüttenfest, im Herbst desselben Jahres, kommt es am Bezathateich in der Judäerhauptstadt zum Bruch mit den pharisäischen Sabbatgeboten. In der Folge soll dann der menschenfreundliche Brotspender auf dem gaulanitischen Tafellande zum messianischen König ausgerufen werden, was er aber verschmäht. Zur Zeit der galiläischen Passahfeier im Jahre 36 prüft er in der Synagoge zu Kapernaum mit seinen geheimnisvollen Zauberworten vom wahren Lebensbrote die Herzen und die Nieren derer, welche für die überschwängliche Weisheit vom fleischgewordenen Gottessohne reif wären. Am nächsten Laubhüttenfest wird in der Sionsstadt durch das Gleichnis vom guten Hirten, der sein Leben für die Schafe des Volkes Israel lassen will, ein letzter Sturm versucht. Aber die Gegner sind unerbittlich; sie verletzen ihn bis in die tiefste Tiefe seines Gemüts, indem sie ein auf Ehebruch ertapptes Weib zu ihm bringen und ihn fragen, was mit ihr zu machen sei.

Weil er immer von seiner himmlischen Sohnschaft redet, versuchen sie ihn zuletzt zu steinigen. Er entflieht vom Tempelfest nach dem Jordan-Wiegenland. Am nächsten Passahfest, 37, will er bei den alten Bergen des Josephsegens mit der Übernahme seines Opfertodes als das rechte Passahlamm von der weltgeschichtlichen Bühne abtreten. Er bleibt verborgen, um von den Ausgesandten der Pharisäer nicht ermordet zu werden. In Bethanien erhält er den geheimnisvollen Besuch der Griechen, die ihn wohl zu einer messianischen Schilderhebung verleiten wollten; er läßt sich aber in seinem Todesplan nicht beirren. Die Fußwaschung bedeutet für die Jünger die Taufe mit Wasser, daß sie nachher die Geistestaufe empfangen könnten.

Judas, der verständnisinnige Busenjünger, hilft ihm, daß er nicht als Abenteurer aufgegriffen wird, indem er den »Verrat« auf den Abend vor dem Passah inszeniert, so daß Jesus, wie er gewollt, am Passahtag sterben kann. Für diesen Liebesdienst wurde er in der sekundären Überlieferung von dem Busen des Herrn weggerissen und als Verräter gebrandmarkt.

13 Ernest Renan

ERNEST RENAN: La vie de Jésus. Paris, Michel Lévy Frères 1863. 462 S.

E. DE PRESSENSÉ: Jésus Christ, son temps, sa vie, son œuvre. Paris 1865. 864 S.

Eine Reihe von Schriften aus der Anti-Renan-Literatur sind im Anhang verzeichnet (S. 634 f).

Ernest Renan wurde 1823 zu Tréguier in der Bretagne geboren. Zum Priester bestimmt, trat er in das Seminar von St. Sulpice zu Paris ein, wurde aber dort durch die Lektüre der deutschen wissenschaftlichen Theologie zum Zweifler an der Wahrheit des Christentums und seiner Geschichte. Im Oktober 1845, kurz vor Empfang der Subdiakonatsweihe, trat er aus und schlug sich zunächst als Privatlehrer durchs Leben. 1849 unternahm er mit staatlichen Mitteln eine Studienreise nach Italien, deren Ertrag seine Schrift »Averroès et l'Averroïsme« war (Paris 1852); 1856 wurde er Mitglied der »Académie des inscriptions«; 1860 erhielt er von Napoleon III. die Mittel zu einer Reise nach Phönizien und Syrien. Nach seiner Rückkehr, 1862, wurde er zum Professor der semitischen Sprachen am »Collège de France« ernannt. Aber die allgemeine Entrüstung, welche sein im folgenden Jahre erscheinendes Leben-Jesu hervorrief, zwang die Regierung, ihn seines Amtes zu entsetzen. Eine Stelle als kaiserlicher Bibliothekar schlug er aus und lebte als Privatmann, bis ihn die Republik 1871 wieder in seine Professur brachte. In Politik und Religion war seine Stellung gleich unklar. Katholik war er nicht mehr; das Freidenkertum war ihm zu plebejisch und im Protestantismus widerte ihn das Sektierertum an. So war er auch in der ersten Zeit nach dem Sturz des Kaiserreiches bald Royalist, bald Republikaner, bald Bonapartist. Eigentlich war er ein Skeptiker. Er starb 1892, von der Menge schon halb vergessen. Seine pomphafte Beisetzung im Pantheon rief ihn in ihr Gedächtnis zurück.

Wie Strauß faßte Renan den Plan seines Lebens Jesu im Zusammenhang mit dem Plan einer allgemeinen Darstellung der Geschichte und des Dogmas der alten Kirche. Jedoch war seine Absicht rein historisch. Auf Grund der Geschichte eine neue dogmatische Anschauung zu entwickeln, wie Strauß es vorgehabt hatte, lag ihm fern. Er führte diesen Plan auch durch: »Les Apôtres« erschien 1866; »St. Paul« 1869; »L'Antéchrist« 1873; »Les Evangiles« 1877; »L'Église chrétienne« 1879; »Marc-Aurèle et la fin du monde antique« 1881. Manche unter diesen Werken sind bedeutender als die Schrift, mit der er die Serie eröffnete; aber für die Welt existierte er doch nur als der Verfasser des Lebens Jesu.

Er entwarf es zu Ghaza und widmete es seiner Schwester Henriette, die bald darauf in Syrien starb und in Byblos begraben liegt.

Das erste Leben-Jesu für die katholische Welt! Sie war bisher von den zweieinhalb Menschenaltern Leben-Jesu-Forschung kaum berührt worden, am wenigsten die romanische. Straußens Werk war zwar ins Französische übersetzt worden,[1] hatte aber nur eine vorübergehende Bewegung und noch dazu nur in einem kleinen Kreise von Intellektuellen hervorgerufen. Nun erschien ein in französischem Geiste geschriebenes Buch, das der romanischen Welt den Ertrag der ganzen deutschen Forschung mit einem Schlage übermittelte!

Und es war nicht bloß ein Ereignis für die katholische Welt: Renans Leben-Jesu bedeutete ein Ereignis in der Weltliteratur. Er legte das Problem, das bisher nur die Theologen beschäftigt hatte, der ganzen gebildeten Welt vor. Aber nicht als Problem, sondern als eine Frage, die er durch Wissenschaft und ästhetisches Nachempfinden für sie gelöst hatte. Er bot ihnen einen Jesus dar, der lebte, den er als Künstler unter dem blauen Himmel Galiläas getroffen und mit begeistertem Griffel festgehalten hatte. Die Welt aber war ergriffen und glaubte Jesum zu schauen, weil sie mit Renan blauen Himmel, wogendes Saatenmeer, ferne Berge und leuchtende Lilien um den See Genezareth sah und mit ihm im rauschenden Schilf die ewige Melodie der Bergpredigt vernahm.

Freilich war das ästhetische Naturempfinden, welches dieses Leben-Jesu hervorgebracht hat, weder groß noch rein. Es bleibt ein Rätsel, wie die französische Kunst, die die Natur in der Malerei so herb und gewaltig, so im großartigsten Sinne objektiv erfaßt, wie man es bei kaum einem andern Volke findet, sie in der Poesie fast nur lyrisch-sentimental, gemacht, subjektiv im schlechtesten Sinne empfindet. Renan macht hiervon ebensowenig eine Ausnahme wie Lamartine und Pierre Loti. Er betrachtet die Landschaft mit den Augen eines Dekorationsmalers, der darin Motive für ein lyrisches Stück sucht, das ihn beschäftigt. Aber das merkte die Menge nicht, weil sie die aufgeputzte Natur eben gewohnt und durch eine gewisse Lyrik so verbildet war, daß ihr die Unterscheidung zwischen dem Wahren und dem Gemachten abging. Und diejenigen, die es hätten merken können, waren so erstaunt und ergriffen, Jesum in Galiläa zu schauen, daß sie sich dem Zauber eben hingaben.

Zu diesem gekünstelten Naturempfinden nahm man noch viel anderes mit in Kauf. Es gibt kaum ein Werk, daß so von Geschmacklosigkeiten – und der grauenhaftesten Art – wimmelt, wie Renans Leben-Jesu. Es ist »christliche Kunst« im schlechtesten Sinne des Wortes, Wachsfigurenkunst. Den sanften Jesus, die schönen Marien und die minniglichen Galiläerinnen, die das Gefolge des »charmanten Tischlers« bilden, hat er miteinander aus den Schaufenstern der christlichen Kunsthandlungen der Place St. Sulpice gestohlen. Dennoch ist es ein Wunderwerk. Es verletzt und zieht wieder an. Ganz fertig wird man nie damit, und übertroffen wird es

1 La vie de Jésus de D. Fr. Strauß. Traduite par M. Littré 1840.

auch kaum jemals werden, denn die Natur geizt mit den Menschen, die so schreiben können, und nur selten wird ein Buch so als Kind der Begeisterung geboren, wie das Werk, das Renan dort auf Galiläas Hügeln entwarf.

Gleich die Darlegung über die Quellen des Lebens Jesu ist ein literarisches Meisterstück. Wie spielend macht er sein Publikum mit den Forschungen der Strauß, der Baur, der Reuß und der Colani bekannt. Er deduziert nicht, sondern läßt die Erkenntnisse in plastischer Gestalt vor dem Leser erstehen, der alsbald in der neuen Welt als in einer bekannten wandelt. Seine Plastik ist nicht hart; alles ist durch die Kunst der Übergänge, die Wagner in einem Briefe als die höchste preist, in Luft und Atmosphäre gehüllt. Aber auch wieviel Trug und Verhüllung in dieser Kunst! Mit wenigen Strichen hat er die Stellung der Synoptiker zu Johannes gezeichnet. Die Alternative ist gestellt; man meint, es gäbe nichts zwischen diesem Ja oder Nein. Nun beginnt das kunstreiche Zurückmodulieren. Die Reden des Johannes sind unhaltbar; denn so kann der historische Jesus nicht gesprochen haben. Aber die historischen Angaben? Er erklärt sich besiegt durch die – plastische Darstellung der Leidensgeschichte. Züge wie: »Es war Nacht«, »Sie hatten aber ein Kohlenfeuer angezündet«, »Der Rock war ungenäht«, können nicht erfunden sein. Also muß dieses Evangelium irgendwie auf den Busenjünger zurückgehen. Vielleicht, fast sicher, wurde er, da er als Greis die andern Evangelien las, durch gewisse Ungenauigkeiten unangenehm berührt, und konnte sich dazu noch verletzt fühlen, daß man ihm in der Geschichte Jesu einen zu kleinen Platz anwies. Er fing an, eine Menge von Sachen zu diktieren, die er besser wußte als die andern, zugleich mit der Absicht zu zeigen, daß in vielen Fällen, wo man nur von Petrus sprach, er auch figuriert hatte, und zwar an erster Stelle. Zuweilen war die Erinnerung ganz frisch, zuweilen alteriert. Als er die Reden schrieb – wenn er sie geschrieben hat – hatte er den See Genezareth und die »reizenden« Gespräche, die er an seinen Ufern vernommen hatte, vergessen. Er lebte ja in einer ganz andern Welt. Mit den Ereignissen des Jahres 70 war ihm die Hoffnung auf die Wiederkunft seines Meisters entschwunden. Das Jüdische fiel von ihm ab, und da er noch jung war, lebte er sich in die synkretistische, philosophische und gnostische Welt ein, die ihn zu Ephesus umgab. So nahm auch die Gedankenwelt Jesu für ihn eine neue Gestalt an, obwohl man die Reden doch lieber als das Werk der Schule fassen möchte. Aber eigentlich bleibt Johannes doch der beste Biograph. Oder besser gesagt: Alle Evangelien sind zwar Biographien, aber legendarische Biographien, wenn sie auch aus dem ersten Jahrhundert stammen. Die Texte müssen interpretiert werden, und zwar durch den Geschmack. Man muß sie mit Sanftmut nötigen, bis sie sich einander nähern und sich zu einer Einheit zusammenschließen, in der sich alle Angaben glücklich verschmelzen.

Wie man dies macht, zeigt Renan später bei der Schilderung des Todes Jesu: »Plötzlich«, erzählt er, »tat Jesus einen schrecklichen Schrei, bei dem die einen vernahmen: ›Vater in deine Hände befehle ich meinen Geist!‹, den die andern aber, mehr auf die Erfüllung der Prophezeiungen bedacht, mit den Worten: ›Es ist vollbracht‹ wiedergaben.«

Die authentischen Worte Jesu offenbaren sich gewissermaßen von selbst! Sowie man sie in dem Chaos ungleichmäßiger Überlieferung berührt, fühlt man sie vibrieren. Sie kommen alsbald und stellen sich an ihren Ort, wo sie dann ihre wundervolle Plastik erhalten. Für denjenigen, welcher auf dem Heimatboden Jesu das Leben des Meisters schreibt, sind die Evangelien weniger Urkunden als Motive zu Offenbarungen. »Ich hatte«, bekennt Renan, »ein fünftes Evangelium vor meinen Augen, zerfetzt, aber noch lesbar, und von da an erblickte ich durch die Berichte des Matthäus und Markus hindurch statt eines abstrakten Wesens, von dem man behauptete, es habe nie existiert, ein wunderbares Menschenantlitz mit Leben und Bewegung.« Diesen Jesus des fünften Evangeliums will er schildern.

Dabei soll sich der Leser durch die Aufregung über die Wunderfrage nicht aus der Stimmung bringen lassen. Der Verfasser will weder die Möglichkeit noch die Unmöglichkeit von Wundern bestreiten, sondern redet nur als Historiker. »Wir sagen nicht: Das Wunder ist unmöglich! Wir sagen: Es hat bis jetzt kein konstatiertes Wunder gegeben.«

Von einem historischen Plan ist natürlich bei dem von Renan beobachteten Verfahren keine Rede. Jedes Wort fügt sich da ein, wo es eben am besten paßt. Keines wird übergangen; aber auch keines erscheint in seiner historischen Situation. Mit den einzelnen Szenen schaltet er in schrankenloser Willkür! So darf die Anfrage der Mutter Jesu erst in der letzten Periode des Lebens Jesu erfolgen, weil sie zu der Harmlosigkeit der ersten Zeit nicht paßt. Gewisse Auftritte werden aus der letzten Periode in die erste versetzt, weil sie für die letzte nicht düster genug sind. Andere wieder werden zu Verallgemeinerungen mißbraucht. Es genügt nicht, daß Jesus einmal auf dem Esel ritt, wobei die Jünger im Freudenrausche die Kleider auf den Weg breiteten: nach Renan ritt er schon in Galiläa immer auf einem Maultier, »diesem im Orient so sanften und sicheren Reittier, dessen großes schwarzes Auge, mit langen Wimpern beschattet, viel Sanftmut hat«. Zuweilen entfalteten dann die Jünger um ihn einen ländlichen Pomp mit ihren Kleidern, die die Stelle der Teppiche vertraten. Sie legten sie auf das Maultier, welches ihn trug, oder breiteten sie vor ihm auf dem Wege aus.

Nichtssagende Szenen werden von Renan umständlich geschildert, wichtige oft kaum gestreift. »Eines Tages sogar«, heißt es bei der Schilderung des ersten Jerusalemaufenthaltes, »soll ihn, wie man sagt, der Zorn übermannt haben; er schlug die unwürdigen Händler mit der Peitsche und stieß die Tische um.« Dies die Art, wie die Tempelreinigung eingefügt wird. Auf diese Weise kann man auch ein Wunder einschmuggeln, ohne sich weiter darüber zu erklären. Das Kanawunder wird durch folgende unauffällige Wendung in die Schilderung der glücklichen galiläischen Zeit verwoben: »Eines seiner Wunder tut Jesus, um eine kleinstädtische Hochzeitsgesellschaft zu erheitern.«

Ein Vorspiel leitet dieses Leben-Jesu ein. Der Herr hat nämlich in Galiläa gewohnt, ehe er zum Täufer kam. Als er von dessen Erfolgen hörte, begab er sich mit seiner kleinen Schule zu ihm. Beide Meister waren jung; Jesus wurde der Nachahmer des Täufers. Zum Glück verschwand dieser bald vom Schauplatz, denn sein Einfluß auf Jesus war in gewissem Sinne verderblich. Der galiläische Meister stand im Begriff, die sonnige Religion, welche ihm seine einzige Lehrmeisterin, die lachende und großartige Natur der Heimat gegeben hatte, zu verlieren und ein finsterer jüdischer Sektierer zu werden. Aber dies alles fiel wieder von ihm ab, als er nach Galiläa zurückkehrte. Er wurde wieder er selbst. Das einzige, wovon er bei Johannes profitiert hatte, war eine gewisse Predigtunterweisung gewesen. Er hatte von ihm gelernt, wie man auf Massen wirkt. Von jenem Augenblicke an predigt er mit viel mehr Kraft und zwingt sich der Menge gewissermaßen auf.

Mit der Rückkehr nach Galiläa setzt der erste Akt des Stückes ein. Die Geschichte des aufblühenden Christentums ist ein Pastorale. Voll Ingrimms schreibt Bauer in seinem »Philo, Strauß und Renan«: »Renan, zugleich Dichter des Stückes, Regisseur und Theaterdirektor, gibt das Zeichen zum Anfang und auf seinen Wink werden die elektrischen Lichter mit neuer Leuchtkraft genährt, steigen die bengalischen Flammen auf, wird das Gaslicht höher geschraubt und, während die Flöten und Schalmeien des Orchesters die Introduktion anstimmen, lagert sich das Volk zwischen den Gebüschen und am Ufer des Sees.«

Sie war auch so zutraulich, diese sanfte und friedvolle Gesellschaft der galiläischen Fischer. Und er, der junge Tischler, zauberte für ein Jahr das Reich Gottes auf die Erde, durch die unendliche Sanftheit, die von ihm ausging. Eine Gruppe von Männern und Frauen, alle von demselben Geiste jugendlicher Unberührtheit und naiver Unschuld bewegt, hingen ihm an und sagten: Du bist der Messias. Von den Frauen wurde er mehr geliebt, als er selbst liebte; aber aus »Leidenschaft« für die Glorie seines Vaters zog er diese herrlichen Geschöpfe (belles créatures) an sich heran und litt, daß sie ihm und Gott dienten. Drei oder vier ergebene Galiläerinnen begleiteten ihn immer und stritten sich um das Vergnügen (le plaisir), ihn zu hören und zu pflegen. Einige unter ihnen waren reich und setzten durch ihr Vermögen den »reizenden« Propheten in Stand zu leben, ohne sein Handwerk auszuüben. Am ergebensten war ihm die Magdalenerin, deren zerrütteter Organismus durch die reine und sanfte Schönheit (par la beauté pure et douce) des jungen Rabbi geheilt worden war.

So zog er auf dem langbewimperten, sanften Maultier von Stadt zu Stadt, von Dorf zu Dorf. Die »köstliche Theologie der Liebe« (la délicieuse théologie de l'amour) gewann ihm alle Herzen. Seine Predigt war sanft und mild (suave et douce), voll von Natur und dem Duft des Landes. Wohin er kam, war ein Fest. Bei Hochzeiten war er gerngesehener Gast; zu den Gelagen, die er gab, wurden die Courtisane und der gute Zachäus geladen.

»Das war«, bemerkt Noack, »die Mumie des galiläischen Landrabbinen, die der Franzose in lebensvoller Haltung, in strahlendem Glanze des Weltbeglückungsstrebens und in rührendem Schein des Dulderschicksals auf die Bühne brachte.«

Auf der Passahfestreise am Ende dieses ersten Jahres kommt Jesus in Konflikt mit den Hauptstadtrabbinen. Der »reizende Lehrer, der allen verzieh, wenn sie ihn nur liebten«, fand in Jerusalem Leute, auf die sein Zauber nicht wirkte. Als er nach Galiläa zurückkehrte, »hatte er seinen jüdischen Glauben vollständig verloren, und eine revolutionäre Glut loderte in ihm«. Der zweite Akt beginnt. »Die Sache wird ernster und düsterer und Straußens Schüler läßt die Flammen seiner Bühne niedriger schrauben«.[2] Der »reizende Moralist« von ehedem ist ein transzendenter Revolutionär geworden. Bisher hatte er das Reich Gottes ganz natürlich, durch Belehrung und Einwirkung auf Menschen, zur Herrschaft bringen wollen. Die jüdische Eschatologie stand im fernen Hintergrund. Jetzt macht er mit ihr Ernst. Eine Weltrevolution muß kommen, damit er triumphiere. Die Spannung zwischen seinen rein ethischen und diesen eschatologischen Gedanken macht von nun an die Kraft seines Wortes aus. Vorbei die Unbefangenheit, vorbei die Freude!

Der Charakter des Helden selbst trübt sich. Um sich zu behaupten, wird er Wundertäter. Zwar hatte er schon vorher zuweilen unschuldige Künste gebraucht, um Eindruck zu machen, unschuldige Künste, wie sie später auch Jeanne d'Arc anwandte.[3] So hatte er sich den Anschein gegeben, intime Gedanken desjenigen, den er gewinnen wollte, zu kennen, oder er hatte ihn an irgendeinen Umstand, der seinem Herzen teuer war, erinnert. Er ließ die Leute bei dem Glauben, daß eine Art von Offenbarung ihn von gewissen Dingen in Kenntnis setzte. Zuletzt raunte man sich zu, er unterhielte sich auf den Bergen mit Moses und Elias. Aber die Rolle, mit der er vorher bloß gespielt hatte, sieht er sich jetzt gezwungen, im Ernst zu übernehmen. Gegen seinen Willen kommt er dazu, sein Werk auf das Wunder zu gründen. Er muß wählen: entweder auf seine Mission verzichten oder Thaumaturg werden. So gab er sich denn dazu her, in manchen Wundern eine aktive Rolle zu spielen. Verständnisvolle Freunde halfen ihm dazu. In Bethanien ging etwas vor, das wie eine Auferstehung

2 Bruno Bauer in: »Philo, Strauß und Renan«.
3 Renan schreckt vor dieser geschmacklosen Parallele nicht zurück.

angesehen wurde. Vielleicht war dieses Wunder von Lazarus inszeniert worden. Schwer krank hatte er sich als einen Toten umwickeln lassen. Die Schwestern riefen Jesum und brachten ihn an das Grab, worein sie ihn gelegt hatten. Er wollte den Freund noch einmal sehen, und da er schmerzerfüllt über ihn rief, trat dieser heraus. Warum sollen die Geschwister davor zurückgeschreckt sein, für den Meister, an dessen Wunder sie ja glaubten, ein Wunder zu schaffen? Wo war denn sein »verehrter Meister« Strauß, als Renan unter die Rationalisten fiel?

So spielte Jesus seine Rolle achtzehn Monate, von Ostern 31 bis Laubhütten 32. Wie war der sanfte Meister der Bergpredigt verändert! Seine Rede wird hart. In der Synagoge zu Kapernaum treibt er die Menge von sich durch die anstößigen Worte vom Essen und Trinken seines Fleisches und Blutes. Das »sehr Materialistische des Ausdrucks«, das bei ihm immer den natürlichen Gegenpol des »sehr Idealistischen des Gedankens« gebildet hatte, tritt immer stärker hervor. Zwar war sein Reich Gottes im Grunde noch immer das Reich der Armen, das Reich der Seele, das große geistige Reich; aber er verkündet es jetzt als das Reich der Apokalypsen. Und doch, in dem Augenblick, wo er alles auf eine übernatürliche Erfüllung zu stellen scheint, schafft er mit seltener Sicherheit des Blicks die Basis für eine dauerhafte Kirche: er gründet das Institut der Zwölfe und stiftet das Gemeinschaftsmahl. Es ist nämlich sicher, daß das »Abendmahl« nicht erst an jenem letzten Abend eingesetzt wurde, sondern daß er mit den Seinen schon seit der zweiten galiläischen Periode jenen mysteriösen Ritus des Brotbrechens übte, der das Symbol seines Todes enthielt.

Jetzt ist er von allem Irdischen losgelöst. Nichts existiert mehr für ihn. Ein merkwürdiges Sehnen nach Verfolgung und nach Martyrium hat ihn ergriffen. Dabei ist es nicht der Entschluß, irgendwie eine Sühnetat für sein Volk zu vollbringen, der ihn mit dem Todesgedanken vertraut macht, sondern er wird ihm nahegebracht durch die Erkenntnis, daß er sich auf einer Bahn befindet, wo er seine Rolle nur noch wenige Monate oder Wochen durchführen kann. So macht er sich, äußerlich ein Held, innerlich aber halb gebrochen, weil er von seiner Bahn abgekommen, auf den Weg nach Jerusalem. Das treue, sanfte, langbewimperte Maultier trägt ihn unter dem Jubel der Menge durch das Tor der Hauptstadt.

Der dritte Akt beginnt; die Bühne ist dunkel und wird immer dunkler, bis zuletzt durch das Dunkel der Szene nur noch eine Frauengestalt durchschimmert, die vor dem Grabe in höchstem Schmerz durch die Vision dem Geliebten das Leben zurückgeben soll. Dunkel wurde es in der Seele der Jünger und in der des Meisters. Die leidenschaftliche Eifersucht zwischen Judas und Johannes machte den einen zum Verräter. Jesus aber kämpfte seine schwere Stunde in Gethsemane durch. Einen Augenblick erwachte die menschliche Natur in ihm; alles was er abgetötet hatte, womit er fertig zu sein glaubte, erstand wieder lebendig vor dem Menschen, der dort auf dem Boden lag. »Erinnerte er sich der klaren Brunnen Galiläas, an denen er sich hätte erfrischen können? des Weinstocks und des Feigenbaums, unter denen er hätte rasten können? der Jungfrauen, die vielleicht eingewilligt hätten, ihn zu lieben? Bedauerte er seine zu erhabene Natur? Ein Opfer seiner Größe, vergoß er Tränen, nicht der einfache Handwerker von Nazareth geblieben zu sein? Man weiß es nicht!« –

Er ist tot. – Als stünde er auf dem »Père–Lachaise«, mit dem Nachruf für ein »Membre de l'Institut« beauftragt, redet ihn Renan an: »Ruhe jetzt in deiner Glorie, edler Bahnbrecher ... Du Sieger über den Tod, ergreife Besitz von deinem Reiche, in das dir, auf der Königsstraße, die du gebahnt hast, Jahrhunderte von Anbetern folgen werden.«

Klingelzeichen. Der Vorgang beginnt zu fallen; die Klappstühle gehen in die Höhe. Kaum hört man noch den Epilog: »Jesus wird nicht übertroffen werden. Sein Kultus wird sich immerfort verjüngen; seine Legende wird endlos Tränen hervorrufen; seine Leiden werden die besten Herzen erweichen; alle Jahrhunderte werden es verkünden, daß unter den Menschensöhnen kein größerer geboren ist als Jesus.«

Das Buch erlebte acht Auflagen in drei Monaten. Nicht minder großen Erfolg hatten die Gegenschriften. Die von Freppel erschien schon 1864 in zwölfter Auflage.[4] Ihre Zahl war Legion. Was eine Soutane trug und eine Feder rühren konnte, focht wider Renan, die Bischöfe in der ersten Reihe. Der Ton war nicht immer sehr vornehm und die Logik nicht immer sehr tief. Für die meisten kam es nur darauf an, die Gottheit Christi[5] und das Wunder zu retten, was sie mit dem Nachweis der groben Selbstwidersprüche im Werke Renans getan zu haben glaubten. Zuweilen aber auch vernimmt man in diesen Widerlegungen die Stimme eines vornehmen sittlichen Bewußtseins, welches das Grundübel des Werkes, die innere sittliche Haltlosigkeit der Weltanschauung des Verfassers, erkannt hat.[6] Freilich, für manche genügte die einfache »Refutatio« nicht; man hätte gerne Maßregeln gegen Renan gesehen. Einer der erbittertsten Gegner, Amadée Nicolas, rechnet im Anhange seiner Streitschrift aus, zu welcher Maximalstrafe die bestehenden Bestimmungen gegen den Freigeist Handhabe böten, und will das Gesetz vom 25. März 1822 angewandt wissen, nach welchem ihm »wegen Schmähung oder Lächerlichma-

4 Charles Emile Freppel (Abbé), Professeur d'éloquence sacrée à la Sorbonne: Examen critique de la vie de Jésus de M. Renan. 148 S. Paris 1848. – Henri Lasserres Streitschrift »L'évangile selon Renan« zählte in demselben Jahre 1864 gar schon vierundzwanzig Auflagen.

5 Lettre pastorale de Monseigneur l'Archevêque de Paris (Georges Darboy) sur la Divinité de Jésus-Christ et Mandement pour le carême de 1864.

6 Siehe z. B. Félix Antoine Philibert Dupanloup, Evêque d'Orléans: Avertissement à la jeunesse et aux pères de famille sur les attaques dirigées contre la religion par quelques écrivains de nos jours. Paris 1864. 141 S.

chung einer vom Staat anerkannten Religion« fünf Jahre Gefängnis zukämen.[7]

Für Renan traten ein: der »Siècle«, die »Débats«, damals die erste Zeitung Frankreichs, und der »Temps«, in welchem Scherer fünf Artikel über das Werk veröffentlichte. Sogar die »Revue des Deux Mondes«, die einst ihre warnende Stimme gegen Strauß erhoben hatte, ließ sich mit fortreißen und nahm in ihrer Augustnummer von 1863 eine kritische Analyse von Havet auf, der Renans Unternehmen als eine große Tat pries und nur die Inkonsequenzen tadelte, mit denen er das Radikale seines Unternehmens zu mildern versucht[8] hatte. Später änderte die Revue ihre Stellung und trat auf die Seite der Gegner.

Im protestantischen Lager empfand man das Unwürdige der sentimentalen Glasur, welche Renan seinem Werke gegeben hatte, damit es vor dem Volke in lebendigen Farben schillerte, noch stärker als im katholischen. In vier wundervollen Briefen stellte Athanase Coquerel d. J. den Autor darüber zur Rede.[9] Vom Standpunkte der wissenschaftlichen Orthodoxie aus verurteilte ihn E. de Pressensé[10] und widerlegte ihn alsbald durch ein groß angelegtes Leben-Jesu.[11] Ihm widersprach Albert Réville, der die kritische Leistung Renans anerkannt wissen wollte.[12]

Im allgemeinen aber war die junge französische kritische Theologie, was man die Straßburger Schule nannte, von Renan enttäuscht. Ihr Sprecher war Colani. »Das ist nicht der Christus der Geschichte«, schreibt er 1864 in der »Revue de Théologie«, »der Christus der Synoptiker: es ist der Christus des vierten Evangeliums, aber ohne seinen metaphysischen Heiligenschein und mit einem Pinsel übermalt, welcher gar auffällig getränkt ist zugleich mit dem melancholischen Blau der modernen Poesie, dem Rosa der Idylle des achtzehnten Jahrhunderts und einer grauen Moralphilosophie, die von La Rochefoucauld herzustammen scheint.« »Indem

7 Amadée Nicolas: Renan et sa Vie de Jésus sous les rapports moral, légal et littéraire. Appel à la raison et la conscience du monde civilisé. Paris 1864.

8 Ernest Havet, Professeur au Collège de France: Jésus dans l'histoire. Examen de la Vie de Jésus par M. Renan. Extrait de la Revue des Deux Mondes. Paris 1863. 71 S.

9 Zwei französische Stimmen über Renans Leben-Jesu von Edmond Scherer und Athanase Coquerel d. J. Ein Beitrag zur Kenntnis des französischen Protestantismus. Regensburg 1864.

10 E. de Pressensé: L'école critique et Jésus-Christ. A propos de la vie de Jésus de M. Renan.

11 E. de Pressensé: Jésus-Christ, son temps, sa vie, son œuvre. Paris 1895. 648 S. Im übrigen ist der Plan des Werkes dem Renans gleich. Er teilt das Leben Jesu in drei Perioden: 1. Le temps de la faveur publique; 2. La période de lutte; 3. La grande semaine. Mort et victoire. Als Einleitung dient der Darstellung eine große Abhandlung über das Übernatürliche (Le surnaturel), die den supranaturalistischen Standpunkt des Verfassers zum Ausdruck bringt.

12 Albert Réville: La vie de Jésus de Renan devant les orthodoxes et devant la critique. 1864. Zwei Auflagen in demselben Jahr.

ich diesem Empfinden Ausdruck gebe«, fährt er fort, »glaube ich im Namen desjenigen Kreises zu sprechen, den man die neue protestantische Theologie oder die Straßburger Schule nennt. Wir haben Herrn Renans Buch mit einem sympathischen Interesse geöffnet; geschlossen haben wir es mit einer lebhaften Enttäuschung.«[13]

Die Straßburger Theologie hatte ein Recht, sich über Renan zu beklagen, denn er hatte ihre Saat zerstampft. Sie hatte eben angefangen, die Aufmerksamkeit zu erregen und als eine stille, sicher wirkende Kraft das gesamte französische Geistesleben zu beeinflussen. Sainte-Beuve hatte auf die Reuß, die Colani, die Réville und die Scherer hingewiesen. Zu ihnen gehörten noch Michel Nicolas aus Montauban und Gustave d'Eichthal. Nefftzer, der Redakteur des »Temps«, zugleich ein Prophet der kommenden politischen Ereignisse, verfocht ihre Sache in der Pariser literarischen Welt. Die damalige »Revue Germanique«, deren Einfluß auf die französische Literatur man nicht hoch genug anschlagen kann, war ihr Bundesgenosse. Da kam Renan, regte die öffentliche Meinung auf, knüpfte alles, was Kritik und religiöse Aufklärung hieß, an seinen Namen und diskreditierte es. Durch die unzeitige und allzuglatte Popularisierung der Gedanken der kritischen Schule machte er ihre stille Arbeit zunichte. Die Sensation, die sein Buch erregte, verschlang die Arbeit jener edlen und vornehmen Geister, die nun in einen Kampf mit der aufgeregten Pariser Orthodoxie verwickelt wurden, in dem sie sich nur mit Mühe behaupten konnten. Bis auf den heutigen Tag bildet Renans Buch das größte Hindernis jeder tieferen religiösen Aufklärung in Frankreich.

Die Aufregung, die es bei seinem Erscheinen jenseits des Rheines hervorrief, war kaum geringer als in Paris. In einem Jahre erschienen fünf verschiedene deutsche Übersetzungen. Auch viele französische Gegenschriften wurden übertragen.[14] Die deutsche katholische Presse regte sich maßlos auf;[15] die protestantische war maßvoll, anerkennend und wagte sogar ihre Bewunderung für das Historische an der Leistung auszusprechen. Beyschlag[16] sah in Renan einen Fortschritt über Strauß hinaus, sofern nach ihm das Leben Jesu, wie es die Evangelisten erzählen, zwar in keiner Weise übernatürlich, aber doch geschichtlich ist. Für eine gewisse

13 Timothée Colani, Pasteur: Examen de la vie de Jésus de M. Renan. Revue de Théologie. Strasbourg. In Separatdruck. 74 S. 1864. Strasbourg-Paris.

14 Lasserre: Das Evangelium nach Renan. Deutsch. München 1864. – Freppel: Kritische Beleuchtung der E. Renanschen Schrift. Deutsch von Kallmus. Wien 1864. – Siehe auch Lamy, Professor der theologischen Fakultät der katholischen Universität Löwen: Renans Leben-Jesu vor dem Richterstuhle der Kritik. Übersetzt von August Rohling, Priester. Münster 1864.

15 Dr. Michelis: Renans Roman vom Leben Jesu. Eine deutsche Antwort auf eine französische Blasphemie. Münster 1864. – Dr. Sebastian Brunner: Der Atheist Renan und sein Evangelium. Regensburg 1864. – Albert Wiesinger: Aphorismen gegen Renans Leben-Jesu. Wien 1864. – Dr. Martin Deutlinger: Renan und das

Theologie war also Renan der Befreier von Strauß; besonders hoch rechnete man ihm die sophistische Rettung des vierten Evangeliums an. Weizsäcker sprach sich bewundernd aus. Strauß, weit davon entfernt, das »Leben Jesu für das deutsche Volk«, mit dem er damals beschäftigt war, gegen eine leichtfertige und frivole französische Behandlung des Gegenstandes zu richten, wie man es manchmal liest, grüßte Renan in der Vorrede als einen geistesverwandten Kämpfer und reichte ihm »über den Rhein hinüber die Hand«.

Unbeugsam blieb Luthardt.[17] »Wo liegt Renans Fehler?«, fragt er. »Es fehlt ihm das sittliche Bewußtsein.«

Das ist recht geurteilt. Weil er dieses sittliche Bewußtsein nicht hatte, hat er nicht scharf sehen wollen, wo er mußte. Eine große Unwahrhaftigkeit zieht sich vom Anfang des Buches zum Ende. Renan will den Christus des vierten Evangeliums schildern und glaubt nicht an die Authentie und die Wunder desselben. Er will ein wissenschaftliches Werk schreiben und denkt an das große Publikum, auf das er wirken soll. So hat er zwei Werke ineinandergeschweißt. Der Historiker verzeiht es ihm schwer, daß er dem Problem der Entwicklung Jesu, auf das er durch seine starke Betonung der Eschatologie geführt wurde, nicht tiefer nachgegangen ist und an Stelle der Lösung romanhafte Phrasen bot.

Dennoch wird dieses Werk Deutschen und Franzosen immer etwas bleiben. Der Deutsche wird davon oft fast bis zur Urteilslosigkeit fasziniert, weil er darin deutsche Gedanken in fremder und neuer Form findet. Umgekehrt entdeckt der Franzose hinter der ihm gewohnten, hier so meisterhaft gehandhabten Form, Ideen einer fremden Welt, die er sich nie assimilieren kann und die ihn doch immer wieder anzieht. In diesem Doppelcharakter liegt der unvergängliche Zauber des Buches.

Und seine Schwäche? Daß es von einem geschrieben, dem das Neue Testament zuletzt doch etwas Fremdes war, der es nicht von Jugend auf in der Muttersprache gelesen, nicht in jener einfachen reinen Welt lebte und atmete, sondern sie mit Sentimentalität parfümieren mußte, um sich darin wohl zu befinden.

Wunder. Ein Beitrag zur christlichen Apologetik. München 1864. – Dr. Daniel Bonifacius Haneberg: Ernest Renans Leben-Jesu. Regensburg 1864.

16 Willibald Beyschlag, Doktor und Professor der Theologie: Über das Leben-Jesu von Renan. Vortrag, gehalten zu Halle (Saale), den 13. Januar 1864. Berlin.

17 Chr. Ernst Luthardt, Doktor und Professor der Theologie: Die modernen Darstellungen des Lebens Jesu. Eine Besprechung der Schriften von Strauß, Renan und Schenkel, sowie der Abhandlungen von Coquerel d. J., Scherer, Colani und Keim. Vortrag. Leipzig 1864.

Von den übrigen protestantischen Gegenschriften wären zu nennen:

Dr. Herm. Gerlach: Gegen Renans Leben-Jesu. Berlin 1864. 94 S. – Br. Lehmann: Renan wider Renan. An die Gebildeten des deutschen Volks. Vortrag. Zwickau 1864. – Friedrich Baumer: Schwarz, Strauß, Renan. Vortrag. Leipzig 1864. – John Cairns, Dr. theol.: Falsche Christi und der wahre Christus, oder

Verteidigung der evangelischen Geschichte gegen Strauß und Renan. Ein Vortrag, gehalten vor der National-Bibelgesellschaft. Aus dem Englischen übersetzt. Hamburg 1864. – Bernhard ter Haar, Dr. theol. und Professor zu Utrecht: Zehn Vorlesungen über Renans »Leben-Jesu«. Deutsch von H. Doermer. Gotha 1864. – Paulus Cassel, Professor und Lizenziat der Theologie: Bericht über Renans Leben-Jesu. Berlin 1864. 73 S. – J. J. van Osterzee, Doktor und Professor der Theologie zu Utrecht: Geschichte oder Roman? Das Leben-Jesu von Ernst Renan vorläufig beleuchtet. Aus dem Holländischen. Hamburg 1864.

14 Die liberalen Leben-Jesu

DAVID FRIEDRICH STRAUSS: Das Leben Jesu für das deutsche Volk bearbeitet. Leipzig 1864. 631 S. – Der Christus des Glaubens und der Jesus der Geschichte. Eine Kritik des Schleiermacherschen Lebens Jesu. Berlin 1865. 223 S. Beilage S. 224–240: Der Schenkelsche Handel in Baden. (Verbesserter Abdruck aus Nr. 441 der National-Zeitung vom 21. September 1864.) – Die Halben und die Ganzen. 1865.

DANIEL SCHENKEL: Das Charakterbild Jesu. Wiesbaden 1864 (1. und 2. Auflage). 405 [illegible] 4. Auflage mit einem Vorwort gegen Straußens »Der alte und der neue Glaube«. 1873.

KARL HEINRICH WEIZSÄCKER: Untersuchungen über die evangelische Geschichte, ihre Quellen und den Gang ihrer Entwicklung. Gotha 1864. 580 S. 2. Auflage 1901.

HEINRICH JULIUS HOLTZMANN: Die synoptischen Evangelien. Ihr Ursprung und geschichtlicher Charakter. Leipzig 1863. 514 S.

THEODOR KEIM: Die Geschichte Jesu von Nazara. 3 Bände. Zürich. – I. Bd. 1867. 446 S. II. Bd. 1871. 616 S. III. Bd. 1872. 667 S. – Die Geschichte Jesu. Zürich 1872. 398 S.

KARL HASE: Geschichte Jesu. Nach akademischen Vorlesungen. Leipzig 1876. 612 S.

WILLIBALD BEYSCHLAG: Das Leben Jesu. Erster, untersuchender Teil. 1885. 450 S. Zweiter, darstellender Teil. 1886. 495 S. 2. Auflage 1887–1888.

BERNHARD WEISS: Das Leben Jesu. 2 Bände. 1. Auflage. 1882. 2. Auflage 1884. Erster Band, bis zur Täuferanfrage, 556 S. Zweiter Band 617 S.

»Ein Buch für Deutsche geschrieben zu haben in dem vollen Sinne, wie Renan eines für Franzosen geschrieben hat, ist alles, was ich wünsche«, sagt Strauß am Ende der Vorrede seines neuen Leben-Jesu. Er irrte sich. Trotz seines Titels wurde dies Buch kein Volksbuch. Es bot nichts Neues, und das, was es bot, nicht so, daß es Volksgut werden konnte. Zwar war auch Strauß ein Künstler, wie Renan. Aber er arbeitete nicht mit der effekthaschenden Phantasie des Romanschreibers: seine Kunst war schlicht und herb, nicht vom Volk, sondern nur von wenigen zu begreifen. Das Volk aber verlangt etwas Ganzes, etwas das lebt. Renan hatte ihnen eine lebendige Theaterfigur gegeben, und sie hatten ihm dafür gedankt. Das konnte Strauß nicht.

Schon die Einteilung des Werkes ist die denkbar unglücklichste. In seinem ersten Buch, »Das Leben-Jesu« betitelt, will er die einigermaßen historisch gesicherten Nachrichten, so gut es geht, zu einer einheitlichen Darstellung verbinden; in einem zweiten die »Mythische Geschichte Jesu in ihrer Entstehung und Ausbildung« schildern. Zuerst also reißt er den Efeu und die blühenden Schlinggewächse vom Baum herunter, der nun in zerfressener und vermoderter Rinde dasteht: dann heftet er das Abgewelkte wieder an den Stamm und schildert die Art, Herkunft und das Wachstum jeder einzelnen Gattung.

Wie war doch das Unternehmen von 1835 so ganz anders, so viel lebendiger gewesen! Dort hatte Strauß Stamm und Schlinggewächs nicht geschieden. Nur ahnend erfaßte man die strebende Gewalt, die diese rankende Pracht trug. Hinter den wallenden Sagennebeln war zuweilen die Riesengestalt Jesu wie von einem Blitz erleuchtet sichtbar geworden. Es war kein vollständiges und auch kein einheitliches Bild gewesen. Aber reich war es gewesen, reich an hingeworfenen Gedanken, reich an Widersprüchen, aus denen sich die Phantasie einen Jesus schaffen konnte. Nun fehlt dem zweiten Werk gerade jener Reichtum. Strauß will positiv darstellen. Bei dem unvermeidlichen Systematisieren und Schablonisieren muß er aber die genialsten Gedanken von ehedem verwerfen, weil sie sich nirgends einpassen wollen; andere werden entstellt; andere abgeschliffen.

Es fehlt auch jene ursprüngliche Vollkommenheit, die wir nur da finden, wo die Gedanken sich in Maienlaub und Maienblüte darstellen. Die Schilderung ist nicht mehr spontan, sondern man fühlt, daß Strauß Gedanken entwickelt, die er so und so oft durchgedacht hat, die mit ihm gereift, mit ihm gealtert sind und nun in einer gewissen Erstarrung ihre definitive Form gefunden haben. Keine nur angedeuteten verheißungsvollen Möglichkeiten tanzen mehr in bunter Reihe in dieser Dialektik umher; es ist ein vernünftiges, allzu vernünftiges Werk. Renan hatte etwas vor Strauß voraus: er schrieb sein Leben-Jesu, als ihm der Stoff selbst noch neu, fast fremd war, und in ihm intensive neue Empfindungen erregte.

Zu einem Volksbuch fehlt dem Werke noch jenes lebendige Durcheinander von Reflexion und Geschichte, ohne welches das Volk keine Geschichte begreifen kann. Diesen Reichtum hatte das erste Leben-Jesu gehabt, denn es war ganz von dem Hegelschen Gedanken über die Verwirklichung der Idee durchzogen. Mittlerweile hatte Strauß die Hegelsche Philosophie stürzen sehen und selbst keinen Weg zur Versöhnung von Geschichte und Idee gefunden, so daß sein Leben-Jesu eben nur eine geschichtliche Darstellung war. Darum konnte es auf das Volk keinen Eindruck machen.

In Wahrheit ist es nur eine volkstümliche Auseinandersetzung seines Verfassers mit den letzten dreißig Jahren der Leben-Jesu-Forschung, und zeigt, was er gelernt und was er nicht gelernt hat.

Nichts gelernt hat er in der synoptischen Frage. Die Evangelienforschung ist ihm »allzu üppig ins Kraut geschossen«. Mit mitleidiger Geringschätzung behandelt er die alten und neuen Verfechter der Markushypothese. Weiße ist ein Dilettant; Wilke hat keinen Eindruck auf ihn zu machen vermocht; Holtzmann kennt er noch nicht. Aber im folgenden

Jahr entlädt sich sein ganzer Grimm über den, der die verhaßte Hypothese neu fundiert und glücklich unter Dach gebracht hat. »Unsere jungen und alten Markuslöwen«, sagt er im Anhang der Kritik des Schleiermacherschen Lebens Jesu, »mögen brüllen so gut sie wollen: solange sich jedem ihrer Scheingründe für die Priorität ihres Evangeliums sechs wirkliche dawider stellen lassen, ja zum Teil von ihnen selbst in Form von Zugeständnissen späterer Überarbeitungen usf. entgegengestellt werden, bleibt mir die ganze Richtung ein Zeitschwindel, wie die Zukunftsmusik oder die Agitation gegen die Kuhpockenimpfung, und ich glaube sogar im Ernst, daß es dieselbe Art von Köpfen ist, die je nach Umständen in diese oder jene Art von Schwindel verfallen wird.« Man möge ihm doch nicht zumuten, die von Holtzmann aufgeworfenen kritischen Maulwurfshügel für Gebirge zu halten.

Gegen diese Gegner wird sogar Schleiermacher zu Hilfe gerufen, der den tertiären Charakter des Markus scharf und vorurteilsfrei gewürdigt habe. Auch Gfrörers Ansicht, daß Markus sein Evangelium für die Bedürfnisse der Gemeinde aus Matthäus und Lukas unter Auslassung alles Anstößigen zusammengeschrieben habe, ist nicht zu schlecht, um gegen die verblendeten Markusfreunde geltend gemacht zu werden. Baur wird vorgeworfen, er sei in seiner Evangelienkritik zu tendenziös und habe seine, Straußens, Anregungen weitergeführt und gemeint, etwas Neues zu bieten, wo er nur eine Ergänzung brachte. Zuletzt gebe er aber nur eine Kritik der Evangelien, ohne Kritik der evangelischen Geschichte.

Doch diese Gereiztheit gegen Baur legt sich, sowie Strauß auf das vierte Evangelium zu sprechen kommt. Hier hat der Lehrer den Kampf zu Ende geführt, den der Schüler unternommen hatte. Strauß fühlt sich gedrungen, sich »für die johanneische Frage bei den Tübingern zu bedanken«. Was er nur negativ ausführen konnte, daß nämlich das vierte Evangelium keine Geschichtsquelle, sondern ein theologisches Produkt sei, hätten sie positiv begründet und der Schrift den ihr in der Evolution der Gedanken zukommenden Platz angewiesen. Nur eines sei zu tadeln: Baur versetze das vierte Evangelium zu sehr in die Sphäre der reinen Geistigkeit. »Nun ist es aber«, sagt Strauß, »das sinnlichste von allen.« Zwar nimmt der Evangelist, führt Strauß aus, einen Anlauf, Wunder und Eschatologie symbolisch zu deuten; er bleibt aber auf halbem Wege stehen, sinkt in das Mirakel zurück, das er dann ebensosehr faktisch steigert, wie er es geistig bedeutsamer macht; »er stellt neben das geistige Wiedersehen Jesu im Paraklet, sein sinnliches Wiederkommen mit den Wundmalen, neben das innerliche, schon gegenwärtige Gericht den künftigen äußerlichen Gerichtsakt; und daß er beides in einem schaut, in dem einen das andere hat und anschaut, darin besteht sein mystischer Charakter«. Dieses Mystische zieht die moderne Welt an. »Der johanneische Christus, der in seinen Selbstschilderungen fortwährend gleichsam sich selbst überbietet, ist das Gegenbild des modernen Gläubigen, der, um dies zu sein, auch fortwährend sich selbst überbieten muß; die johanneischen Wunder, die immer wieder ins Geistige umgedeutet, und doch zugleich als äußere Wunder gesteigert, die gezählt und in jeder Art beurkundet werden, und doch wieder nicht der wahre Glaubensgrund sein sollen, sind Wunder und keine Wunder; man soll sie glauben, und kann doch auch ohne sie glauben: ganz wie es diese halbe, in Widersprüchen sich abarbeitende, zu klarer Einsicht und entschiedenem Worte in religiösen Dingen zu matte und mutlose Zeit verlangt.«

Eigentlich aber fehlt dem Strauß des zweiten Lebens Jesu das Recht zur Kritik des die Geschichte umbildenden Evangeliums, denn er selbst tut nichts anderes, als den synoptischen Jesus ins Geistige deuten. Er geht dabei so gewaltsam zu Werke, daß man sich fragt, wie weit er es eigentlich mit gutem Gewissen tut. Typisch ist die Auslegung der Antwort Jesu an die Boten des Täufers. »Wie?«, will er sagen, »ihr vermißt an mir die Wundertaten, die ihr von dem Messias erwartet? und ich tue doch täglich geistig Blinden die Augen, Tauben die Ohren auf, mache Lahme aufrecht und rüstig wandeln, und gebe selbst den sittlich ganz Erstorbenen neues Leben. Wer einsieht, wieviel mehr diese geistigen Wunder sind, der wird an dem Mangel der leiblichen keinen Anstoß nehmen; nur ein solcher aber ist für das Heil, das ich der Menschheit bringe, sowohl empfänglich als desselben würdig.«

Hier tritt der Grundfehler des ganzen Unternehmens zutage. Der vielgerühmte Apparat zum Verdampfen des Mythischen funktioniert nämlich nicht ganz zur Zufriedenheit. Bei diesem Prozeß sollte zuletzt der reine Mensch Jesus übrigbleiben; es bleibt aber der historische Mensch Jesus, ein Wesen mit ganz fremdartigen Reden und Anschauungen zurück. Und Strauß ist zu sehr nur Kritiker, zu wenig schaffender Historiker, als daß er dieses fremdartige Wesen anerkennen könnte. Daß Jesus in jüdischen Zeitvorstellungen wirklich lebte und sich für den Messias in jüdischem Sinn hielt, ist für den Verfasser des Lebens Jesu von 1864 eine Unmöglichkeit. Darum schlägt er die Schlacke, die durch die mythische Verdampfung nicht lösbar ist, mit dem Hammer herunter.

Ganz anders der Strauß des Lebens Jesu von 1835! Dieser hatte die Eschatologie als das hervorragendste Element der Ideenwelt Jesu anerkannt und in einzelnen hingeworfenen Gedanken grandios zur Geltung gebracht. So hatte er das Abendmahl nicht als die Stiftung einer Feier für die kommenden Generationen aufgefaßt wissen wollen, sondern als ein Passahmahl, bei dem der Herr darauf hinwies, daß er das nächste Passahbrot und den nächsten Passahwein mit den Jüngern im himmlischen Reich genießen werde. Im zweiten Leben-Jesu wird diese Auffassung aufgegeben; Jesus stiftet eine Feier. »Um der Gesellschaft, die er begründen wollte, einen lebendigen Mittelpunkt zu geben, mochte Jesus diese Brot- und Weinverteilung als eine zu wiederholende Feier anordnen.« Man meint Renan zu lesen. Diese eine Verschiebung ist typisch für so und so viele andere.

Dabei beunruhigt es Strauß nicht einmal, daß er in diesen Vergeistigungsbestrebungen mit Schleiermacher zusammentrifft. Im Gegenteil: er beruft sich auf ihn. Mit ihm ist er gewiß, »daß sich das eigentümliche Selbstbewußtsein Jesu nicht von der Überzeugung aus der Messias zu sein entwickelt habe, sondern daß er umgekehrt von seinem Selbstbewußtsein aus zu der Ansicht gekommen sei, daß mit den messianischen Weissagungen niemand anders gemeint sein könne als er«. In dem Moment, wo die Eschatologie in des Herrn Bewußtseinskreis eintrat, mußte sie schon etwas Höheres antreffen, das sie beherrschte und nach und nach auflöste. »Wandte Jesus die messianische Idee auf sich an, ehe er ihr ein eigentümliches religiöses Bewußtsein entgegenzustellen hatte, so kam sie so übermächtig über ihn, daß er sich ihrer schwerlich mehr erwehren konnte.« »Den idealen Zug, die Richtung auf das Innere, auf Lostrennung der Religion einerseits vom Politischen, andererseits vom Zeremoniellen, die heitere Gewißheit zum Frieden mit Gott und mit sich selbst auf rein geistigem Wege gelangen zu können: dies denken wir uns in Jesu schon vorher zu einer gewissen Reife und Festigkeit gediehen, ehe er sich mit der Messiasidee einließ, und nur darin sehen wir den Erklärungsgrund davon, daß er sie so selbständig und so eigentümlich aufgefaßt hat.« Strauß ist also Weißes Schüler geworden.

Schon in den alttestamentlichen Weissagungen, führt er aus, finden wir zwei Auffassungen: eine mehr ideale und eine mehr reale. Jesus hält sich durchgängig an die erstere. Er bezeichnet sich als Menschensohn, weil diese Bezeichnung »das Merkmal der Demut und Niedrigkeit, des Menschlichen und Natürlichen enthält«. Zu Jerusalem hat sich Jesus in der Auslegung des 110. Psalmes »über die davidische Abstammung des Messias lustig gemacht«. Er wollte »Messias sein, im Sinne des stillwirkenden, geduldigen Lehrers«; mit dem wachsenden Widerstand des Volkes nahm er dann Züge aus Jes 53 in sein Messiasbild auf.

Von seiner Auferstehung kann der Herr nur im uneigentlichen Sinn gesprochen haben. Auch ist es kaum glaublich, daß der reine Mensch sich in Überhebung zum Weltrichter gemacht habe. Am liebsten möchte Strauß alles Eschatologische auf das Konto des urchristlichen Mediums setzen, wagt aber nicht so konsequent zu sein. Doch ist für ihn ausgemacht, daß Jesus, wenn es auch manchmal scheint, als erwartete er die Verwirklichung des Reichs nicht mehr in dieser, sondern in einer andern, durch Gott auf übernatürliche Weise herbeizuführenden Weltperiode, die Gründung des Reichs dennoch durch rein geistige Einwirkung in Angriff nimmt.

Darum verläßt er, als er es für an der Zeit hält, Galiläa, um im großen zu wirken. »Bei einem ungünstigen Ausgang rechnet er auf die Wirkung, die dem Märtyrertod für eine große Idee niemals gefehlt hat.« Wie weit er, als er die verhängnisvolle Reise nach Jerusalem antrat, mit der Gestaltung seines Planes und insbesondere mit der Konstituierung der Gesellschaft, die sich um ihn gesammelt hatte, gekommen war, ist nicht mehr bestimmt anzugeben. Die Einzugsdemonstration ließ er sich gefallen, weil er die Messiasrolle nicht in jeder Hinsicht ablehnen wollte.

Durch diese gewalttätige Vergeistigung des synoptischen Jesus ist das Straußische Bild eigentlich viel ungeschichtlicher als das Renans. Dieser hatte nicht abzuleugnen brauchen, daß Jesus Wunder getan, und hatte begreiflich machen können, wie er dazu kam, sich zuletzt auf die eschatologische Weltanschauung zurückzuziehen. Aber um welchen Preis! Indem er Jesum als einen sich selbst entfremdeten, innerlich gebrochenen Helden schildert. Dieser Preis ist Strauß zu hoch. Bei aller Geschichtsmeisterung wird er von der wahren Intuition geleitet, daß in Jesu Selbstbewußtsein etwas einzigartig Kampfloses ist, daß er nicht die Narben jener erst durch Kampf und gewaltsamen Durchbruch geläuterten Naturen aufweist, daß ihm das Harte, Herbe und Düstere, das jene lebenslänglich an sich tragen, nicht anhaftet, sondern daß er »als eine schöne Natur von Haus aus erscheint«. So ist er in der ungeschickten Geschichtsmeisterung größer als der in Geschichtsmache geschickte Rivale.[1]

Und dennoch verkörpert dieses Werk nur das eine Wort: »Stillstand.« Das also war der Ertrag der dreißigjährigen Periode der Erforschung des Lebens Jesu für denjenigen, der sie so großartig eingeleitet hatte! Dies die Frucht der verheißungsvollen Blüten des ersten Lebens Jesu!

Es ist bedeutsam, daß in demselben Jahr Schleiermachers Vorlesungen über das Leben Jesu erschienen, die man dreißig Jahre verborgen gehalten hatte, weil sie, wie Strauß in der Besprechung des wiedererstandenen Werks bemerkt, weder Heilkraut noch Verband für die Wunden boten, die sein Leben-Jesu geschlagen hatte.[2] Die Wunden waren aber mittlerweile vernarbt. Zwar ist Strauß ein gerechter Richter, der die Größe der Leistung Schleiermachers voll anerkennt.[3] Aber mit welchem absoluten

1 Das Leben Jesu für das deutsche Volk erschien auch französisch. 1864.

2 »Jetzt kann ich es ja wohl sagen, ohne den Vorwurf der Ruhmredigkeit und fast auch ohne Widerspruch befürchten zu müssen; wäre nicht im Jahre nach Schleiermachers Tode mein Leben-Jesu herausgekommen, so würde das seinige nicht so lange im Versteck gehalten worden sein. Bis zu diesem Zeitpunkt wäre es von der theologischen Welt wie ein Heiland empfangen worden; aber für die Wunden, die jenes Werk der bisherigen Theologie schlug, hatte das Schleiermachersche weder Heilkraut noch Verband, ja es zeigte seinen Urheber vielfach mitschuldig an dem Unheil, das, von ihm tropfenweise eingelassen, jetzt, seiner Vorsichtsmaßregeln spottend, in Strömen hereingebrochen war«. (Aus der Einleitung des Buches »Der Christus des Glaubens und der Jesus der Geschichte«. 1865.)

3 »So können sich denn, da Schleiermachers Leben-Jesu endlich im Drucke vor

Rechte richtet der Strauß des zweiten Lebens Jesu? Er tadelt Schleiermacher, daß er seine »Voraussetzungen von Christo« als historischen Kanon statuiert und etwas deswegen für unhistorisch erklärt, weil es mit jenen Voraussetzungen von Christo nicht stimmt. Ist aber für ihn der reine, gewissermaßen unhistorische Mensch, der bei der Verdampfung der Mythen herauskommen soll, nicht sein »Christus«, nach welchem er den Jesus der Geschichte darstellt? Teilt er mit Schleiermacher nicht die fehlerhafte, gekünstelte und gedoppelte Konstruktion des Selbstbewußtseins Jesu? Die Anschauung über Markus? Welcher fundamentale Unterschied besteht denn zuletzt noch zwischen dem entrationalisierten Leben-Jesu Schleiermachers und dem Straußens? Sicher hätte dieses zweite Leben-Jesu das Schleiermachersche nicht für dreißig Jahre in die Verborgenheit gescheucht.

So konnte sich Schleiermachers Leben-Jesu getrost ans Licht wagen. Fremd konnte es sich in jener Zeit nicht fühlen, und zu schämen brauchte es sich nicht. Die rationalistischen Muttermale waren ja durch die glänzende Dialektik verdeckt.[4] Und erreicht war seither überhaupt eigentlich nur das eine, daß das Leben Jesu nicht auf rationalistische, sondern auf historische Weise natürlich zu deuten sei. Alle andern, mehr historischen, Errungenschaften waren bis zu einem gewissen Grad illusorisch geblieben. Treibende Kräfte waren nicht da. Im Grunde sind die Werke von Renan, Strauß, Schenkel, Weizsäcker und Keim nur verschiedene Ausführungen eines in den Grundzügen feststehenden Schemas. Wenn man sie nacheinander liest, ist man durch die Gleichförmigkeit der Gedankenwelt geradezu erschreckt. Man hat alles, fast mit denselben Wendungen, schon beim andern gelesen. Um die Werke von Schenkel und Weizsäcker zu erhalten, braucht man nur bei Strauß die prinzipielle Differenz zwi-

uns liegt, zunächst alle theologischen Parteien in aufrichtiger Freude darum versammeln. Das Erscheinen eines Werkes von Schleiermacher wird allemal eine Bereicherung der Literatur sein; was einem Geiste wie der seinige entsprungen ist, kann nicht anders als weit umher leuchten und belebend auf die Geister wirken. Und an Werken dieser Art hat wahrhaftig unsere theologische Literatur dermalen keinen Überfluß. Wo die Lebenden zum größten Teile den Toten gleichen, ist es in der Ordnung, daß die Toten aufstehen und Zeugnis geben . . . So zeigt uns auch diese Schleiermachersche Vorlesung im Vergleich mit den Leistungen seiner Schüler aufs neue, daß der große Theologe diesen wohl seinen Mantel, aber nicht seinen Geist hinterlassen hat.« (Ebendaselbst.)

4 Auf Schleiermachers Bahnen wandelte Bunsen. Sein Leben-Jesu figuriert als Band IX in seinem Bibelwerk. (Herausgegeben durch Holtzmann, 1865.) Das vierte Evangelium ist für ihn Geschichtsquelle, und mit der Wunderfrage ist er auch noch nicht fertig.

Christian Karl Josias Ritter von Bunsen, geboren 1791 zu Korbach in Waldeck, war preußischer Gesandter nacheinander zu Rom, Bern und London und lebte später in Heidelberg. Er war theologisch und philologisch gebildet und kam trotz seiner freundschaftlichen Beziehungen mit Friedrich Wilhelm IV. mit der Zeit zu freieren religiösen Anschauungen. Die Herausgabe des »Bibelwerks für die Gemeinden« begann 1858. Er starb 1860.

schen den Synoptikern und Johannes so zu erweichen, daß das vierte Evangelium irgendwie als Geschichtsquelle im höheren Sinn gewertet werden kann, und die Markushypothese an die Stelle der von Strauß adoptierten Tübinger Auffassung zu setzen. Diese Operation ist nur äußerlich und berührt die eigentliche Auffassung des Lebens Jesu nicht, da durch die Aufnahme des Johannes der Markusplan wieder zerstört wird und die geistige Vergewaltigung der Synoptiker durch Strauß einer nebenhergehenden Geltendmachung jenes »in höherem Sinne geschichtlichen Evangeliums« fast gleichkommt. Die ganze Diskussion über die Quellen steht mit der tatsächlichen Gewinnung des Bildes Jesu nur in losem Zusammenhang; dieses stand eben für alle von vornherein fest, sofern es durch die geistige Atmosphäre und die religiösen Horizonte der sechziger Jahre bestimmt war. Sie zeichnen alle den liberalen Jesus, nur daß der eine in der Farbengebung gewissenhafter ist als der andere, vielleicht auch etwas mehr Geschmack hat und weniger auf den Erfolg spekuliert.

Die Tendenz, die Alternative zwischen den Synoptikern und Johannes irgendwie zu überwinden, lag der Markushypothese im Blut. Weiße hatte dies durch eine Quellenscheidung im vierten Evangelium zu erreichen versucht.[5] Schenkel und Weizsäcker sind anspruchsloser. Sie brauchen keine klare literarische Anschauung vom vierten Evangelium, keine kritische Scheidung zwischen ursprünglichen und sekundären Bestandteilen, sondern benutzen als historisch, was ihnen die Empfindung an die Hand gibt. »Ohne das vierte Evangelium«, sagt Schenkel, »mangelte uns im Bilde des Erlösers die unergründliche Tiefe und die unerreichbare Höhe.« »Jesus«, dies seine Maxime, »war nicht immer so in Wirklichkeit, aber er war doch so in Wahrheit.« Seit wann dürfen aber die Historiker zwischen Wirklichkeit und Wahrheit unterscheiden? Das war eine der üblen Angewohnheiten, die der Verfasser des Charakterbildes Jesu aus seiner früheren Dogmatik mitbrachte.

Weizsäcker[6] drückt sich vorsichtiger aus. »Wir besitzen«, sagt er, »im vierten Evangelium ursprüngliche apostolische Erinnerungen, so gut als in irgendeinem Teile der drei ersten Evangelien; aber diese Erinnerungen sind durch die Entwicklung ihres ersten Trägers zu einer großen Mystik,

5 Christian Hermann Weiße: Die evangelische Geschichte. Leipzig 1838. – Die Evangelienfrage in ihrem gegenwärtigen Stadium. Leipzig 1856. Er sah die Reden für geschichtlich, das Geschichtliche aber für sekundär an. Alexander Schweizer wollte eine jerusalemitische und eine galiläische, unzuverlässige Quelle unterscheiden (»Das Evangelium Johannis nach seinem inneren Werte und seiner Bedeutung für das Leben Jesu«. 1841). Siehe S. 126. Für Renan ist das Geschichtliche ursprünglich und die Reden sekundär.

6 Karl Heinrich Weizsäcker war 1822 zu Öhringen in Württemberg geboren. Er habilitierte sich 1847 und wurde, nachdem er inzwischen als Hofkaplan und Oberkonsistorialrat in Stuttgart gewirkt hatte, 1861 zum Nachfolger Baurs nach Tübingen berufen. Er starb 1899.

und durch die Einflüsse einer hier zum erstenmal so mit dem Evangelium eins gewordenen Philosophie hindurchgegangen; sie können daher nur kritisch erkannt werden; und die große geschichtliche Wahrheit dieses Evangeliums darf deshalb nicht ängstlich an einem Buchstaben gemessen werden.«

Nach Schenkel muß der letzte Aufenthalt zu Jerusalem von langer Dauer gewesen sein. Mit Johannes konfrontiert, gestehen die Synoptiker auch ein, daß Jesus nicht direkt von Galiläa über Jericho nach der Hauptstadt zog, sondern erst noch längere Zeit in Judäa wirkte. Wozu hatte sich der Verfasser des Charakterbildes dann, nach Straußens bissigem Wort, die Markushypothese von Holtzmann garantieren lassen?[7]

Weizsäcker ist mit johanneischen Einfügungen fast noch gewaltsamer. Die Tempelreinigung verlegt er, gegen Markus, in die erste Zeit Jesu, weil sie »den Charakter eines erstmaligen Auftretens, einer kühnen die Laufbahn eröffnenden Tat trägt«; dabei bedenkt er nicht, daß, wenn jene Tat wirklich in jenem Zeitpunkt stattgefunden hat, die ganze Entwicklung des Lebens Jesu, die Holtzmann so feinsinnig aus Markus herausgelesen hatte, mit einem Schlage zerstört wird. Bei der Darstellung des letzten jerusalemitischen Aufenthalts genügt es ihm nicht, die Steine des Markus in den Zement des Johannes einzufügen; er muß noch ausdrücklich konstatieren, »daß die großen johanneischen Abschiedsreden Jesu an seine Jünger mit den synoptischen Jüngerreden der letzten Tage übereinstimmen, so sehr auch gerade sie das eigentümliche Gepräge johanneischer Reden in vollendeter Weise tragen«.

So haben wir hier, in der zweiten Periode der Markushypothese, dasselbe Schauspiel wie in der ersten: die Hypothese existiert literarisch, ja sie ist durch Holtzmann auf einen solchen Grad der Evidenz gebracht, daß sie nicht mehr eine Hypothese genannt werden kann: aber sie vermag sich in der Leben-Jesu-Forschung nicht voll durchzusetzen. Sie ist noch nicht eingezäunt, sondern Allmende.

Das lag nicht zum wenigsten daran, daß Holtzmann sie nicht in ihrem historischen Charakter, sondern in der mehr an Wilke erinnernden literarischen Art, als synoptisches Rechenexempel, entwickelte und sich in der Einleitung gegen die Tübinger wandte, die nur die Wahl zwischen den Synoptikern und Johannes übriglassen wollen, wogegen er den Versuchen, »das Dilemma noch von einer andern Seite zu umgehen«, Verdienst zuerkennt und in dem Pragmatismus des vierten Evangeliums die Spuren einer der in den Synoptikern gezeichneten ähnlichen Entwicklung Jesu zu finden glaubte, also gegen eine Mitbenutzung des Johannes im Prinzip nichts einzuwenden hat. Dabei will er aber keineswegs so ver-

7 Auf Markus, ohne Zuziehung des Johannes, erbaute sich des Holländers Stricker »Jesus von Nazareth« 1868 und des Engländers Hanson »The Jesus of history« 1869.

standen werden, »als läge es im Interesse der Wissenschaft, nun kurzer Hand synoptische und johanneische Stellen zusammenzuwerfen und eine Lebensgeschichte Jesu daraus zu konstruieren.« »Vielmehr muß erst sowohl das synoptische wie das johanneische Christusbild für sich gezeichnet werden, so daß jeder nur aus eigenen Mitteln lebt. Erst dann kann von einer fruchtbringenden Vergleichung beider die Rede sein.« Denselben Standpunkt hatte siebenundsechzig Jahre vor ihm Herder eingenommen. Bei Holtzmann war das Prinzip aber so verklausuliert, daß die Anhänger die Erlaubnis daraus herauslasen, synoptische und johanneische Stellen im großen Stil untereinanderzuwerfen.

Dazu kam, daß der Plan, den Holtzmann zuletzt aus Markus entwickelte, viel zu feingliedrig war, um die Last des übrigen synoptischen Stoffes tragen zu können. Er unterscheidet sieben Stufen der galiläischen Wirksamkeit,[8] von denen eigentlich markant nur die sechste ist, wo Jesus den Boden Galiläas verläßt und nach Norden geht, so daß Schenkel und Weizsäcker sich mit Recht eigentlich nur an die zwei großen galiläischen Perioden hielten, von denen sie die erste, bis zur Diskussion über das Händewaschen, als eine Periode des Erfolgs, die zweite, bis zum Aufbruch nach Judäa, als eine Periode des beginnenden Niedergangs ansahen. Was sie für die Markushypothese einnahm, war nicht so sehr die Berechtigung, die sie dem Detail der Markusdarstellung zuzugestehen bereit waren, als das Entgegenkommen, welches dieser Evangelist der apriorischen Auffassung des Verlaufes des Lebens Jesu, welche sie unbewußt mitbrachten, bewies. Holtzmann war ihr Bürge und Garant, weil er jene apriorische, durch den Zeitgeist der sechziger Jahre bedingte Auffassung so wundervoll aus der Markusdarstellung herausholte.

Er las aus diesem Evangelium heraus, daß Jesus in Galiläa versucht habe, das Gottesreich in idealem Sinne zu gründen; daß er mit der ihm selbst erst immer sicherer werdenden Erkenntnis, der Messias zu sein, zurückgehalten, bis die Seinen innerlich zur höheren Auffassung des Reiches Gottes und des Messias herangereift wären; daß er fast am Ende der galiläischen Wirksamkeit zu Cäsarea Philippi sich ihnen als solcher zu erkennen gab; daß er ihnen dann zugleich den leidenden Messias vormalte, dessen Bild unter dem steigenden Widerstand in ihm immer festere Form annahm, bis er ihnen den Entschluß ankündigte, die Sache des Messias in der Hauptstadt zur Entscheidung zu bringen und sie ihm dorthin folgten und Zeugen wurden, wie sein Geschick sich erfüllte. Die Grundanschauung machte das Glück der Hypothese. Holtzmann, nicht minder als seine Anhänger, glaubte sie in Markus selbst entdeckt zu haben, wo doch Strauß, der leidenschaftliche Gegner der Markushypothese, im Grund denselben

8 I: Mk 1; II: Mk 2,1–3,6; III: Mk 3,7–19; IV: Mk 3,19–4,34; V: Mk 4,35 bis 6,6; VI: Mk 6,7–7,37; VII: Mk 8,1–9,50. Der Holtzmannsche Abriß des Lebens Jesu umfaßt etwa 20 Seiten.

Entwicklungsgang Jesu vortrug. Aber die Art, wie Holtzmann jene Grundauffassung der sechziger Jahre in dem Markusdetail erstehen ließ, war so verlockend, daß sie von nun an mit der Markusüberlieferung identisch erschien. Die Leben-Jesu-Forschung wandelte in der hier vorgezeichneten Bahn, bis die Markushypothese aus der Gefangenschaft der apriorischen Vorstellung des Entwicklungsganges Jesu befreit war. Bis dahin konnte sich jeder auf die Markushypothese berufen und, da er damit doch nur jene allgemeine Auffassung des äußeren und inneren Entwicklungsganges Jesu meinte, mit dem übrigen synoptischen Stoff, dem er nach Bedarf noch johanneisches Gut beimengte, schalten und walten, wie er wollte. Gesiegt hat also nicht die reine Markushypothese, sondern die Markushypothese in liberal-psychologischer Anwendung.

Die Unterschiede zwischen der Weißeschen und der neuen Ausdeutung der Markusdarstellung sind folgende: Weiße ist skeptisch, was die Einzelheiten anbetrifft; die neue Markushypothese wagt Schlüsse auch auf nebensächliche Bemerkungen des Textes zu basieren. Nach Weiße gibt es keine glückliche und unglückliche Periode in der Wirksamkeit Jesu; die neue Markushypothese statuiert zuversichtlich einen solchen Unterschied und faßt zuletzt den außergaliläischen Aufenthalt Jesu unter dem Titel »Fluchtwege und Reisen« zusammen.[9] Die alte Markushypothese verneint ausdrücklich, daß äußere Ereignisse auf den Todesentschluß Jesu eingewirkt haben; nach der neuen haben ihn der Widerstand des Volkes und die Unmöglichkeit, seine Mission auf anderem Wege auszuführen, auf die Leidensbahn gedrängt.[10] Der Jesus nach Weißes Auffassung ist

9 Holtzmann: Kommentar zu den Synoptikern, 1889, S. 184. Die Prägung des Ausdrucks rührt von Keim her.

10 »So neigte sich die Laufbahn Jesu rasch ihrem tragischen Ende zu, einem Ende, welches von Jesus selbst mit immer steigender Klarheit als das allein mögliche, aber auch als das allein seiner würdige, als das göttlich notwendige vorausgesehen und vorausgesagt worden war. Der Haß der Pharisäer und die Indolenz des Volkes ließen von Anfang an keine andere Aussicht. Jener konnte sich nur im höchsten Maße herausgefordert fühlen durch die rücksichtslose Strenge, womit Jesus alles aufdeckte, was in und an ihnen war, das lieblose Herz, die im Innersten durchlöcherte und zersetzte Sittlichkeit, den äußeren Tugendschein, den heuchlerischen Hochmut. Zwischen der so gearteten unbeugsamen Opposition eines Mannes, der allem Anschein nach darauf ausging, die messianischen Hoffnungen des Volks für sich in Anspruch zu nehmen, und der zähesten, empfindlichsten Hierarchie, die je da war, mußte es rasch zum unheilbaren Bruche kommen. Leicht aber war vorauszusehen, daß auch in Galiläa nur der kleinere Teil des Volkes es mit ihm wagen würde auf die Gefahr eines solchen Bruches hin. Denn nur *ein* Umstand hätte dem, schon früh feststehenden, Todesurteil die Spitze abbrechen können: eine Reihe unmißverständlicher energischer Demonstrationen des Volkes. Um solche aber hervorzurufen, hätte Jesus, wenn auch nur vorübergehend, die volkstümlichen, triebkräftigen, rasch entzündbaren Messiasgedanken in Dienst nehmen, oder vielmehr sich ihnen in Dienst geben müssen. Daß er diese, aller sonst geltenden menschlichen Politik zufolge unverfänglichen, weil allein gangbaren, Geleise mit keinem Schritt und Tritt betreten hat, ist, bei

fertig in dem Momente seines Auftretens; der Jesus der neuen Markusausdeutung entwickelt sich noch im Verlaufe seiner öffentlichen Tätigkeit.

Volle Übereinstimmung herrscht aber in der Ablehnung der Eschatologie. Nach Holtzmann, Schenkel und Weizsäcker wollte Jesus, wie bei Weiße, »ein innerliches Reich der Sinnesänderung stiften«. An die Gegenwart dieses Evangeliums sollte, nach Schenkel, Israel glauben. Der Täufer konnte es nicht. Darum spricht der Herr ein Verwerfungsurteil über ihn aus. Zu einem solchen nämlich macht Schenkel den Spruch von dem Größten unter den von Weibern Geborenen, der dennoch der Kleinste im Himmelreich ist. »So nahe dem Lichte, und doch das Auge verschlossen gegen seinen Strahl: liegt hierin nicht zum Teil wenigstens eine Verschuldung? eine nicht zu bestreitende geistige und sittliche Unempfänglichkeit?«

Jesus hat messianische Ansprüche nur in geistigem Sinne. Er streckt seine Hand nicht nach übermenschlicher Herrlichkeit aus; er will die Schuld des ganzen Volkes mittragen und läßt sich taufen »als demütiges Mitglied seiner Volksgemeinde«.

Seine ganze Unterweisung, nachdem er zur Klärung seines Selbstbewußtseins gelangt ist, besteht darin, seinen Jüngern in fortgesetzten Kämpfen die theokratischen Hoffnungen aus dem Herzen zu reißen und in ihnen eine Umwandlung der hergebrachten messianischen Vorstellungen zu bewirken. Wenn er dann zu Simon, der ihn als Messias begrüßt, sagt, daß Fleisch und Blut ihm dies nicht geoffenbart haben, will er, nach Schenkel, damit andeuten, »daß Simon in diesem Augenblick die falschen messianischen Vorstellungen überwunden und in ihm den geistigen und sittlichen Befreier Israels erkannt hat«.

»Daß Jesus eine persönlich-leibliche Wiederkunft, im Glanze himmlischer Herrlichkeit und in Begleitung himmlischer Heerscharen zur Aufrichtung eines irdischen Reiches vorausgesagt habe, ist nicht nur nicht erwiesen, es ist auch gar nicht möglich.« Er will ja auf seine Jünger eine Gemeinde gründen und durch diese das Gottesreich herbeiführen. Von seiner Wiederkunft kann er also nur als von einer unpersönlichen Wiederkunft im Geist geredet haben. Freilich sagte es der späteren Vorstellung mehr zu, sie als eine persönlich-leibliche aufzufassen. Für Schenkel steht es aber historisch fest, daß die eschatologischen Reden dem Sinne nach getreuer im vierten Evangelium als in den Synoptikern erhalten sind.

Bei diesem Bestreben, alles Schwärmerische aus den Vorstellungen Jesu auszumerzen, zeichnet er zuletzt einen philisterhaften Messias, den er ganz gut aus des guten alten Reinhards rationalistischem Werk ausge-

den außerordentlichen Mitteln, die ihm zu Gebote standen, allein der ausreichende, alles erklärende Grund seines Untergangs geworden.« (Holtzmann: Die synoptischen Evangelien. 1863. S. 485 und 486.)

schnitten haben könnte. Er fühlt sich sogar verpflichtet zur Ehrenrettung des Meisters darzutun, daß der Einzug in Jerusalem ... keine Provozierung der Regierung sein sollte! »Nur unter dieser Voraussetzung«, führt er aus, »fällt auf den Charakter Jesu kein nachteiliges Licht. War es doch ein sich immer gleichbleibender Zug seines Charakters, daß er sich niemals unnötig in Gefahr begab, daß er dem gegen ihn aufsteigenden Verdachte nicht ohne die dringendste Veranlassung neue Nahrung bot; daß er es namentlich mied, die Gewaltschritte seiner Gegner durch kecke Wagnisse gegen sich herauszufordern.« Auch die Tempelreinigung war keine Gewalttat, sondern nur ein Reformversuch.

Schenkel kann diese Deutungen geben, weil er die innersten Geheimnisse Jesu kennt und also an die Texte nicht mehr gebunden ist. Er weiß, daß der Meister alsbald nach der Taufe zur Erkenntnis gelangte, »daß der Weg des Gesetzes nicht mehr der Weg des Heils für sein Volk sein könne«. Darum kann Jesus das Wort von der Unvergänglichkeit des Gesetzes, Mt 5,18, nicht gesagt haben. In den Streitgesprächen über den Sabbat »proklamiert er die Freiheit des Kultus«.

Mit der Zeit öffnet sich sein Blick auch für die Heidenwelt. »Nicht aus Jesu Geiste, sondern aus dem Geiste des hochmütigen und ausschließlichen Pharisäertums war das harte Wort an die Kanaaniterin geredet.« Es war eine Glaubensprobe, deren Gelingen für seine Stellung zu den Heiden entscheidend war. Hinfort ist seine heidenfreundliche Gesinnung offenkundig. Er reist durch Samaria und gründet dort eine Gemeinde. In Jerusalem beruft er die Heiden offen um sich; bei einigen Gastmählern, die sie eigens dazu veranstaltet haben, provozieren ihn die Führer des Volks und erreichen von ihm heidenfreundliche Aussagen, die sein Verderben besiegeln.

Dies der Entwicklungsgang des Meisters, der nach Schenkel »mit hellem Auge in die Zukunft der Weltgeschichte sah« und wußte, daß der Fall Jerusalems kommen müßte, um die theokratische Periode der Weltgeschichte abzuschließen und den Heiden den vollen Zugang in die christliche Weltgemeinde zu geben. »Diese Periode beschrieb er als die Periode seiner Zukunft, gewissermaßen seiner zweiten Ankunft auf Erden.«

Denselben Werdegang entwickelt Weizsäcker in seiner evangelischen Geschichte, nur daß sein Werk hoch über dem Schenkels steht. Die Darstellung der Quellenfrage gehört zu dem Klarsten, was über die Sache geschrieben worden ist. In der Schilderung des Lebens Jesu stört die allzu offene Ineinanderarbeitung des vierten Evangeliums und der Synoptiker. Während Renan nur die Gedanken der vollzogenen Verarbeitung bietet, nimmt Weizsäcker diese gewissermaßen vor den Augen des Lesers vor, wodurch aber das Gewaltsame des Verfahrens nur offenkundiger wird.

Wenn Schenkels Charakterbild Jesu ein viel größeres Aufsehen erregte als Weizsäckers Werk, so liegt dies zunächst an der Kunst lebendiger populärer Darstellung, die es auszeichnet. Der Verfasser versteht es, durch spannende Überschriften den Leser immer in Atem zu halten. Die Schlagworte jagen sich und fallen ins Ohr, denn es sind dieselben, die auch die religiöse Diskussion jener Zeit beherrschen. Die Geschichte führt immer gleich ihre gute Moral an der Hand, und der geschilderte Jesus ist so, daß er auf jeder Pastorenkonferenz alsbald in die Debatte eingreifen könnte. Freilich muß man bei diesem Moralisieren die ärgsten Geschmacklosigkeiten mit in Kauf nehmen. Jesus sendet die Jünger zwei und zwei aus; darin liegt für Schenkel eine bewunderungswürdige Weisheit. Der Herr bekundet nämlich damit, daß nach seiner Meinung »nichts den Zwecken des Reiches Gottes größeren Nachteil bringe als Absonderung, Eigenwilligkeit, Selbstgefälligkeit«. Für die superbe Ironie des Spruches, daß die Jünger in dieser Zeit alles, was sie für das Reich Gottes darangeben, hundertfältig in Verfolgungen wiederempfangen, um in dem kommenden Äon dafür das ewige Leben zu erhalten, hat Schenkel kein Empfinden. Er deutet ihn durch die Liebe: die andern werden dem Beraubten alles so reichlich wieder zu ersetzen bestrebt sein und ihm das Ihrige so zur Verfügung stellen, daß er durch die Bruderliebe bald hundert Häuser, hundert Schwestern, hundert Brüder, hundert Väter, hundert Mütter, hundert Äcker haben wird. Daß dann nach dem Spruch Jesu ein Mann durch diese ersetzende Liebe auch hundert Weiber bekommen müßte, vergißt Schenkel hinzuzusetzen.

Dieser Mangel an Empfindung für das Große, Unvermittelte, Widerspruchsvolle und Ironische in Jesu Gedanken ist nicht eine Eigentümlichkeit Schenkels: er haftet allen liberalen Leben-Jesu von Strauß bis herunter zu Oskar Holtzmann[11] an. Wie könnte es auch anders sein? Sie müssen ja eine heroisch-phantastische Weltanschauung in eine vernünftige, bürgerlich-religiöse umdeuten. Aber in der populär sein wollenden Darstellung Schenkels tritt das Banale übermäßig hervor.

Zuletzt machte aber auch das gut und schlecht Volkstümliche den Erfolg des Buches nicht aus, sondern die Anfeindung, die es dem Verfasser eintrug. Der Basler Privatdozent, welcher in seiner Schrift von 1839 die Züricher beglückwünscht hatte, daß sie Straußens Berufung verworfen, wäre als Professor und Seminardirektor zu Heidelberg beinahe selbst der Märtyrerkrone gewürdigt worden. Er war dort seit 1851, nachdem er kurze Zeit die Professur De Wettes in Basel innegehabt hatte. Als er kam, durfte ihn eine gemilderte Restaurationstheologie zu den Ihrigen zählen. Er gab ihr ein Recht dazu durch die Art, wie er gegen den Philosophen Kuno Fischer bei der Oberkirchenbehörde intrigierte. In den Streitigkeiten um die Kirchenverfassung vollzog sich die Wandlung. Als Verfechter des Gemeindeprinzips und der Gemeinderechte trat Schenkel 1859 auf die Seite der freier Gerichteten. Nach seinem großen Sieg auf der General-

11 Oskar Holtzmann: Das Leben Jesu. 1901.

synode von 1861, auf welcher die neue Kirchenverfassung zustande kam, berief er einen deutschen Protestantentag nach Frankfurt, um eine Gesamtbewegung für Kirchenreform einzuleiten. Derselbe tagte 1863 und führte zur Gründung des Protestantenvereins.

Als das Charakterbild Jesu erschien, waren Freund und Feind überrascht von der Konsequenz, mit der Schenkel die freien Anschauungen vortrug. »Schenkels Buch«, klagte Luthardt[12] in einem Vortrag zu Leipzig, »hat ein schmerzliches Aufsehen hervorgerufen. Man hatte sich an manches bei ihm gewöhnt; auf einen solchen Abfall von seiner eigenen Vergangenheit war man nicht gefaßt. Wie lange ist es her, daß er die Entfernung Kuno Fischers von Heidelberg veranlaßte, weil er im Pantheismus dieses Philosophen Gefahr für Kirche und Staat sah? Es ist uns noch in frischem Andenken, daß er es war, welcher im Jahre 1852 das Gutachten der theologischen Fakultät zu Heidelberg über den durch Pastor Dülon angeregten Kirchenstreit zu Bremen abfaßte, in welchem er Dülons Christentum verneinte, weil dieser die Lehre von der Erbsünde, von der Rechtfertigung durch den Glauben, vom lebendigen persönlichen Gott, von der ewigen Gottessohnschaft Christi, vom Reiche Gottes, von der Glaubwürdigkeit der heiligen Schrift bekämpfe.« Und nun mißbrauchte derselbe Schenkel das Leben Jesu zu »agitatorischer Parteipolemik«!

Die Agitation wurde von Berlin aus geschürt, wo man ihm seinen siegreichen Angriff gegen die unfreiheitlichen Kirchenverfassungen nicht verziehen hatte. Hundertundsiebzehn badische Geistliche unterzeichneten einen Protest, worin sie den Verfasser für unfähig erklärten, ein theologisches Lehramt in der badischen Kirche zu bekleiden. In ganz Deutschland rotteten sich die Pastoren zusammen. Insbesondere forderte man, daß er alsbald aus seiner Stellung als Seminardirektor entfernt würde. Ein Gegenprotest ging von der Durlacher Konferenz im Juli desselben Jahres aus, wo Bluntschli und Holtzmann energisch für ihn eintraten. Die Kirchenbehörde ließ ihn nicht fallen und der Sturm legte sich, besonders da Schenkel in zwei Verteidigungsschriften den Eindruck seines Werkes abzuschwächen verstand und die Gemüter damit zu beruhigen suchte, daß er nur eine Seite der Sache habe darstellen wollen.[13]

Dem angehenden Märtyrer machte Strauß die Rolle nicht leicht. In einem Anhang zur Kritik des Schleiermacherschen Lebens Jesu rechnete er

12 Die modernen Darstellungen des Lebens Jesu. Eine Besprechung der Schriften von Strauß, Renan und Schenkel, sowie der Abhandlungen von Coquerel d. J., Scherer, Colani und Keim. Vortrag von Chr. Ernst Luthardt. Leipzig. 1. und 2. Aufl. 1864.

Luthardt war 1823 zu Maroldsweisach in Unterfranken geboren, wurde 1851 Dozent zu Erlangen, kam 1854 als außerordentlicher Professor nach Marburg, 1856 als ordentlicher nach Leipzig. Er starb 1902.

13 Zur Orientierung über meine Schrift »Das Charakterbild Jesu«. 1864. »Die protestantische Freiheit in ihrem gegenwärtigen Kampfe mit der kirchlichen Reaktion.« 1865.

mit dem alten Gegner ab.[14] Er erkennt dem Werk keinen wissenschaftlichen Wert zu. Keine der darin entwickelten Ideen ist neu. »Man könnte sagen«, meint er, »daß die Ergebnisse des Buchs, an welchen man Anstoß nahm, von Tübingen den Neckar hinunter nach Heidelberg getrieben, dort von Herrn Schenkel ans Land gezogen und – freilich in etwas aufgeweichtem und verwässertem Zustande – seinem Bauwesen einverleibt wurden.« Ferner wirft Strauß dem Buche vor, daß es über eine unwahre Halbheit nicht hinauskomme, die sich besonders darin äußere, daß der Autor die orthodoxen Ausdrücke weiter mitführe. »Durchaus wird erst mit der einen Hand der Kritik gegeben, was sie nur immer verlangen kann, dann aber mit der andern Hand so viel wieder zurückgenommen, als erforderlich scheint, um auch den Glauben zufriedenzustellen; wobei sich indes auf allen Punkten ergibt, daß dieses Zurückgenommene für die Kritik viel zu viel, für den Glauben aber lange nicht genug ist.« »So wird man denn«, meint er zum Schluß, »von den siebenhundert Durlachern dereinst sagen, daß sie sich ritterlich geschlagen haben, um ein Banner nicht in Feindeshand fallen zu lassen, das in Wirklichkeit ein geflickter Waschlappen war.«

Schenkel starb 1885, nach schwerem Leiden. Als Forscher war er unselbständig, dabei immer zu Vermittlungen geneigt; als Kämpfer leidenschaftlich. Hat er auch für die theologische Wissenschaft nichts Eigenartiges geleistet, so verdankt doch der freigesinnte Protestantismus als solcher seinem Tribunen aus den sechziger Jahren unendlich viel.

Das war für lange die letzte Volkserregung in dem Verlaufe der Erforschung des Lebens Jesu; ein Sturm im Glas Wasser. Dabei galt er nicht einmal dem Werk, sondern der Person. Hinfort war die öffentliche Meinung für alle Erscheinungen auf diesem Gebiete vorläufig fast indifferent. Die große prinzipielle Frage, ob man die historische Kritik auf das Leben Jesu anwenden dürfe, war ja mit dem ersten Leben-Jesu von Strauß entschieden worden. Wenn da und dort noch einmal die Entrüstung über ein Leben-Jesu dem Autor Unannehmlichkeiten und dem Verleger Geld eintrug, so hing dies jedesmal mit rein äußerlichen, nebensächlichen Umständen zusammen. Erst die radikale, zu Beginn des zwanzigsten Jahrhunderts aufkommende Verneinung der historischen Existenz des Herrn führte wieder zu lebhaften öffentlichen Debatten.

Die meisten der nun kommenden Leben-Jesu hatten auch so gar nichts Aufregendes. Sie waren nur Varianten des in den sechziger Jahren aufgestellten Typus, Varianten, deren Nuancen die Theologen allein verstanden, im übrigen gleich in der Anlage und im Resultat.

Als kritische Leistung ist Keims »Geschichte Jesu von Nazara« für lange

14 »Der Schenkelsche Handel in Baden.« (Verbesserter Abdruck aus Nr. 441 der Nationalzeitung vom 21. September 1864.) Als Anhang zu: Der Christus des Glaubens und der Jesus der Geschichte. 1865.

Zeit hinaus das bedeutendste Leben-Jesu.[15] Daß er an der Matthäuspriorität festhält, hat nichts zu sagen, da er seiner Darstellung die allgemeinen Züge des Markusplans, wie er auch bei Matthäus erhalten ist, zugrunde legt. »Das Leben Jesu«, urteilt er, »ist nach den Synoptikern herstellbar, ob Matthäus herrsche oder Markus«. Mit scharfen Zügen arbeitet er die Entwicklung Jesu heraus. Schon in seiner Züricher akademischen Antrittsrede vom 17. Dezember 1860, die gerade in ihrer Kürze wie auf andere so auch auf Holtzmann einen gewaltigen Eindruck machte, hatte er den Satz aufgestellt, daß die Synoptiker »ungesucht, fast wider Willen und unbewußt in flüchtigen und versteckten Zügen die fortschreitenden Entfaltungen des Jünglings und des Mannes bringen«.[16]

Seine folgenden Werke sind die Ausführung jenes Entwurfs. Durch seine grandiose Darstellung gab er dem Jesusbild der sechziger Jahre die künstlerische Weihe. Seine Redensarten und Ausdrücke wurden klassisch. Nach ihm sprechen alle von dem »galiläischen Frühling« im Wirken des Herrn.

In der johanneischen Frage sieht er klar und verneint die Möglichkeit, das vierte Evangelium neben den Synoptikern als Geschichtsquelle zu benutzen. In der Ausdeutung des synoptischen Details geht er sehr weit, besonders da, wo es ihm darauf ankommt, Spuren der Mißerfolge Jesu in der zweiten Periode seiner Wirksamkeit zu finden, da die Konstruktion seines Lebens Jesu ganz auf der scharfen Gegenüberstellung der glücklichen und unglücklichen Periode beruht. Die ganze zweite Hälfte des galiläischen Aufenthalts besteht nur aus Rückzügen und Fluchtwegen. »Immer neu geängstigt und gehindert verließ Jesus die Stationsplätze seiner Arbeit, selbst seine Burgstadt Kapharnahum, und suchte mit seinen wenigen Getreuen, schließlich nur den Zwölfen, nach allen Richtungen kürzere, längere Asylstätten, um die Feinde zu meiden und zu täuschen.« Keim konstatiert zwar, daß die Evangelien mit keiner Silbe auf den fluchtartigen Charakter dieser Reisen hinweisen. Aber weit davon, sich dadurch beirren zu lassen, macht er den Referenten einen Vorwurf daraus und meint, sie hätten die Wahrheit verhüllen wollen.

15 Theodor Keim: Die Geschichte Jesu von Nazara, in ihrer Verhaltung mit dem Gesamtleben seines Volkes frei untersucht und ausführlich erzählt. 3 Bde. Zürich 1867–72.

1. Band: Der Rüsttag. 646 S. 1867. – 2. Band: Das galiläische Lehrjahr. 616 S. 1871. – 3. Band: Das jerusalemitische Todesostern. 667 S. 1872. – Eine mehr populär gehaltene kurze Darstellung erschien 1872: Geschichte Jesu nach den Ergebnissen heutiger Wissenschaft für weitere Kreise übersichtlich erzählt. 2. Aufl. 1875.

Karl Theodor Keim wurde 1825 zu Stuttgart geboren, war Repetent zu Tübingen von 1851 bis 1855 und kam, nachdem er fünf Jahre im Predigtamt gestanden, 1860 als Professor nach Zürich. 1873 nahm er einen Ruf nach Gießen an. Er starb daselbst 1878.

16 Die menschliche Entwicklung Jesu Christi. Siehe Holtzmann: Die synoptischen Evangelien. 1863. S. 7–9. Auf dieses Programm folgte zunächst »Der geschichtliche Christus«. 3. Aufl. 1866.

In der Frage der Eschatologie läßt er den Texten ihr Recht.[17] Er gesteht zu, daß das eschatologische, »in irdische Sinnlichkeit gekleidete Gottesreich« in der Predigt Jesu von Anfang an mitgesetzt war, »daß er es niemals ausgeschlossen, also auch niemals durch sogenannten Fortschritt die sinnliche Messiasidee in eine rein geistige umgesetzt hat«. »Jesus entreißt den Zebedaiden den Glauben an die Thronnähe nicht, er zieht in Jerusalem ohne Vorbehalte mit ostensiblem Messiastum ein, bekennt sich wiederum, ohne vorsichtige Unterscheidungen vor dem Gerichte als Messias, er heißt am Kreuz der Judenkönig, er tröstet sich und die Seinigen mit seiner Wiederkunft als irdischer Reichsherr und hinterläßt seinen Jüngern ohne Wehren den langen Glauben an die künftige Aufrichtung und Herstellung des Königsreichs im befreiten Israel.« Sehr richtig bemerkt Keim, »daß Strauß mit Unrecht seine eigene ältere richtigere Formel abgeworfen habe«, die das Eschatologische und das Geistige in Jesu Plan nebeneinander wirken ließ. Aber zuletzt setzt auch er durch das Geistige das Eschatologische tatsächlich außer Kraft. Er konstatiert zwar, daß der von Jesus gebrauchte Ausdruck Menschensohn den Messias in danielischem Sinn bezeichnete, meint aber, daß die danielischen Bilder den Meister nicht erschreckten, weil er sie geistig deutete und sich »als den Angehörigen der Menschheit auch in seiner Messiasstellung bezeichnen wollte«.

Zur Lösung des Zwiespaltes konstruiert Keim eine Entwicklung. Durch die Erfolge wie durch die Enttäuschungen wurde das Selbstbewußtsein Jesu gleicherweise gestärkt. Nicht mehr als ein zukünftiges, wie anfangs, sondern als ein in ihm und mit ihm gegenwärtiges predigt er später das Reich; immer offener bekennt er sein Messiastum vor der Welt. Er denkt das Reich als ein sich entwickelndes, aber nicht mit unbeschränktem, endlosem, modernem Horizont, sondern mit eschatologischer Perspektive. »Denn so sehr eine moderne Anschauungsweise sich in die Gleichnisse vom Fischzug, vom Senfkorn und Sauerteig hineinliest, welche für sich allein genommen die modernen Maße ernstlich gutzuheißen scheinen, so unzweifelhaft hat Jesus ähnlich wie nachher Paulus so weite große Dimensionen irdischer Entwicklung keineswegs gekannt; im Gegenteil ist nach allen Quellen nichts sicherer, als daß er an kurze eilende Termine wie an eilende Siege glaubte und die letzten Entscheide bis zum Gerichtstag der lebenden Generation und sich und seinen Aposteln in Aussicht stellte.« »Es war die Wucht übermenschlich drückender Tatsachen, welche ihn in veraltete Geleise einbannte.« Als seine Zuversicht auf das sich entwikkelnde Reich auf unüberwindliche Schranken stieß, als der Glaube an die Gegenwart des Reiches Gottes sich verdüsterte, bekamen die rein eschato-

17 Im letzten Grunde rührt die zielbewußte Geltendmachung der Eschatologie bei Keim daher, daß er sich an Matthäus hält und deswegen mehr unter dem elementaren Eindruck der mit eschatologischen Ideen geladenen Redemassen dieses Evangeliums steht, als diejenigen, die von Markus ausgehen, wo solche Reden fehlen.

logischen Vorstellungen die Oberhand. »Und wenn man hier wahrnehmen darf, daß gerade der Gedanke der nahenden Entscheidungen Gottes, der sich seiner Seele mit neuer Stärke auflagerte, hier seinen menschlichen Mut stählte, hier seine Hingebung steigerte, indem er vom Gerichte retten wollte, was nur immer gerettet werden konnte, so fügt man sich freudig auch in verengerte Gedanken als in den guten Willen Gottes, der nur in solchem Weg die sinkenden Menschenkräfte seines Rüstzeugs aufrecht halten und die Beute seines Feldzugs in erschütterten und gewonnenen Menschenseelen sichern konnte.«

Was Renan vorgeschwebt hatte, was ihm aber unter der Hand nur zu einem Romanmotiv – une ficelle de roman, wie man auf französisch sagen würde – geraten war, wird durch Keim verwirklicht. Schöneres und Tieferes hat niemand mehr über die Entwicklung Jesu geschrieben.

Nicht so kritisch gehalten ist Hases »Geschichte Jesu«, mit der er 1876 die bisherigen Ausgaben des 1829 zum erstenmal erschienenen Lehrbuchs über das Leben Jesu ersetzte.[18] Die Frage der Mitbenutzung des Johannes läßt er in der Schwebe und spricht sein letztes Wort in einer Parabel aus. »Wenn Sie die parabolische Form meiner Rede als solche nehmen wollen, könnte man sich die Stellung Jesu zu den beiden Evangelienarten etwa so anschaulich machen: Einst erschien auf Erden ein himmlischer Genius. Nach seinen drei ersten Biographien geht er einher noch ziemlich inkognito, im langen Gewande eines Rabbinen, eine kräftige volkstümliche Gestalt, in der Sprache etwas jüdelnd, nur zuweilen seinen Biographen selbst unmerkbar wie lächelnd über diesen Aufzug hindeutend nach seiner Heimat. In der Beschreibung, die sein Lieblingsjünger hinterließ, hat er den Rabbinentalar abgeworfen, der Genius steht vor uns, aber verbittert im ärgerlichen Streite mit denen, die Ärgernis nehmen an seiner genialen Blöße, und dann, freilich schöner in der schmerzlichen Bewegung des Abschieds von denen, die er auf seiner Wanderschaft durch die Erde liebgewonnen hat, ohne daß sie doch seine ausländische, überirdische Sprache recht verstehen.«

Das ist überhaupt das Verfahren Hases, nirgends einen letzten Entscheid zu geben. Die fünfzig Jahre Leben-Jesu-Forschung, die er tätig miterlebt hat, haben ihn vorsichtig, manchmal fast skeptisch gemacht. Aber seine Fragezeichen sind nicht die eines versteckten Supranaturalismus, wie die im Leben-Jesu von 1829. Hase ist durch Strauß hindurchgegangen und hat von ihm den Glauben an jene höhere Unverletzlichkeit des wahren Lebens Jesu empfangen. »Es ist nicht meine Sache«, sagt er seinen Studenten im

18 Geschichte Jesu. Nach akademischen Vorlesungen von Dr. Karl Hase. 1876. Besondere Erwähnung verdient auch der schöne Abriß des Lebens Jesu in A. Hausraths Neutestamentlicher Zeitgeschichte. 1. Aufl. München 1868 ff; 3. Aufl. 1. Bd. 1879. S. 325–515: Die zeitgeschichtlichen Beziehungen des Lebens Jesu. Adolf Hausrath ist 1837 zu Karlsruhe geboren. 1867 wurde er zum Professor der Theologie zu Heidelberg ernannt. Er starb 1909.

akademischen Vorwort, »mich vor einem Gedanken zu entsetzen, oder als unbequem ihn verkümmert auszusprechen; selbst den Enthusiasmus des Zweifelns und Umstürzens, durch den Strauß so mächtig ist, Renan so verlockend, möchte ich Ihnen nicht vorenthalten.«

Der Vorzug des Lebens Jesu von Beyschlag besteht hauptsächlich in der Anlage.[19] In einem untersuchenden Teil bespricht er zuvor die Probleme, sodaß dann der darstellende Teil von allen Auseinandersetzungen frei bleibt und durch die wunderbare Sprache des Autors ein reines Kunstwerk wird, das fesselt und die Mängel der historischen Konzeption fast übersehen läßt. Beyschlag ist nämlich mit Absicht in den beiden entscheidenden Fragen inkonsequent. Obgleich er anerkennt, daß dem Johannesevangelium der Charakter einer Geschichtsquelle an sich nicht zukomme, »weil es mehr ein geistvolles subjektiv-auffassendes Porträt«, »nicht minder Lehrschrift als Geschichtsbuch« ist, läßt er sein Leben-Jesu doch aus »der Zusammenschau und Ineinanderfügung der synoptischen und johanneischen Elemente« hervorgehen. Dieselbe Unsicherheit beherrscht die Anerkennung der eschatologischen Bestimmtheit der Weltanschauung Jesu. Beyschlag räumt der Eschatologie den weitesten Raum ein, so daß Jesus, um die geistige und eschatologische Anschauung vereinigen zu können, drei Entwicklungsphasen durchmachen muß. In der ersten verkündigt er das Reich als etwas Zukünftiges, mehr als ein bevorstehendes, übernatürliches Ereignis, im Sinne des Täufers. Das Leben, das sich dann auf seine Predigt hin allenthalben regt, läßt ihn glauben, daß das Reich irgendwie doch schon da sei, »daß der Vater, indem er die Erscheinung des Reiches hinausschiebt, dasselbe schon jetzt kommen lassen will im Stillen und Verborgenen, in demütiger Werdegestalt, und der große Gedanke seiner Gleichnisse, der die ganze mittlere Zeit seines Berufslebens beherrscht, der Senfkorns- und Sauerteigsnatur desselben bricht in ihm durch«. Mit dem definitiv werdenden Mißerfolg »verlegt sich der Schwerpunkt seiner Gedanken ins Jenseits seines Todes, und das Bild seiner glorreichen, welterobernden und weltrichterlichen Wiederkehr in die ihn ausstoßende Welt steigt in ihm auf«.

Das eigentümliche Ineinanderschauen synoptischer und johanneischer Gedanken bringt es aber mit sich, daß Beyschlag sich zuletzt darunter doch keine reine Eschatologie vorstellt und Jesum halb johanneisch, halb synoptisch denken läßt. »Es liegt in der ganzen tiefsinnigen Betrachtungsweise Jesu von der Wachstümlichkeit des Reiches Gottes begründet, daß er

19 Das Leben-Jesu von Willibald Beyschlag. – Erster, untersuchender Teil. 1885. 450 S. – Zweiter, darstellender Teil. 1886. 495 S. – Joh. Heinr. Christoph Willibald Beyschlag war 1823 zu Frankfurt am Main geboren und kam 1860 als Professor der Theologie nach Halle. Seine glänzende Beredsamkeit machte ihn zu einem der ersten Wortführer des deutschen Protestantismus. Als Lehrer übte er einen hervorragenden und segensreichen Einfluß aus, wenn auch das Gemütvoll-Apologetische seine wissenschaftlichen Werke allzusehr beherrscht. Er starb 1900.

auch die letzte Vollendung nicht sowohl als ruhendes Ziel, sondern vielmehr als lebendigen Akt, als Werdeprozeß anschaut, und indem er nun diesen Prozeß als kosmisch-übernatürlichen, geschichtevollendenden aus dem ethisch-geschichtlichen durchaus hervorwachsen sieht, fassen sich ihm die dem einen wie dem andern angehörigen Momente in dieselben prophetischen Begriffe und Anschauungen zusammen.« Mit solcher Eschatologie läßt sich natürlich keine Geschichte machen.

In der Anerkennung der »Wunder« geht Beyschlag bis zur letzten kritisch erlaubten Grenze; in den Erwägungen über die Möglichkeit der einen oder der andern der erzählten Totenauferweckungen gerät er sogar auf rationalistisches Gebiet.

Ob das Werk von Bernhard Weiß auch zu den liberalen Leben-Jesu gehört? Ja, nur daß es damit noch andere Fehler vereinigt.[20] Mit den libe-

20 Bernhard Weiß: Das Leben-Jesu. 2 Bde. Berlin 1882. Siehe auch: Das Markusevangelium, 1872; Das Matthäusevangelium, 1876, und das Lehrbuch der neutestamentlichen Theologie. 5. Aufl. 1888.

Einige Kritiker der ersten Auflage der Geschichte der Leben-Jesu-Forschung haben sich darüber aufgeregt, daß die Arbeit von Bernhard Weiß unter die liberalen Leben-Jesu gerechnet wird, wo der Verfasser in seiner kirchenpolitischen Stellung und in seinen wissenschaftlichen Veröffentlichungen doch mehr konservative Tendenzen erkennen läßt. Darauf kommt es hier aber gar nicht an. Seine Ausdeutung des Markusplanes und die ganze Erklärung des Zusammenhangs der Ereignisse der öffentlichen Wirksamkeit Jesu berühren sich in der natürlichsten Weise mit dem von Keim und Holtzmann geübten Verfahren, und die Resultate sind ungefähr dieselben.

Bernhard Weiß ist geboren 1827, in Königsberg, woselbst er sich 1852 habilitierte. 1863 ging er als ordentlicher Professor nach Kiel, 1877 wurde er in derselben Eigenschaft nach Berlin berufen.

Unter den unbedingt liberalen Leben-Jesu aus früherer Zeit könnte man das von W. Krüger-Velthusen (1872. Eberfeld. 271 S.) namhaft machen, wenn es nicht so gar unwissenschaftlich wäre. Obwohl der Verfasser das vierte Evangelium nicht für apostolisch ansieht, verwendet er es ganz unbefangen als Geschichtsquelle. – Viel Gemüt und wenig Wissenschaft auch bei M. G. Weitbrecht: Das Leben Jesu nach den vier Evangelien. 1881. – An der johanneischen Frage und einigen andern Unklarheiten krankt das sonst so überaus feinsinnige und tief empfundene dreibändige Leben-Jesu des anno 1908 gestorbenen Pariser Professors E. Stapfer. Erster Band: Jésus-Christ avant son ministère (1896); zweiter Band: Jésus-Christ pendant son ministère (1897); dritter Band: La mort et la résurrection de Jésus-Christ (1898). – Über das »Leben Jesu vor seinem öffentlichen Auftreten« berichtet F. Godet. (Deutsch von M. Reineck. Hannover 1897.) – Auf rein synoptischer Grundlage erbaut sich G. Längins Werk: Der Christus der Geschichte und sein Christentum. 2 Bde. 1897/98. – Zahllose Auflagen erlebte das englische Leben-Jesu von J. Stalker. Deutsch. 1898. Tübingen (4. Aufl. 1901). – Sehr gediegen und interessant ist Percy Gardners »Exploratio Evangelica. A brief examination of the basis and origin of christian belief.« 1899. – Von allen falschen Vermittlungen frei ist H. Zieglers Buch »Der geschichtliche Christus«. 1891. Darum erregten die fünf in Liegnitz gehaltenen Vorträge, aus denen es zusammengesetzt ist, seinerzeit ein so unliebsames Aufsehen, daß die Kirchenbehörde gegen ihn einschritt. (Siehe die Christliche Welt 1891, S. 563–568; 874–877.)

ralen Leben-Jesu teilt er die Voraussetzung, daß Markus eine bestimmte »Auffassung« von dem »Entwicklungsgange der öffentlichen Wirksamkeit Jesu« zur Darstellung bringen will, und glaubt sich daraufhin zu einer weitgehenden psychologischen Ausdeutung des von diesem Evangelisten gebotenen Details berechtigt. Die Willkür, die er dabei entwickelt, ist gerade so schrankenlos wie die Schenkels und in der Virtuosität der argumenta e silentio übertrifft er ihn noch. Obwohl Markus kein Wort über die Motive der Nordreisen Jesu verlauten läßt, versteht Weiß so gut zwischen den Zeilen zu lesen, daß die Motive jener Reisen für ihn »völlig ausreichend« klargestellt sind. »Das Volk« – dies seine Erklärung –, »sollte, nicht mehr durch den momentanen Eindruck seiner Worte oder Taten immer wieder beirrt, sich über die Fragen, die es in den letzten Tagen seiner öffentlichen Wirksamkeit ihm so eindringend und unausweichlich gestellt hatte, klar werden, es sollte selbst die Konsequenzen ziehen der Erklärungen Jesu, wie seines eigenen Verhaltens. Nur wenn es eine Zeitlang ihn nicht in seiner Mitte hatte, konnte es ganz zur Entscheidung darüber kommen, wie es eigentlich zu Jesu stand.«

Dieses moderne Psychologisieren ist aber nun noch mit einer Dialektik durchsetzt, die zeigen will, »daß der Glaube an den Gottes- und Menschensohn, wie ihn die Kirche Christi je und je bekannt hat, und eine wissenschaftliche Untersuchung darüber, wie weit uns die Einzelheiten seines Lebens sicher überliefert seien und wie dieselben geschichtlich aufzufassen, keine unvereinbaren Gegensätze sind«. Das will heißen, daß Weiß die Schwierigkeiten und Anstöße mit dem Mantel christlicher Liebe zudeckt, den er aus den haltbarsten überlieferten Sophismen zusammengewoben hat. Als dialektische Leistung in diesem Sinn gehört sein Leben-Jesu zum Bedeutendsten, was neben Schleiermacher existiert. Im Detail bietet es auch viele interessante historische Beobachtungen. Zuletzt kann man nur bedauern, daß ein solches Wissen und ein solches Können in den Dienst einer so aussichtslosen Sache gestellt sind.

Und der Ertrag der liberalen Leben-Jesu? Zunächst die Klärung des Verhältnisses zwischen Johannes und den Synoptikern. Das erscheint auffällig, da die Hauptvertreter der Richtung, Holtzmann, Schenkel, Weizsäcker und Hase in dieser Frage einen mehr oder weniger vermittelnden Standpunkt einnahmen, von Beyschlag und Weiß, denen die Möglichkeit des Ausgleichs aus kirchlich-apologetischen Gründen feststeht, nicht zu reden. Aber in der Art, wie sie die Position zu halten suchten, wurde ihnen die Unhaltbarkeit klar. Die Verteidigung der Ineinanderarbeitung der zwei Überlieferungen erschöpft sich in diesen ihren kritischen Vertretern, wie sich der historische Supranaturalismus in einem – nach dem Beifall der Menge – siegreichen Kampf gegen Strauß erschöpfte. Im Laufe der Zeit schreitet mit Holtzmann auch Weizsäcker[21] zur Ablehnung jegli-

21 Holtzmann: Neutestamentl. Einleitung. 2. Aufl. 1886. – Weizsäckers Er-

cher Möglichkeit des Ausgleichs fort und gibt das vierte Evangelium als Geschichtsquelle auf. Die zweite Forderung des ersten Straußischen Lebens Jesu wurde – endlich! – von der Wissenschaft zugestanden.

Das will nun nicht heißen, daß von da an keine Versuche des Ausgleichs mehr auftreten. Kann man denn eine Straße so absperren, daß nicht hie und da einer den Kordon durchbricht, wozu ja weder besondere Intelligenz noch besonderer Mut gehört? Darf man nur dann von einem Siege reden, wenn keiner von den Gegnern am Leben geblieben ist? Einzelne Versuche der Ineinanderarbeitung von Johannes und Synoptikern, die nach dieser Entscheidung erschienen, sind sogar sehr beachtenswert, so z. B. Wendts[22] feinsinnige Studie über die Lehre Jesu, der die Bedeutung

klärung in der Theologischen Literaturzeitung, 1882, Nr. 23. – Das Apostolische Zeitalter. 2. Aufl. 1890. – Hase und Schenkel kamen im Prinzip zu derselben Erkenntnis, wahrten sich aber immer noch eine Rückzugslinie.

Gegen das Ende der siebziger Jahre war die Verwerfung des vierten Evangeliums als Geschichtsquelle im kritischen Lager fast allgemein anerkannt. Sie wird vorausgesetzt im Leben-Jesu von Karl Wittichen (Jena 1876. 397 S.), das als eines der abgeklärtesten Werke dieser Art auf Grund der Markushypothese gelten könnte, wenn seine Anlage nicht so verfehlt wäre. Es ist nämlich halb kommentarhaft gehalten, sofern die Darstellung aus der Besprechung von siebenundsechzig Perikopen besteht. Das Detail ist sehr interessant. Naiv wirkt, daß eine Reihe von Perikopen unter dem Titel »Die Grundlegung des Christentums in Galiläa« zusammengefaßt werden. Die Bedeutung der Nordreise Jesu kommt nicht zur Geltung. Auch statuiert Wittichen, durch Lukas verleitet, ganz im Sinne Weißes, eine längere jüdische Wirksamkeit Jesu vor dem Einzug in Jerusalem.

22 H. H. Wendt: Die Lehre Jesu. I. Band: Die evangelischen Quellenberichte über die Lehre Jesu. 354 S. Göttingen 1886. – II. Band. 1890. – Englische Übersetzung 1892. Zweite deutsche Auflage in einem Bande 1901. 626 S.

Hans Hinrich Wendt wurde 1853 zu Hamburg geboren, habilitierte sich 1877 in Göttingen, ging später als außerordentlicher Professor nach Kiel und kam 1893 nach Jena. Seine Anschauung über das vierte Evangelium legte er nieder in dem Werke »Das Johannesevangelium«. Untersuchung seiner Entstehung und seines geschichtlichen Wertes. 239 S. Göttingen. 1900. Den authentischen, auf den Lieblingsjünger direkt zurückgehenden Bestandteil des Evangeliums bildeten, führt er aus, hauptsächlich Redestücke, die z. T. eine kurze historische Umrahmung aufwiesen. Es handelt sich um Reden und Gespräche, in denen Jesus sich über seine Gemeinschaft mit Gott und seine »einzigartige Heilsbedeutung« ausläßt. Wendt glaubt zu bemerken, daß diese Äußerungen mit dem Inhalt der synoptischen Predigt verwandt sind oder doch nicht in »ausschließendem Gegensatz« zu ihr stehen. Alle in der ursprünglichen johanneischen Logiasammlung figurierenden Reden – von den Worten an die Samariterin abgesehen – gehören in die jerusalemitische Zeit. Der Evangelist, der das Vorgefundene auf den jetzigen Bestand brachte, stammte wahrscheinlich auch aus dem kleinasiatischen Kreis des Apostels.

Ebenfalls 1900 erschien der erste Band der umfassenden Studie von Johannes Kreyenbühl: Das Evangelium der Wahrheit. Neue Lösung der johanneischen Frage. Berlin. 752 S. Der zweite Band (841 S.) folgte 1905. Der Verfasser stellt in scharfsinnigen und eingehenden Erörterungen die These auf, daß das ursprüngliche vierte Evangelium gnostischen Ursprungs war und gegen die Lehre der leiblichen Auferstehung, der Parusie und des Gerichts polemisierte.

eines ausgeführten Lebens Jesu zukommt. Aber die Art, wie Wendt die Aufgabe zu lösen unternimmt, zeigt, daß die Entscheidung schon gefallen. Es handelt sich um ein hartnäckiges und geschicktes Rückzugsgefecht. Nicht das vierte Evangelium als solches, sondern nur eine Grundschrift desselben soll, wie bei Weiß, Alexander Schweizer und Renan, als »selbständige und geschichtlich glaubwürdige Überlieferung über die Lehre Jesu neben dem Markusevangelium und den Matthäuslogia« anerkannt werden, so daß man sie neben jenen beiden Schriften zur Gewinnung des Lebensbildes Jesu verwerten darf. Eine Ineinander- und Zusammenarbeitung der einzelnen johanneischen und synoptischen Perikopen gibt es auch für Wendt nicht mehr. Er steht etwa auf dem Standpunkt, den Holtzmann 1863 einnahm, nur daß er ihn viel umfassender und vorsichtiger begründet.

Zuletzt ist zwischen Wendt und denen, die zur Überzeugung der Unvereinbarkeit der beiden Überlieferungen fortgeschritten sind, kein so großer Unterschied. Wendt will das vierte Evangelium nicht ganz preisgeben, und die andern erkämpfen nur einen halben Sieg, indem sie tatsächlich von der johanneischen Interpretierung der Synoptiker doch nicht loskommen. Durch ihre psychologische Ausdeutung der drei ersten Evangelien schaffen sie sich ein ideales viertes Evangelium, zu dessen Gunsten sie das historische vierte verwerfen. Sie wollen von dem vergeistigten johanneischen Christus nichts wissen, und gestehen sich nicht ein, daß sie ihn nur verneinen, um an seine Stelle einen vergeistigten synoptischen Jesus-Christus zu setzen, d. h. einen Menschen, der Messias sein wollte, aber in einem mehr vergeistigten Sinn. Alle Entwicklungen Jesu, die sie konstruieren, sind schließlich nur Zeugnisse der Spannung zwischen den Synoptikern in ihrem unbefangenen Wortlaut und jenem aus ihnen herausinterpretierten neuen vierten Evangelium.

Die Auseinanderhaltung von Synoptikern und viertem Evangelium ist nämlich nur der erste Schritt zu einer größeren, daraus sich mit Notwendigkeit ergebenden Erkenntnis: der unbedingten Anerkennung des rein eschatologischen Grundcharakters der Lehre und des Wirkens des markischen und matthäischen Jesus. Da sie diese Konsequenz unterdrückten, standen Holtzmann, Schenkel, Hase und Weizsäcker auch nach ihrer kritischen Bekehrung noch unter dem Banne des vierten Evangeliums, eines modernen, idealen vierten Evangeliums. Erst in der Entscheidung der eschatologischen Frage kommt das synoptisch-johanneische Problem zur Ruhe. Die liberalen Leben-Jesu haben die Divergenz nur literarisch, noch nicht in ihrer ganzen historischen Bedeutung begriffen.

Noch in einer andern Erkenntnis war die kritische Schule auf halbem

Von kirchlicher Seite wurde es dann später überarbeitet und dem altgriechischen Dogma dienstbar gemacht. Warum Kreyenbühl gerade den Menandros zum Verfasser der Grundschrift ernennen will, ist nicht gut verständlich.
Kreyenbühl ist Professor der Philosophie zu Zürich.

Wege stehengeblieben. Es war mit der Anerkennung des Markusplanes gegeben, daß Jesus, wenn man die Menschensohnstellen Mk 2,10 und 28 auf sich beruhen läßt, vor Cäsarea Philippi sich nie als Messias zu erkennen gegeben hatte, noch als solcher erkannt worden war. Diese Einsicht ist eine der größten Errungenschaften der Leben-Jesu-Forschung. An sich hätte sie zu zwei Fragen führen müssen; einmal, warum Jesus aus seiner Messianität bis zu jenem Augenblick ein Geheimnis auch vor seinen Jüngern machte, sodann, wann und wie und ob überhaupt das Volk von seinen Messianitätsansprüchen Kunde erhielt. Nun wurden aber beide Fragen in dem leidigen Psychologisieren erstickt, d. h. scheinbar beantwortet. Man sah es als selbstverständlich an, daß Jesus den Jüngern seine Messianität so lange verheimlicht hatte, um sie unterdes unmerklich zu einer höheren geistigen Auffassung vom Messias zu erziehen; man sah es als ebenso selbstverständlich an, daß dem Volk in den letzten Wochen die messianischen Ansprüche Jesu nicht verborgen sein konnten, daß er dieselben aber nicht öffentlich aussprach, sondern sie nur ahnen ließ, um die Menge auf den höheren geistigen Charakter der Würde, die er sich zuerkannte, hinzuführen. Es kam diesen Psychologen gar nicht zu Bewußtsein, daß von alledem kein Wort bei Markus stand, sondern daß sie alles zu den widerspruchsvollen und unerklärlichen Tatsachen des Evangeliums hinzugedacht und so einen Messias bekommen hatten, der es sein wollte und nicht sein wollte, der es vor dem Volke zuletzt war und nicht war. Sie haben nur die Bedeutung der Cäsarea-Philippi-Szene erkannt, das Gesamtproblem des messianischen Auftretens Jesu aber nicht in Angriff zu nehmen gewagt und über das Warum jener kontradiktorischen beiden Tatsachen, daß Jesus Messias sein wollte und doch nicht als solcher auftrat, nicht weiter reflektiert.

So zog die Leben-Jesu-Forschung ihres Weges und erwartete alles von einer fortschreitenden methodischen Ausdeutung des Markusdetails. Sie glaubte das Gebiet nur okkupieren zu brauchen und ahnte nicht, daß sie auf der ganzen Linie nur einen halben Sieg erfochten hatte, daß sie sowohl die eschatologische Frage als auch die historische Grundfrage des messianischen Auftretens Jesu nicht zu Ende gedacht hatte.

Es beunruhigte sie nicht, daß die Diskussion über die Eschatologie nicht zur Ruhe kommen wollte. Sie meinten, es sei nur Geplänkel mit etlichen zersprengten Gegnern: und es waren die Aufklärer des Heeres, mit welchem Reimarus ihre Flanke bedrohte und das ihnen unter Johannes Weiß so gefährlich werden sollte. Und als sie sich jener Umgehung entziehen wollten, fielen sie in den Hinterhalt, den Bruno Bauer ihnen gelegt hatte: Wrede hielt die Markushypothese an und stellte sie über das behauptete messianische Selbstbewußtsein und Auftreten Jesu zur Rede.

So verbündeten sich, durch eine innere Notwendigkeit, die eschatologische und die literarische Schule, nicht gegen den Markusplan, sondern auf Grund des Markusplanes gegen die psychologisch-moderne Ausdeutung der Markusdarstellung. Unter ihrem Kreuzfeuer wurde der Entwicklungsgedanke, das Hauptbollwerk der liberal-kritischen Leben-Jesu, an dessen Befestigung sie bis zuletzt gearbeitet hatten, in Trümmer gelegt.

Aber das ist eben das Großartige an den liberal-kritischen Leben-Jesu, daß sie eine höhere geschichtliche Einsicht unbewußt herbeizwangen, die ohne sie nicht kommen konnte. Eine höhere Erkenntnis stellt sich nur da ein, wo ein Gedanke zu Ende gedacht wird und sich zuletzt selbst aufhebt. Mit dem Rationalismus hat die liberal-kritische Forschung dies gemein, daß sie Gedanken bis in die letzten Konsequenzen verfolgte. Der erstere hat die natürliche Wundererklärung zu Ende gedacht und dadurch den Fortschritt unter Strauß herbeigeführt; sie ihrerseits hat die natürlich-psychologische Erklärung des Zusammenhangs der Taten Jesu und der Ereignisse seines Lebens zu Ende gedacht, und hat durch die Konsequenzen, zu denen sie getrieben wurde, die Erkenntnis vorbereitet, daß die natürliche Psychologie hier nicht die historische ist, sondern daß die letztere aus gewissen historischen Grundvoraussetzungen erst gewonnen werden müsse. So trat, durch das Verdienst und die großartige Wahrhaftigkeitsarbeit der liberal-kritischen Schule, an Stelle der natürlichen die eschatologische Psychologie. Das ist der historische Ertrag der nachstraußischen Leben-Jesu-Forschung.

Die Anerkennung von seiten der Zeitgenossen wurde dieser Forschergeneration in einem Maße zuteil, wie sonst keiner andern. In den Kreisen der Gebildeten war man überzeugt, ihr den authentischen Jesus zu verdanken, und freute sich, daß er in den Hauptpunkten als moderner Mensch und Verkündiger der freisinnigen Religiosität erkannt worden war.

Die Zuversicht ging so weit, daß auch die Profanhistoriker keinen Augenblick Bedenken trugen, die Resultate der liberalen Theologie zu übernehmen. So bekam der Jesus der Schenkel, Keim, Hase und Holtzmann einen Ehrenplatz in Leopold von Rankes Weltgeschichte (1883. Band III. Teil I. S. 160–170) und wurde dort als Vergeistiger der Messianität, tiefsinniger Denker und Stifter eines gegenwärtigen Gottesreiches gepriesen. »Das fleckenloseste«, so schließt der ihm gewidmete Abschnitt, »tiefsinnigste, menschenfreundlichste Wesen, das je auf Erden erschienen war, fand keinen Platz in der damaligen Welt. Jesus hat seinen Tod mit voller Bestimmtheit kommen sehen, aber er wußte, daß damit seine Lehre bekräftigt und gerettet würde.«

15 Die eschatologische Frage

TIMOTHÉE COLANI: Jésus-Christ et les croyances messianiques de son temps. Straßburg 1864. 255 S.

GUSTAV VOLKMAR: Jesus Nazarenus und die erste christliche Zeit, mit den beiden ersten Erzählern. Zürich 1882. 403 S.

WILHELM WEIFFENBACH: Der Wiederkunftsgedanke Jesu. 1873. 424 S.

WILHELM BALDENSPERGER: Das Selbstbewußtsein Jesu im Lichte der messianischen Hoffnungen seiner Zeit. Straßburg 1888. 2. Auflage 1892. 282 S. 3. Auflage. I. Teil. 240 S.

JOHANNES WEISS: Die Predigt Jesu vom Reiche Gottes. Göttingen 1892. 67 S. Zweite, völlig neubearbeitete Auflage 1900. 210 S.

Solange es sich nur darum handelte, die Eigenart der Gedankenwelt Jesu gegen die altprophetischen und danielischen Vorstellungen sicherzustellen, und man als einzige Fundstätte für rabbinisch-spätjüdische Gedanken Lightfoots Horae Hebraicae et Talmudicae in Quatuor Evangelistas[1] besaß, konnte man sich noch der Zuversicht hingeben, die Predigt Jesu als etwas in letzter Linie durch keine Zeitvorstellungen Bedingtes zu begreifen. Aber nachdem durch die Studien von Hilgenfeld und Dillmann[2] die jüdische Apokalyptik in ihren Grundzügen bekannt geworden war, und die jüdischen Pseudepigraphen nicht mehr als »Pseudepigraphen«, sondern als Dokumente der letzten Gedankenwelt des Judentums galten, mußte sich die Notwendigkeit ihrer Berücksichtigung zur Erklärung der Vorstellungswelt Jesu in steigendem Maße aufdrängen. Es sollte aber fast zwei Jahrzehnte dauern, bis die ganze Wucht dieses Materials empfunden wurde.

Als wollte er dem Angriff von vornherein begegnen, schrieb Colani sein Werk »Jésus-Christ et les croyances messianiques de son temps«, 1864. Timothée Colani war 1824 zu Lemé (Aisne) geboren; er studierte in Straßburg und wurde 1851 Prediger daselbst. Im Jahre 1864 wurde er ebenda zum Professor der praktischen Theologie ernannt trotz des Widerstandes, den die damals neu erstarkende Pariser Orthodoxie gegen diese Ernennung versuchte. Durch die Ereignisse des Jahres 1870 verlor er seine Stellung. Da auf eine Berufung in Frankreich nicht zu rechnen war, wurde er Kaufmann. Einige unglückliche Operationen brachten ihn um sein Vermögen. 1875 nahm er eine Stelle als Bibliothekar an der Sorbonne an. Er starb 1888.

1 Iohannis Lightfooti, Doctoris Angli et Collegii S. Catharinae in Cantabrigiensi Academia Praefecti Horae Hebraicae et Talmudicae in Quatuor Evangelistas . . . .nunc secundum in Germania junctim cum Indicibus locorum Scripturae, rerumque ac verborum necessariis editae e Museo Io Benedicti Carpzov I. Lipsiae. Anno MDCLXXXIV.

2 Den Ausgangspunkt der Erforschung der Apokalyptik bilden Dillmanns »Henoch«, 1851, und Hilgenfelds »Jüdische Apokalyptik«, 1857.

Bis zu welchem Grade war Jesus Jude? Dies der Ausgangspunkt der Studie Colanis. Die messianischen Hoffnungen zur Zeit Jesu waren nach ihm ganz uneinheitlich, da die prophetische Vorstellung, der zufolge das Reich des Messias zu diesem Weltverlaufe gehörte, und die apokalyptische, welche es zu dem kommenden Aeon schlug, noch nicht ausgeglichen waren. Im allgemeinen erwartete man mehr den Vorläufer als den Messias. Jesus selbst hat sich in der ersten Periode seiner öffentlichen Wirksamkeit, vor Mk 8, nie als Messias bezeichnet, denn der Ausdruck Menschensohn hatte beim Volke gar keinen messianischen Klang. Er ging aus von dem Gedanken der absoluten Gemeinschaft mit Gott; erst nach und nach, unter dem Eindruck des Erfolgs der Reichspredigt, nimmt sein Bewußtsein messianische Färbung an. Gegen die ungestümen Erwartungen des Volks wiederholt er in seinen Gleichnissen von dem Wachstum des Reiches immer wieder das Wort »Geduld«. Dadurch, daß er sich als Herrn dieses geistigen Königreichs offenbart, macht er der Verwechslung des Sinnlichen und des Geistigen in der zeitgenössischen Zukunftserwartung ein Ende, bezeichnet die Menschheit als solche, nicht das erwählte Volk, als das Volk des Reiches und setzt eine organische Entwicklung an die Stelle der apokalyptischen Katastrophen. Durch seine Auslegung des 110. Psalmes, Mk 12,35–37, bekundet er, daß der Messias mit dem davidischen Königtum nichts mehr gemein habe. Nur schwer hatte er sich zur Annahme dieses Titels entschlossen; er wußte, wieviel nationale Vorurteile und Hoffnungen daran hingen.

Er ist der Messias-Menschensohn. Diesen Ausdruck hat er geschaffen, seine Niedrigkeit darin zu erkennen zu geben. In dem Augenblick, wo er die Würde annimmt, steht ihm auch der Leidensentschluß fest. Er will nicht der triumphierende, sondern nur der leidende Messias sein. Durch die Wirkung, welche sein Leiden auf die Seelen ausübt, soll das Reich definitiv begründet werden.

Mit dieser geistigen Auffassung vom Reich kann sich der Gedanke einer glorreichen Wiederkunft nimmermehr verbinden, sonst müßte ja Jesus selbst sein gegenwärtiges Leben nur als eine Art Prolog zu jener zweiten Existenz aufgefaßt haben. Weder die jüdische, noch die judenchristliche Eschatologie, wie wir sie in eschatologischen Reden der Evangelien und in den Apokalypsen finden, gehören also der Predigt Jesu an. Daß er zuweilen in den Bildern der jüdischen Zukunftserwartung geredet hat, ist selbstverständlich. Aber dennoch geht die Bedeutung der Eschatologie in der uns überlieferten Predigt Jesu weit über die einer bloß symbolischen Ausdrucksweise hinaus. Sie ist darin real vorhanden. Mit einer Umdeutung ins Geistige ist nichts gewonnen. Ist man daher auf anderem Wege zur Überzeugung gekommen, daß Jesus nicht jüdisch-eschatologisch predigte, so gibt es nur ein Mittel, damit fertig zu werden: sie kritisch aus den Texten zu eliminieren.

»Eschatologisch« an der Lehre Jesu war nur die Überzeugung, daß das Evangelium noch in der gegenwärtigen Generation eine große Ausdehnung erreichen werde, daß die Heiden in das Reich eingehen, und daß, durch ihre Verstockung gegen die Heilsbotschaft, das Gericht über die Völker kommen würde. Von dieser Basis aus kann man über Echtheit oder Nichtechtheit seiner eschatologischen Reden entscheiden. Unmöglich sind in seinem Munde: die in der Aussendungsrede gegebene Verheißung der baldigen Ankunft des Menschensohnes, Mt 10,23; das Versprechen an die Jünger, daß sie auf zwölf Thronen Israel richten werden, Mt 19,28; das Wiederkunftswort, Mt 23,39; das eschatologische Schlußwort beim Abendmahl, Mt 26,29, »dessen nur einem Papias erschwinglicher Chiliasmus Jesu unwürdig ist«, und die Weissagung von dem Kommen auf den Wolken des Himmels, mit dem er Mt 26,64 sein Messiasbekenntnis vor dem Hohen Rat beschließt. Die apokalyptischen Reden in Mk 13, Mt 24 und Lk 21 sind interpoliert. In eine kurze Ermahnungsrede, die er an die Weissagung von der Zerstörung des Tempels anknüpfte, ist eine judenchristliche Apokalypse aus dem ersten Jahrhundert eingearbeitet, die wahrscheinlich noch vor der Zerstörung der Stadt verfaßt worden ist.

Jesus hat also nicht erwartet, vom Himmel wiederzukommen, um sein Werk zu vollenden. Es war vollendet durch seinen Tod, und der Geist sollte die Vollendung offenbar machen. Wenn Strauß und Renan den Weg einschlugen, Jesu Verkündigung durch die Annahme des Mithereinspielens jüdischer Gedanken zeitgeschichtlich zu erklären, so ist jetzt erkannt, »daß dieser Weg eine Sackgasse ist, aus der die Kritik sich beeilen muß herauszukommen«.

Das Neue der Auffassung Colanis besteht nicht so sehr in der prinzipiellen Verneinung der Eschatologie, als in der klaren Erkenntnis, daß die Ablehnung sich nicht mehr mit Redensarten durchführen lasse, sondern eine kritische Scheidung im Text verlange. Die Rekognoszierung der synoptischen Apokalypse war eine hervorragende kritische Tat.

Im Jahre 1882 nahm Volkmar diesen Versuch im Großen wieder auf.[3] Seine Konstruktion ruht auf zwei Pfeilern: auf seiner Ansicht von den Quellen und auf der Auffassung der zeitgenössischen Eschatologie. Alleinige Quelle des Lebens Jesu ist das Evangelium Marci, welches »wahrscheinlich präzis im Jahre 73«, fünf Jahre nach der Apokalypse Johannis, entstand. Die beiden anderen Evangelien gehören in das zweite

3 Jesus Nazarenus und die erste christliche Zeit, mit den beiden ersten Erzählern. Von Gustav Volkmar. Zürich 1882. Dazu: Markus und die Synopse der Evangelien. Nach dem urkundlichen Text und das Geschichtliche vom Leben Jesu. Zürich 1869. 2. Aufl. 1876. 738 S.

Volkmar war 1809 geboren und lebte als Gymnasiallehrer zu Fulda, als er, 1852, wegen seiner politischen Ansichten von der hessischen Regierung zuerst verhaftet und dann seines Amtes entsetzt wurde. 1853 ging er nach Zürich, wo sich ihm eine Laufbahn als Dozent der Theologie eröffnete. Er starb 1893.

Jahrhundert und können nur ergänzungsweise benutzt werden. Lukas stammt aus dem Anfang seines ersten Jahrzehnts; den Matthäus sieht Volkmar mit Wilke als eine Kombination von Markus und Lukas an und verlegt ihn in das Ende desselben ersten Jahrzehnts. Diese Schrift ist für ihn eine Erneuerung der evangelischen Überlieferung »im Sinne eines solchen Urchristentums, das zwar dem das Gesetz beeinträchtigenden Heidenapostel immer noch widerstrebte, aber doch so universalistisch gestimmt war, um eine katholisierende Einheit von dem alten Gesetzesboden aus anzubahnen«. Mit dieser Beiseitesetzung des Matthäus ist die Möglichkeit einer literarischen Eliminierung der Eschatologie wie von selbst gegeben: der geringe Redestoff des Markus leistet keinen großen Widerstand.

Was die eschatologischen Erwartungen der Zeitgenossen betrifft, so waren sie derart, daß Jesus unmöglich mit messianischen Prätentionen auftreten konnte. Der Messias-Menschensohn, der ein überirdisches Reich errichten sollte, ist erst unter dem Einfluß des christlichen Dogmas im Judentum entstanden. Die Zeit Jesu kannte nur das königlich-politische Messiasideal. Wehe aber dem, der diese Hoffnungen heraufbeschwor! Der Täufer hatte es durch seine allzuheftige Buß- und Reichspredigt getan und war alsbald von dem Vierfürsten aus dem Wege geräumt worden. Die sich schon bei Markus findende Version, als ob Johannes wegen der Herodias auf das Bitten eines Mägdeleins hin enthauptet worden wäre, ist spätere Zurechtlegung, die nach Volkmar schon chronologisch sich als falsch erweist, da der Täufer starb, ehe Herodes die Herodias zu sich nahm. Wollte Jesus Messias sein, so konnte er es nur in diesem politisch-königlichen Sinn beanspruchen. Oder er wollte es nicht sein.

In diesem klaren Entweder-Oder besteht die Leistung Volkmars. Schon Colani hatte dieses Entweder-Oder erkannt, aber nicht konsequent durchgeführt. Hier nun wird der Ausflucht der Weg versperrt, als könnte sich Jesus öffentlich als Messias aufgespielt haben, aber in einem andern als dem populären Sinn. Jesu messianisches Selbstbewußtsein besteht darin, »daß er sich als den Erstgebornen unter vielen Brüdern, als den Sohn Gottes im Geiste wußte, so sich befähigt und getrieben fand zu der Regeneration seines Volkes, die es allein zu seiner Befreiung erheben konnte«. Jedenfalls ergibt sich aus Paulus, aus der Apokalypse und aus Markus, »diesen drei Schriftzeugen der Anhängerschaft Jesu im ersten Jahrhundert, daß Jesus erst nach seinem Kreuz als der Christus gefeiert worden ist, niemals in seinem irdischen Leben«. Die Tilgung der Eschatologie führt also zur Tilgung der Messianität Jesu.

Wenn Mk 8,29 berichtet wird, daß Simon Petrus ihn, der erste unter den Menschen, als Messias begrüßt, so beachte man, daß der Evangelist dieses Bekenntnis in dem Momente eintreten läßt, wo Jesu Wirken beendet ist und der Leidensgedanke eintritt; und wenn man des Schriftstellers

Intention ganz verstehen will, so halte man sich an das Verbot des Herrn, ihn vor der Auferstehung als Messias bekanntzumachen, Mk 8,30 und 9,9, welches ein Wink ist, die Messianität erst vom Tode an zu datieren. Denn Markus ist nicht ein naiver Chronist, sondern ein Geschichte interpretierender Schriftsteller, zuweilen auch ein geistvoller Epiker, bei dem Geschichtliches und Poetisches durcheinandergehen.

So bleibt es dabei, daß auch Markus, im Einverständnis mit Paulus, Jesum erst auf Grund der Auferstehung Messias werden läßt. Er erschien wirklich, und zwar dem Petrus zuerst. Als dieser nämlich nach der Schrekkensnacht von Jerusalem nach Galiläa floh, ging Jesus, nach der sinnvollen Weissagung von Mk 14,28 und 16,7, vor ihm her; »er blieb ihm geistig stets vor seiner Seele, bis er am dritten Tag auch vor sein Auge getreten ist, in der himmlischen Erscheinung, die auch dem letzten der Apostel auf ›seinem Wege‹ geworden ist – und er entzückt ausgerufen hat die klare Erkenntnis, die Jesu ganzes Leben eingab: Du der Christus.«

Der historische Jesus gründete also eine Gemeinde, ohne mit messianischen Ansprüchen hervorzutreten. Er will nur der Reformator, der geistige Befreier des Gottesvolkes sein, das Gotteskönigreich, welches sie alle in der Ferne suchen, auf Erden verwirklichen und die Herrschaft des Herrn über alle Völker ausbreiten. Mit durchschlagender Macht wird allerdings das Gottesreich erst durch Gottes allmächtige Hilfe den Sieg davontragen: »aber daß es beginne, das gehört zu unserer Aufgabe«, predigt Jesus im Gleichnis vom Säemann.

Was die Worte über die Parusie betrifft, so ist leicht zu erkennen, daß sie, auch bei Markus, »sämtlich dem erbauenden Erzähler angehören, der sich dabei an die ihm fünf Jahre vorangegangene Apokalypse ebenso anschloß, als gegen dieselbe die höhere Wahrheit geltend zu machen suchte«. Die eigene Hoffnung Jesu aber bleibt in aller Klarheit und vollster Originalität durch die Gleichnisse von der selbstwachsenden Saat und dem Senfkorn, und durch den Spruch von der Unvergänglichkeit seiner Worte ausgesprochen. Ein Mehr ist durch Nichts gesichert, so bemerkenswert auch das Wort Mk 9,1 ist, daß diese Vollendung noch im Laufe der jetzt lebenden Generation stattfinden soll.

Wenn noch am Anfang der achtziger Jahre eine so radikale Theorie alle ihre günstigen Positionen ungehindert besetzen konnte, so beweist dies, daß die positiv-eschatologische Theorie nur langsam vorankam. Nicht als ob ihr jemand das Terrain streitig gemacht hätte: nur daß alle ihre Operationen von einer ängstlichen Halbheit beherrscht waren. Und zwar kommen diese Verzögerungen nicht auf das Konto derjenigen, die den Entscheidungskampf nicht nahen sehen oder nicht annehmen wollen, wie etwa die Schüler von Reuß, die sich bei der Hypothese beruhigen, daß in authentische Reden Jesu über den Untergang der Stadt Gedanken vom Endgericht eingedrungen seien:[4] auch solche, die, wie Weiffenbach, allen

Ernstes der Überzeugung sind, »daß auf dem teilweise noch als ein noli me tangere behandelten Terrain der eschatologischen Fragen, speziell der Wiederkunftsfrage, über kurz oder lang eine der wichtigsten theologischen Entscheidungsschlachten geschlagen werden dürfte«, bleiben auf halbem Wege stehen.

Weiffenbachs Werk,[5] »Der Wiederkunftsgedanke Jesu«, 1873, faßt den Ertrag der bisherigen Auseinandersetzungen zusammen. Als solche, die die Parusieerwartung in ihrer vorliegenden sinnlichen Fassung auf Rechnung der den Herrn mißverstehenden Jünger und der von ihnen abhängigen Schriftsteller setzen, werden genannt: Schleiermacher, Bleek, Holtzmann, Schenkel, Colani, Baur, Hase, Meyer; als Parusiefreunde figurieren: Keim, Weizsäcker, Strauß, Renan. Die Diskussion soll gefördert werden zunächst durch eine kritische Wiederaufnahme des Scheidungsversuchs, den Colani an der großen synoptischen Zukunftsrede vorgenommen hatte.

Die Parusiefrage, nach Weiffenbach, gleicht einem zwischen Felsen festgefahrenen Fahrzeuge; alle Bemühungen, es wieder flottzumachen, müssen darauf gerichtet sein, eine neue Fahrstraße für dasselbe zu finden. Des näheren gehen die Anstrengungen Weiffenbachs auf die Entdeckung des Verhältnisses der Wiederkunftsverkündigungen zu den Auferstehungsweissagungen aus. Verworfen wird bei der Analyse der großen Zukunftsrede die Ansicht, die Weiße in seiner »Evangelienfrage«, 1856, vorgetragen hatte, daß der eschatologische Charakter jener Rede nur durch Zusammenarbeitung entstanden sei, sofern die Worte in dieser mosaikartigen Zusammenfügung sich zwar auf die Dinge der Endzeit beziehen, jedes für sich aber, in der authentischen Umgebung, einen natürlichen Sinn habe. An Colanis Zusammenarbeitungshypothese ist die Annahme zu beanstanden, daß der Verfasser der synoptischen Apokalypse, nicht Urmarkus selbst, die Einarbeitung der kleinen Apokalypse vorgenommen habe; an Weizsäckers Stellungnahme[6] ist befremdlich, daß er die kleine Apokalypse nur als jüdisch, nicht als judenchristlich gelten lassen will; Pfleiderer[7] hat reinlich gesondert, was dem Evangelisten und der kleinen Apokalypse zugehöre, und den Nachweis zu führen gesucht, daß der Evangelist, indem er jenes Ganze zerstückelt und in eine Rede Jesu einarbeitet, den Zweck verfolgt, die darin ausgesprochenen eschatologischen Hoffnungen, da sie nach dem Fall Jerusalems unerfüllt geblieben waren, herabzustimmen und den raschen Verlauf des sich abwickeln-

4 Kienlen: Die eschatologische Rede Jesu Mt 24 cum parall. Jahrbücher für deutsche Theologie 1869, S. 706–709. Analysen ähnlich gerichteter Versuche siehe bei Weiffenbach: Der Wiederkunftsgedanke, S. 31 ff.

5 Wilhelm Weiffenbach, geboren 1842 zu Bornheim (Rheinhessen), gestorben 1905, war Direktor des Predigerseminars zu Friedberg in Hessen.

6 »Untersuchungen über die evangelische Geschichte.« 1864. S. 121–126.

7 »Über die Komposition der eschatologischen Rede Mt 24,4 ff«. Jahrbücher für deutsche Theologie Bd. XIII, S. 134–149.

den apokalyptischen Prozesses dadurch zu retardieren, daß er die einzelnen Akte durch fremde Redegänge voneinander trennt. Indem Weiffenbach alle diese Versuche zu Ende führt, konstatiert er, daß das Bindeglied zwischen der judenchristlichen Apokalypse und dem sie einfassenden Gut des Evangelisten der Wiederkunftsgedanke ist. Aus dem Judentum kann man diesen nicht ableiten, denn seine Apokalypsen kennen ihn nicht; andererseits kann ihn die judenchristliche Apokalyptik auch nicht frei erfunden haben: also ist das Historische an Jesu Eschatologie eben der Wiederkunftsgedanke. Er ist's, der den äußeren Impuls zur Transmutation der jüdischen in eine judenchristliche Eschatologie gegeben hat. Jesus muß den Gedanken seiner nahen Wiederkunft ausgesprochen haben; das Judenchristentum hat denselben dann mit den überlieferten Farben jüdischer Eschatologie übermalt.

Damit glaubt Weiffenbach die Lösung des Problems gegeben zu haben, das eigentlich Keim erstmalig kritisch formuliert hat, wenn er immer wieder betont, daß man die eschatologische Hoffnung der Jünger nicht rein aus ihrem Judentum erklären dürfe, sondern irgendeinen Anstoß dazu in der Verkündigung Jesu selbst suchen müsse, andernfalls Urchristentum und Leben Jesu unverbunden und unerklärt nebeneinanderstehen, wobei man aber die Hoffnung aufgeben müsse, »das sichere Wort des Herrn aus der ruhelosen Zukunftsrechnung Israels auszuscheiden«.

Mit der Ausscheidung der judenchristlichen Apokalypse erhalten wir also eine am Ölberg gehaltene Rede, in der Jesus seine Jünger zur Wachsamkeit ermahnt, im Hinblick auf die nahe und doch unbestimmte Stunde der Wiederkehr des Hausherrn im Gleichnis.

In dieser Rede besitzen wir nun aber zugleich einen Maßstab für die kritische Analyse aller eschatologischen Reden und Sprüche. Weiffenbach hat das Verdienst, zum erstenmal den ganzen eschatologischen Stoff der Synoptiker zusammengetragen und nach einem bestimmten Prinzip gesichtet zu haben. Bei Colani war das Material unvollständig, und statt eines Prinzips hatten wir nur eine auf radikale Eliminierung der Eschatologie gerichtete willkürliche Exegese, die ihm erlaubte, die Wachsamkeit, welche die eschatologischen Gleichnisse immer wieder fordern, nur als einen prägnanten Ausdruck für das Verantwortlichkeitsbewußtsein, »welches auf dem Menschenleben lastet«, zu fassen.

Und doch ist das Resultat von Weiffenbachs verheißungsvoll begonnenem Unternehmen zuletzt ganz unbefriedigend. Der »authentische Wiederkunftsgedanke«, den er als Maßstab nimmt, enthält nämlich nur die Inaussichtstellung einer nahen, sichtbaren, persönlichen Wiederkunft, »frei von aller mehr oder minder phantastischen Apokalyptik und judenchristlichen Zukunftsrechnerei«. Das heißt: an einem inkoloren theologischen Kunstprodukt werden die sämtlichen eschatologischen Aussprüche Jesu gemessen! Was darüber hinausragt, wird abgehauen und für unecht erklärt. So wird das eschatologische Schlußwort beim Abendmahl als chiliastisch-kapernaitische Entstellung einer »normalen« Wiederkunftsverheißung rekognosziert; der Gedanke der »παλιγγενεσία«, Mt 19,28, soll gänzlich außerhalb der Vorstellungswelt Jesu liegen; ebensowenig kann Jesus sich als Weltrichter gedacht haben, denn die jüdische und die judenchristliche Eschatologie schreiben dem Messias das Endgericht noch nicht zu, sondern erst das Heidenchristentum, speziell Paulus. Es ist also die spätere Eschatologie, die den Menschensohn auf seinen Herrlichkeitsthron setzt, »und die zwölf Richterthrone für die Jünger« zimmert. Der Historiker darf nur die geistig-unsinnlich deutbaren Sprüche vom Herrschen im Messiasreich bestehen lassen. Das kritische Prinzip Weiffenbachs war also nur die Keule, mit der er auf den Seehundsfang ausging und die wehrlosen Synoptikersprüche zusammenschlug.

Technisch betrachtet, bestand der Fehler, an welchem seine Untersuchung scheiterte, darin, daß er das jüdisch-apokalyptische Material nicht mit den synoptischen Angaben zusammenhielt. Hätte er dies getan, so wäre es ihm unmöglich gewesen, einen unwirklichen und ungeschichtlichen Wiederkunftsgedanken aus den Reden Jesu herauszudestillieren. Was er unterlassen hatte, blieb für die Theologie versäumt, bis Baldensperger[8] es nachholte. Sein Buch: »Das Selbstbewußtsein Jesu im Lichte der messianischen Hoffnungen seiner Zeit«, 1888,[9] wirkte durch die Wucht des Materials. Während Colani und Volkmar die ausgebildete messianische Erwartung für die Zeit Jesu noch hatten bestreiten können oder nur das königlich-politische Ideal anerkannt hatten, wurde jetzt die Genesis der Erwartung entwickelt und zugleich erwiesen, daß die Vorstellungswelt Daniels gesiegt hatte, der Menschensohn-Messias der Bilderreden Henochs das letzte Produkt der messianischen Erwartung vor Jesus gewesen war, und also das ausgebildete danielische Schema mit seiner unüberbrückbaren Unterscheidung einer diesseitigen und einer jenseitigen Welt den Rahmen abgab, in den dann alle übrigen Züge eingezeichnet wurden. Dieser Erkenntnis Bahn gebrochen zu haben, bleibt das Verdienst Schürers.[10] Baldensperger nimmt seine Gedanken auf, nur daß bei ihm die Darstellung viel elementarer wirkt, weil er, zum Unterschied von Schürer, kein System der messianischen Erwartung gibt, sondern ihr vielgestaltiges Werden schildert.

8 Wilhelm Baldensperger, z. Z. Professor in Gießen, ist geboren 1856 zu Mülhausen im Elsaß.

9 Eine neue Auflage erschien 1891. Sie ist im Prinzip unverändert, nur durch die Polemik mit den inzwischen erstandenen Gegnern reicher ausgestattet. Von einer dritten Auflage ist 1903 der erste Teil unter dem Titel »Die messianisch-apokalyptischen Hoffnungen des Judentums« erschienen. – Siehe auch die interessante Heranziehung spätjüdischer und rabbinischer Gedanken bei Alfred Edersheim: The Life and Times of Jesus the Messiah. 2. Ausg. London 1884. 2 Bde. 3. Aufl. 1888.

Zwar fehlt es auch bei ihm nicht an kleinen Inkonsequenzen. So taucht z. B. die Vorstellung vom »politischen Messiastum«, die durch die Darstellung tatsächlich eliminiert wird, noch ab und zu als durch den Autor selbst noch nicht völlig überwunden auf. Aber der Gesamteindruck war eben überwältigend.

Und dennoch hält auch dieses Buch nicht, was der Titel verspricht, ebensowenig wie das Weiffenbachs. Was man erwartete, daß nun Jesu Aussprüche über sich selbst einseitig von der jüdisch-messianischen Vorstellung her beleuchtet würden, erfüllt sich nicht. Statt daß Baldensperger nämlich den Begriff des Reiches Gottes bei Jesu auch aus der jüdischen Eschatologie wenigstens versuchsweise, ob man damit auskommen möge, entwickelt und gewinnt, entlehnt er ihn der modern-historischen Theologie. Er setzt als selbstverständlich voraus, daß die Reichsidee bei Jesus doppelten Charakter hatte, daß das eschatologische und das spiritualistische Element sie in gleicher Weise beherrschten und sich gegenseitig beschränkten, und daß Jesus also damit anfing, ein geistiges, unsichtbares Reich zu gründen, obgleich er seine Vollendung auf übernatürliche Weise erwartete. Dementsprechend wird nun auch eine Doppelheit in dem religiösen Bewußtsein angenommen, in dem sich diese beiden Auffassungen zur Einheit verbinden müssen. Jesu Messiasbewußtsein soll nach Baldensperger »aus religiöser Wurzel« entsprossen sein; d. h. das Messiasbewußtsein trat als besondere Ausprägung zu einem Selbstbewußtsein, in dem ein rein geistiges, einzigartiges Verhältnis mit Gott gesetzt war, hinzu, wodurch die Möglichkeit der geistigen Umbildung des jüdisch-messianischen Selbstbewußtseins erst gegeben ist. Dabei fragt Baldensperger sich nicht, ob für Jesus nicht auch das rein jüdisch-transzendente Messianitätsbewußtsein religiös gewesen sein könnte, ebensogut wie das auf ein undefiniert gestaltloses und farbloses Gefühl der Einheit

10 Emil Schürer: Geschichte des jüdischen Volkes im Zeitalter Jesu Christi. 2. Aufl. 2. Teil 1886. S. 417 ff. Hier findet sich zugleich die ältere Literatur zu diesem Gegenstande verzeichnet. 3. Aufl. 1889. 2. Bd. S. 498 ff. Emil Schürer, geboren zu Augsburg 1844, war seit 1873 nacheinander Professor zu Leipzig, Gießen, Kiel und Göttingen. Er starb 1910.

Einen ausgezeichneten Überblick über die geschichtliche Entwicklung der Eschatologie bietet das Werk von Eugen Hühn: Die messianischen Weissagungen des israelitisch-jüdischen Volkes bis zu den Targumim historisch-kritisch untersucht und erläutert. Tübingen 1899. 165 S.

Paul Volz (»Die jüdische Eschatologie von Daniel bis Akiba«. Tübingen 1903. 412 S.) sucht eine systematische Darstellung der Zukunftserwartungen zu geben. Jedoch wird die Anschauungswelt Jesu und Pauli zu wenig herangezogen.

Über die religionsgeschichtlichen Wurzeln der jüdischen Eschatologie handelt in vorzüglicher Weise Hugo Greßmann in seiner Studie »Der Ursprung der israelitisch-jüdischen Eschatologie«. Göttingen 1905. 377 S.

Eugen Hühn ist Pfarrer in Heilingen bei Orlamünde. – Paul Volz, geboren 1871, ist Professor zu Tübingen. – Hugo Greßmann, geboren 1877, wirkt als Professor in Berlin.

mit Gott aufgepfropfte Messianitätsbewußtsein, das ihm die modernen Theologen mit Gewalt zumuten.

Noch einmal: statt die beiden Begriffe, Reich Gottes und Messianität, rein empirisch aus den synoptischen Stellen aufzunehmen, setzt sie Baldensperger, darin Schüler Holtzmanns, als doppelgestaltige Größen in die Rechnung ein. Er nimmt an, daß Jesus, indem er sich den Titel Menschensohn beilegt, nicht nur an die transzendentale Bedeutung denkt, welche diesem in der jüdischen Apokalyptik zukommt, sondern ihm zugleich eine allgemeine religiös-sittliche Färbung verleiht.

Wie der Wanderer, der nach mühseliger Wanderung durch wogendes Riedgras endlich den Wald betritt, statt Sumpf festen Boden unter sich und statt biegsamen Schilfes unverrückbare Bäume um sich hat: also der Leser, der von Weiffenbach und Baldensperger zu Johannes Weiß[11] kommt. Zu Ende die Theologie der Einschränkungen, der »trotzdem«, der »andererseits«, der »nichtsdestoweniger«! Den anderen mußte man Schritt für Schritt nachgehen, die Stege und Brückchen betreten, die sie schlugen, die Umwege mitmachen, die sie für gut fanden, und durfte ihre Hand nicht loslassen, wenn man glücklich durch das Ineinander von geistigen und eschatologischen Ideen, welches sie bei Jesus statuierten, hindurchkommen wollte.

Bei Weiß gibt es keinen ausgeklügelten Weg: siehe, das Land liegt vor dir.

Seine »Predigt Jesu vom Reiche Gottes«, 1892,[12] hat in ihrer Art dieselbe Bedeutung wie das erste Leben-Jesu von Strauß. Er stellt das dritte große Entweder-Oder in der Leben-Jesu-Forschung. Das erste hatte Strauß gestellt: entweder rein geschichtlich oder rein übernatürlich; das zweite hatten die Tübinger und Holtzmann durchgekämpft: entweder synoptisch oder johanneisch; nun das dritte: entweder eschatologisch oder uneschatologisch!

Der Fortschritt besteht jedesmal in der Einseitigkeit, im Nichtmehrvereinenkönnen. Darum müssen alle, die solchen Fortschritt einleiten, mit dem Trägheitsgesetz der Menge rechnen, die das Nichtmehrvereinbare noch vereinbaren zu können meint und es als ihre besondere Weisheit den Einseitigen gegenüber betrachtet, auch die andere Seite der Sache zur Geltung zu bringen. Man muß sie gewähren lassen, bis ihre Zeit um ist, und sich zum voraus darauf einrichten, die Anerkennung der einfachsten Wahrheiten nicht mehr zu erleben.

Dies zur Erklärung, warum das Werk von Johannes Weiß die doppelseitigen Auffassungen nicht sämtlich umgestoßen hat. Das Buch war viel-

11 Johannes Weiß, der Sohn von Bernhard Weiß, ist 1863 zu Kiel geboren und wirkt z. Z. in Heidelberg.

12 Erwähnt sei, daß diesem Werk zwei gekrönte Leidener Preisschriften »Über die Lehre vom Reich Gottes im Neuen Testament« vorangingen (1891), die eine von Issel, die andere, welche die Eschatologie besonders stark betont, von Schmoller.

leicht, im Vergleich mit der sonstigen theologischen Schriftstellerei, auch zu kurz, siebenundsechzig Seiten, zu unkompliziert, um seine Tragweite ganz fühlen zu lassen. Und doch ist es gerade diese Einfachheit, die es zu einem der bedeutendsten Werke der historischen Theologie macht. Es wirkt wie eine Erlösung, wie der Abschluß eines Alten und der Anfang eines Neuen.

Weiffenbach hatte die Wiederkunftsfrage, Baldensperger die Frage nach dem messianischen Selbstbewußtsein nicht zu lösen vermocht, weil bei beiden eine falsche Auffassung vom Reich Gottes im Ansatz stehenblieb. Diese allgemeine Vorstellung wird nun von Johannes Weiß richtig gefaßt. Alle modernen Ideen, auch in den subtilsten Formen, sind aus ihr zu eliminieren; dann bekommt man ein Reich Gottes, das rein zukünftig ist, entsprechend der Bitte des Herrengebets: dein Reich komme. Als zukünftiges ist es jetzt rein überweltlich. Gegenwärtig ist es nur wie eine Wolke, die ihren Schatten auf die Erde wirft, sofern nämlich seine Nähe aus der Kraftlosigkeit des Satansreiches erkannt wird. In der Tatsache, daß Jesus Dämonen austreibt, sollen die Pharisäer, nach Mt 12,25–28, erkennen, daß das Reich Gottes schon über sie gekommen ist.

Eine andere Gegenwart des Reiches kennt Jesus nicht. Er »gründet es nicht«, er verkündigt es bloß. Er übt keine »messianische Tätigkeit« aus, sondern er wartet mit den andern, daß Gott es auf übernatürliche Weise heraufführe. Nicht einmal Zeit und Stunde weiß er, wann dies geschehen wird.

Die Missionsreise der Jünger bedeutet nicht eine Ausbreitung des Reiches Gottes, sondern ist nur eine fliegende Verkündigung der Reichsnähe.

Aber die Nähe war ferner, als Jesus damals dachte. Die Verstocktheit eines großen Teils des Volkes, die unversöhnliche Feindschaft seiner Gegner läßt es ihm zur Gewißheit werden, daß die Errichtung des Reiches durch Gott noch nicht stattfinden könne, daß die bisherige Buße nicht genüge, und noch ein gewaltiges Hindernis, die Verschuldung des Volkes, aus dem Wege zu räumen sei. Es wird ihm klar, daß sein Tod das Lösegeld sein soll. Er stirbt nicht für »die Gemeinde«, sondern für das Volk; darum sagt er in den Worten von seinem Sühnetod immer »für viele«, nicht aber »für euch«. Nach dem Tode wird er wiederkommen mit all dem Glanz und der Herrlichkeit, die man seit Daniels Tagen auf den Messias gehäuft hatte, und zwar zu Lebzeiten der Generation, unter der er die Nähe des Reiches verkündigt hat.

Der Reichserrichtung geht das Gericht voran. In der Ausmalung der messianischen Herrlichkeit lehnt Jesus sich an die herkömmliche Zeichnung an, aber mit Keuschheit, Zurückhaltung und Nüchternheit. Darin besteht seine Größe.

Mit politischen Erwartungen hat dieses Reich nichts zu tun. »Auf das Reich Gottes in dem transzendentalen Sinne Jesu hoffen und Revolution machen, das sind zwei Dinge wie Wasser und Feuer.« Das Transzendentale in der Erwartung besteht gerade darin, daß der Staat und alle irdischen Institutionen, Zustände und Güter, als diesem Äon angehörend, in dem kommenden Reich nicht, oder nur in verklärter Form, existieren. Darum kann Jesus den Menschen nicht die Sittlichkeit des Gottesreichs predigen, sondern nur die Sittlichkeit, die in dieser Welt von der Welt frei, zum Eintritt in das Gottesreich unbehindert macht. Daher der durchaus negative Charakter dieser Ethik; sie ist mehr Buße als Ethik.

Die Wirksamkeit Jesu ist also keine prinzipiell andere als die des Johannes; von einer Stiftung und innerweltlichen Entwicklung des Reiches kann keine Rede sein. Was Jesus vom Täufer unterscheidet, ist nur sein messianisches Selbstbewußtsein. Er erlebt es bei der Taufe. Aber diese Messianität ist keine gegenwärtige Würde, sondern ein Anspruch auf die Zukunft. Darum nennt er sich Menschensohn: er tritt nämlich erst bei der Parusie in seine Würde ein. Auf Erden ist er nur ein Mensch, ein Prophet, wie es auch die Reden in der Apostelgeschichte auffassen. Menschensohn ist also in den Stellen, wo es authentisch ist, reines eschatologisches Messiasprädikat, ob die Hörer nun verstanden, daß er von sich in seiner zukünftigen Würde und Daseinsweise sprach, oder ob sie den Menschensohn als eine mit ihm in keiner Beziehung stehende, von ihm nur verkündete Persönlichkeit auffaßten.

»Es sollte hiermit nur gezeigt werden, daß auch das Messianitätsbewußtsein Jesu, wie es sich im Namen ›Menschensohn‹ ausdrückt, an dem durchaus transzendentalen, apokalyptischen Charakter der Reich-Gottesidee Jesu teilnimmt und von ihr nicht losgelöst werden kann.« Die nur halb richtigen Werte, die Baldensperger von der Zeittheologie übernommen hatte, die die historische Wissenschaft verhinderten, die Lösung des Problems des Lebens Jesu zu finden, sind nun aus der Geschichte selbst berechnet: man braucht sie nur in die Rechnung einzusetzen.

Hier ist der Ort, sich des Reimarus zu erinnern. Er war der erste und einzige vor Johannes Weiß gewesen, der es erkannt und ausgesprochen hatte, daß Jesu Predigt nur eschatologisch war. Zwar war seine Eschatologie noch primitiv, und er verwandte sie nicht als konstruktives, sondern nur als destruktiv-kritisches Prinzip. Aber man lese sein Werk mit veränderten Vorzeichen und bringe das Primitive seiner Eschatologie in Abrechnung: so hat man die Anschauung von Weiß.

Und auch Ghillanys sei gedacht. Was Weiß ausspricht, daß Jesu Rolle nicht die aktive der Reichsgründung, sondern die passive der Reichserwartung sei, daß er gewissermaßen nur durch die Übernahme des Leidens aus der Passivität heraustritt: dies hatte Ghillany schon dreißig Jahre vorher mit denselben Gründen und mit derselben Entschiedenheit behauptet. Aber Weiß spricht es eben wissenschaftlich unanfechtbar aus.

16 Gegen die Eschatologie

WILHELM BOUSSET: Jesu Predigt in ihrem Gegensatz zum Judentum. Ein religionsgeschichtlicher Vergleich. Göttingen 1892. 130 S.

ERICH HAUPT: Die eschatologischen Aussagen Jesu in den synoptischen Evangelien. 1895. 167 S.

PAUL WERNLE: Die Anfänge unserer Religion. Tübingen–Leipzig 1901. 2. Auflage 1904. 410 S.

EMIL SCHÜRER: Das messianische Selbstbewußtsein Jesu-Christi. 1903. Akademische Festrede. 24 S.

WILHELM BRANDT: Die evangelische Geschichte und der Ursprung des Christentums auf Grund einer Kritik der Berichte über das Leiden und die Auferstehung Jesu. Leipzig 1893. 591 S.

ADOLF JÜLICHER: Die Gleichnisreden Jesu. I. Bd. 1888. 291 S. II. Bd. 1899. 643 S.

Die entscheidenden Bücher sind kurz in dieser Periode. Auf die siebenundsechzig Seiten von Johannes Weiß antwortete Bousset[1] mit knapp einhundertunddreißig. Man ist sich klargeworden, daß die den Markt beherrschenden, lang ausgeführten, in verbesserten Auflagen immer neu zur Unsterblichkeit erstehenden Leben-Jesu nur den Stillstand der Forschung maskieren, und daß man mit der langwierigen Behandlung der Probleme, die bis zur möglichen Lösbarkeit gelöst sind, nur um die Inangriffnahme der noch ungelösten herumzukommen sucht.

Dieser Stimmung gibt Bousset zu Eingang seines Werkes Ausdruck. Die Quellenkritik, sagt er, ist zu Ende und ihre Resultate können für das Leben Jesu als vorläufig abgeschlossen angesehen werden. Erreicht ist die klare Auseinanderhaltung von Synoptikern und Johannes; gesichert ist für die Synoptiker die Zweiquellentheorie, wonach unserer Überlieferung eine Urgestalt unseres Markus und eine Logiasammlung zugrunde liegen. Interesse hätte nur noch die Herausschälung des Urmarkus; aber das Unternehmen ist a priori so aussichtslos, daß die Beschäftigung damit fast Zeitvergeudung ist. Viel wichtiger wäre es, daß man endlich einmal das Gefühl der Unsicherheit und des Gekünstelten in den Leben-Jesu loswürde. Not täte die Herausarbeitung einer »scharf gemeißelten Gestalt in Zügen lebendiger Wahrheit, an der in wenigen wirklich großen Zügen das Originale, Urkräftige, Persönliche klar hervortritt«.

Man steht also im Zentrum des Problems; daher auch die knappe

1 Wilhelm Bousset, z. Z. Professor in Göttingen, ist 1865 zu Lübeck geboren.
Mit Johannes Weiß setzt sich ebenfalls auseinander Léon Derron: Exposé et critique de la théorie eschatologique du Royaume de Dieu. Paris 1903. 90 S. Das Spätjüdische in der Vorstellung Jesu wird in umfassender Weise anerkannt. Zurückhaltender ist Shailer Mathews, Professor in Chicago, in seinem gediegenen Werke »The messianic hope in the New Testament«. 1905. 338 S.

Schreibweise. Hier können die Gedankenmassen nur in der enggeschlossenen Formation, in der sie uns bei Weiß begegnen, vorwärtskommen. Die aufgelöste Ordnung lang ausgesponnener exegetischer Einzelerörterungen vermag nichts mehr. Nur die elementare Zusammenfassung der Stellen zu einem einheitlichen Eindruck kann eine Ansicht vorwärtstragen.

Zunächst bejaht Bousset die Geltung des eschatologischen Jetzt und Dann für Jesus mit derselben Energie wie Johannes Weiß. Die realistische Schule ist vollkommen im Recht, wenn sie Jesum, ohne apologetische und theologische Inkonsequenzen, einzig in dem Milieu der zeitgeschichtlichen Vorstellungen begreifen will. Später, 1901, wird er es Harnacks »Wesen des Christentums« zum Vorwurf machen, daß es die zeitgenössische Vorstellungswelt in der Darstellung der Predigt Jesu nicht zur Geltung bringt.[2]

Ob aber auf diese erste Freude der wirklich geschichtlichen Betrachtungsweise nicht ein höheres Besinnen folgen sollte? Auf der von Johannes Weiß geschaffenen Grundlage muß die Frage gestellt werden, ob diese rein historische Forschung, indem sie einzig die Eschatologie hervorhebt, »das eigentlich Ursprüngliche, Urkräftige der Persönlichkeit Jesu sich nicht hat aus den Händen gleiten lassen«, um dafür sehr oft absonderliche Zeitvorstellungen und Phantome in der Hand zu behalten. Anders ausgedrückt: Ist die Erscheinung Jesu, obwohl sie der Eschatologie angehört, nicht dennoch eher als eine Verneinung denn als eine Vollendung des Spätjudentums zu begreifen?

Die spätjüdische Eschatologie ist, nach Bousset, keine einheitliche Gedankenwelt. Es stehen darin unausgeglichen nebeneinander das Realistische und das Transzendente. Der eigentliche Volksglaube des Spätjudentums lebt noch ganz unbefangen in den realistischen irdischen Zukunftshoffnungen der alten Zeit und hat sich nie ganz zu der reinen transzendenten Höhe, die den wesentlichen Grundzug der Apokalyptik bildet, erheben können. Das Weltflüchtige ist nirgends zu Ende geführt: etwas Irdisch-Nationales bleibt immer. Darum finden wir im Spätjudentum auch keinen Ansatz zur Überwindung des Partikularismus.

Wahrscheinlich ist die Apokalyptik nicht einmal genuin jüdisch, sondern es spielen, wie Bousset dies in einer andern Schrift stark herausarbeitet, persische Einflüsse mit herein.[3] Der Dualismus, die Transzendentie-

2 Theologische Rundschau (1901), 4, 89–103.

3 W. Bousset: Die jüdische Apokalyptik in ihrer religionsgeschichtlichen Herkunft und ihrer Bedeutung für das Neue Testament. Berlin 1903. 67 S. Siehe auch W. Bousset: Die Religion des Judentums im neutestamentlichen Zeitalter. 512 S. 1902. 2. Aufl. 1906.

Über die parsistischen Elemente in der jüdischen Eschatologie siehe auch Stave: Der Einfluß des Parsismus auf das Judentum (Haarlem 1898) und E. Böklen: Die Verwandtschaft der jüdisch-christlichen mit der parsischen Eschatologie. 1902. 510 S.

rung der Zukunftserwartung, der in der Apokalyptik verwandte Begriff Welt, sind mehr eranischer als jüdischer Herkunft.

Eigentümlich für Boussets Darstellung sind zwei Gedanken: einmal, daß die Transzendentierung der Zukunftserwartung eine Vergeistigung derselben bedeute; sodann, daß im nachexilischen Judentum immer noch als Nebenströmung eine reinere, frischere Frömmigkeit einherging, deren Dasein sich hauptsächlich in den Psalmen kundgibt.

In diese erstorbene Welt, wo ein Albdruck alle Frische, alle Schaffensfreudigkeit erstickt, tritt ein lebendiger Mensch. Nach den Formeln seiner Verkündigung und den Titeln, die er sich beilegt, scheint er gegensatzlos in derselben aufzugehen. Aber diese Begriffe und Titel, Gottesreich und Menschensohn vor allen, muß man vorläufig zurückstellen, weil sie als übernommene und überkommene Vorstellungen das Wesen der Persönlichkeit eher verschleiern als offenbaren. Es handelt sich jetzt darum, hinter dem phänomenalen den intelligiblen Charakter der Persönlichkeit und der Verkündigung Jesu zu entdecken. So muß man den Ausgang eben von der reinen Tatsache aus nehmen, daß er als lebendiger Mensch in eine tote Welt tritt.

Lebendig ist er, weil er im Gegensatz zu seiner Zeit eine lebendige Gottesidee hat. Der »Gottvaterglaube« – die Bastardbildung der Theologensprache wirkt doppelt beleidigend in dem ästhetisch so vollendeten Werk Boussets – ist Jesu ureigenste Tat. Sie bedeutet einen Bruch mit der transzendenten jüdischen Gottesidee und ein unbewußtes innerliches Aufheben der Eschatologie. Darum wandelt Jesus auf der Welt, die seine eigene Eschatologie verneint, als ein Mensch, der Boden unter den Füßen hat.

Was bei ihm, phänomenal betrachtet, eschatologische Verkündigung ist, stellt sich, dem intelligiblen Charakter nach, als Erneuerung der alten prophetischen Predigt mit ihrer positiven Sittlichkeit dar. Jesus ist eine Erscheinung der Nebenströmung alter, unbefangener Frömmigkeit, die Bousset im Spätjudentum festgestellt hatte.

Weltfreudigkeit, das ist die Signatur des Wesens Jesu. Freilich, wenn man, um ihn zu verstehen, vom Urchristentume ausgeht, könnte man versucht sein, diese Weltfreudigkeit gewissermaßen als Überschlagen der eschatologischen Stimmung, als den höchsten Ausdruck der Weltindifferenz, welcher die Welt dann zum spielenden Genuß wird, aufzufassen. Aber diese eschatologische Stimmung, wenn sie auch wieder früh ins Urchri-

Als erster handelte über diese Frage der Oberrabbiner A. Kolrut in Stuhlweißenburg in seinem Aufsatz »Was hat die talmudische Eschatologie aus dem Parsismus aufgenommen« (Zeitschrift der deutschen morgenländischen Gesellschaft. 1867. S. 552–591).

Daß der Parsismus zu einer gewissen Zeit die jüdische Eschatologie beeinflußt hat und an ihrer Ausgestaltung beteiligt war, darf wohl als sicher angenommen werden.

stentum zurückkehrte, darf zur Deutung des Gesamtbildes Jesu nicht verwendet werden. Seine Weltfreude war real, aus seiner inneren neuen Frömmigkeit heraus geschaffen. Sie ließ die eschatologisch eudämonistischen Lohnvorstellungen, die man in Jesu Lehre finden wollte, nicht aufkommen.

Zu begreifen ist Jesus nur im Gegensatz zum Täufer. Jener war Bußprediger auf die Zukunft hin; Jesus aber ließ sich von dem Gedanken an das nahe Ende die Unmittelbarkeit und Frische nicht rauben und wurde von der Reflexion, daß alles nur ein Vorübergehendes, Vorbereitung, nur Mittel zum Zweck sei, nicht gelähmt. Seine Bußpredigt war nicht düster, sondern die Verkündigung einer neuen Gerechtigkeit, normiert an dem Wort »Ihr sollt vollkommen sein, wie euer himmlischer Vater vollkommen ist«.

Er will Frömmigkeit mitteilen. Darum geht er, im Gegensatz zum Täufer, niemals auf Massenwirkung aus, sondern vermeidet sie. Die Arbeit im kleinen Kreise, von Person zu Person, stellt die Hauptsumme seiner Wirksamkeit dar. Als Erbe gab er seiner Jüngergemeinde den Zug ins Weite und Große mit. Die Missionsreise der Apostel, als Aussendung für eilige und weite Verbreitung des Evangeliums, darf man zur Erklärung der Lehrweise Jesu nicht verwenden: die Erzählung davon beruht auf einer »undeutlichen und undurchsichtigen Überlieferung«.

Diese reale Weltfreude haben die Zeitgenossen an Jesus gespürt und ihn, in dem Wort vom Fresser und Weinsäufer, mit dem Täufer in Gegensatz gebracht. Damit kam ihnen unvollkommen zu Bewußtsein, daß das ganze Leben Jesu »getragen war von dem Gefühl eines schlechthinnigen Gegensatzes zwischen sich und seiner Zeit«. Er lebt nicht in banger Erwartung, sondern in festfreudiger Stimmung, weil er durch seine urkräftige Frömmigkeit Zukunft und Gegenwart schon in eins gebracht hat. Frei von aller jüdischen Zukunftsrechnerei, ist er nicht gebunden an die Bedingungen, die noch zu erfüllen sind, bis die Zukunft Gegenwart ist. Er besitzt eine einzigartige Gewißheit des Kommens, welche ihm den Mut gibt, Zukunft und Gegenwart zu »vermählen«. »Das Diesseits der Gegenwart ist für ihn kein bloßer Schatten und Schemen mehr, sondern Wahrheit und Wirklichkeit, das Leben in ihm kein Scheindasein, sondern ein Leben mit ganz realem, wertvollem Inhalt.« Seine Zeit ist schon messianische Zeit, wie es die Antwort auf die Frage des Täufers beweist. »Und zu dem Sichersten unserer Evangelien gehört doch das, daß Jesus sich schon in seinem Erdenleben als den Messias vor seinen Jüngern und vor dem Hohepriester bekannt, als solcher in Jerusalem seinen Einzug gehalten.«

Freilich hat Jesus die Gegenwart des Reichs nicht lehrhaft entwickelt, sondern sie nur in Paradoxien und Gleichnissen (Mk 4) ausgesprochen. Wenn der Evangelist gerade im Anschluß an diese Gleichnisse die Theorie vorbringt, daß der Zweck der Gleichnisrede das Verhüllen war, so gibt sich darin die Tatsache kund, daß die Gleichnisse von der Gegenwart des Reiches nicht verstanden wurden.

Mit dieser unausgesprochenen Umdeutung gehorcht Jesus einem Zuge der Zeit. Ist die Apokalyptik an sich der Vergeistigungsprozeß der altisraelitischen Zukunftserwartung, so führt er diese Entwicklung zu Ende. Er erhebt das Spätjudentum über die Beschränkung, in der es steckengeblieben war, scheidet den Rest nationaler, politischer, sinnlicher Gedanken, den seine in der Apokalyptik vergeistigte transzendente Zukunftserwartung enthält, aus und bricht mit dem jüdischen Partikularismus, doch ohne diesen Schritt durch eine Theorie zu rechtfertigen.

So ist Jesus gerade in der Gegensätzlichkeit zuletzt doch der Vollender des Judentums. In ihm trafen sich jene neben dem Judentum hergehende kraftvolle alte Prophetenfrömmigkeit und der vom Judentum selbst empfundene Drang zur Vergeistigung der Zukunftserwartung. Das Transzendente und das Reale begegnen sich in einer kraftvollen Einheit, die schafft, nicht reflektiert, und darum das Alte, Überkommene nicht in lehrhafter Auseinandersetzung zur Seite zu räumen braucht, sondern es, fast unbewußt, in der Wahrheit der Paradoxie überwindet. Dies die geschichtliche Formel des Schlußsatzes Boussets: »Das Evangelium entwickelt verborgene Triebe des Alten Testamentes, aber es protestiert gegen die herrschende Richtung des Judentums.«

Daß die zu beanstandenden Voraussetzungen dieser Konstruktion auf der Hand liegen, nicht erst aus Exegetenzwirn herausgewickelt werden müssen, ist der Vorzug des Buches. Die Hauptfragezeichen sind folgende:

Wieso ist die Apokalyptik die Einleitung eines Vergeistigungsprozesses der altisraelitischen Hoffnungen? Es wird doch an dem Zukunftsbild dadurch, daß es gegen die Wolken projiziert wird, nichts vergeistigt; die Transzendentierung bedeutet im Gegenteil nur das Hinüberretten der in der Gegenwart nicht erfüllten religiös-eudämonistischen Wünsche, die man dafür aus dem Jenseits als Realitäten zurückerwartet. Die Apokalyptik ist so wenig eine Vergeistigung der Zukunftserwartung, daß sie im Gegenteil nur die Verzweiflungstat einer kraftvoll eudämonistischen Volksreligion ist, die die Güter, von denen sie sich nicht trennen kann, in den Himmel erhebt.

Ist es historisch erlaubt, die Hauptbegriffe der Verkündigung Jesu in ihrer zeitgeschichtlichen Ausprägung für die Untersuchung zunächst zurückzustellen, und seine Gedankenwelt von innen nach außen, statt von außen nach innen zu entwickeln?

Findet sich im Judentum nicht ein Ansatz zur Überwindung des Partikularismus, nämlich die universalistisch orientierte Eschatologie, wie sie durch die deuteroprophetische Literatur geschaffen ist? Hat Jesus den Partikularismus im Prinzip anders als in jener auf die Zukunft gerichteten Weise überwunden?

Wodurch ist erwiesen, daß der einzigartige »Gottvaterglaube« Jesu irgendeinmal für sich allein, nicht als Wechselbegriff des zeitgeschichtlich bedingten Messianitätsbewußtseins existiert hat? Mit andern Worten: daß die »Frömmigkeit« Jesu und sein Messianitätsbewußtsein nicht zeitlich und begrifflich identische Größen sind, und zwar so, daß mit der ersten nur immer in der Bedingtheit durch die zweite operiert werden darf.

Ist dieser Gegensatz zwischen Jesus und dem Täufer einzig auf das Wort vom Fresser und Weinsäufer hin durchführbar? Ist seine Bußpredigt nicht auch düster? Wo steht, daß er im Gegensatz zum Täufer nicht auf Massenwirkung ausging? Wo hat er der »Jüngergemeinde« den Zug ins Weite und Große in dem von Bousset gewollten Sinn gegeben? Wo steht ein Wort davon, daß er in der Arbeit von Person zu Person in kleinem Kreise seine Hauptwirksamkeit sah? Erfahren wir nicht gerade das Gegenteil, daß er seine Jünger ebensowenig »unterrichtet« hat wie das Volk? Ist es gestattet, die Missionsreise der Jünger, weil sie dieser Auffassung direkt widerspricht, als »undeutliche und undurchsichtige Überlieferung« zu bezeichnen?

Ist es so sicher, daß Jesus als Messias in Jerusalem eingezogen ist, und daß er sich also den Jüngern und dem Hohenpriester in einem gegenwärtigen, nicht nur zukünftigen Sinne als Messias geoffenbart hat?

Welche seiner Aussagen erlauben es, aus dem Gegensatz, in welchem er zur rabbinischen Gesetzesfrömmigkeit stand, ein »Gefühl des schlechthinnigen Gegensatzes zwischen sich und seiner Zeit« zu machen? Schon das Schleiermachersche »schlechthinnig« ist bedenklich.

Das sind aber alles nur Nebenpositionen. Die Entscheidung hängt davon ab, ob Bousset den Satz durchführen kann, daß die Lebensfreudigkeit Jesu gewissermaßen ein unbewußter, innerlicher Protest gegen die ausschließlich eschatologische, weltverneinende Frömmigkeit ist, der Urausdruck jenes schlechthinnigen Gegensatzes zum Judentum oder ob seine Stellung zu den irdischen Gütern nicht auch einseitig durch die Eschatologie bestimmt ist; d. h. ob diese nicht an sich entwertet werden, in der Art, daß Weltfreudigkeit und Weltsorglosigkeit nur die Errungenschaft einer zur reinen Heiterkeit hindurchgedrungenen Ironie sind. Hier entscheidet sich, ob die Position Boussets haltbar ist oder nicht.

Sie ist es nicht, denn die Gegenkritik verfügt über immer neue Reserven weltflüchtiger, weltverachtender Sprüche, und die wenigen Worte, welche man etwa positiv weltfreudig deuten könnte, desertieren und schließen sich den Angreifern an, weil sie textlich und logisch aus jener Umgebung stammen. Zuletzt fällt Bousset noch die eudämonistische Lohnvorstellung, die er in der Lehre Jesu verneint, in den Rücken, und zwar in dem Augenblick, wo er durch das Wort »Trachtet am ersten nach dem Reiche Gottes und nach seiner Gerechtigkeit, so wird euch solches alles zufallen«, beweisen will, daß für Jesus die Güter dieser Welt nicht an sich schlecht sind, sondern nur in zweiter Linie in Betracht kommen. Der Eudämonismus springt nämlich aus diesem Wort geradezu hervor, sofern jenes Zufallen – man darf hinzusetzen jenes hundertfältige Zufallen – zukünftig, nicht gegenwärtig ist, da es mit dem Reiche Gottes selbst eintrifft. Alles gegenwärtige Gut dient nur zum frommen Hinfristen des Daseins auf jene Zukunft hin. Es soll nicht als Erwerb, sondern als selbstverständliche Gabe Gottes, heiter und sorglos genossen werden.

Mit dem Verlust dieser Position ist entschieden, daß, wenn in die Lehre Jesu irgendeine Gegenwärtigkeit des zukünftigen Reiches hereinspielt, sie nicht im Sinne einer antieschatologischen Weltbejahung, sondern nur als ein Phänomen der Überspannung der eschatologischen Gewißheit, wie es seine Weltfreudigkeit tatsächlich ist, angesehen werden darf. Bousset hat dies indirekt auch beobachtet, wenn er konstatiert, daß die Gegenwärtigkeit des Reiches von Jesus immer nur als Paradoxie ausgesprochen wird.

Daß die Entscheidung über den reinen oder gemischt eschatologischen Charakter der Predigt Jesu vom Reich Gottes in letzter Linie bei der Ethik liegt, lassen alle sich mit Baldensperger und Weiß auseinandersetzenden Arbeiten erkennen. Sie unterscheiden sich eigentlich nur durch die verschiedene Intensität, die sie der Eschatologie trotzdem zugestehen. Aber so klar wie Bousset hat keiner mehr das Problem erfaßt.

Sehr stark betont die Eschatologie der Pariser Ehrhardt in seiner Schrift »Der Grundcharakter der Ethik Jesu im Verhältnis zu den messianischen Hoffnungen seines Volkes und zu seinem eigenen Messiasbewußtsein«.[4] Trotzdem statuiert er bei Jesus eine gedoppelte Ethik. Er will annehmen, daß die Eschatologie nicht alles zu entwerten versuchte, sondern diesseitige natürliche und sittliche Güter bestehen ließ.

Viel ablehnender verhält sich Albert Réville in seinem 1897 erschienenen »Jésus de Nazareth«.[5] Nach ihm sind die Apokalyptik und auch der Messianismus Fremdkörper der Lehre Jesu, die durch die Gewalt der zeitgenössischen Gedankenwelt in dieselbe hineingepreßt wurden. Von sich aus hätte Jesus die Messiasrolle nie übernommen.

Auch Wendt hält in der 1903 erschienenen zweiten Auflage seiner »Lehre Jesu« im ganzen den Grundgedanken der ersten von 1890 aufrecht, daß Jesus auf Grund seines religiösen Verhältnisses zu Gott nicht anders konnte, als die übernommenen Vorstellungen von innen heraus religiös umzubilden, wenn sie sich auch auf der Oberfläche seiner Lehre

4 Freiburg 1895. 119 S. Vgl. auch seine Semestereröffnungsvorlesung von 1896: Le principe de la morale de Jésus. Paris 1896.

Jede Eschatologie lehnt ab A. K. Rogers: The life and teachings of Jesus, a critical analysis etc. London–New York 1894.

5 Paris. 2 Bde. I. Bd. 500 S.; II. Bd. 512 S.

noch in ihrer zeitgeschichtlichen Form zu bewegen scheinen. In einer klaren und einfachen Darstellung hatte er schon 1893, in der Christlichen Welt, seine Ansicht vom dennoch gegenwärtigen Reich Gottes gegen Weiß entwickelt.[6]

Bei Weiffenbach brachten Baldensperger und Weiß das Apologetische, das in einer Schrift von 1873 durch die Gründlichkeit der exegetischen Untersuchung gemildert war, nun vollständig heraus.[7] Die Apokalyptik dieser jungen Schule, die es nicht mehr glauben will, daß im Munde Jesu Parusie nur machtvolles Hervorgehen aus dem Tode bedeutet, ist nach Weiffenbach unter allen Umständen zurückzuweisen. Sie setzt, da nichts davon in Erfüllung ging, einen Irrtum bei Jesus voraus. Da bescheide man sich doch lieber, in diesem Punkte nicht ganz klarsehen zu können.

Durch denselben Panzer geschützt, gingen die verschiedenen Auflagen des Lebens Jesu von Bernhard Weiß bis 1902 unbelästigt ihres Weges.

Nicht aus apologetischer Absicht, sondern aus einer originalen religiösen Anschauung heraus entwickelte Titius in seinem Werk über die neutestamentliche Lehre von der Seligkeit die Lehre Jesu vom Reich Gottes als gegenwärtigem Gut.[8]

In demselben Jahre, 1895, erschien E. Haupts[9] Werk »Die eschatologischen Aussagen Jesu in den synoptischen Evangelien«. Er geht – was Bousset nicht tat – auf die eschatologischen Stellen im einzelnen ein und moduliert von jeder nach der johanneischen Tonart zurück. Das geschieht so fein und sinnig, daß die Lektüre des Buches ein ästhetischer Genuß ist, wobei man zuletzt das Apologetische vollständig vergißt, um sich dem Zauber der mystisch-religiösen Gedankenwelt des Autors ganz hingeben zu können.

Das ist nämlich nicht das geringste Verdienst der eschatologischen Schule, daß sie die moderne, Geschichte treibende Theologie zwingt, ihr Eigenes als Eigenes zu offenbaren. Mit der Eschatologie wird es unmöglich, moderne Ideen in Jesus hineinzulegen und sie von ihm durch die neutestamentliche Theologie wieder als Lehen zurückzufordern, wie es zuletzt noch Ritschl so ganz unbefangen tat. Indem Johannes Weiß als Historiker von Ritschl loskam und erkannte, »daß die eigentlichen Wurzeln der Ideen Ritschls bei Kant und in der Aufklärungstheologie liegen«,[10] daß Jesu Verkündigung vom Reich Gottes aber eine ganz andere

6 Christliche Welt. 1893. S. 338 ff.

7 W. Weiffenbach: Die Frage der Wiederkunft Jesu. Friedberg 1901.

8 A. Titius: Die neutestamentliche Lehre von der Seligkeit und ihre Bedeutung für die Gegenwart. I. Teil: Jesu Lehre vom Reich Gottes. 1895. Arthur Titius, geboren 1864, bis 1906 Professor zu Kiel, wirkt z. Z. in Göttingen.

9 167 S. Erich Haupt wurde 1841 zu Stralsund geboren. Nachdem er in Kiel und Greifswald gewirkt hatte, kam er 1888 nach Halle. Er starb 1909.

10 Vgl. die Vorrede der 2. Aufl. von Johannes Weiß: Die Predigt Jesu vom Reiche Gottes. Göttingen 1900.

war, leitet er die letzte, entscheidende Phase des Scheidungsprozesses zwischen historischer und moderner Theologie ein. Vor der eschatologischen Erkenntnis war die kritische Theologie doch in letzter Linie prinzipienlos, insofern als sie kein Scheidungsmittel besaß, das moderne und neutestamentlich-antike Gedanken unfehlbar sicher auseinandergelöst hätte. Die κρίσις ist nun eingeleitet. Was sie bringt, wird erst die Zukunft lehren.

Aber schon jetzt läßt sich erkennen, daß von der Scheidung nicht nur die historische Theologie Vorteil hat, sondern daß die Offenbarwerdung des Modernen als solches für die moderne Theologie noch viel wichtiger ist. Erst wenn sie sich ihres ureigenen Wesens und ihres Rechtes bewußt ist, erst wenn sie von der falschen, Jahrhunderte überspringenden, sich direkt auf eine historische Auslegung des Neuen Testaments berufenden, geschichtlichen Rechtfertigung frei wird, kann sie auch den Ideenreichtum entfalten, der bis jetzt durch eine falsche Historizität gebunden war.

Zu den natürlichen Gegnern der ausschließlich eschatologischen Anschauung gehört die Dogmengeschichte. Sie befindet sich in der Notlage, schon in der Gedankenwelt Jesu »Vergängliches und Bleibendes«, d. h. Eschatologisches statuieren zu müssen, da sie anders einfach nicht weiter kommt. Ist nämlich Jesu Gedankenwelt rein und ausschließlich eschatologisch, so kann, wie es schon Reimarus konstatiert hat, auch nur ein exklusiv eschatologisches Urchristentum daraus entstanden sein. Wie aber aus einem solchen die uneschatologische griechische Theologie hervorgehen konnte, vermochte noch keine Kirchengeschichte und keine Dogmengeschichte nachzuweisen. Vielmehr haben alle, die die Geschichte des Christentums über das Leben Jesu hinaus fortführten – Harnack mit der vollkommensten geschichtlichen Meisterschaft – gleich zu Anfang neben dem Hauptgeleise für zeitgeschichtlich bedingte Anschauung ein Nebengeleise für zeitgeschichtlich unbedingte Ideen angelegt, auf welches sie dann beim historischen Zurücktreten der urchristlichen Eschatologie den Zug überführen, nachdem sie zuvor die Wagen, die nicht über diese Station hinaus mitgehen sollen, abgehängt haben.

Dieses Verfahren ist durch Weiß, der in der Lehre Jesu nur den eingeleisigen Betrieb der Eschatologie bestehen läßt, unmöglich gemacht worden. Hätte ein größer angelegtes Werk in den beiden letzten Jahrzehnten es versucht, den Plan von Strauß und Renan auszuführen und die Geschichte des Lebens Jesu in die Geschichte des Urchristentums, die neutestamentliche Theologie in die primitive Dogmengeschichte hinüberzuleiten, so wären die enormen Schwierigkeiten, die Weiß hier geschaffen hat, ohne sie zu ahnen, als er jene siebenundsechzig Seiten schrieb, klar zu Tage getreten. Das Problem der Hellenisierung des Christentums wird ein ganz anderes, wenn die Schneebrücke moderner Ideen zwischen dem eschatologischen Urchristentum und der griechischen Theologie unter dem

Druck der neuen Erkenntnis zusammenstürzt, und man in der Geschichte selbst das Material suchen muß um zu erklären, wie eine exklusiv eschatologische Weltanschauung sich hellenischen Einflüssen öffnete, und, was noch viel schwerer ist, wie der Hellenismus sich an die eschatologische Sekte überhaupt heranmachen konnte.

Das neue Problem wurde kaum erkannt, geschweige denn in Angriff genommen. Die wenigen, die in den nächsten Jahren vom Leben Jesu ins Urchristentum hinüberzukommen suchten, taten es wie die, welche auf einem langsam in zwei Stücke auseinandertreibenden Eisfeld wandeln und noch schnell auf das andere hinüberspringen, ehe der Spalt zu groß wird. In seinem »Wesen des Christentums« läßt Harnack die zeitgeschichtliche Bedingtheit der Lehre Jesu fast ganz zurücktreten und geht nur auf ein Evangelium aus, mit dem er ohne Schwierigkeit bis ins Jahr 1899 kommt. Das Widerhistorisch-Gewalttätige dieses Verfahrens tritt womöglich noch stärker bei Wernle hervor. »Die Anfänge unserer Religion«[11] legen sich schon die jüdische Eschatologie für die kommende Operation zurecht, sofern der Messias, da er nicht mehr recht zum Reich Gottes und zur neuen Erde paßte, schon für die Juden ein Archaismus gewesen sein soll. Das Inadäquate der Messiasidee für Jesus ist dann selbstverständlich. »Sein ganzes Leben lang« – man bedenke, daß wir davon nicht mehr als die paar Monate öffentlicher Wirksamkeit kennen! – »hat er an dem einmal angenommenen Messiastitel gearbeitet und geläutert.« In der Versuchung tut er den »Messias der Zeloten« ab; gemeint ist das politisch-untranszendente Messiasideal. Als ob wir von einem solchen aus der Zeit Jesu auch nur eine Nachricht hätten! Daß in allen Aufständen, wie sich aus Josephus ergibt und das Verhalten des Pilatus beim Prozesse Jesu es ausdrücklich bestätigt, nie ein messianischer Prätendent aufgetreten ist, sollte Beweis genug sein, daß eine politische neben der überweltlichen Eschatologie zu jener Zeit nicht bestand, wie sie ja auch aus inneren Gründen neben derselben nicht bestehen konnte. Dies ist doch eine der klarsten Errungenschaften von Weiß!

Jesus hat also den Messias der Zeloten abgetan; nun müßte er sich eigentlich in den »abwartenden« Messias der Rabbinen umwandeln. Dieser wird er aber auch nicht, denn er wirkt als Messias. Dieses Ringen mit dem Messiasbegriff kann zuletzt nicht anders als in einer Umgestaltung endigen. Den umgestalteten Messias führt Jesus dem Volke beim Einzug in Jerusalem vor, indem er durch die Wahl des Esels die Weissagung vom Friedensmessias als Motto über die Demonstration schreibt. Wenige Tage darauf gibt er den Schriftgelehrten, Mk 12,37, in Rätselrede zu verstehen, daß seine Messianität mit davidischer Abstammung und allem, was damit zusammenhängt, nichts zu tun hat.

11 Tübingen–Leipzig 1901. 410 S. 2. Aufl. 1904. Paul Wernle, z. Z. Professor der Kirchengeschichte zu Basel, ist 1872 zu Zürich geboren.

Natürlich war das Gottesreich, nach Wernle, keine ausschließlich eschatologische Größe. Jesus sah es in manchen Erscheinungen als schon angebrochen gegenwärtig. Mit dem wachsenden Widerstand aber schwand ihm dieser Glaube wieder und der überirdisch-zukünftige Charakter des Reichs blieb allein bestehen. Am Ende seiner Laufbahn schafft er die Verbindung zwischen dem definitiv umgebildeten Messiasbegriff und dem eschatalogisch gebliebenen Reich: er geht für den umgebildeten Messiastitel in den Tod, aber im Glauben an seine baldige Parusie als Menschensohn. Diese kurz vor Toresschluß – wo sie dem Autor für die Darstellung der Predigt Jesu nicht mehr unbequem wird – eintretende Erwartung von der Menschensohn-Parusie ist der einzige Sieg des Inadäquaten der Messiasidee über Jesus. »Hier ragt wirklich die Phantastik des Spätjudentums, die verzauberte Welt des antiken Volksglaubens in das einfach große Berufsbewußtsein Jesu hinein.«

So behält Wernle von der Apokalyptik nur so viel, daß er damit ungefährdet in das Urchristentum hinüberkommt. Einmal glücklich drüben, harkt er den Rest herüber. Er konstatiert nämlich, daß an und mit den der Apokalyptik entlehnten Titeln und Ausdrücken, Messias, Gottessohn und Menschensohn, die alle im Grund so schlecht zu Jesus paßten, sich dann im Urchristentum »entweder das Alte oder das verkehrte Neue« wieder einschlich, wobei er den obligaten tragischen Seufzer, daß diese apokalyptischen Titel und Ausdrücke »von Anfang an das Mißgeschick der neuen Religion waren«, nicht unterdrücken kann.

Aber nicht nur diejenigen, die die Lehre Jesu in den Glauben des Urchristentums weiterführen wollen, empfinden die eigentümliche Schwierigkeit der Anerkennung ihres rein jüdisch-eschatologischen Charakters. In derselben Lage befinden sich die Forscher, welche die rückwärtige Verbindung, vom Judentum zu Jesus, herstellen müssen. So verneinen Wellhausen und Schürer die Ergebnisse der eschatologischen Schule, die sich auf ihre Erforschung des Spätjudentums stützt. Wellhausen, in seiner »Israelitischen und jüdischen Geschichte«,[12] gibt eine Schilderung Jesu,

12 1. Ausg. 1894, S. 163–168; 2. Aufl. 1895, S. 198–204; 3. Aufl. 1897; 4. Aufl. 1901, S. 380–394. Siehe auch »Skizzen« 6, 187 ff. Dazu noch: Das Evangelium Marci, 1903; Das Evangelium Matthäi, 1904; Das Evangelium Lucae, 1904; Einleitung in die drei ersten Evangelien 1905. 115 S. 2. Aufl. 1911.

Die Stellung, die Wellhausen in dem letztgenannten Werk einnimmt, leidet an vielfachen Unklarheiten. Er unterscheidet zwischen dem »jüdischen Messias«, als welcher Jesus den Jüngern schon zu Lebzeiten galt, und dem »christlichen«, zu dem sie ihn erst auf Grund der Kreuzigung und Auferstehung gemacht haben. In der Hauptsache soll sich der Galiläer als Lehrer betrachtet haben; jedoch hatte er nichts dawider, daß andere in ihm den jüdischen Messias erkannten. Analoge Widersprüche sucht der Verfasser in dem Kapitel »Das zukünftige und das gegenwärtige Reich Gottes« auszugleichen.

Julius Wellhausen ist 1844 zu Hameln geboren. Er wirkte zu Greifswald, Halle und Marburg und lehrt jetzt in Göttingen.

die ihn geradezu aus dem jüdischen Rahmen heraushebt. Das Reich, das er gründen wollte, sei eine gegenwärtige, geistige Größe gewesen. Zu der jüdischen Eschatologie habe seine Predigt nur in ganz äußerlichem Verhältnis gestanden, denn ihm schwebte mehr eine zu realisierende Gemeinschaft von Seelen, die nach einer höheren Gerechtigkeit trachteten, vor. Eigentlich wollte er gar nicht der Messias sein und hatte sich innerlich ganz von der Hoffnung des Volkes losgesagt. Wenn er sich Messias nannte, so geschah es im Hinblick auf ein höheres Ideal. Für das Volk bedeutete diese seine Akzeptierung der Messianität die Außerkraftsetzung ihrer anders gearteten Erwartung. Die übersinnlichen Größen werden immanente. Vom apokalyptischen Weltgericht bleibt nur die bei Johannes erhaltene Predigt von dem innerlich fort und fort wirkenden Scheidungsprozeß übrig.

Wenn auch nicht in demselben Maße, so steht doch auch Schürer für die Würdigung der Lehre Jesu im Banne des vierten Evangeliums. In einer akademischen Festrede von 1903[13] erklärt er, daß für ihn Jesu Predigt in einer gewissen Spannung mit dem Judentum stehe, sofern sie etwas absolut Neues enthält. Seine Messianität ist nur der zeitlich beschränkte Ausdruck eines allgemein-ethischen, einzigartigen Gotteskindschaftsbewußtseins, das in Analogie steht mit dem Verhältnis aller Gotteskinder zu ihrem himmlischen Vater. Der Grund der Zurückhaltung der Messianität liegt für Schürer in der Befürchtung Jesu, einen »politischen Enthusiasmus« zu entfachen; ebenso lehnt er, Mk 12,37, alle davidisch-messianischen Prätentionen ab. Jedenfalls haben die Ideen vom Messias und vom Reich Gottes eine Umbildung bei ihm erfahren. Wenn er auch in seiner anfänglichen Predigt das Reich nur als etwas Zukünftiges verkündet hat, so betont seine spätere Predigt, daß es in seinen Anfängen schon vorhanden ist.

Das Phänomen, daß gerade die Vertreter der spätjüdischen Forschung Jesum aus einer Gedankenwelt herausheben, hat an sich nichts Auffallendes. Es ist nur ein Ausdruck für die Erkenntnis, daß hier etwas Neues, Schöpferisches in die unschöpferische Zeit eintritt, und das klare Bewußtsein davon, daß man diese Persönlichkeit nicht in zeitgenössische Vorstellungen auflösen kann. Das empfundene Problem ist dasselbe wie bei Bousset. Nur fragt es sich, ob das gewaltsame Herausheben dieser Persönlichkeit aus dem Spätjudentum eine Lösung ist. Das Schöpferische an ihr besteht doch nicht darin, daß sie dies oder jenes der Räder der eschatologischen Maschinerie herausnimmt, sondern sie, was noch keiner getan hatte, durch sittlich religiöse Kräfte in Gang setzt. Man mache sich doch klar, was dazu gehören würde, die »Umbildung«, mit der hier immer

13 Emil Schürer: Das messianische Selbstbewußtsein Jesu Christi. 1903. 24 S. Auch nach J. Meinhold, »Jesus und das Alte Testament« (1896), hat Jesus nicht der Messias Israels sein wollen. – Meinhold, geboren 1861, wirkt zu Bonn.

operiert wird, in der synoptischen Darstellung auch nur schemenhaft nachzuweisen.

Diese »Lösungen« der eschatologischen Frage sind alle vom Standpunkt der Lehre Jesu aus gegeben, von dem aus Johannes Weiß das Problem auch gestellt hat. Die Endentscheidung liegt aber nicht hier, sondern in der Untersuchung des Gesamtverlaufs des Lebens Jesu. Ist der Zusammenhang der Ereignisse des Lebens Jesu, sein Schicksal und das Aufkommen der Parusieerwartung in der Jüngergemeinde am verständlichsten unter der Annahme, daß er ausschließlich eschatologisch dachte, lehrte und handelte, oder unter der andern, daß er diese Weltanschauung milderte, vielleicht gar aufhob?

Die Werke, die in der Prüfung der Zusammenhänge der Ereignisse kritisch verfahren, sind dünn gesät. Der Durchschnitt der »Leben-Jesu« ist in dieser Hinsicht von einer geradezu unbegreiflichen Gedankenlosigkeit. Als erster nach Bruno Bauer unternahm es Volkmar; zwischen Volkmar und Wrede gibt es nur einen einzigen, der hierin kritisch verfährt: W. Brandt. Seine »Evangelische Geschichte«[14] erschien 1893, ein Jahr nach dem Werk von Joh. Weiß, in demselben Jahr wie Boussets Antwort. Hier wird die Frage, ob nur bedingt oder unbedingt eschatologisch, aus dem Lebensverlaufe beantwortet.

Mit wahrhaft Cartesianischem Zweifel geht Brandt ans Werk. Zuerst werden alle Möglichkeiten, daß das Berichtete sich nicht so ereignet habe, durchprobiert, bis er sich darein schickt, daß es sich wirklich so abgespielt haben könne. Bei der Annahme, daß Jesus mit einem lauten Aufschrei verschieden sei, muß er das kritische Gewissen durch folgendes Räsonnement beruhigen: »Der Bericht von diesem Schrei ist, soviel ich sehe, am besten daraus zu erklären, daß er wirklich gehört worden.« Die Grablegung Jesu verdankt ihre Geschichtlichkeit folgender Erwägung: »Wir halten den Joseph von Arimathia für geschichtlich; die Geschichte aber hat seinen Namen lediglich als den des Mannes, der Jesus begraben, aufbewahrt. Demnach verbürgt der Name die Tatsache.«

Aber sowie sich die geringste Möglichkeit eines andern Vorgangs zeigt, läßt sich Brandt durch keine Lockungen des Textes halten, sondern macht sein eigenes »Wahrscheinlich« zur geschichtlichen Tatsache. Daß Petrus allein mit dem Schwert dreingeschlagen habe, dünkt ihn unwahrscheinlich. Flugs wird die Geschichte durch den Satz rektifiziert: »Jener Schwertstreich wird nicht der einzige gewesen sein; auch andere Jünger werden

14 »Die Evangelische Geschichte und der Ursprung des Christentums auf Grund einer Kritik der Berichte über das Leiden und die Auferstehung Jesu« von Dr. W. Brandt. Leipzig 1893. 588 S.

Wilhelm Brandt ist 1855 von deutschen Eltern in Amsterdam geboren und wurde Pfarrer in der niederländisch-reformierten Kirche. 1891 legte er dieses Amt nieder und studierte in Straßburg und Berlin, bis er 1893 für allgemeine Religionsgeschichte an die theologische Fakultät zu Amsterdam berufen wurde.

sich vorgedrängt haben.« Daß Jesus zuerst vom Hohen Rat in einer Nachtsitzung verurteilt worden sei, worauf Pilatus am Morgen das Urteil bestätigte, scheint ihm aus verschiedenen Gründen unmöglich. Es ist also ausgemacht, daß wir es nur mit einer »von einem Christen aus den Heiden« ausgedachten Kombination zu tun haben. So führen die »dürfte«, »sollte« und »könnte« ein wahres Schreckensregiment in dem Buch.

Das hindert nicht, daß es als kritische Gesamtleistung hervorragend ist und, besonders in der Geschichte des Prozesses Jesu, eine Reihe vorher ungeahnter Probleme aufgedeckt hat. Brandt ist der erste seit Bauer, der zu konstatieren wagte, daß es historischer Unsinn ist, wenn Pilatus zum Volk, das von ihm die Verurteilung Jesu verlangt, sagt: Nein, aber ich gebe euch einen andern dafür los.

Jesus ist gestorben und soll auferstanden sein: dies sind die einzig absolut sicheren Nachrichten aus seinem »Leben«. So ist also hier der feste Punkt zur Würdigung der evangelischen Überlieferung gegeben. Erst auf Grund der lang ausgeführten Kritik der Berichte über das Leiden und die Auferstehung gibt Brandt einen Aufriß des Lebens Jesu, wie es wirklich war.

Welches ist nun, auf Grund seines Lebens, Jesu Verhalten zur Eschatologie? Ein widerspruchsvolles: »Er hat an den nahe bevorstehenden Anbruch des Gottesreiches geglaubt und doch, wie wenn die Zeit noch keineswegs erfüllt wäre, Schüler auszubilden übernommen; er war ein Lehrer und soll sich für den Messias gehalten haben.« Die Doppelheit liegt also nicht so sehr in der Lehre selbst, sondern es ist mehr ein Zweispalt zwischen der Überzeugung und dem Selbstbewußtsein einerseits, dem Auftreten andererseits.

Er war also ein Lehrer; nicht nur dies: er nahm auch Schüler an, die er zu Lehrern ausbilden wollte. »Schon dieses deutet auf eine Periode in seinem Leben, in welcher sein Wirken noch nicht von dem Gedanken an die unmittelbare Nähe des entscheidenden Moments bestimmt war... Darum hat er sich nach Leuten umgesehen, die seine Mitarbeiter werden konnten, hat angefangen Schüler auszubilden, die auch, wenn er selbst den Tag des Herrn nicht mehr erleben sollte, nach seinem Tode das Werk der Volkserziehung in seinem Sinne fortsetzen würden.« »Da trat in Judäa das Ereignis ein, wovon das Gerücht wie ein Sturm durch ganz Palästina ging. Was seit Jahrhunderten nicht vorgekommen war, ein Prophet stand auf, ein Mann, der sich als Gesandter Gottes präsentierte; und dieser Prophet verkündigte den unmittelbar bevorstehenden Anbruch der Gottesregierung: Tuet Buße, damit ihr dem Zorn Gottes entrinnen möget.« Die große Bußpredigt des Täufers fällt in die letzte Zeit des Lebens Jesu. Es ist anzunehmen, daß auch Johannes vor seinem stürmischen Auftreten Lehrer gewesen ist und in jener Periode Jesum eine Zeitlang unter seinen Schülern zählte. Jedoch muß seine Existenz bis zu seinem Auftreten eine ziemlich verborgene gewesen sein. Als aus seinem Munde plötzlich die eschatologische Bußpredigt erscholl, »konnte man ihn für den Elias halten, der vor Zeiten von der Erde entrückt worden war und jetzt wieder erschien«.

Nun mußte auch Jesus sein ganzes Wirken viel mehr zusammendrängen, da die Zeit zu kurz war. Wollte er etwas erreichen und womöglich das ganze Volk vor dem Kommen der Endzeit dem Willen Gottes dienstbar machen, so mußte er von Jerusalem aus wirken. »Nur von der Zentralstelle aus und nur mit Hilfe einer das ganze Synagogenwesen beherrschenden Autorität konnte in kurzer Zeit manches, vielleicht noch alles Nötige erreicht werden. So beschloß er den Zug nach Jerusalem zu dem Zweck und mit dem festen Vorsatz, den Willen Gottes dort zur Geltung zu bringen.«

Die Reise nach Jerusalem war also keine Todesreise. »Solange in den Evangelien noch ein Reflex der wahren Geschichte Jesu anerkannt werden darf, wird man mit Weizsäcker erkennen müssen: Jesus ist nicht nach Jerusalem gezogen, um sich dort töten zu lassen, auch nicht, um das Fest zu feiern. Beides ist ausgeschlossen durch sein tatkräftiges Auftreten und das hoffnungsvolle Bild, welches dasselbe in der Erinnerung der Teilnehmer zurückgelassen hat.« Darum darf man die Leidensverkündigungen nicht als historisch betrachten, höchstens »daß Jesus aus seinem guten Gewissen heraus zu den Jüngern geäußert haben könnte: Wenn ich sterben sollte, möge Gott um meines Blutes willen euch und dem Volke gnädig sein«.

So zog er nach Jerusalem, um Gottes Willen auszuführen. »Es war Gottes Wille, daß die Predigt, die allein imstande war, das Volk innerlich zu erneuern und zu einem wahren Gottesvolk zu machen, von der nationalen und religiösen Oberleitung anerkannt und angeordnet würde. Dies entweder bei den jetzigen Regenten durchzusetzen oder auf irgendeine andere Weise zur Tatsache zu machen, das war die Aufgabe, deren Jesus sich bewußt war.« Mit diesem Ziel vor Augen, hinter welchem das nahe Gottesreich winkte, brach er auf.

»Aber nichts natürlicher, als daß aus dem starken Glauben, ein von Gott gewolltes Werk zu tun, der Glaube an den persönlichen Beruf sich immer mehr entwickelt.« So tritt das Messianitätsbewußtsein in Jesu Gedankenkreis ein. Mit dem politischen Messiastum hat seine Überzeugung nichts zu tun. Nur allmählich, aus der Entwicklung der Verhältnisse, konnte er folgern, ob er zur messianischen Herrschaft bestimmt wäre; »es kann ihm immer deutlicher geworden sein – zur völligen Gewißheit nicht«. Bei dem Widerstand, in der tiefsten Erniedrigung, kann er sich, in einer machtvollen inneren Reaktion gegen die Verhältnisse, zum erstenmal mit voller Überzeugung als den Gesalbten Gottes bekannt haben.

Als die Rede ging, er wolle der Messias sein, ließen ihn die Oberen verhaften und übergaben ihn dem Statthalter, daß er ihn richte. Judas, der Verräter, »war nur kurze Zeit um ihn gewesen, und gerade in den unruhigen jerusalemischen Tagen, wo der Meister kaum Gelegenheit hatte, sich mit ihm besonders abzugeben und ihn recht kennenzulernen. Er hatte die galiläische Zeit nicht mitgemacht: daher war ihm Jesus nichts als der künftige Herrscher auf dem Thron des Gottesreiches.«

Nach seinem Tod konnten »die Jünger ohne weiteres nicht mehr an seinen messianischen Beruf glauben«. Jesus hatte die auf ihn gesetzte Hoffnung mit in den Tod genommen, besonders da er weder seinen Tod, geschweige denn seine Auferstehung prophezeit hatte. »Dabei wird in der ersten Zeit seinem Andenken sogar zugute gekommen sein, wenn sie sich darauf besannen, daß er selbst niemals bestimmt und offen sich für den Messias erklärt hatte.« Sie kehrten nach Galiläa zurück. »Simon Petrus und etwa der Sohn des Zebedäus, der nachmals neben ihm für eine Säule der Gemeinschaft galt, entschlossen sich, an ihrer durch den Zug nach Jerusalem unterbrochenen Ausbildung weiter zu arbeiten ... Auf galiläischer Erde war es möglich, daß die letzten in der Fremde zugebrachten Tage bald nicht mehr mit bleierner Schwere die Stimmung niederdrückten ... Man kann sagen: den jerusalemitischen Stürmer mußten sie preisgeben, dem edlen und freundlichen galiläischen Lehrer bewahrten sie einen Platz in ihrem Herzen.« So wachte die Liebe über dem Toten, bis die an alttestamentlichen Weissagungen sich neu entfachende Hoffnung kam und den Toten auferweckte. »Der erste, der im Enthusiasmus seinen Wunsch erfüllt sah, war Simon Petrus.« Diese »Auferstehung« hat nichts mit dem leeren Grab zu tun, welches, wie die ganze Tradition der Erscheinungen zu Jerusalem, erst später zur Überlieferung hinzugekommen ist. Die ersten Visionen hatten die Jünger in Galiläa. Dort ist auch die Gemeinde gegründet worden.

Brandts Versuch, den Pragmatismus des Lebens Jesu historisch zu erfassen, gehört zum Bedeutendsten auf diesem Gebiet. Rein aufbauend dargestellt, hätte seine Konstruktion einen großen Eindruck gemacht. Sie hätte aber dann den Ideenreichtum verloren, den die kritische Zerklüftung birgt.

Für die Frage der Eschatologie bringt sie keine Entscheidung. Sie macht die bisherigen Versuche, eine gegenwärtige Messianität Jesu zu statuieren, unmöglich, zeigt aber, daß die eigentlich historischen Fragen des Auftretens Jesu durch die Behauptung von dem einseitig eschatologischen Charakter seiner Predigt noch lange nicht gelöst sind, sondern daß sich noch neue Schwierigkeiten auftun.

Fast noch mehr als in diesen allgemein religiös ethischen und geschichtlichen Auseinandersetzungen kam es der Theologie durch einige neue, unerwartet auftauchende exegetische Probleme zu Bewußtsein, daß die alte Auffassung von der Lehre Jesu nicht haltbar sei, oder doch nur mit gewaltsamen Mitteln. Bei der Voraussetzung des gemildert eschatologischen Charakters seiner Lehre bleibt Jesus Lehrer; d. h. er redet, um verstanden zu werden, um zu erklären, und hat keine Geheimnisse. Ist aber seine Verkündigung durchaus eschatologisch, so ist er Prophet, geheimnisvoller Mahner auf die kommende Zeit, dessen Worte Geheimnisse und Fragezeichen bergen und nicht bestimmt sind, immer und von allen verstanden zu werden. Nun werden eine Reihe von Stellen in den Vordergrund geschoben, wo es sich darum handelt, ob Jesus Geheimnisse hatte oder nicht.

Diese Frage stellt sich gleich bei den ersten Parabeln. Mk 4,11 und 12 wird von Jesus konstatiert, daß die in jenem Zusammenhang gesprochenen Gleichnisse das Geheimnis des Reiches Gottes dunkel und unverständlich wiedergeben, damit die, welchen es nicht bestimmt ist, sie hören, ohne sie zu begreifen. Damit streiten die Gleichnisse selbst, da wir wenigstens in ihnen den Gedanken der stetigen und siegreichen Entwicklung des Reiches von kleinen Anfängen bis zur Vollendung ausgedrückt finden. Nachdem jene Stelle hatte viel leiden müssen durch immer neue Abschwächungs- und Umdeutungsversuche, machte Jülicher, in seinem Werk über die Gleichnisreden Jesu,[15] der Qual ein Ende, beließ Jesu die Gleichnisse und schrieb dem Evangelisten jenes unverständliche Wort über den Zweck der Gleichnisrede zu. Lieber will er, nach seinem eigenen Wort, ein Steinlein aus dem Mauerwerk der Tradition, als Jesu einen Diamanten aus seiner unvergänglichen Ehrenkrone ausbrechen. Ja; aber trotzdem bleibt es eine Gewalttat, die die Markushypothese mehr erschüttert, als man sich zugestehen möchte. Auf Grund welcher Vorstellung oder welchen Irrtums soll der älteste Evangelist eine so grauenhafte Theorie über die Gleichnisrede erfunden haben? Kann die fortschreitende Vergröberung des Gegensatzes zwischen verhüllter und offener Rede, die Jülicher dafür anruft, zu einem solchen Resultat geführt haben? Wozu hätte der Evangelist die Theorie erfunden, wenn er sie gleich darauf durch die banale, vernünftige Erklärung des Gleichnisses vom Säemann außer Kraft setzt?

Bernhard Weiß läßt dem Text sein Recht geschehen und gesteht zu, daß Jesus durch die Parabelrede eine Scheidung zwischen Empfänglichen und Unempfänglichen vollziehen wollte. Nur sagt er nicht, was denn diese scheinbar sonnenklaren Gleichnisse für ein Geheimnis enthielten, das nur den Prädestinierten offenbar wurde.

Das war vor der Stellung der eschatologischen Frage durch Joh. Weiß.

15 Adolf Jülicher: Die Gleichnisreden Jesu. 1. Bd. 1888; in anderer Form schon erschienen 1886. Freiburg. 2. Aufl. I B. 1899. – Adolf Jülicher, z. Z. Professor in Marburg, ist 1857 zu Falkenberg geboren.

Auch Heinrich Weinel schreibt, mit der Mehrzahl der modernen Theologen, die »Verstockungstheorie« dem Evangelisten Markus zu. Siehe seine populäre Schrift »Die Gleichnisse Jesu« (3. Aufl. Leipzig 1910. 134 S. S. 52–54).

In seiner Replik gegen die eschatologische Theorie sieht sich dann Bousset[16] alsbald genötigt, von der Operation Jülichers Gebrauch zu machen, um die Gleichnisse von Mk 4 für die vernünftige moderne Deutung auf die Gegenwärtigkeit des Gottesreiches zu retten. Freilich, Jülichers Erklärung des Aufkommens der Theorie genügt ihm nicht; er nimmt an, jener falschen Markustheorie liege die Tatsache zugrunde, daß die Gleichnisse von der Gegenwart des Reiches den Zeitgenossen unverständlich blieben. Man zeige aber den Weg auf, der von solchem Nichtverstehen bis zur Erfindung eines derartigen Wortes, in dem viel mehr liegt, geführt haben kann!

Ist jene Gleichnistheorie aber nicht mit besseren Gründen erschüttert, so müssen die Gleichnisse von Mk 4, die einzigen, von denen man das Geständnis des gegenwärtigen Gottesreiches erpressen könnte, vorläufig bleiben, was sie sind: Geheimnisse.

Für den zweiten Band der »Gleichnisreden«[17] war die eschatologische Frage schon gestellt. Und wirklich tut Jülicher »die landläufige bisherige Art des Modernisierens der Gleichnisse« ab, die in einer Reihe derselben nur den beliebten Begriff von der langsamen und stetigen Entwicklung des Gottesreiches findet. Das Himmelreich ist für ihn eine durch und durch übernatürliche Idee, die sich ohne Menschenhilfe und menschliche Verhältnisse realisiert, allein durch die Kraft Gottes. Im Gleichnis vom Senfkorn und vom Sauerteig will Jesus die Jünger nicht die Notwendigkeit und Weisheit einer längeren Entwicklung lehren, sondern ihnen lebendig klar machen, daß die Periode der Vollendung mit überirdischer Notwendigkeit auf die der Mangelhaftigkeit folge.

Aber sonst spielt das neue Problem in Jülichers Auslegung keine besondere Rolle. Er steht den Gleichnissen zu souverän und zu sehr als moderner Theologe gegenüber, um sie aus einer ganz fremden Weltanschauung heraus verstehen zu wollen, und zaudert nicht, was sich nicht fügt, aus den authentischen Reden Jesu zu verweisen. Dies ist das Schicksal des Gleichnisses von den bösen Weingärtnern, Mk 12. Er findet in ihm Züge, die wie vaticinia ex eventu klingen, und sieht daher im Ganzen nur die im Prophetenton vorgetragene »Geschichtsanschauung eines Durchschnittsmenschen, der Jesu Kreuzigung erlebt hatte und doch an ihn als Gottes Sohn glaubte«.

Sodann aber macht die gesonderte und durch keine überlieferte Zeit- und Sachordnung gerechtfertigte Art der Erklärung es dem Autor un-

16 W. Bousset: Jesu Predigt in ihrem Gegensatz zum Judentum. Göttingen 1892.

17 Adolf Jülicher: Die Gleichnisreden Jesu. 2. Teil. Auslegung der Gleichnisreden der drei ersten Evangelien. Freiburg 1899. 641 S.

Chr. A. Bugge (Die Hauptparabeln Jesu. Deutsch aus dem Norwegischen. Gießen 1903) macht richtig auf das Dunkle und Unerklärliche in den Gleichnissen aufmerksam, weiß aber damit historisch nichts anzufangen.

möglich, eine bestimmte Weltanschauung daraus zu entwickeln. Er statuiert keinen Unterschied zwischen den galiläischen Geheimnisgleichnissen und den jerusalemitischen Drohgleichnissen. So läßt er die Parabel vom Säemann, mit der doch Jesus nach Markus die Gleichnisrede beginnt, im »schmerzlichen Rückblick« auf eine vorhergehende Wirksamkeit gesprochen sein. Der Meister soll es zur kräftigen Einprägung der Tatsache, »daß nach höheren Gesetzen das Wort Gottes nicht bloß auf Eroberungen, sondern auch auf Niederlagen zu rechnen hat«, gebildet haben. Damit ist die Auslegung, die der Evangelist Mk 4,13–20 gibt, eigentlich adoptiert. Das Gleichnis von der selbstwachsenden Saat wird für die Gegenwärtigkeit des Reiches in Dienst genommen.

Zu den Geheimnisgleichnissen von Mk 4 tritt als zweites, neu empfundenes exegetisches Problem die Aussendungsrede, Mt 10, hinzu. Während man bis Johannes Weiß sich damit begnügen konnte, die düsteren Verfolgungsweissagungen aus derselben in die letzte Periode Jesu zu verpflanzen, kommt nun das Neue hinzu, daß eine so fliegende Verkündigung vom Reich Gottes wohl mit dem ausschließlich eschatologischen Charakter der Reichspredigt vereinbar ist, aber bei der geringsten Milderung desselben unverständlich wird, ganz davon zu schweigen, daß man dann mit dem Wort von der unmittelbaren Nähe der Erscheinung des Menschensohnes, Mt 10,23, gar nichts anfangen kann. Als blicke des Reimarus böses Auge auf ihn, beeilt sich Bousset, in einer Anmerkung, den ganzen Bericht von der Aussendung als »undeutliche und undurchsichtige Überlieferung« unter den Tisch zu werfen. Nicht genug damit: »Vielleicht«, fügt er hinzu, »dürfte in der ganzen Erzählung nur eine geschichtliche Entwicklung der von Jesus seinen Jüngern für eine spätere Zeit mitgegebenen Missionsworte zu sehen sein.« Also früher war nur die Aussendungsrede, jetzt die ganze Aussendung unhistorisch, wenn anders die Wahrnehmung richtig ist, daß die Theologen aller Zeiten ihre eigentliche Meinung gewöhnlich in Fußnoten bringen und ihre eigentlichste mit »vielleicht« einleiten. Was bleibt aber zuletzt der modernen Theologie noch Historisches von den Evangelien, wenn sie sich zwingt, Hand und Fuß und Auge ob des Ärgernisses der reinen Eschatologie daran zu geben? Die gelegentlichen Aussprüche der Vertreter der Markushypothese würden, zusammengestellt, ein Buch ergeben, das für die Glaubwürdigkeit der Evangelien noch viel gefährlicher wäre, als das Werk Wredes, das ihnen wie ein Fels in das Gurkenfeld rollte.

Als drittes stellt das Wort von den Gewalttätigen, die seit des Täufers Zeit das Reich Gottes vergewaltigen, Mt 11,12, neue Fragen an die Auslegungskunst. Freilich, wenn es mit der Kunst getan wäre, so brauchte man auf die Lösung nicht mehr zu warten. Man würde sich mit einer der künstlichen Erklärungen zufrieden geben, mit der diese Stelle von jeher überwunden worden ist. Gewöhnlich wird sie für die Gegenwärtigkeit des Reiches in Anspruch genommen. So bei Wendt, Wernle und Arnold Meyer.[18] Nach letzterem bedeutet sie: »Seit den Tagen Johannis des Täufers bis jetzt kann das Himmelreich in Besitz genommen werden; ja die Frommen erwerben es tatsächlich als ihr Eigentum.« Aber keine Erklärung hat bis jetzt auch nur annähernd begreiflich machen können, einmal, wieso Jesus das Gottesreich als gegenwärtige Größe vom Täufer an datieren kann, den er in demselben Atemzug außerhalb des Reiches stellt, sodann, wie er, um eine so einfache Sache zu sagen, die unsachgemäßesten und unzutreffendsten Ausdrücke, wie rauben und an sich reißen, wählt.

Wie schwierig die Stelle ist, ersieht man erst aus Johannes Weiß.[19] Er gibt ihr ihren wörtlichen Sinn zurück, wonach sie besagt, daß das Gottesreich seit jener Zeit vergewaltigt wird. Um ihn aber wörtlich verstehen zu können, muß er den Spruch in tadelndem Sinn gesprochen sein lassen. In Anlehnung an Alex. Schweizer[20] bringt er seine Bedeutung auf folgenden Satz: »Jesus beschreibt – und in der Form der Beschreibung liegt die Ablehnung – eine stürmische, zelotische messianische Bewegung, die seit den Tagen des Täufers im Gang ist«.[21] Damit hätte aber Jesus wiederum für die klarste Sache den unklarsten Ausdruck gewählt. Wo liegt die Andeutung des tadelnden Sinnes? Wo erfahren wir sonst etwas über eine zelotisch-messianische Bewegung, die vom Täufer ausging? Seine Predigt bot keinen Ausgangspunkt für eine solche Bewegung, und Jesu Stellung zum Täufer ist sonst, auch in Jerusalem, bis zuletzt völlig bejahend. Ein solches Tadelwort hätte Jesus auch nicht mit dem Merkwort: »Wer Ohren hat zu hören, der höre«, Mt 11,15, abgeschlossen, das überall, wie auch Mk 4,9, auf ein Geheimnis aufmerksam macht.

Von allen neuen Problemen wurde die Menschensohnfrage durch die Eschatologie am meisten in den Vordergrund geschoben. Es war für die Theologie zum Dogma geworden, daß Jesus das Wort Menschensohn zur Verhüllung seiner Messianität brauchte; d. h. jeder Theologe konnte in diesem Wort finden, was für ihn die Messianität Jesu ausmachte: das Menschliche, Demütige, Ethische, Unpolitische, Unapokalyptische und was sonst noch für die richtig verstandene »umgebildete« Messianität charakteristisch war. Der danielische Menschensohn spielte nur so weit her-

18 Arnold Meyer: Jesu Muttersprache. 1896. – Auch P. W. Schmidt in seiner »Geschichte Jesu« (Freiburg 1899) vertritt diese Deutung und will das dunkle Wort durch jenes andere, von der engen Pforte, erklären.

19 Johannes Weiß: Die Predigt Jesu vom Reiche Gottes. 2. Aufl. 1900. S. 192 ff.

20 Stud. Krit. 1836, S. 90–122.

21 Siehe auch »Die Vorstellungen vom Messias und vom Gottesreich bei den Synoptikern« von Ludwig Paul. Bonn 1895. 130 S. Diese zusammenfassende Studie, welche alle hier im folgenden namhaft gemachten Probleme erörtert, behandelt Mt 11,12–14 unter der Überschrift »Die Wehrer des Gottesreiches«.

ein, als er den übrigen Eigenschaften des neuen Menschensohnbegriffs nicht gefährlich wurde. Gegen die Bilderreden Henoch half man sich mit der Ausflucht, sie seien unecht oder in den Menschensohnstellen christlich überarbeitet, so wie etwa die ältere Dogmengeschichte die Ignatianen, mit denen sie nichts anzufangen wußte, durch eine Unechtheitserklärung unschädlich machte. Das wurde alles anders, sobald man mit der jüdischen Eschatologie für die Menschensohnvorstellung Jesu Ernst machte. Da trat wieder ein Entweder-Oder in Sicht: entweder Jesus hat den Ausdruck gebraucht, und dann in rein jüdisch-apokalyptischem Sinn, oder er hat ihn überhaupt nicht gebraucht.

Obwohl Baldensperger das Entweder-Oder noch nicht in der ganzen Schroffheit gestellt hatte, nahm Hilgenfeld Jesum gegen den Verdacht in Schutz, als hätte er seine Gedankenwelt und seine Selbstbezeichnung aus jüdischen Apokalypsen entlehnen können.[22] Auch Orello Cone will dem Ausdruck Menschensohn in Jesu Mund nichts Apokalyptisches zuerkennen, sondern ihn nach Mk 2,10 und 28 deuten, wo das rein Menschliche im Vordergrund steht.[23] Konsequenter meint Oort, nicht Jesus, sondern die Evangelisten hätten den Ausdruck dem »Evangelium« entnommen und ihn Jesu in den Mund gelegt.[24]

Indem er das Problem klar formulierte und außer den zwei Stellen, wo Menschensohn den Menschen überhaupt bedeuten kann, nur die anerkennen wollte, in denen die danielisch-apokalyptische Bedeutung durch den Zusammenhang geboten war, stellte Johannes Weiß der Theologie eine Preisaufgabe, die sie jahrelang beschäftigen sollte. Diejenigen, welche die Fragestellung anerkannten, waren selten. In freier Weise begegnet sich mit ihm Charles, der den Menschensohn bei Jesus als eine Größe ansieht, in der sich der Henochsche Messias und der Jesajanische Knecht Jahwes zur Einheit zusammengefunden haben.[25] Die meisten aber kamen aus den Inkonsequenzen nicht heraus. Auf der einen Seite sollte das Apokalyptische in dem Ausdruck wirklich dominieren; auf der andern durfte Jesus ihn nicht ohne weiteres übernommen, sondern mußte ihn umgebildet haben. Diese Inkonsequenzen sind notwendig damit gegeben, daß Jesus sich, nach der Meinung der Gegner von Weiß, als Messias auch im gegenwärtigen Sinn bezeichnet hat. Da nun der Ausdruck Menschensohn an sich nur einen zukünftigen Messias bezeichnet, muß die andere Bedeutung hinzuerfunden werden. Dies die Operation, die den meisten der gelehrten Auseinandersetzungen über den Menschensohn zugrunde liegt.

22 A. Hilgenfeld: Zeitschrift für wissenschaftliche Theologie. 1888, S. 488 bis 498. 1892, S. 445–464.

23 Orello Cone: Jesus' self-designation in the synoptic-gospels. The New World 1893, S. 492–518.

24 H. L. Oort: die uitdrukking ὁ υἱὸς τοῦ ἀνθρώπου in het Nieuwe Testament. Leiden 1893.

25 R. H. Charles: The son of man (Expos. Times). 1893.

In seiner Abhandlung über die jüdische Apokalyptik,[26] 1903, sucht Bousset die Schwierigkeiten dadurch zu heben, daß er das Aufkommen der Selbstbezeichnung so weit wie möglich hinausschiebt. »Aller Wahrscheinlichkeit nach hat schon Jesus in einzelnen Worten am Ende seines Lebens nach dem Menschensohntitel gegriffen, um in ihm, gegenüber sich herandrängenden Gedanken des Unterliegens und des Todes, seine Zuversicht auf den dauernden Sieg seiner Person und seiner Sache zum Ausdruck zu bringen.«

Brandt will auch diese Besitzergreifung in extremis nicht gelten lassen und hält es für wenig wahrscheinlich, daß Jesus sich des Ausdrucks bedient habe. Eher wäre zu vermuten, daß der Evangelist Markus ihn, wie so manches andere, auf Grund der apokalyptischen Bilderrede in das Evangelium eingeführt habe.

Als man sich in Kombinationen zur Lösung des schwersten von der eschatologischen Schule gestellten Problems fast erschöpft hatte, schien plötzlich die historische Diskussion ganz gegenstandslos zu werden. Die Philologie ergriff das Wort: 1896 erschien Lietzmanns Schrift über den Menschensohn und untersuchte die sprachliche Grundlage der rätselhaften Selbstbezeichnung.

26 W. Bousset: Die jüdische Apokalyptik in ihrer religionsgeschichtlichen Herkunft und ihrer Bedeutung für das Neue Testament. 1903.

Zur Eschatologie Jesu siehe noch:

Schwartzkopf: Die Weissagungen Jesu Christi von seinem Tode, seiner Auferstehung und Wiederkunft und ihre Erfüllung. 1895.

P. Wernle: Die Reichgotteshoffnung in den ältesten christlichen Dokumenten und bei Jesus. 1903.

17 Aramäisches · Rabbinisches · Buddhistisches

ARNOLD MEYER: Jesu Muttersprache. Leipzig 1896. 166 S.

HANS LIETZMANN: Der Menschensohn. Ein Beitrag zur Neutestamentlichen Theologie. Freiburg 1896. 95 S.

JULIUS WELLHAUSEN: Israelitische und jüdische Geschichte. 3. Auflage 1897. 4. Auflage 1901. 394 S. – Einleitung in die drei ersten Evangelien. Berlin 1905. 115 S. 2. Auflage 1911.

GUSTAF DALMAN: Grammatik des jüdisch-palästinensischen Aramäisch. Leipzig 1894. 2. Auflage 1905. – Die Worte Jesu. Mit Berücksichtigung des nachkanonischen jüdischen Schrifttums und der aramäischen Sprache. I. Einleitung und wichtige Begriffe nebst Anhang: Messianische Texte. Leipzig 1898. 309 S.

AUGUST WÜNSCHE: Neue Beiträge zur Erläuterung der Evangelien aus Talmud und Midrasch. Göttingen 1878. 566 S.

FERDINAND WEBER: System der altsynagogalen palästinensischen Theologie. Leipzig 1880. 399 S. 2. Ausgabe 1897.

EMIL SCHÜRER: Geschichte des jüdischen Volkes im Zeitalter Jesu Christi. 4. Auflage. Leipzig. II. Band 1907. 680 S.; III Band 1909. 719 S.

JOSEPH KLAUSNER: Die Messianischen Vorstellungen des jüdischen Volkes im Zeitalter der Tannaiten. Krakau 1903. 119 S. (Inaugural-Dissertation).

HEINRICH LAIBLE: Jesus Christus im Talmud. Berlin 1891. 96 S. Anhang von G. H. Dalman. 19 S.

SAMUEL KRAUSS: Das Leben Jesu nach jüdischen Quellen (Toldoth Jeschu). Berlin 1902. 309 S.

HERMANN L. STRACK: Jesus, die Häretiker und die Christen nach den ältesten jüdischen Angaben. Leipzig 1910. 128 S.

RUDOLF SEYDEL: Das Evangelium Jesu in seinen Verhältnissen zu Buddha-Sage und Buddha-Lehre. Leipzig 1882. 337 S.

Die Buddha-Legende und das Leben Jesu nach den Evangelien. Erneute Prüfung ihres gegenseitigen Verhältnisses. 2. Auflage 1897. 129 S.

Welches der besondere Dialekt war, in dem die Seligpreisungen der Bergpredigt gesprochen wurden, wissen wir eigentlich erst seit dem Erscheinen von Dalmans Grammatik des jüdisch-palästinensischen Aramäisch, 1894. Sie bildet das letzte Wort in einer Diskussion, die jahrhundertelang neben der eigentlichen Theologie einhergegangen war und nach der klaren Schilderung Arnold Meyers [1] folgendermaßen verlief.

Die Frage nach der Sprache Jesu ist erst im sechzehnten Jahrhundert lebhafter erörtert worden. Bis dahin hatte man mit der Überlieferung des Eusebius, daß die Sprache der Apostel die syrische gewesen, nichts anzufangen gewußt, da man den Unterschied zwischen syrisch, hebräisch und chaldäisch nicht kannte und alle drei Bezeichnungen unterschiedslos

1 Arnold Meyer, z. Z. Professor für neutestamentliche und praktische Theologie zu Zürich, früher in Bonn, wurde anno 1861 zu Wesel geboren.

gebrauchte. Eine Klärung brachte erstmalig Jos. Justus Scaliger († 1609). Im Jahre 1555 hatte nämlich Jos. Alb. Widmanstadt, Kanzler Ferdinands I., die syrische Bibelübersetzung herausgegeben, um den Wunsch eines bolognesischen Greises, Theseus Ambrosius, der ihm die Handschrift als heiliges Vermächtnis übergeben hatte, zu erfüllen. Er selbst und seine Zeitgenossen glaubten damit das Evangelium in der Muttersprache Jesu zu besitzen, bis Scaliger in einem seiner Briefe eine klare Übersicht über die syrischen Dialekte gab, das Syrische vom Chaldäischen unterschied, bei diesem wieder das Babylonische und das Judäische der Targume auseinanderhielt und in der Targumsprache selbst eine ältere und eine jüngere Schicht statuierte. Die Apostel hätten einen galiläischen Dialekt des Chaldäischen oder, wie diese Dialekte nach Scaligers Andeutung später richtiger bezeichnet wurden, des Aramäischen gesprochen, und daneben das Syrische von Antiochien. Für den Unterschied zwischen jüdischem und antiochenischem Syrisch trat dann energisch Hugo Grotius ein. In die Verwirrung, die durch den Gebrauch des Wortes Hebräisch für jene Zeit entstand, brachte der französisch schreibende calvinistische Leidener Professor Claude Saumaise Ordnung, indem er betonte, daß das Neue Testament und die Kirchenväter, wenn sie von Hebräisch reden, das Syrische meinen, da den damaligen Juden das Hebräische vollständig fremd geworden war. Brian Walton, der Herausgeber der Londoner Polyglotte, die 1657 vollendet wurde, hielt den Dialekt des Onkelos und des Jonathan, in der Meinung, daß diese beiden Targume zur Zeit Jesu abgefaßt wären, für die Sprache Jesu.

Die sich immer mehr befestigende Erkenntnis des Unterschiedes zwischen Hebräisch und Aramäisch hinderte den Wiener Jesuiten Inchofer († 1648) nicht, die lateinische Sprache zur Sprache Jesu zu machen. Der Herr könne auf Erden nicht anders gesprochen haben, da dies auch die Sprache der Seligen im Himmel sei. Auf protestantischer Seite versuchte Vossius gegen Richard Simon das Griechische als die Sprache Jesu zu proklamieren, in der apologetischen Absicht, die Authentie der Reden und Sprüche in den Evangelien nicht durch eine Übersetzung aus dem Aramäischen ins Griechische abgeschwächt sein zu lassen, zugleich aber auch in richtiger Erkenntnis der Bedeutung, die die griechische Sprache damals in dem von Welthandelsstraßen durchzogenen Nordpalästina gehabt haben mußte.

Diese Ansicht erneuerte der neapolitanische Rechtsgelehrte Dominicus Diodati in seinem Buch »De Christo graece loquente«, 1767, nicht ohne interessantes Material für die Bedeutung der griechischen Sprache in der Zeit und der Heimat Jesu beizubringen. Aber fünf Jahre später, 1772, wurde diese Ansicht durch Giovanni Bernardo de Rossi definitiv widerlegt,[2] der überzeugend nachwies, daß bei einem so abgeschlossenen und

2 Giovanni Bernardo de Rossi: Dissertazione della lingua propria di Christo

konservativen Volke, wie es die Juden waren, die einheimische Sprache eben schlechterdings nicht verdrängt werden konnte. Die Apostel hätten griechisch nur für das Ausland geschrieben. Im Jahre 1792 machte dann Johann Adrian Bolten, »erster Kompastor an der Hauptkirche zu Altona« († 1807), den ersten Versuch einer Rückübersetzung der Worte Jesu in die Ursprache.[3]

Das sicher originale Griechisch der Episteln und der johanneischen Literatur protestierte aber gegen die ausschließliche Geltung des Aramäischen für Jesus und seine Jünger. Darum suchte der Rationalist Paulus einen Mittelweg und erklärte, daß zwar der aramäische Dialekt die Muttersprache Jesu gewesen, daß aber das Griechische der Bevölkerung Galiläas und mehr noch der Jerusalems so geläufig gewesen wäre, daß die Urheber des Christentums, wo sie es für nötig fanden, sich dieser Sprache bedienen konnten. Zu einer ähnlichen Ansicht kam sein katholischer Zeitgenosse Hug.

Im Laufe des neunzehnten Jahrhunderts wurde dann das Aramäische, was man also früher, bis auf Michaelis, chaldäische Sprache nannte, genauer erforscht. Die Verzweigungen und die Geschichte des Vordringens dieser Sprache wurden einigermaßen deutlich erkennbar. Kautzschs Grammatik des Biblisch-Aramäischen[4] (1884) und das Werk Dalmans[5] stellen den Ertrag dieser Studien dar.

»Die aramäische Sprache«, führt Meyer aus, »ist ein Zweig des Nordsemitischen, des Sprachstammes, zu dem außerdem noch die babylonisch-assyrische des Ostens und die kanaanäischen Sprachen des Westens, unter diesen auch die hebräische, gehören, während die südsemitischen Sprachen, das Arabische und Äthiopische, eine Gruppe für sich bilden. Die Träger dieser Sprachen, die Aramäer, sitzen in historischer Zeit zwischen den Babyloniern und Kanaanäern in der Mitte, ihr Gebiet erstreckt sich vom Fuß des Libanon und Hermon nordöstlich bis nach Mesopotamien, wo ›das Aram der beiden Ströme‹ ihre östliche Provinz bildet. Ihre Einwanderung in diese Gegenden bildet die dritte Epoche der semitischen Völkerwanderung, die etwa von 1600 bis 600 v. Chr. gewährt haben mag.«

Die aramäischen Staaten hatten keinen Bestand. Am bedeutendsten war das Reich von Damaskus, das zu einer gewissen Zeit Nordisrael so gefährlich wurde. Zuletzt aber wurden die aramäischen Herrschaften, nicht

e degli Ebrei nazionali della Palestina da' tempi de' Maccabei in disamina del sentimento di un recente scrittore Italiano. Parma 1772.

3 Bolten: Der Bericht des Matthäus von Jesu dem Messias. Altona 1792. Dieser Versuch war nach Meyer S. 105 ff eine ganz hervorragende Leistung.

4 Emil Friedrich Kautzsch wurde 1841 zu Plauen in Sachsen geboren und studierte in Leipzig, wo er sich dann 1869 habilitierte. 1872 ging er als Professor nach Basel, 1880 nach Tübingen, 1888 nach Halle. Er starb 1910.

5 Gustaf Dalman, Professor zu Leipzig, z. Z. in Jerusalem, wurde 1855 zu Niesky geboren. Siehe von ihm auch »Der leidende und der sterbende Messias«, 1888; »Was sagt der Talmud über Jesum?«, 1891.

anders als die beiden israelitischen Königreiche, zwischen der babylonisch-assyrischen und der ägyptischen Macht zermalmt. In der Diadochenzeit entstand dann auf demselben Boden das syrische Reich, an dessen Stelle später die römische Weltmacht trat.

Die aramäische Sprache aber siegte in ganz Vorderasien. Im Laufe des ersten Jahrtausends wurde sie Verkehrs- und Diplomatensprache, wie es im zweiten Jahrtausend das Babylonische gewesen war. Erst das Aufkommen des Griechischen setzte diesen Eroberungen ein Ziel.

Der Einfluß des Aramäischen auf die jüdische Literatur beginnt sich etwa um 600 bemerkbar zu machen. Jeremias und Ezechiel, die in der Fremde, in aramäischer Umgebung, schreiben, sind die ersten Zeugen seiner Fortschritte. Im Norden war es zu jener Zeit, durch die Ansiedlung fremder Kolonisten nach der Zerstörung Nordisraels, schon ins Volk gedrungen. In dem Buche Daniel wechseln die hebräische und die aramäische Sprache miteinander ab. Vielleicht ist für dieses Werk sogar eine aramäische Grundschrift anzunehmen.

Wann das Aramäische in der nachexilischen Gemeinde Volkssprache wurde, läßt sich nicht mehr genau feststellen. Unter Nehemia sprach man in Jerusalem noch »judäisch«, d. h. hebräisch; zur Makkabäerzeit scheint das Aramäische die alte Volkssprache gänzlich verdrängt zu haben. Die Rabbinen bedienten sich also dieser Sprache zur religiösen Unterweisung des Volks. Die Bestimmung, daß der hebräisch verlesene Text dem Volk verdolmetscht werden sollte, kann sehr wohl bis in die Zeit Jesu zurückreichen.

Zu Jesu Zeit stießen sich somit in Galiläa und Judäa drei Sprachen: Hebräisch, Aramäisch, Griechisch. In welchem Verhältnis sie zueinander standen, wissen wir nicht, da der einzige, der uns darüber orientieren könnte, Josephus, in diesem Punkte, wie auch sonst gar oft, versagt. Er berichtet, daß er als Abgesandter des Titus mit den Jerusalemiten in der väterlichen Sprache geredet habe, und setzt dafür ἑβραΐζων. Aber was man gerade erfahren möchte, ob dies nun aramäisch oder hebräisch war, ist nicht gesagt. In derselben Unsicherheit läßt uns die Apostelgeschichte, indem sie uns auch nicht sagt, ob Paulus, Act 22,2 da er ἑβραΐδι διαλέκτῳ redete und das Volk dadurch zur Aufmerksamkeit zwang, aramäisch oder hebräisch sprach. »Hebräisch« bedeutet eben für die Schriftsteller jener Zeit »jüdisch« schlechthin.

Darum läßt sich nicht ausmachen, in welchem Verhältnis die alte hebräische Kirchensprache und die aramäische Verkehrssprache, was religiöse Schriftstellerei und Unterweisung betrifft, zueinander standen. Ist es nur so, daß dem gemeinen Mann einige Sprüche, Gebete und Psalmen auf Hebräisch eingeprägt wurden, oder war das Hebräische als Kirchensprache noch in weiteren Kreisen lebende Sprache?

Dalman führt eine Reihe von Beispielen hebräischer Schriftstellerei in dem Jahrhundert um die Geburt Christi an. »Ein hebräisches Original«, sagt er, »wird als erwiesen anzusehen sein für den Grundstock des äthiopischen Henochbuches, die Assumptio Mosis, Baruchapokalypse, vierter Esra, Jubiläenbuch und für die jüdische Grundschrift der Testamente der zwölf Patriarchen, von denen M. Gaster eins hebräisch gefunden hat.« Auch das erste Makkabäerbuch scheint ihm auf ein hebräisches Original zurückzugehen. Dennoch hält er es für unmöglich, daß synagogale Vorträge, welche für das Volk bestimmt waren, hebräisch gehalten wurden, und daß Jesus anders als aramäisch gelehrt habe.

Franz Delitzschs Ansicht jedoch geht dahin, daß Jesus und die Jünger hebräisch lehrten. Derselben Meinung ist Resch. Ad. Neubauer, Lektor für rabbinisches Hebräisch am Exeter College, versucht einen Ausgleich.[6] Zwar wurde, meint er, zur Zeit Jesu in ganz Palästina aramäisch gesprochen; aber während in Galiläa diese Sprache ausschließlich herrschte und die Kenntnis des Hebräischen auf die auswendig gelernten Sprüche beschränkt blieb, erneuerte sich das Hebräische zu Jerusalem durch Aufnahme aramäischer Elemente, und es entstand eine Art Neuhebräisch. Diese Lösung kennzeichnet wenigstens die Schwierigkeit, um die es sich handelt. Es läßt sich nämlich bei der neutestamentlichen Sprache gewöhnlich schwer erweisen, ob der Einschlag hebräisch oder aramäisch ist. So bemerkt Dalman zur Frage, ob die Notiz des Papias auf einen hebräischen oder aramäischen Urmatthäus zu deuten sei, daß es schwer ist, »Beweise für eine aramäische, nicht hebräische Quellenschrift der Synoptiker zu führen, weil oft schon im biblischen Hebräisch, noch öfters aber im Idiom der Mischna, dieselben Redensarten und Satzbildungen möglich sind, wie im Aramäischen«. Also hat auch Delitzschs[7] hebräische Retrovertierung des Neuen Testaments ihr historisches Recht. Wellhausens Meinung geht dahin, daß das Evangelium von Haus aus aramäisch war und zuerst wohl auch aramäisch niedergeschrieben worden sei.

Daß Jesus aramäisch sprach, hat Meyer durch die Zusammenstellung aller in seiner Predigt vorkommenden aramäischen Ausdrücke fast sicher erwiesen. Entscheidend ist das ἀββᾶ zu Gethsemane. Jesus hat also in jener schwersten Stunde aramäisch gebetet. Der Kreuzesruf ist nach Mk 15,34 auch aramäisch: Ἐλωΐ ἐλωΐ λεμὰ σαβαχθανεί. Das Alte Te-

6 Studia biblica I. B. Essays in biblical Archaeology and Criticism and kindred subjects by members of the university of Oxford. Oxford. Clarendon Press, 1885, No. III, p. 39 ss. Siehe Meyer S. 29 ff.

7 Franz Delitzsch: Die Bücher des Neuen Testaments aus dem Griechischen ins Hebräische übersetzt. 1877. Dieses Werk ist in Tausenden von Exemplaren unter den Juden der ganzen Welt verbreitet.

Delitzsch wurde 1813 zu Leipzig geboren. Er habilitierte sich daselbst 1842, kam dann 1846 als Professor nach Rostock, 1850 nach Erlangen und kehrte 1867 nach Leipzig zurück. Seiner Überzeugung nach gehörte er zur streng lutherischen Theologie. Er war einer der besten Kenner der spätjüdischen und talmudischen Literatur. Er starb 1890.

stament war ihm demnach am geläufigsten in aramäischer Übersetzung, sonst hätte der Sterbende das Psalmwort nicht auf aramäisch ausgerufen.

Die Frage, ob Jesus griechisch sprach oder wenigstens verstand, ist hiervon ganz unabhängig. Nach Josephus kann die Kenntnis des Griechischen im damaligen Palästina, auch unter den gebildeten Juden, nur eine ganz rudimentäre gewesen sein. Er selbst hatte Mühe, diese Sprache für seine Schriftstellerei notdürftig zu erlernen. Seinen jüdischen Krieg verfaßte er für die Volksgenossen zuerst aramäisch; die griechische Ausgabe war, nach seiner eigenen Aussage, nicht für sie bestimmt. Ein anderes Mal freilich scheint er Kenntnis der fremden Sprachen und Interesse für dieselben auch bei den Leuten niedrigen Standes vorauszusetzen.[8]

Eine in mancher Hinsicht sehr treffende Analogie der palästinensischen Sprachverhältnisse bot das Elsaß unter französischer Herrschaft, etwa in den sechziger Jahren des neunzehnten Jahrhunderts. Auch hier begegneten sich drei Sprachen auf einem kleinen Gebiet. Das Hochdeutsche der Lutherübersetzung war Kirchensprache, der alemannische Dialekt Verkehrssprache und das Französische Kultur- und Regierungssprache. Diese merkwürdige Analogie, wenn Analogien überhaupt etwas besagen, würde allerdings mehr für Delitzsch und Resch sprechen, da die hochdeutsch-lutherische Sprache, obwohl sie im Verkehr niemals gesprochen wurde, den vom modernen Hochdeutsch ganz unberührten alemannischen Dialekt stark beeinflußte, denselben aber weder in Kirche noch Schule eindringen ließ, sondern sich dort alleinherrschend und rein erhielt. Das Französische machte nur in gewissen gebildeten Kreisen, nicht im Volk, Fortschritte und blieb aus dem religiösen Gebiete fast ganz verwiesen. Die Elsässer aus dem Volk, welche damals das Vaterunser oder die Seligpreisungen auf Französisch konnten, waren zu zählen. Noch heute kämpft die Lutherübersetzung in der älteren Generation der sonst ganz französisch gewordenen Pariser elsässischen Gesellschaft mit der französischen Übersetzung und wird nur langsam zurückgedrängt. So stark ist die Nachwirkung der ehemaligen Kirchensprache noch im Kreise der Ausgewanderten. Nur eines ist in der Analogie nicht vertreten: der Einfluß, den das griechisch redende Diasporajudentum, das zu den Festen in Jerusalem zusammenströmte, auf die Verbreitung des Griechischen im Mutterlande ausgeübt hat.

Das besondere aramäische Idiom, welches zur Zeit Jesu in Palästina gesprochen wurde, kennen wir leider nicht recht.[9] Inwieweit es sich mit der Sprache der aus späterer Zeit stammenden, auf uns gekommenen Erzeugnisse der jüdisch-palästinensisch-aramäischen Literatur deckt, muß fraglich bleiben.

Trotzdem sind die Versuche einer Rückübersetzung der Worte Jesu in das uns aus späterer Zeit bekannte Aramäisch nicht ohne Interesse.

8 Siehe Meyer S. 61 ff

9 Wellhausen: Einleitung in die drei ersten Evangelien. S. 38.

Nachdem J. A. Boltens Unternehmen fast hundert Jahre das einzige in seiner Art geblieben war, wurde es in unserer Zeit von J. T. Marshall, E. Nestle, J. Wellhausen, Arnold Meyer und Gustaf Dalman wieder aufgenommen, wobei allerdings Marshall und Nestle nebenbei noch das Ziel verfolgen, eine aramäische Quellenschrift nachzuweisen.

Eine ungeahnte Bedeutung erhielt die Frage nach der Sprache, deren sich Jesus bediente, durch das Problem, welches sie für seine Selbstbezeichnung als Menschensohn birgt. Im Jahre 1896 stellte Hans Lietzmann, damals noch Kandidat der Theologie in Bonn, zur großen Überraschung der theologischen Welt, die Behauptung auf, daß der Herr sich den Menschensohntitel nie beigelegt habe, weil derselbe im Aramäischen nicht existierte und aus sprachlichen Gründen nicht existieren konnte.[10] בַּר אֱנָשׁ, führte er aus, war in der Sprache, deren sich Jesus bediente, nur Umschreibung für Mensch. Daß er sich damit als den »Menschensohn« bezeichnete, konnte keiner von den Zuhörern ahnen.

Lietzmann war nicht ohne Vorläufer.[11] Schon Gilbert Génébrard († als Erzbischof von Aix 1597) hatte Wert darauf gelegt, den Menschensohn nicht nur auf Christus, sondern auch auf den Menschen als Genus zu deuten. Für diese Deutung, nur viel entschiedener, trat dann auch Hugo Grotius ein. Ganz modern einseitig betonte später der Rationalist Paulus in seinen Kommentaren und im Leben-Jesu, daß »Barnasch« nach Ez 2,1 Mensch überhaupt bedeute. Jesus, meinte er, habe bei dem Worte Menschensohn jedesmal auf sich selbst gedeutet, und dem Ausdruck so die Bedeutung »dieser Mensch« gegeben. Damit läßt er die generelle Deutung auf den Menschen überhaupt, für welche Mk 2,28 als klassische Stelle angerufen wird, fallen. Die Annahme, daß das Wort Menschensohn, in apokalyptischer Bedeutung, Jesu erst später in den Mund gelegt worden sei, und daß so die Stellen, wo es in dieser Bedeutung vorkommt, selbst verdächtig werden, sprach zuerst Fr. Aug. Fritzsche aus. Er hoffte so mit Mt 10,23 fertig zu werden. De Lagarde betonte, wie Paulus, daß Menschensohn nur Mensch bedeutet habe. Anstelle der plumpen Erklärung des Rationalisten setzte er aber die andere, ansprechendere, daß Jesus mit der Wahl des Wortes Mensch den Menschen geadelt habe. Wellhausen fand es in seiner Israelitischen und Jüdischen Geschichte von 1894 eigentümlich, daß Jesus sich »den Menschen« genannt habe; B. D. Eerdmanns, von der mehr apokalyptischen Bedeutung des Wortes ausgehend, wollte die Theorie von dem späteren Eindringen der Selbstbezeichnung in die Worte Jesu konsequent durchführen.[12]

10 Hans Lietzmann, z. Z. Professor in Jena, ist 1875 zu Düsseldorf geboren. Bis zu seiner Berufung nach Jena lebte er als Privatdozent in Bonn.

11 Siehe Meyer S. 141 ff.

12 De Oorsprong van de uitdrukking »Zoon des Menschen« als evangelische Messiastitel. Theol. Tijdschr. 1894.

Lietzmann hatte also Vorläufer. Und doch waren es keine. Sie hatten versucht, von der Markusstelle ausgehend, wo der Menschensohn als Herr des Sabbats bezeichnet wird, alle Menschensohnstellen mit Gewalt irgendwie nach jener zu deuten; oder sie unternahmen es, ohne zureichende Gründe, die Bezeichnung Menschensohn als späteren Eintrag darzutun. Aber der Gedanke, beide Versuche zu kombinieren und die aus sprachlicher Notwendigkeit auf den Menschen gedeuteten Menschensohnstellen sprachlich und historisch für unmöglich zu erklären, ist ganz neu.

Wie Lietzmann sprachen sich Arnold Meyer und Wellhausen aus. Die Stellen, wo Jesus den Ausdruck in unverkennbar messianischer Bedeutung gebraucht, sind nach ihnen auf Kosten der Gemeindetheologie zu setzen. Historisch haltbar sind nur die zwei oder drei Stellen, in denen jener Ausdruck Mensch überhaupt bedeutet oder dem einfachen Ich gleichkommt. Diese hat die griechisch denkende Gemeinde als Problem empfunden, da ihr solche Art von sich zu reden fremd war und der Ausdruck ihr als Rätselwort erscheinen mußte, das nur nach Daniel zu deuten wäre. Der »Menschensohn« ist auf hellenistischem Boden auf Grund von Dan 7,13 entstanden, sagte Lietzmann, als er zwei Jahre später zur Frage nochmals Stellung nahm.[13] Auch N. Schmidt sah in den apokalyptischen Bar-Nascha-Stellen, die auf die Offenbarung der Messianität zu Cäsarea Philippi folgen, einen Eintrag der späteren Apokalyptik.[14] Hingegen wollte P. Schmiedel die Bezeichnung dennoch als messianisch halten und sie als solche auch in den Stellen historisch wiederfinden, die zur Not mit dem Ausdruck Mensch erklärt werden könnten.[15] H. Gunkel meinte, man könne Bar-Nascha nur mit Mensch übersetzen und dennoch an der Geschichtlichkeit des Ausdrucks als Selbstbezeichnung Jesu festhalten. Jesus habe dieses auf Dan 7,13 zurückgehende Rätselwort der apokalyptischen Geheimliteratur entlehnt, um sich damit als Mensch Gottes im Gegensatz zum Menschen der Sünde zu bezeichnen.[16]

Holtzmann fühlte etwas wie Erleichterung, das hartnäckige Problem, das seit Baldensperger und Johannes Weiß so viel Unheil in der Theologie anstiftete, an die Philologen loszuwerden und wollte die historische Diskussion ausgesetzt wissen, bis die aramäische Sprachforschung damit fertig wäre. Das geschah schneller, als man es erwartete: 1898 erklärte Dalman in seinem epochemachenden Werke, daß er die sprachlichen Bedenken gegen den Gebrauch des Ausdrucks Menschensohn durch Jesus nicht anerkennen könne. »Das biblische Aramäisch«, sagt er, »unterscheidet

13 H. Lietzmann: Zur Menschensohnfrage. Theologische Arbeiten des Rheinischen wissenschaftlichen Predigervereins. 1898.

14 N. Schmidt: Was בר נשא a messianic title? Journal of the Society for biblical literature. 1896. XV.

15 P. Schmiedel: Der Name Menschensohn und das Messiasbewußtsein Jesu. 1898. Protestantische Monatshefte 2, S. 252–267.

16 H. Gunkel. Z. w. Th. 1899. 42, S. 581–611.

sich vom hebräischen Sprachgebrauch nicht. Das einfache אֱנָשׁ und nicht בַּר אֱנָשׁ ist das Wort für Mensch.« ... »Erst das Jüdisch-Galiläische hat ebenso wie das Christlich-Palästinensische בַּר אֱנָשׁ für Mensch, obwohl in beiden Idiomen das bloße אֱנָשׁ für ›jemand‹ noch immer vorkommt.« »Aufgrund dieses ganzen Tatbestandes«, fährt er fort, »muß gesagt werden: das jüdisch-palästinensische Aramäisch der älteren Zeit hatte אֱנָשׁ für ›Mensch‹, verwandte zur Bezeichnung einer Mehrheit von Menschen gelegentlich בְּנֵי אֲנָשָׁא. Das singularische בַּר אֱנָשׁ war ungebräuchlich und wurde nur in Nachahmung des hebräischen Bibeltextes angewandt, wo בֶּן אָדָם der dichterischen Sprache angehört und übrigens auch nicht häufig gebraucht wird.« »Es ist kein Zeichen gesunder historischer Methode«, sagt er an einer anderen Stelle, »wenn man mit Oort und Lietzmann, statt die Lösung dieses Problems zu versuchen, zu der Behauptung greift, daß der Nichtgebrauch des Ausdrucks durch die neutestamentlichen Schriftsteller ein Zeugnis dafür sei, daß er auch Jesu nicht eigen gewesen ist, und daß es irgendwo eine hellenistische Urgemeinde gegeben habe, welche diesen Namen liebte und Jesus in der evangelischen Erzählung oft in der dritten Person von sich reden ließ, um Gelegenheit zu seiner Verwendung zu finden.«

Ob die Ausführungen Dalmans, denen Wellhausen entgegentritt, in vollem Umfang aufrecht zu erhalten sind, bleibe dahingestellt.[17] Mit Sicherheit hat sich aus der philologischen Diskussion des Problems jedenfalls das eine ergeben, daß mit rein sprachlichen Einwänden der messiani-

17 Zu dieser Phase der Verhandlungen über den Menschensohn:
Wellhausen: Skizzen und Vorarbeiten. 1899. S. 187–215, wo er die philologischen Einwürfe Dalmans beleuchtet und diese Selbstbezeichnung auch weiterhin Jesus absprechen will. – Einleitung in die drei ersten Evangelien. 2. Aufl. 1911. S. 123–130. – W. Baldensperger: Die neueste Forschung über den Menschensohn. Theologische Rundschau 1900, 3, S. 201–210; 243–255. – P. Fiebig: Der Menschensohn. Tübingen 1901. – P. W. Schmiedel: Die neueste Auffassung des Namens Menschensohn. Protestantische Monatshefte 5, S. 333–351. 1901. – P. W. Schmidt: Die Geschichte Jesu. II (Erläuterungen). 1904. Tübingen. S. 157 ff. – Daß mit »Menschensohn« in den Bilderreden Henoch die messianische Persönlichkeit gemeint sei, nimmt Schürer (Geschichte des jüdischen Volkes. 4. Aufl. 1907. II S. 614 u. 615) gegen Lietzmann und Wellhausen als erwiesen an. – Einen guten Überblick über die Diskussion bietet Fritz Tillmann: Der Menschensohn. Freiburg 1907. 181 S. S. 53 ff.

Eduard Hertlein (»Die Menschensohnfrage im letzten Stadium«. Stuttgart 1911. 193 S.) will die Theorie, daß erst die christliche Gemeinde Jesum vom Menschensohne reden ließ, noch dadurch stützen, daß er Daniel 7 erst zwischen Juli 69 und Juli 70 p. Chr. verfaßt sein läßt und ebenso die vorchristliche Existenz der Bilderreden Henochs bestreitet. Er glaubt überhaupt konstatieren zu können, daß die Auffassung, als ob die schriftstellerische Tätigkeit der Evangelisten einem historischen, also menschlichen Jesus gelte, immer mehr an Boden verliere und will auch die synoptischen Evangelien ganz als Schöpfungen der neuen Religion verstanden wissen. Die Schrift des Markus ist ihm eine »hochbedeutsame christliche Dichtung«.

sche Gebrauch des Ausdrucks Menschensohn Jesu nicht abgesprochen werden kann und daß es nicht angeht zu behaupten, es wäre ihm unmöglich gewesen, sich auf die in Daniel und Henoch geprägte Bezeichnung für den Herrscher der Endzeit zu beziehen. Wie es sich nach unsern unsicheren Kenntnissen des von ihm gesprochenen Aramäisch zurechtlegen läßt, daß er zwischen Menschensohn im gewöhnlichen und »Menschensohn« im messianischen Sinne unterschieden habe, ist eine Frage, die erst in zweiter Linie kommt und von deren Lösbarkeit die Tatsache selber nicht abhängt.

Auffällig ist, daß in der ganzen Diskussion niemals die Schwierigkeiten beleuchtet wurden, die sich der Annahme entgegenstellen, daß die Bezeichnung Menschensohn für die Messianität Jesu erst durch das Urchristentum und auf dem Wege der griechischen Sprache in die evangelische Verkündigung eingedrungen sei. Wie stimmt damit die Tatsache zusammen, daß gerade der erste griechisch schreibende Vertreter des Urchristentums, Paulus, den Ausdruck überhaupt nicht gebrauchte? Oder sollten gar die aramäisch sprechenden Urjünger dem griechischen Ausdruck die Bahn bereitet haben?

An der Authentie der Worte vom Menschensohn in Jesu Munde ist also nicht zu zweifeln. Die Frage, auf die es der Geschichtsforschung ankommt, ist die, ob er mit dem Ausdruck etwas anderes gemeint haben kann, als was die Apokalyptik darunter verstand. Hat Jesus sich mit dieser Selbstbezeichnung irgendwie als den schon gegenwärtigen, nicht apokalyptischen, ethisch und geistig wirkenden Messias kennzeichnen wollen?

Dalman macht den Versuch, diese uneigentliche Verwendung des Ausdrucks als historisch wahrscheinlich hinzustellen. Eine bedeutungslose Redeweise, einfache Umschreibung des Ich, führt er aus, kann Jesus damit nicht beabsichtigt haben.[18] Als Herrlichkeitsbezeichnung kann das Wort von den Jüngern auch nicht verstanden worden sein, oder doch nur in dem Sinn, daß die Herrlichkeitsbezeichnung als Paradoxie mit der Niedrigkeitsbezeichnung verbunden war. Wir werden berechtigt sein zu sagen: für die synoptischen Evangelisten war, im Einklang mit dem Verständnis der alten Kirche »des Menschen Sohn« keine Herrlichkeitsbezeichnung des Messias, sondern das, als was sie einem Hellenisten notwendig erscheinen mußte, eine geflissentliche Verhüllung der Messianität hinter einem Namen, welcher die Menschheit seines Trägers betont. Für sie waren nicht die Leidensaussagen Jesu von »des Menschen Sohn« Paradoxien, sondern die Herrlichkeitsaussagen. Daß »des Menschen Sohn« getötet werden kann, ist nicht wunderbar, wohl aber seine »Wiederkunft auf den Wolken des Himmels«.

Nannte sich, fährt Dalman fort, Jesus der Menschensohn, so konnte daraus nur gefolgert werden, »daß er sich aus irgendeinem Grunde als

18 Siehe Dalman: Die Worte Jesu. 1898. S. 191 ff.

einen Menschen vor andern bezeichnete«. An den Himmel-Menschensohn der Bilderreden Henochs und des vierten Esra zu denken ist nicht möglich; jene Vorstellung konnte für die Zuhörer nicht in Betracht kommen. »Wie sollte ein auf Erden Wandelnder vom Himmel herkommen? Es hätte dann erst eine Versetzung dorthin statthaben müssen. Ein Gestorbener oder von der Erde Entrückter konnte ja vielleicht so in die Welt wiedereingeführt werden oder eine niemals auf Erden gewesene Persönlichkeit kam so auf die Erde herab.« Wenn nun einerseits Menschensohn nicht ohne Beziehung auf die Danielstelle zu verstehen ist, andererseits Jesus als gegenwärtig auf Erden wandelnder Mensch sich mit diesem Ausdruck bezeichnet, »sagt er im Grunde nur, er sei derjenige, in welchem jenes Gesicht Daniels vom Menschensohnähnlichen in Erfüllung geht«. Volles Verständnis der Selbstbezeichnung konnte er von seinen Hörern sicherlich nicht erwarten. »Man wird aber sagen dürfen, daß er absichtlich ihnen damit ein Rätsel aufgegeben hat, welches das Nachdenken über seine Person herausforderte.«

Dieser Versuch bedeutet in der Messianitätsfrage, was Boussets Unternehmen in der ethischen Frage bedeutete. Wie bei Bousset das Reich Gottes auf Grund einer Paradoxie von Jesus dennoch als Gegenwärtiges verkündigt wird, so soll hier die Selbstbezeichnung Menschensohn für die gegenwärtige Messianität durch die Annahme der Paradoxie gerettet werden. Aber die Texte geben dazu keine Handhabe; sie widersprechen ihr in allen Punkten. Nach Dalman empfanden die Jünger nicht die Leidensaussagen, sondern die Herrlichkeitsaussagen vom Menschensohn als Paradoxien. Nun wird aber tatsächlich berichtet, daß sie, wenn Jesus vom Leiden sprach, das Wort nicht verstanden. Die Herrlichkeitsweissagungen aber, die im Wort Menschensohn lagen, begriffen sie so gut, daß sie sich, ohne sich über die Leidensweissagungen länger Gedanken zu machen, darüber stritten, wer der Größte im Himmelreich zu sein verdiente und wer seinen Thron zu seiten des Menschensohns haben würde. Und wenn einmal zugestanden ist, daß Jesus die Bezeichnung aus Daniel entnahm, mit welchem Recht wird die eschatologisch-transzendente Bedeutung, welche der Begriff in den Bilderreden Henochs angenommen hat und im vierten Esra noch besitzt, für Jesus als nichtexistierend statuiert?

So kehrt die Forschung auf einem großen Umweg zu Joh. Weiß zurück.[19] Seine eschatologische Lösung der Menschensohnfrage – ihre Ele-

19 Siehe die klassischen Ausführungen bei Johannes Weiß: Die Predigt Jesu vom Reich Gottes. 1892. 1. Ausg. S. 52 ff.

In der 2. Aufl., 1900, S. 160 ff läßt er sich durch die Urapostel der modernen Theologie verführen, das Reden vom Menschensohn in der dritten Person als «demütige Scheu Jesu« zu erklären.

Für die konsequente eschatologische Deutung der Menschensohnstellen vgl. Albert Schweitzer: Das Messianitäts- und Leidensgeheimnis. Eine Skizze des Lebens Jesu. Tübingen 1901.

mente finden sich in Straußens erstem Leben-Jesu – ist die einzig mögliche. Dalman spricht dieselbe in einem Fragesatz aus: »Wie sollte ein auf Erden Wandelnder vom Himmel herkommen? Es hätte dann erst eine Versetzung dorthin statthaben müssen. Ein Gestorbener oder von der Erde Entrückter konnte ja vielleicht so in die Welt eingeführt werden...« Nun braucht man nur zu konstatieren, daß Jesus vom »Petrusbekenntnis« an, wo die Jünger wissen, in welcher Beziehung er zum Menschensohn steht, vom Menschensohn immer im Zusammenhang mit Tod und Auferstehung redet, um damit die Art auszudrücken, wie er auf Grund des Gestorbenseins und der Erdentrückung als übernatürliche Persönlichkeit wieder in diese Welt zurückkehren werde. Die für den transzendenten Gebrauch des Ausdrucks von Dalman vorgebrachte Möglichkeit ist also historische Wirklichkeit.

Im großen und ganzen ist die Menschensohnfrage also historisch lösbar und gelöst. Authentisch sind diejenigen Stellen, wo der Ausdruck in danielisch-apokalyptischem Sinn gebraucht ist. Dabei sind zwei Arten dieses Gebrauchs zu unterscheiden, je nach dem bei den Hörern vorauszusetzenden Wissen. Entweder das Geheimnis Jesu ist ihnen unbekannt: dann verstehen sie einfach, daß Jesus vom »Menschensohn« und seiner Zukunft predigt, ohne auch nur eine Ahnung zu haben, daß er und der Menschensohn irgendwie zusammengehören. So, als er den Jüngern bei der Aussendung, Mt 10,23, die unmittelbare Nähe der Erscheinung des Menschensohns ankündigte; so, als er dem Volk zu Jerusalem nach dem letzten Gleichnis das Gericht schilderte, welches der Menschensohn abhalten würde, Mt 25,31–46. Oder aber, das Geheimnis ist den Hörern bekannt: dann wissen sie, daß der Menschensohn, von dem er redet, die Seinsweise bezeichnet, in welche er selbst bei dem Übergang des jetzigen in den zukünftigen Aeon erhoben werden wird. So mußten ihn die Jünger nach Cäsarea Philippi verstehen; so der Hohepriester, als Jesus nach dem einfachen Ja, Mk 14,62, alsbald von dem Erhöhtsein des Menschensohnes zur Rechten Gottes und von seinem Kommen auf den Wolken des Himmels redete.

Jesus hat also mit dem Ausdruck Menschensohn seine Messianität nicht verhüllt, geschweige denn umgebildet, sondern er hat damit in der einzig möglichen Weise von seiner Würde als von seiner »Zukunft« gesprochen, und zwar so, daß die Eingeweihten verstanden, daß er diese meinte, während die andern darin aber nur die Predigt von der Zukunft des Menschensohnes vernahmen.

Die Stellen, wo der Ausdruck nicht in dieser Weise apokalyptisch determiniert ist, oder wo Jesus vor Cäsarea Philippi zu den Jüngern vom Menschensohn als von seinem »Ich« spricht, sind als literarisch entstanden zu erklären. Mit der »Gemeindetheologie« hat dieses sekundäre Aufkommen von Menschensohnstellen nichts zu tun; es handelt sich lediglich um Phänomene der Übersetzung und der Überlieferung. Im Sabbatspruch, Mk 2,28, vielleicht auch in dem Wort vom Recht der Sündenvergebung, Mk 2,10, stand wohl Menschensohn generell für »Mensch«, wurde aber, wenigstens von unsern Evangelisten, als auf den Menschensohn-Jesus gehend verstanden. In andern Stellen ersetzte die Überlieferung das einfache Ich, das im aramäischen Original mit »der Mensch« ausgedrückt war, nach Analogie authentischer Aussprüche dieser Art, durch die Selbstbezeichnung »Menschensohn«, wie wir dies noch aus Mt 16,13: »Wer sagen die Menschen, daß der Menschensohn sei?« verglichen mit Mk 8,27: »Wer sagen die Menschen, daß ich sei?« direkt konstatieren können.

Drei Stellen verlangen eine gesonderte Behandlung. In der Drohung, daß einem Menschen wohl die Lästerung des Menschensohnes, nicht aber die Lästerung des Heiligen Geistes vergeben werden könne, Mt 12,32, kann der Menschensohn authentisch sein. Zwar würde dann dieses Wort trotzdem keine Andeutung darüber enthalten, »daß der Menschensohn den Messias nach seiner Niedrigkeitserscheinung bezeichnet«, in welchem Sinne Dalman es verwenden möchte, sondern Jesus würde hier vom Menschensohn, wie auch sonst, in der dritten Person ohne Beziehung auf sich selbst reden und damit eine Parusielästerung meinen, wie sie etwa einem skeptischen Sadduzäer möglich war. Nimmt man jedoch die Parallele Mk 3,28 und 29 hinzu, wo von der Lästerung des Heiligen Geistes ohne Erwähnung der Lästerung des Menschensohnes die Rede ist, so erscheint es natürlicher, die Erwähnung des Menschensohnes als sekundären Eintrag anzusehen, von derselben Tradition oder Hand herrührend, die den Menschensohn auch in Jesu Frage zu Cäsarea Philippi hineinbrachte.

Die beiden andern Worte, der Spruch vom Menschensohn, der nicht hat, wo er sein Haupt hinlege, Mt 8,20, und der vom Menschensohn, der sich als Fresser und Weinsäufer schelten lassen muß, Mt 11,19, gehören zusammen. Setzt man es, nach dem Ausspruch über den Zweck der Gleichnisrede Mk 4,11 und 12, als möglich voraus, daß Jesus zuweilen sprach, um nicht verstanden zu werden, so kann man in den beiden ersten Stellen – wenn man, was immerhin das Natürlichste bliebe, keine spätere Ersetzung des Ich annehmen will – zwei dunkle Worte vom Menschensohn rekognoszieren. Sie besagten in der nicht mehr klar erkennbaren Urform, daß der Menschensohn das Verhalten Jesu von Nazareth irgendwie rechtfertigen würde. Aber die Fassung dieser Worte war derart, daß Jesus die Möglichkeit, ihn mit dem Menschensohn identisch zu setzen, den Hörern in keiner Weise nahelegte. Überdies war das für sie ja eine absolut unvollziehbare Vorstellung, da Jesus eine natürliche, der Menschensohn aber eine übernatürliche Erscheinung war und das eschatologische Schema den Fall nicht vorsah, daß ein Mensch, am Ende des Aeons, andern Andeutungen machen würde, er werde bei der großen Verwandlung als der Menschensohn offenbar werden. Diesen Fall hat erst die Geschichte – in dem Selbstbewußtsein Jesu – produziert und damit eine eschatologische Vorgeschichte geschaffen, auf die kein überliefertes Schema paßt.

Ob diese Erklärungen das literarische Problem der sekundären Verwendung des Ausdrucks Menschensohn in den beiden ersten Evangelien vollständig zu entwirren vermögen, sei hier nicht entschieden. Von der Lösung desselben ist die Geschichtsforschung in letztem Grunde ebensowenig abhängig, wie von dem Ausgang der philologischen Diskussion über den messianischen Gebrauch des Ausdrucks im Munde des aramäisch sprechenden Jesus. Bekommen die großen grundlegenden Stellen vom Menschensohn in den beiden ersten Evangelien einen natürlichen Sinn, wenn sie vom Herrscher der Endzeit in der danielisch-henochischen Auffassung verstanden werden, oder liegt eine andere Deutung näher? Auf diesen Entscheid kommt es in letzter Linie an. Diejenigen, die die erstere Annahme vertreten, sind vor den andern weitaus im Vorteil, weil sie dem einfachen Wortlaut sein volles Recht wahren können und sich nicht auf Künsteleien zu verlegen brauchen.

Bemerkenswert bleibt für die alte Zeit die Treue der Überlieferung. Die griechisch schreibenden Evangelisten, ebenso wie die griechisch redende Gemeinde, haben wohl kaum mehr den eschatologischen Charakter jener Selbstbezeichnung Jesu verstanden. Sie war ihnen eben eine einfache Selbstbezeichnung geworden. Und dennoch überlieferten sie, besonders Markus, die Sprüche Jesu so, daß die ursprüngliche Bedeutung und Anwendung des Ausdrucks in seinem Munde uns noch klar erkennbar ist. So ist der Gebrauch des Ausdrucks »Menschensohn« – der, wenn man die Gewalttat Lietzmanns und Wellhausens, ihn als Eintrag der griechischen Gemeindetheologie zu streichen, mitmachen wollte, die ganze evangelische Überlieferung als solche in Frage stellen würde – gerade ein Beweis der Sicherheit und Zuverlässigkeit dieser Überlieferung. Überhaupt kann man sagen, daß die fortschreitende Erkenntnis des eschatologischen Charakters der Lehre und des Handelns Jesu eine immer steigende Rechtfertigung der evangelischen Überlieferung bedeutet; eine Reihe von Perikopen und Reden, die gefährdet waren, weil sie vom Standpunkt der zum Maßstab der Überlieferung genommenen modernen Theologie sinnlos erschienen, sind jetzt gerettet. Der Stein des kritischen Anstoßes ist zum Eckstein der Überlieferung geworden.

Welche Ergebnisse zeitigten die Versuche, die Aussprüche ins Aramäische zurückzuübersetzen?

Der Ertrag ist gering im Vergleich zu den Erwartungen, die in der Mitte der neunziger Jahre des vorigen Jahrhunderts, als man die Parole »Zurück zu Jesu Muttersprache« ausgab, auf das Unternehmen gesetzt worden waren. Das erhoffte Kriterium zur Scheidung von echten und unechten Worten ist hierbei nicht entdeckt worden. Aber auch die Bedeutung dunkler Aussprüche wurde nicht in befriedigender Weise aufgehellt.

Nach Meyer soll die Frage Jesu, ob seine Jünger seinen Kelch trinken und mit seiner Taufe getauft werden können, in aramäische Sprache zurückverwandelt besagen: »Könnt ihr so bitteren Trank trinken, wie ich; könnt ihr so scharf gesalzene Speise essen, wie ich?«[20]

Dem Wort von den Vergewaltigern des Gottesreiches hilft Dalmans Rückübersetzung wenig. Es soll nach ihm nicht von den Gläubigen, sondern von den Machthabern verstanden werden und auf die Epoche der Gottesherrschaft zu beziehen sein, welche durch die Gefangennahme des Täufers eingeleitet wird. Jesus hätte demnach ausdrücken wollen, daß die Gottesherrschaft in der Gestalt ihrer Träger mißhandelt wird.

Dazu ist zu bemerken, daß der Vers, wenn er wirklich diese Bedeutung hat, nicht in den Zusammenhang paßt. Der Herr redet nicht von der Gefangennahme des Täufers, sondern meint mit den Tagen Johannis die Zeit seines Auftretens und Wirkens.

Erwähnt sei, daß Dalman auf Grund sprachlicher Erwägungen eine Reihe von Fragen aufdeckt, die bisher nicht gestellt worden waren.[21] Er bezweifelt, daß Jesus die Ausdrücke »dieser Aeon« und der »künftige Aeon« in dem eschatologischen Sinn, den man darin finden will, angewandt haben kann und ist geneigt anzunehmen, daß er sich ihrer überhaupt nicht bedient habe. Ferner soll der Gebrauch, den er von Amen macht, der gesamten jüdischen Literatur fremd sein. Nach dem wirklichen Sprachgebrauch, führt Dalman aus, ist Amen »niemals Bekräftigung eigener Rede, sondern stets von Rede, Gebet, Benediktionen, Schwur, Fluch eines andern«. Jesus hat also, wenn er den Ausdruck so gebraucht hat, ihn zur neuen Bekräftigungsformel, an Stelle des von ihm verbotenen Schwurs geprägt.

Ob diese und ähnliche sprachliche Beobachtungen samt den an sie geknüpften Folgerungen und Hypothesen aufrecht zu erhalten sind, ist nicht erwiesen. Jedenfalls werden die endgültigen Feststellungen, wie sie auch ausfallen mögen, an dem Ergebnis, daß die Erwartungen, mit denen man an die sprachgeschichtliche Erforschung der Gedankenwelt Jesu herantrat, nur zum kleinen Teil in Erfüllung gegangen sind, kaum etwas ändern. An sich ist dieses Resultat nicht verwunderlich. Schließlich handelt es sich bei den dunklen Worten Jesu gar nicht um sprachliche Schwierigkeiten, sondern um den rätselhaften – und oft, wie in dem Wort über die Tage des Johannes, absichtlich rätselhaften – Sinn.

Welche Resultate förderte das Studium der Beziehungen zwischen der Gedankenwelt Jesu und der der Rabbinen zutage? Zu nennen sind die Arbeiten von Joh. Lightfoot, Christ. Schöttgen, Joh. Gerh. Meuschen, J. Jak.

20 Siehe die aramäische Deutung ausgewählter Worte Jesu bei Meyer, S. 76 bis 90.

21 Nach Dalman ist der Ausdruck ἐν τῇ παλιγγενεσίᾳ aus Mt 19,28 ein spezifisch griechischer und weder hebräisch noch aramäisch wiederzugeben.

Wettstein, F. Nork, Franz Delitzsch, Carl Siegfried, A. Wünsche, Ferdinand Weber, Emil Schürer, Joseph Klausner, M. Rabinsohn und E. Bischoff.[22]

Von der Gedankenwelt der Rabbinen zur Zeit Jesu wissen wir durch direkte Nachrichten nicht viel. Kaum daß einige Namen von Gesetzeslehrern überliefert sind. Sogar von den berühmtesten, Hillel und Schammai, die zur Zeit Herodes des Großen gewirkt haben sollen, vermag die Mischna keine auch nur einigermaßen befriedigenden Nachrichten zu geben. Die Literatur, die uns zu Gebote steht, ist in ihren frühesten Schichten kaum vor Beginn des dritten Jahrhunderts n. Chr. entstanden. Ob sie noch brauchbare Erinnerung an die Anschauungen aus der Zeit Jesu enthält, ist mehr als fraglich. Man vergesse nicht, daß zwischen dem uns in den Targumim entgegentretenden Schriftgelehrtentum und dem der Wende der Zeitrechnung die Zerstörung Jerusalems liegt, die so schwere Folgen für die geistige Entwicklung des Spätjudentums mit sich führte. Vor jenem Ereignis wurde das Schriftgelehrtentum von großen, nationalen und geistigen Bewegungen getragen und hatte zu den Fragen, die im Kampfe zwischen Pharisäern und Sadduzäern auftauchten, und ebenso zu den Problemen, die in der hellenistisch-jüdischen Bewegung gegeben waren, Stellung zu nehmen. Nach der großen Katastrophe fallen alle diese Anregungen hinweg. Die jüdische Theologie verliert den Zusammenhang mit den allgemeinen geistigen Bewegungen vollständig, erstarrt und schließt sich in unproduktive Gesetzeskommentierung ein.

Die Schriftgelehrsamkeit zur Zeit Jesu ist wohl lebendiger und reicher gewesen als die, die uns in dem späteren, schriftstellerischen Rabbinertum entgegentritt. Sie hat wahrscheinlich dem allgemeinen religiösen Empfinden und Denken mehr Raum gegeben als die nachfolgende. Dafür zeugt

22 Joh. Lightfoot: Horae hebraicae et talmudicae in quatuor Evangelistas. Herausg. von J. B. Carpzov. Leipzig 1684. – Christian Schöttgen: Horae hebraicae et talmudicae in universum Novum Testamentum. Dresden–Leipzig 1733. – Joh. Gerh. Meuschen: Novum Testamentum ex Talmude et antiquitatibus Hebraeorum illustratum. Leipzig 1736. – Joh. Jak. Wettstein: Novum Testamentum Graecum. Amsterdam 1751 und 1752. – F. Nork: Rabbinische Quellen und Parallelen zu neutestamentlichen Schriftstellen. Leipzig 1839. – Franz Delitzsch: Horae hebraicae et talmudicae. In Luth. Ztschr. 1876–78. – Carl Siegfried: Analecta Rabbinica. 1875. Rabbin. Analekten, Jahrb. für protest. Theol. 1876. – A. Wünsche: Neue Beiträge zur Erläuterung der Evangelien aus Talmud und Midrasch. Göttingen 1878. – Ferd. Weber: System der altsynagogalen palästinensischen Theologie. Leipzig 1880; 2. Ausg. 1897 unter dem Titel »Jüdische Theologie auf Grund des Talmud und verwandter Schriften«. – Emil Schürer: Geschichte des jüdischen Volkes im Zeitalter Jesu Christi. Leipzig. 4. Aufl. Bd. II 1907; Bd. III 1909. – Joseph Klausner: Die messianischen Vorstellungen des jüdischen Volkes im Zeitalter der Tannaiten. Krakau 1903. – Marcus Rabinsohn: Le messianisme dans le Talmud et les Midraschim. Paris 1907. – Erich Bischoff: Jesus und die Rabbinen. Jesu Bergpredigt und Himmelreich in ihrer Unabhängigkeit vom Rabbinismus. Leipzig 1905. – Über die rabbinische Literatur siehe ferner Bousset: Die Religion des Judentums im neutestamentlichen Zeitalter. 2. Aufl. 1906. S. 45–53.

die Apokalypse Esra aus dem Ende des ersten Jahrhunderts n. Chr., in der eine Reihe von Vorstellungen und Fragen der Frömmigkeit zur Verhandlung stehen, denen man in der talmudisch-rabbinischen Literatur nicht mehr begegnet.[23]

Es ist also von vornherein nicht zu erwarten, daß die rabbinischen Parallelen aus späterer Zeit außerordentlich viel zur Klarlegung der Gedanken Jesu beitragen werden, ebensowenig wie sie dies für die Anschauungen Pauli und der Apokalypse Esra vermögen. Das Resultat der Forschung bestätigt diese Erwägungen.

Ob Jesu freie Stellung zur mündlichen Tradition über die Auslegung des Gesetzes irgendeinen historischen Anhalt in einer weitherzigen Richtung des Schriftgelehrtentums hatte, läßt sich nicht ermitteln. Hillel galt der Tradition Schammai gegenüber als liberal. Jedoch wissen wir nichts Näheres über seine Anschauungen.

An sich ist es möglich und wahrscheinlich, daß eine Reihe von Aussprüchen Jesu in Sentenzen von Schriftgelehrten und in Sprichwörtern vorgebildet waren. Der Nachweis ist jedoch nicht zu führen. Trotzdem schrieb F. Nork in seiner Schrift »Rabbinische Quellen und Parallelen zu neutestamentlichen Schriftstellen« (1839) die besten Gedanken in den Reden des Nazareners seinen jüdischen Lehrern zu und stellte damit eine These auf, die seither öfters wiederholt, nie begründet und von Erich Bischoff als unhaltbar dargetan worden ist.[24]

Es konnte nicht ausbleiben, daß auch die Gleichnisse als Entlehnungen aus dem Rabbinentum ausgegeben wurden. Anno 1880 behauptete der holländische Rabbiner T. Tal, daß sie samt und sonders dem Talmud entstammten.[25] Jülicher ist der Ansicht, daß die Parabeln der Rabbinen zur Erklärung der von Jesus überlieferten wenig beitragen. Die Frage ist durch eine Studie von Paul Fiebig zum Abschluß gebracht.[26] Er vergleicht

23 Siehe auch Albert Schweitzer: Geschichte der paulinischen Forschung. Tübingen 1911. S. 37–40.

24 Es muß selbst fraglich bleiben, ob eine Beziehung besteht zwischen dem von Hillel überlieferten Wort »Was dir verhaßt ist, das tue nicht deinem Nächsten: das ist das ganze Gesetz und alles andere ist Erläuterung« und Jesu Spruch »Alles nun, was ihr wollt, daß euch die Leute tun, so tut auch ihr ihnen: das ist das Gesetz und die Propheten« (Mt 7,12).

Zu bemerken ist allerdings, daß einige der aus dem älteren Schriftgelehrtentum überlieferten Sprüche allgemein ethischen Charakter aufweisen und sich insofern mit der Anschauung Jesu berühren. So wird z. B. Hillel ein Spruch zugeschrieben »Richte deinen Nächsten nicht, bis du an seine Stelle gekommen«.

Erich Bischoff: Jesus und die Rabbinen. Leipzig 1905. 114 S. Der Verfasser bietet ein ausführliches Verzeichnis der Literatur und ein vollständiges Repertorium der rabbinischen Parallelen zu den Sprüchen der Bergpredigt.

25 T. Tal: Professor Oort und der Talmud. 1880. Zur Frage siehe Jülicher: Die Gleichnisreden Jesu. I. 1888. S. 164 ff.

26 Paul Fiebig: Altjüdische Gleichnisse und die Gleichnisse Jesu. Tübingen 1904. 167 S. Siehe daneben auch Giuseppe Levi (übertragen von L. Seligmann):

ein halbes Hundert spätjüdischer Gleichnisse mit denen der Evangelien, wobei zuletzt doch nur die Einzigartigkeit und Unbedingtheit der Schöpfungen Jesu hervortritt. Man sieht verwachsenes und verkrüppeltes Unterholz neben hochragenden Bäumen.

Auch die allgemeinen dogmatischen Beziehungen zwischen der Gedankenwelt des Herrn und der der späteren Rabbinen sind nur dürftig entwickelt. Bei der Lektüre von Webers »System der altsynagogalen palästinensischen Theologie« erstaunt man, wie schwach das Licht ist, das von hier aus auf die Idee Jesu fällt.

Die eschatologischen und messianischen Vorstellungen treten in der rabbinischen Literatur stark zurück. Sie kommen nur in unzusammenhängenden und oft unter sich unausgeglichenen Bemerkungen zu Worte. Von den Gesetzeslehrern, die vor der Zerstörung Jerusalems anno siebenzig lebten, ist uns – worauf besonders Klausner hingewiesen hat – nichts Messianisches überliefert.

In den Targumim finden sich Ansätze zu einer Unterscheidung zwischen dem ewigen Messias aus dem Hause Davids und dem sterblichen aus dem Stamme Joseph. Man hat gemeint, in dieser merkwürdigen Angabe den Schlüssel zum Selbstbewußtsein Jesu zu besitzen. Danach hätte er sich für den Messias aus dem Stamme Joseph gehalten und seinen Tod als zu seiner Würde gehörig erkannt. Dieser Annahme fehlt jeglicher Halt in der synoptischen Überlieferung. Für Jesus ist der Tod erst der Durchgang zur wirklichen Messianität; er erwartet aufzuerstehen und wiederzukommen, wovon beim Messias aus dem Stamm Joseph keine Rede sein kann.

Überdies ist mehr als zweifelhaft, ob diese im alten Testamente nirgends angedeutete Unterscheidung schon dem älteren Schriftgelehrtentum bekannt war. Wahrscheinlich handelt es sich nur um eine Verlegenheitsauskunft der späteren Zeit, welche nicht wußte, wie die Angaben von der ewigen Herrschaft des Davidsohnes mit der durch den Verfasser der Apokalypse Esra (4,26–33) vertretenen Anschauung vom Sterben des Messias zusammenzubringen sei. In Wirklichkeit bezeugt aber gerade diese Schrift, daß das Rabbinentum des ersten Jahrhunderts n. Chr. nur einen einzigen Messias kannte. Sein Tod ist nur vorübergehend. Er entschläft, weil zwischen dem messianischen Reich und dem ewigen »Ende«, in welchem die Unsterblichkeit herrscht, ein Augenblick eintritt, wo alles, was im messianischen Reiche lebt, sterben muß, um dann bei der allgemeinen Totenauferstehung zum ewigen Dasein eingehen zu können.

Paulus unterscheidet zwischen dem messianischen Reiche und dem definitiven Endzustand, ohne den Gesalbten und seine Genossen vor der

Parabeln, Legenden und Gedanken aus Talmud und Midrasch. 2. Aufl. Leipzig 1877. – Schon 1648 wollte Robert Sheringham in London die Gleichnisreden aus Mt 20,1 ff, 25,1 ff und Lk 16 aus talmudischen Quellen abgeleitet wissen.

allgemeinen Auferstehung – die auch bei ihm erst auf das messianische Reich folgt – für eine kleine Weltzeit entschlafen zu lassen.

Was die Targumim über den leidenden und sühnenden Messias berichteten, ist anerkannt junges Gut. Aufgekommen ist diese Vorstellung erst nach dem dritten Jahrhundert n. Chr., ausgebildet wurde sie zwischen dem siebenten und zehnten. Auch hier handelt es sich nicht um einen lebendigen religiösen Gedanken, sondern um eine Kompromißvorstellung. Da die Auslegung unter dem Knecht Gottes in Jesaia 53 den Messias verstand, mußte man mit der Zeit dazu fortschreiten, auch ein Leiden desselben anzunehmen, obwohl dieses in der überlieferten Dogmatik in keiner Weise vorgesehen war. Daß Jesus in der zeitgenössischen Schriftgelehrsamkeit den Gedanken des leidenden und sühnenden Messias irgendwie vorgefunden habe, ist trotz Jesaja 53 so gut wie ausgeschlossen.

Sowohl bei der Unterscheidung zweier Messiasse, als auch bei der Annahme des Leidens und Sterbens des Messias handelt es sich also um späte Wucherungen innerhalb der rabbinischen Vorstellungswelt, die mit den aus der Zeit Jesu überlieferten Grundanschauungen nichts zu tun haben und auch nicht weiter ausgebildet wurden. Man bemerke, daß das spätere Schriftgelehrtentum nicht einmal über so viel Konsequenz und Gestaltungskraft verfügt, dem sterblichen Messias aus dem Stamm Joseph zugleich die Rolle des leidenden und sühnenden beizulegen und so eine einigermaßen lebendige und durchdachte Persönlichkeit zu schaffen.[27]

Die rabbinische Literatur kann also auch in den älteren Bestandteilen nur als ein indirektes Zeugnis für die Anschauungen des Schriftgelehrtentums zur Zeit Jesu bewertet werden. Daneben kommen in Betracht: Justins Dialog mit Trypho aus der Mitte des zweiten Jahrhunderts n. Chr., die Schriften des Philo und des Josephus aus dem ersten, die Apokalypsen Baruch und Esra aus den letzten Jahrzehnten des ersten, die Briefe Pauli und etwa noch das alte Gebet »Schmone-Esre«.[28]

27 Dalman: Der leidende und sterbende Messias der Synagoge im ersten nachchristlichen Jahrtausend. Karlsruhe 1887. 76 S. – Die verschiedenen Theorien, welche das Aufkommen der Vorstellung des Messias Ben Joseph erklären sollen, werden bei Klausner (S. 86–103) angeführt. Viele Autoritäten wollten diese sicher nachhadrianische Lehre nicht anerkennen. Sie ist überaus dürftig und behauptet eigentlich nur den gewaltsamen Tod eines als Kriegsheld gedachten Messias. Eine sühnende Bedeutung wird dem Ereignis nicht beigelegt. Die messianische Rolle Bar-Kochbas und sein gewaltsames Ende sind für das Entstehen der Anschauung jedenfalls von Bedeutung gewesen.

28 Im Folgenden werden die Resultate der Untersuchungen über die rabbinischen Anschauungen zur Zeit Jesu nicht nur nachgeprüft, sondern auch vervollständigt. Das Unternehmen geht über den Rahmen einer Geschichte der Leben-Jesu-Forschung hinaus. Es ist aber dadurch gerechtfertigt, daß die vorliegenden Studien über die Beziehungen zwischen der Eschatologie Jesu und der der Rabbinen lückenhaft sind. Bislang ist noch nicht mit Nachdruck darauf hingewiesen worden, daß die Eigenart der Zukunftserwartungen des Propheten von Nazareth darin beruht, daß er das Problem des Ausgleiches der prophetischen und der

Was Justin als jüdische Meinung anführt, ist mit äußerster Vorsicht zu bewerten. Es liegt dem christlichen Schriftsteller nichts ferner, als die genauen Anschauungen der rabbinischen Schriftgelehrsamkeit wiedergeben zu wollen. Er ist nicht nur apologetisch, sondern auch kirchlich interessiert. Mit seinen Zeitgenossen teilt er die Meinung, daß die Irrlehre über die Persönlichkeit Jesu zuletzt jüdischen Ursprungs sei. Er widerlegt den Trypho um den christlichen Weissagungsbeweis spielen zu lassen; zugleich aber will er den Gnostizismus treffen. Darum trägt vieles, was er als jüdische Lehre vorbringt, so merkwürdig gnostisches Gepräge.[29]

Auch aus Josephus und Philo ist wenig zu erfahren. Der erstere verschweigt mit Absicht, was er nicht nach dem Geschmack der römischen Leser darstellen kann, und der zweite ist von hellenistisch-spekulativen Interessen beherrscht. Zwar streift Philo die messianischen Erwartungen hie und da; aber er redet von ihnen nur in ganz allgemeinen Wendungen. Er erwartet die wunderbare Rückführung des zerstreuten Israel und einen allgemeinen Friedenszustand, der nach Überwindung der Nationen über die Welt kommen soll. An den beiden hauptsächlich in Betracht kommenden Stellen wird eine Persönlichkeit erwähnt, die mit dem Messias identisch sein kann. Eine göttliche übermenschliche Erscheinung, welche nur den Geretteten sichtbar sein wird, soll Israel aus der Verbannung heimführen, und ein Mann soll nach der Weissagung von Num 24,7 (LXX) den Heiligen im Kampfe gegen die Nationen Hilfe leisten.[30] Von Auferstehung und Gericht ist nicht die Rede.

danielischen Anschauungen, das damals irgendwie zur Verhandlung stehen mußte, erfaßt und auf seine Art gelöst hat. – Die apokalyptische Literatur wird nach der Übersetzung von Kautzschs Apokryphen und Pseudepigraphen des Alten Testaments zitiert.

29 Nach der jüdischen Anschauung des justinischen Dialogs soll der Messias irdisch geboren werden und zunächst ein unerkanntes Dasein führen, in welchem er noch nicht mit der Macht begabt ist und sich nicht einmal selber kennt. Eine Wendung tritt erst ein, wenn Elias kommt und ihn salbt. Hier ist die Bezugnahme auf die gnostische Anschauung von der Bedeutung der Taufe des Messias unverkennbar. – Im Talmud ist nur berichtet, daß der Elias, wenn er kommt, die Schale mit dem Manna, die Schale mit dem Lustrationswasser, die Schale mit dem Salböl und etwa noch den Stab Aarons wiederbringen wird. Daß Elias den Messias salbt, ist nicht berichtet und darf aus dieser Stelle keineswegs erschlossen werden. Die Kenntlichmachung des Messias gehört nicht zu seinen Aufgaben. – Schürer (Geschichte des jüdischen Volkes. 4. Aufl. Bd. II. S. 609 ff) und Klausner (S. 62) sind jedoch nicht abgeneigt, in den Worten Tryphos zeitgenössische rabbinische Anschauung anzuerkennen. Der erstere will dem Judentum des zweiten christlichen Jahrhunderts sogar die Idee eines leidenden und sühnenden Messias zuschreiben und auch den von den »Juden« des vierten Evangeliums geäußerten Meinungen Bedeutung beimessen.

30 Schürer führt beide Stellen ausführlich an. »Geschichte des jüdischen Volkes«. 4. Aufl. II. Bd. 1907. S. 601 ff. Er bezweifelt, daß die übernatürliche Erscheinung, welche den Geretteten bei der Rückführung Israels sichtbar werden soll, etwas mit dem Messias zu tun habe und will eher an ein Analogon zur Feuersäule beim Zug durch die Wüste denken.

Die Apokalypsen Baruch und Esra stimmen im großen und ganzen miteinander überein. Sie nehmen eine Zeit der Verwirrung und der Drangsale an, innerhalb deren dann der Messias erscheint, um die bösen Gewalten und Menschen zu vernichten. Darauf wird das Friedensreich anbrechen, das aber nur eine gewisse Zeit dauern wird. Auf dieses folgt die allgemeine Totenauferstehung und das letzte Gericht, das über ewigen Tod und ewiges Leben entscheidet.

In der Apokalypse Esra gehört zur Schilderung des messianischen Reiches noch die Rückkehr des zerstreuten Israel und das Wohnen im neuen, vom Himmel herabgekommenen Jerusalem, während die Schwesterapokalypse darüber nichts berichtet.

Das Schema der Ereignisse der Endzeit, welches in den echten Briefen des Paulus zutage tritt, zeigt große Ähnlichkeit mit dem in den beiden Apokalypsen vorausgesetzten. Auch er sieht das messianische Reich nur als eine Etappe in der Endgeschichte an. Die Haupttätigkeit des davidischen Messias besteht darin, daß er mit den Heiligen gegen die bösen überirdischen Gewalten streitet, und die allgemeine Totenauferstehung bildet den Beschluß, nicht den Anfang des messianischen Reiches. Auch das himmlische Jerusalem spielt in der Erwartung des Heidenapostels eine Rolle (Gal 4,26). Die Rückführung der Zerstreuten wird nicht erwähnt. Beim letzten Gericht werden die Heiligen den überwundenen Engelmächten das Urteil sprechen (1 Kor 6,1–3).

Die große Frage ist, ob die bei Paulus und in den beiden Apokalypsen vertretenen Anschauungen die Lehre des Schriftgelehrtentums aus dem ersten Jahrhundert n. Chr. wiedergeben. Im Prinzip wird der Bescheid bejahend ausfallen. Handelte es sich um den Heidenapostel allein, so könnte fraglich erscheinen, was aus der Welt der Schriftgelehrsamkeit stammt und was aus den Anschauungen der ersten Gemeinde hinzugekommen ist. Aus der Übereinstimmung mit den beiden Apokalypsen, für welche christlicher Einfluß nicht in Frage kommt, ergibt sich, daß das Schema seiner messianischen Erwartungen im allgemeinen spätjüdisch ist. Welche Rolle spielten die messianischen Hoffnungen in dem Schriftgelehrtentum der Wende der Zeitrechnung und welche Bedeutung kam ihnen im Glauben des Volkes zu?

Auf diese wichtige Frage gibt es keine sichere Antwort, da für den Entscheid nur indirekte Beobachtungen geltend gemacht werden können. Josephus läßt uns auch in diesem Punkte im Stich. In seiner Geschichte

Das große Gebet Schmone-Esre, welches seine überlieferte Fassung erst nach der Zerstörung Jerusalems erhalten hat, wenn es auch in seinem Grundbestand bedeutend älter sein kann, enthält Bitten für die Rückführung der Zerstreuten, Aufrichtung des Thrones und Sendung des Sprosses Davids. In der von Schlachter anno 1898 veröffentlichten Form des Gebets fehlt die ausdrückliche Erwähnung des Sprosses Davids. Siehe Schürer Bd. II, 4. Aufl., S. 537–544, wo auch der Text des Schmone-Esre abgedruckt ist.

des jüdischen Kriegs erwähnt er zwar, daß der Aufstand losgebrochen sei, weil die Menge auf die in den heiligen Schriften gefundene Weissagung vertraute, daß einer aus ihrem Lande über die Welt herrschen würde.[31] Ob man daraus schließen darf, daß eine allgemein verbreitete messianische Erwartung das Volk damals zu den Waffen greifen ließ, ist mehr als zweifelhaft, besonders da der Verfasser die Weissagung von dem Weltherrscher, der vom Lande Juda ausgehen soll, anführt, um sie alsbald auf Vespasian zu deuten. Es wäre ihm zuzutrauen, daß er sie nur aus diesem Grunde erwähnt hat.

Im übrigen tritt die messianische Erwartung im jüdischen Krieg ebensowenig hervor, wie in den früheren politischen Bewegungen. Wenn Theudas und »der Ägypter« für ihre Sache viele Anhänger gewannen, so ist damit noch nicht gesagt, daß die messianische Hoffnung das Band war, das ihre Scharen zusammenhielt. Es wird uns auch nicht berichtet, daß diese Führer sich als Persönlichkeiten ausgaben, die zu dem Messias in irgendeiner Beziehung standen. Die politischen Bewegungen, nach der Art wie sie uns überliefert sind, erlauben keine sicheren Rückschlüsse auf das Vorhandensein oder Nichtvorhandensein allgemeiner messianischer Begeisterung und Erwartung.

Überhaupt muß die Frage aufgeworfen werden, ob die eschatologischen Hoffnungen derart waren, daß sie zu politischem Handeln drängen konnten. In dem Zukunftsbild, wie es die Apokalypsen Baruch und Esra bieten, wird eine Aktivität des auserwählten Volkes durchaus nicht vorgesehen. Die Stimmung ist vielmehr eine abwartende. Erst wenn der Messias inmitten des ringsum ausgebrochenen Aufruhrs erscheint, ist die Stunde des Handelns gekommen; alles, was vorher unternommen wird, hat keine Bedeutung. Ein heiliger Krieg wird dem Volke durch jene Erwartungen nicht nahe gelegt. Die Hoffnungen sind so transzendenter Natur und derart auf göttliche Intervention eingestellt, daß menschliches Eingreifen eher verhindert als hervorgerufen wird.

Aus der Bewegung, die der Täufer und Jesus entfacht haben, sind ebenfalls keine sicheren Schlüsse auf die allgemeine Stimmung zu ziehen. Mag beider Anhang auch noch so groß gewesen sein, so waren sie doch weit davon entfernt, das ganze Volk mit sich zu reißen. Wenn der Glaube an die Nähe des Reiches im Volke nach dem Tode Jesu nicht durchdrang, so lag es sicherlich nicht einzig daran, daß in der Verkündigung der bevorstehenden Ankunft des Messias zugleich gesagt wurde, daß er

31 Flavius Josephus: De bello Judaico VI, 5, 4. Siehe Ernst Gerlach: Die Weissagungen des Alten Testamentes in den Schriften des Flavius Josephus. Berlin 1863. 120 S. – Der χρησμός lautet: »ὡς κατὰ τὸν καιρὸν ἐκεῖνον ἀπὸ τῆς χώρας τις αὐτῶν ἄρξει τῆς οἰκουμένης.« – Es sei nochmals ausdrücklich bemerkt, daß weder Josephus noch sonst ein alter Schriftsteller irgend etwas von »messianischen Prätendenten«, die vor oder nach Jesus auftraten, zu berichten weiß. Bar-Kochba war der erste, der diese Rolle übernahm.

mit dem zur Rechten Gottes erhöhten Propheten von Nazareth identisch sei. Eine gewisse Indifferenz des Volkes gegen die in Frage kommenden Hoffnungen muß zur Erklärung der Tatsache wohl angenommen werden.

Wie weit diese ging, läßt sich nicht ermessen. Es ist an sich wohl möglich – und die evangelischen Berichte würden dieser Annahme nicht widersprechen – daß der Täufer und Jesus die messianischen Erwartungen zu einer Zeit wachriefen, als diese Volk und Religion kaum ernstlich beschäftigten und ein Stück Dogma bildeten, mit dem die Frömmigkeit die lebendige Fühlung verloren hatte.[32]

Die Annahme, daß die Bewegung ohne nachhaltigen Erfolg blieb, weil sie messianische Hoffnungen vertrat, die den vom Volk gehegten nicht entsprachen, ist abzuweisen. Das Zukunftsbild der Predigt Jesu trägt denselben Grundcharakter, wie das von den Verfassern der Apokalypsen Esra und Baruch gezeichnete, und dieses wird irgendwie den Anschauungen der Schriftgelehrten und also auch des Volkes entsprochen haben. Hier wie dort handelt es sich um die überweltliche Erscheinung des Messias und den Anbruch des übernatürlich gedachten Reiches. Daß der Täufer und Jesus die sittliche Bereitung auf das Kommende in den Vordergrund ihrer Verkündigung stellen, ändert nichts an dem Charakter der messianischen Erwartung und konnte sie nicht in Gegensatz zu den Zukunftshoffnungen des Volkes und seiner Führer bringen. Von der Buße als einer Vorbedingung des Eintreffens des Messias ist auch in überlieferten Aussprüchen der Schriftgelehrten die Rede.[33] Daß sie neben der vollkommenen Erfüllung des Gesetzes angeführt wird, entspricht der Stellung, die Jesus in der Bergpredigt und in der Rede gegen die Pharisäer einnimmt. (Mt 5,17–20; 23,3).

Das Neue mußte also darin liegen, daß der Täufer und er mit dem messianischen Dogma Ernst machten und die Erfüllung der Hoffnungen für die allernächste Zeit in Aussicht stellten. Wenn sie damit nur eine verhältnismäßig geringe Anhängerschaft gewannen, die sich nach Jesu Tod überdies noch größtenteils wieder verlief, so ist daraus wohl zu ent-

32 Zu bemerken ist, daß noch Schürer glaubt, aus den Angaben des Neuen Testaments auf eine allgemeine messianische Erwartung zur Zeit Jesu schließen zu dürfen. Er führt dafür die Frage des Täufers »Bist du, der da kommen soll . . .?« (Mt 11,3), das Petrusbekenntnis (Mk 8,27 ff) und den Einzug in Jerusalem (Mk 11) an. Aber die Frage des Täufers und das Bekenntnis des Apostels besagen nichts über die Stimmung des Volkes sondern nur über die eines bestimmten Kreises. Daß das Volk Jesum beim Einzug in Jerusalem als Messias begrüßt hat, ist nichts weniger als erwiesen, sondern so gut wie unmöglich. Und überdies, wer war dieses »Volk«? Die galiläische Anhängerschaft Jesu. – Daß von Hillel, Schammai und den anderen Lehrern der älteren Zeit keine »messianischen Aussprüche« überliefert sind, ist sehr beachtenswert.

33 »Wenn ganz Israel zusammen einen Tag lang gemeinsam Buße täte, so würde die Erlösung durch den Messias erfolgen.« (Siehe Schürer: Geschichte des jüdischen Volkes. 4. Aufl. 1907. II. Bd., S. 620)

nehmen, daß der Glaube an Gericht, Reich und Messias im allgemeinen kein sehr lebendiger war.

Es ist also überaus wahrscheinlich, daß von einem allgemeinen sehnsüchtigen messianischen Harren des Volkes an der Wende der Zeitrechnung nicht die Rede sein kann. Die stimmungsvollen Schilderungen, die so und so vielen Leben-Jesu bisher zur Einleitung dienten, sind hinfällig.

Die Zukunftshoffnungen gehörten wohl zum Dogma, waren aber zu jener Zeit entweder gar nicht oder nur in gewissen Kreisen lebendig. Das letzte bedeutende Dokument messianischer Erwartungen, das wir aus der Zeit vor dem Auftreten des Täufers besitzen, ist der Psalter Salomos. Er stammt aus pharisäischen Kreisen und gibt die Eindrücke des von Pompejus an Jerusalem vollzogenen Gerichtes wieder.

Der Verfasser dieser Gesänge rechnet nicht mit dem baldigen Erscheinen des messianischen Königs. Er reflektiert über die jüngst eingetretenen Ereignisse, in denen der Hochmut der gottlosen regierenden Kreise zu Fall kam. Pompejus ist ihm ein Werkzeug in der Hand Gottes, wenn er sich seiner Mission auch nicht bewußt wurde und meinte aus eigener Macht zu handeln. Den Abschluß der mannigfachen traurigen und triumphierenden Erwägungen bildet der Ausblick auf die Herrschaft des davidischen Königs der Endzeit und das Gebet um sein Kommen. Die Art, in der diejenigen, die in jenen Tagen leben werden, selig gepriesen werden, rückt die Erfüllung des Gebets in eine Zukunft, an der der Verfasser keinen Teil mehr zu haben scheint.

Der etwas akademische Charakter der messianischen Erwartung im Psalter Salomos ist vielleicht typisch für die Art, wie sich das pharisäische Schriftgelehrtentum auch in den folgenden Generationen zu diesem Glauben bekannte. Auf solche Weise würde sich auch erklären, wie das Interesse am Gesetz, statt in dem lebendigen Dienste der daran geknüpften Hoffnungen und Verheißungen zu verharren, immer mehr in den Vordergrund rücken und zum Selbstzweck werden konnte, so daß zur Zeit Jesu die Empfänglichkeit für die Botschaft der Nähe des Reiches schon so stark heruntergesetzt war, daß das pharisäische Schriftgelehrtentum der Bewegung indifferent und im weiteren Verlaufe sogar feindlich gegenüberstand.

Damit ist nicht gesagt, daß die Ausbildung des Lehrstücks über den Messias und die messianischen Dinge im Schriftgelehrtentum nicht gefördert wurde. Das theoretische Interesse konnte sich betätigen, ohne daß ein lebendiger Glaube vorhanden war.

Wie es damit in Wirklichkeit bestellt war, ist schwer zu erfahren. Wir sind auf Mutmaßungen und Rückschlüsse angewiesen.

Aber die hauptsächlichste Frage, die sich dem Schriftgelehrtentum in bezug auf das messianische Lehrstück an der Wende der Zeitrechnung stellen mußte, ist mit Sicherheit und Deutlichkeit zu erkennen. Es handelte sich um die Vollziehung der Synthese zwischen der prophetischen und der danielischen Eschatologie. Sie ist das Problem der Probleme in der Geschichte der spätjüdischen Eschatologie. Die Unklarheiten in den Aussagen der Quellen und nicht minder in den modernen Darstellungen gehen im letzten Grunde alle auf die einzige Frage nach dem Schicksal der danielischen Apokalyptik in der spätjüdischen Schriftgelehrsamkeit zurück.

Der Verfasser, der um 165/64 v. Chr. unter dem Eindruck der syrischen Greuel schreibt, entwirft ein Zukunftsbild, das die Vorstellungen der vorexilischen, exilischen und nachexilischen Prophetie ignoriert und außer Kurs setzt. Die Tatsache an sich ist absolut unbegreiflich. Selbst unter der Voraussetzung, daß die messianischen Hoffnungen das Volk damals nicht beschäftigten, wird kaum verständlich, wieso die schriftlich vorliegende Überlieferung für denjenigen, der den Zukunftsglauben neu wecken wollte, so ganz außer Betracht bleiben konnte. Er zieht die Konsequenz, daß es kein nationales Reich Juda und kein davidisches Herrscherhaus mehr gibt und daß die Voraussetzungen der Kontinuität zwischen dem Jetzt und dem Dann weggefallen sind. Aber daß er dabei so radikal vorgeht, ist nicht zu erklären.

Das Charakteristische an den neuen Erwartungen ist ihre absolute Transzendenz. Bei den Propheten handelt es sich um eine Verklärung des davidischen Reiches zu einer über die ganze Menschheit ausgedehnten Friedensherrschaft, in welcher die Weltgeschichte ihr Ende findet. Die exilischen und besonders die nachexilischen halten die Schilderung des dann bestehenden Zustandes der Erde in zum Teil überirdischen Farben. Aber die Idee, daß es sich um eine Verklärung des Triumphes und der Herrschaft Israels über die Völker handelt, bricht noch überall durch. Bei Daniel wird aus dem Ereignis in der Geschichte des Volkes und der Menschheit ein kosmischer Akt, dessen hauptsächlichste Szenen sich im Himmel und zwischen Himmel und Erde abspielen. An Stelle des messianischen davidischen Königs tritt ein Engelwesen.[34] Die irdische Welt macht einer andern Platz. Das Ende ist nicht mehr das messianische Reich, sondern der Auferstehungszustand der Erwählten. Nicht das Schicksal des

34 Schon im exilischen und nachexilischen Prophetentum gibt es Richtungen, die in ihren Zukunftsbildern dem messianischen König keinen Platz mehr anweisen. Besonders kommen hier das Buch Joel und die Apokalypse Jes 24–27 in Betracht. Im Exil mag das Verzweifeln am davidischen Königtum und nachher das Fehlschlagen der von Haggai und Sacharja auf Serubabel gesetzten Hoffnungen dazu geführt haben. An dem Zukunftsbild wird dadurch im Prinzip nichts geändert. Man erwartet die Herrschaft Gottes auf Erden, die sich durch den Triumph Israels kundgeben soll.

Das Stück Jes 24–27 bildet insofern einen Übergang zu der danielischen Konzeption, als es schon starken mythologischen Einschlag zeigt. Gottes Gericht ergeht nicht nur über die Völker, sondern auch über die Engelmächte (Jes 24,21) und das Ungeheuer »Leviathan«.

Volkes, sondern das des Einzelnen und der Welt ist Gegenstand der Hoffnung.

Welche orientalischen Einflüsse bei der Ausgestaltung dieses Bildes mitgewirkt haben, ist eine Frage für sich und kommt hier nicht in Betracht. Daß es sich in der Hauptsache um persische handelt, ist überaus wahrscheinlich.

Die neue Vorstellung wurde in einer Literatur wirksam, die uns zum Teil in den jüngeren Schichten des Buches Henoch erhalten ist. In den hierzu gehörenden Gerichtsschilderungen, den sogenannten »Bilderreden« (c. 37–71) ist die von Daniel nicht vorgesehene Synthese zwischen dem Engelwesen, das aussieht wie ein Menschensohn, und dem »Gesalbten« vollzogen, und zwar so, daß die apokalyptische Vorstellung zugrunde gelegt und die prophetische, so gut es gehen will, in diese eingezeichnet wird. Der davidische Charakter des Herrschers der Endzeit geht dabei verloren; es handelt sich nicht um ein aus irdischem Geschlecht entsprossenes, sondern um ein himmlisches, von Anbeginn der Welt an präexistentes Wesen.

Aber die scheinbar so selbstverständliche Synthese setzte sich nicht allgemein durch. Der Psalter Salomos und die Schmone-Esre geben Zeugnis, daß die Kreise der Schriftgelehrten zwischen der Mitte des letzten vorchristlichen Jahrhunderts und zu Beginn unserer Zeitrechnung ihre Zukunftshoffnungen formulierten, als existierte kein Buch Daniel und als gäbe es keine Anschauungen, wie sie in der henochischen Literatur zu Worte kommen.

Noch mehr. Die hier zutage tretenden Erwartungen gehen auch über die nachexilischen und exilischen Vorstellungskreise zurück. Sie greifen die altprophetisch-vorexilischen Anschauungen heraus, um sie der Zeichnung des Bildes zugrunde zu legen. Der König aus Davids Haus, von dem die späteren Schilderungen oft keine Notiz genommen hatten, steht im Mittelpunkte der Hoffnungen. Dazu kommen noch die Erwartungen von der Reinigung und Heiligung Jerusalems und der Sammlung des zerstreuten Israel.

Diese in ihrer Art schlichte Eschatologie ist das Produkt einer Restauration. Das pharisäische Schriftgelehrtentum ist um die Mitte des letzten vorchristlichen Jahrhunderts damit beschäftigt, das eschatologische Lehrstück mit dem aus den vorexilischen und exilischen Prophetenbüchern stammenden Material auszubauen. Die Anschauungen der späteren Erzeugnisse treten ganz zurück; von Daniel wird keine Notiz genommen.

Die Motive dieser eigentümlichen Wendung sind nicht bekannt. Gewöhnlich wird angenommen, daß ein starkes Erwachen des Nationalbewußtseins und das machtvolle Hasmonäische Königtum die Gedanken von der siegreichen davidischen Herrschaft wieder wachgerufen haben. Dabei vergißt man, daß die Erfolge der Hasmonäer nicht geeignet waren, die rein theokratischen Ideale der pharisäischen Partei in idealisiert-monarchische zu verwandeln. Viel wahrscheinlicher ist die Vermutung, daß die Restauration mit dem erwachenden Interesse an der Schriftauslegung zusammenhängt. Der messiainsche König aus Davids Haus kommt wieder zu Ehren, weil die alten Propheten von ihm reden. Die Tatsache, daß sich ein Kanon gebildet hat, den es zu interpretieren gilt, zieht ihre Konsequenzen. Damit würde stimmen, daß die messianische Erwartung des Psalters Salomo kein zehrendes Feuer, sondern eine ruhig leuchtende Flamme ist, deren Schein auch aus den Schmone-Esre widerstrahlt.

Die in das letzte vorchristliche Jahrhundert zurückreichenden Dokumente berichten uns also von einem Schriftgelehrtentum, das seine eschatologischen Anschauungen nach den alten Propheten orientiert, aber keine Anstalten zu treffen scheint, sie mit den danielisch-henochischen zusammenzuarbeiten.[35] Es liegt deshalb nahe anzunehmen, daß dem auch zur Zeit Jesu also war.

Damit stehen aber, um von Paulus vorerst abzusehen, die Apokalypsen Baruch und Esra im Widerspruch. In diesen ist die Synthese der danielisch-henochischen Eschatologie mit der altprophetischen vollzogen und zwar so, daß die erstere dominiert. Das zeigt sich darin, daß die davidische Abstammung des Herrschers der Endzeit ganz zurücktritt. In der Apokalypse Baruch wird sie überhaupt nie erwähnt. Die Apokalypse Esra führt sie, wenn der überlieferte Text richtig ist, einmal beiläufig an (12,32). Aber die Angabe stimmt nicht mit den übrigen überein. Der Herrscher der Endzeit ist in dieser Schrift – wie in Daniel und in den Bilderreden Henoch – als ein himmlisches Wesen gedacht, das zu seiner Zeit aus der Verborgenheit in die Erscheinung tritt. Wie soll dieses seinen Ursprung aus einem menschlichen Geschlecht nehmen und doch erst in der kommenden Zeit erstehen?

Überhaupt ist die messianische Erwartung in den Apokalypsen Baruch und Esra viel transzendenter gedacht als im Psalter Salomos und in den Schmone-Esre. Es handelt sich nicht mehr um eine Reinigung und wunderbare Verherrlichung des wirklichen Jerusalems zum Herrschaftssitze des Messias; ein überirdisches Jerusalem, das von Anfang an im Himmel präexistierte, kommt auf die Erde hernieder.

Überraschend ist der Ausgleich in der Vorstellung des herrlichen End-

35 Auf diese Tatsache können sich diejenigen Forscher berufen, die, wie Eduard Hertlein (Der Daniel der Römerzeit. 1908. Die Menschensohnfrage. 1911), das siebente Kapitel des Daniel und die Bilderreden Henoch erst nach 70 n. Chr. entstanden sein lassen. Sieht man von Jesus und Paulus ab, so ist ein direkter Beweis, daß die von jenen Stücken vertretenen Anschauungen im zweiten und ersten vorchristlichen Jahrhundert schon existierten, kaum zu führen, da sie nicht auf die Eschatologie gewirkt haben. Ihr Einfluß wird erst in der Apokalypse Esra erkennbar. Zur Rechtfertigung der gewöhnlichen Datierung ist man also auf die literarischen inneren Gründe angewiesen, die für Daniel unbedingt ausreichend und für die Bilderreden Henochs wohl auch fast beweisend sind.

zustandes. Das messianische Reich der Propheten war, der unentwickelten israelitischen Metaphysik gemäß, nur als ein relativ ewiges, d. h. als ein sehr langes, aber immerhin ein Ende nehmendes gedacht. Hingegen arbeitet das Buch Daniel mit vollendeten Begriffen und setzt eine ewige Herrlichkeit und eine ewige Verdammnis voraus, zu denen man durch die Auferstehung eingeht. Die Herrschaft des Menschensohnes ist endlos gedacht. In den Apokalypsen Baruch und Esra werden die beiden sich ausschließenden Anschauungen dadurch versöhnt, daß das messianische Reich eine beschränkte Dauer hat. Ist es vorüber, so erfolgt die allgemeine Totenauferstehung, die für die einen ewiges Leben, für die andern ewige Qual bedeutet. Die Seligen sind zum Range der Engel und Gestirnwesen verklärt. Der Herrscher der Endzeit spielt keine Rolle mehr vor den andern.[36]

Die hier erreichte Synthese zwingt zur Annahme, daß zwischen der Mitte des letzten vorchristlichen und den letzten Jahrzehnten des ersten christlichen Jahrhunderts die Schriftgelehrsamkeit irgendwie mit dem Ausgleiche der prophetischen und der danielisch-henochischen Anschauungen beschäftigt war. Aber wir wissen nicht, in welcher Art sie sich dieser Arbeit unterzog, und auch nicht, ob das ganze Schriftgelehrtentum oder nur bestimmte, an den Zukunftshoffnungen besonders interessierte Kreise sich damit abgegeben haben.

An sich ist auch mit der Möglichkeit zu rechnen, daß der Psalter Salomos nicht die Anschauungen der gesamten pharisäisch schriftgelehrten Welt wiedergibt und daß schon damals, und vielleicht noch früher, in gesetzlich-frommen Kreisen Zukunftshoffnungen anerkannt waren, die die prophetischen Farben nicht mehr in ursprünglicher Frische aufwiesen und den Einfluß der danielischen Transzendenz schon erfahren hatten.

Dies könnte für die älteren und jüngeren Sibyllinischen Stücke, die von dem zukünftigen Reiche handeln, zutreffen.[37] Hier tritt der davidi-

36 Was der Verfasser der Philosophoumena IX, 30 als messianische Hoffnung der Juden zu Beginn des dritten nachchristlichen Jahrhunderts anführt, stimmt im großen und ganzen mit der Auffassung der Apokalypse Esra überein. Ihm zufolge erwartet das Volk einen Messias aus Davids Geschlecht, der die ganze Welt unterwirft, die Zerstreuten sammelt und Jerusalem zur Hauptstadt seiner Herrschaft erhebt. Nachher kommt dann ein großer Aufruhr, in welchem der Messias und die Seinen umkommen. Darauf erfolgt die Weltverbrennung, die Auferstehung und das letzte Gericht.

Es fragt sich nur, ob der Verfasser der Philosophoumena nicht einfach die Anschauung der Apokalypse Esra als die der zeitgenössischen Juden ausgibt! Christlich gefärbt ist sein Bericht insofern, als er betont, daß die Juden den Messias »von Mann und Weib« geboren werden lassen. Das ist judenchristlich, aber nicht jüdisch gedacht, da die Apokalyptik und die Schriftgelehrsamkeit dem Problem der Geburt des Messias aus dem Wege gehen.

37 Das ältere, etwa 140 v. Chr. entstandene Stück ist in Sibyll. III, 652 bis 795 enthalten; das jüngere, der Zeit des Pompejus angehörende, liegt in Sibyll. III, 36–92 vor. Über diese Stellen siehe Schürer: Geschichte des jüdischen Volkes. 4. Aufl. Bd. II, 1907. S. 594 ff.

sche Charakter des Herrschers der Endzeit – wenn er auch noch als König bezeichnet wird – ganz zurück und das Enddrama hat einen ausgesprochen überweltlichen Verlauf. Aber daneben ist, besonders in dem älteren Stück, die prophetische Anschauung von dem kommenden Königreich erhalten.

Das Problem der messianischen Erwartungen des jüdischen Schriftgelehrtentums zur Zeit Jesu wird also um so verworrener, je näher man die wenigen uns bekannten Dokumente und Tatsachen in Augenschein nimmt. Fest steht nur, daß der Ausgleich der prophetischen und der danielisch-apokalyptischen Vorstellung sich ihr als Aufgabe stellen mußte und daß diese in den Apokalypsen Baruch und Esra mit einem gewissen natürlichen Geschick gelöst ist. Alles andere bleibt mehr oder weniger im Dunkel. Darum haben sämtliche Versuche, eine systematische Darstellung der Zukunftshoffnungen des Spätjudentums zu geben, eigentlich keinen Sinn. Sie arbeiten die Vorstellungen der verschiedenen und oft nach Zeit und Geist weit auseinanderliegenden Schriften zu einem Ganzen zusammen, wo doch die Frage gerade die ist, ob es eine solche Gesamtanschauung damals gegeben hat.

Viel wichtiger ist das Unternehmen, das darauf ausgeht, das Wesen der einzelnen uns vorliegenden Aussagen ins klare zu bringen und die allgemeinsten Grundvoraussetzungen der Eschatologie des Schriftgelehrtentums darzutun.

Zur Beurteilung der Lage, die ein bestimmter spätjüdischer Kreis von Zukunftserwartungen zwischen dem altprophetischen und dem danielischen Pol einnimmt, ist zunächst der vorausgesetzte Grad der Transzendenz in Betracht zu ziehen. Dabei zeigt sich, daß alle spätjüdischen Vorstellungen dem letzteren viel näher sind als dem ersteren, gleichviel, ob sie den Einfluß der Apokalypse aus der makkabäischen Zeit erkennen lassen oder nicht.

Im Psalter Salomos könnte der Schein der Worte Täuschung bereiten. Sie lauten ganz altprophetisch, besonders da die exilische und nachexilische Ausmalung fehlt, und dennoch sind sie anders gemeint. Die natürliche Verbindung, die dort von dem Jetzt zum Dann führt, besteht hier nicht mehr. Der messianische König ist eine »Erscheinung« der Endzeit, nicht ein Herrscher, der geboren wird, heranwächst und von Gott die Ausrüstung zu seinem Amte empfängt. Das messianische Reich gehört auch hier zu einem neuen Weltlauf.

Dieser Punkt ist für die Beurteilung des Auftretens und Wirkens Jesu von großer Bedeutung. Der Psalter Salomos mußte bis in die neueste Zeit als Beweis für politisch-messianische Erwartungen herhalten, die zur Zeit Jesu unter dem Volke bestanden haben sollen. Man wollte annehmen, daß, in gewissen Kreisen , ganz untranszendente Vorstellungen umgegangen seien, denen zufolge ein »messianischer Krieg« und die Schilderhebung eines sich als Davididen ausgebenden Führers zum verheißenen gesalbten König der Endzeit im Bereich der Möglichkeit gelegen hätte. Mit Wärme und Wonne wird geschildert, wie sicherlich so und so viele von dieser Stimmung Gebrauch gemacht haben, um sich zu Messiassen aufzuwerfen, Jesus aber nicht in ihre Reihe eintrat, sondern der Verblendung des Volkes widerstand, um es zu höheren Auffassungen zu erziehen.

Dazu ist zu bemerken, daß vor Jesus nie irgend ein Prätendent aufgetreten ist. Josephus weiß davon nicht das geringste. Überdies zeigt das Verhalten des Pilatus beim Prozesse Jesu, daß die Römer noch nicht mit »politischen Messiassen« zu tun gehabt hatten; andernfalls hätte der Vertreter der kaiserlichen Macht die durch den Nazarener nach Jerusalem getragene Bewegung nicht so ruhig gewähren lassen und ihren Urheber nicht zu retten gesucht.

Auch die im Psalter Salomos vertretene Eschatologie enthält keinen Anreiz zur Aktivität. Sie ist beherrscht vom Fatalismus der Erwartung. Das Reich kommt, wenn der Herr es durch seinen Gesalbten heraufführt. Selig, wer in jenen Tagen leben wird! Daß irgendeine vorhergehende Generation etwas zur Herbeiführung der Gottesherrschaft unternehmen könnte, ist ausgeschlossen.

In den übrigen Dokumenten tritt dies noch stärker zutage. Die Sibyllinen und die Apokalypsen Baruch und Esra wahren den überweltlichen Charakter der die Gottesherrschaft herbeiführenden Ereignisse auf das entschiedenste. Der in den beiden letzteren Schriften gezeichnete messianische Herrscher ist in der natürlichen Weltzeit undenkbar. Der Talmud, soweit aus dem Chaos der Aussagen ein klares Bild zu gewinnen ist, sanktioniert die von den Apokalypsen Baruch und Esra – mit denen Paulus zusammenstimmt – vorausgesetzte Unterscheidung zwischem dem jetzigen, natürlichen, dem kommenden messianischen und dem darauf folgenden ewigen Zustand der Dinge. An dem übernatürlichen Charakter des messianischen Reiches wird dadurch nichts geändert.[38]

38 Klausner ist geneigt, die Transzendenz der messianischen Erwartungen als so niedrig anzusehen, daß das politische Messiastum im Bereiche der Möglichkeit lag. So würde auch begreiflich, wie Rabbi Akiba den Bar-Kochba als Messias ausgeben konnte. Dazu ist aber zu bemerken, daß die meisten Schriftgelehrten sein Vorgehen rügten. Es war eine Verzweiflungstat, die durch die gewaltigen Kämpfe jener Tage angegeben war. Der große Lehrer setzte sich über die Forderung der davidischen Abstammung des Messias und noch manche anderen hergebrachten Bestimmungen hinaus. Wie gewalttätig er mit der Lehre vom messianischen Reich verfuhr, ist auch daraus zu ersehen, daß er die zehn Stämme für immer verworfen sein läßt.

Zuzugeben ist, daß nach einigen Angaben des Talmuds der überirdische Charakter des messianischen Reiches nur ein ganz relativer ist. Diesen stehen aber die viel zahlreicheren andern gegenüber, die sein überweltliches Wesen sehr entschieden betonen. Die Schilderung hält sich im allgemeinen auf dem Niveau der Anschauungen der Apokalypse Baruch. Gewöhnlich wird ziemlich deutlich zwischen dem messianischen Reich und dem Endzustand geschieden. Das messia-

Eine menschliche Aktivität auf Herbeiführung des Reiches kommt also auch im Talmud nicht in Betracht. Nur eines kann helfen: die Einwirkung auf Gott durch Beobachtung des Gesetzes und durch Buße. Und selbst diese Angaben sind noch in irrealem Sinne gehalten. »Ganz Israel« müßte einen Tag lang gemeinsam Buße tun, oder zwei Sabbate ohne irgendeine Übertretung halten! Diejenigen, die diese Worte aussprachen, stellten theoretische Erwägungen an, ohne zu versuchen, das Volk auf diese Weise zur Erfüllung des Termins zu bringen. Sie wollten erklären, warum er noch nicht zu erwarten sei. In Wirklichkeit standen sie, wie die Verfasser des Psalters Salomos und der Apokalypsen Baruch und Esra, auf ausschließlich abwartendem Standpunkt. Der Täufer und Jesus hingegen setzten die Theorie in Praxis um, wie sie auch mit dem Glauben an die Zukunft Ernst machten, und beschritten den einzig möglichen Weg der Aktivität, indem sie das Volk zur Buße anhielten, um damit Gott die Erfüllung der Erwartungen abzunötigen. Die Theorie, daß es ganz Israel sein müsse, gaben sie dabei auf. Die Dokumente stimmen also darin überein, daß von einer »Gründung des Reiches« bei Bestehen des gewöhnlichen Weltlaufs nicht die Rede sein konnte. Ebensowenig lassen sie es als denkbar erscheinen, daß irgendein natürlicher Mensch sich für den Messias hielt und als solcher Anhänger warb. An sich wäre es ja möglich gewesen, daß in der archaisierend-prophetisch denkenden Richtung die Zusammenlegung des messianischen Herrschers mit dem Nachkommen Davids zur Annahme einer irdisch-historischen Geburt und einer menschlichen Phase in seiner Existenz geführt hätte. Aber das Interessante ist eben, daß diesem Gedanken nirgends Folge gegeben wird, weil

nische Reich gehört nicht zum kommenden Äon, sondern stellt die erwartete übernatürliche Periode der gegenwärtigen Erde dar, in welcher die Gestalt der Menschen sich ändert, die Weiber täglich gebären und auch die Fruchtbarkeit des Feldes ins Ungemessene gesteigert wird. Das sind die Wunder der messianischen Zeit. In dem darauffolgenden kommenden Äon, dem definitiven, himmlischen Endzustand, der durch die Totenauferstehung eingeleitet wird, gibt es weder Zeugen noch Gebären. Die Unklarheiten rühren davon her, daß in diese Dreiteilung die ältere Zweiteilung, »dieser Äon« und »der kommende Äon« hineinragt. Die letztere stammt aus der Zeit, wo man über einen erst auf das messianische Reich folgenden Weltzustand nicht reflektierte, sondern, wie es die Propheten taten, das Reich und die »Zukunft« identifizierte. Die Vertreter der danielisch-henochischen Transzendenz halten an der einfachen Zweiteilung fest, indem sie das messianische Reich mit dem ewigen Weltende identifizieren. Wird jedoch, wie im Talmud, die Dreiteilung akzeptiert, so bringt die Anwendung der Ausdrücke »dieser Äon« und der »kommende Äon« fortwährende Unklarheiten und Mißverständnisse mit sich. Das messianische Reich spielt noch auf dieser Welt: also gehört es zu diesem Äon. Es trägt aber übernatürlichen Charakter: also kann es zum folgenden geschlagen werden. Für gewöhnlich wird es bei den Rabbinen zu »diesem Äon« geschlagen, der aber dann aus einem natürlichen und aus einem übernatürlichen Stück zusammengesetzt ist. – Man hüte sich, »transzendent« mit »vergeistigt« gleichzusetzen! An diesem Fehler kranken fast alle bisherigen Untersuchungen.

damit die vorausgesetzte Transzendenz dieser Persönlichkeit aufgehoben und die ganze heillose Frage, wieso sie eine irdische Geburt haben könne, aufgerollt worden wäre.[39] Die spätjüdische und die rabbinische Theologie, so merkwürdig es scheinen mag, beschäftigen sich weder mit der Geburt noch mit der Salbung des Messias.

Man darf sich also durch die Bezeichnung des messianischen Herrschers als Sohnes Davids, wo sie gewahrt ist, nicht irre machen lassen. In Wirklichkeit handelt es sich doch nur um ein Wesen, das Gott irgendwo bereit hält und dem dieser Titel einfach beigelegt wird. Auf die Frage der Geburt desselben geht das Spätjudentum, zum Unterschiede von der alten Prophetie, niemals ein. Der Messias »erscheint«, »wird offenbar«, »taucht auf« ..., aber er wird nicht geboren, weil es die Transzendenz der Vorstellungen nicht erlaubt. Darum vermeiden die konsequent übersinnlich denkenden Verfasser der Bilderreden Henoch und der Apokalypse Baruch – vielleicht auch der Apokalypse Esra – den Ausdruck, der das Problem enthält, und begnügen sich mit der Allgemeinvorstellung des »Gesalbten« und des »Sohnes Gottes«. Sogar gesetzt den Fall, die spätjüdische Theologie hätte konsequenterweise eine Geburt und damit auch eine menschliche Phase in der Existenz des davidischen Messias angenommen, so wäre er in dieser Seinsweise noch nicht der Herr des Reiches gewesen, da er seine Würde erst in der entsprechenden übernatürlichen Ära antreten kann. Es war also in jeder Weise unmöglich, daß ein Jude jener Zeit zu andern trat und sprach: »Ich bin der Messias; laßt uns das Reich Gottes gründen.« Und wollte man gar annehmen, daß er dies in einem ganz vergeistigten Sinn gemeint hätte, so käme zu der einen Unmöglichkeit nur noch eine zweite hinzu, da uns die Dokumente einzig die Vorstellung eines transzendenten, d. h. überirdisch-zukünftigen, aber nicht eines gegenwärtig-vergeistigten Messias überliefern.

Nicht minder unzutreffend ist die Meinung, als ob nach spätjüdischem Begriff ein Mensch sich durch Wunder vor seinen Mitmenschen als Messias hätte legitimieren können. Und wenn er deren zehntausend getan hätte, so wäre er doch immer nur ... ein wundertätiger Mensch geblieben, da ihm das einzig zureichende Zeichen, »das Erscheinen« gefehlt hätte. Die überlieferten Stellen rechnen nicht mit der Möglichkeit, daß die Identifizierung des gottgesandten Herrschers auch nur einen Akt der

39 Ansätze zu einer Lösung der Frage können in einer Angabe des Talmuds gefunden werden, daß der Messias am Tage der Zerstörung des Tempels in Bethlehem geboren, nachher aber seiner Mutter durch einen Sturmwind entführt worden sei. Diese Anschauung, wenn sie es irgendwo zur Anerkennung brachte, schloß aber eine irdische Wirksamkeit des Messias nicht minder aus als alle anderen. Sie zeigt die Schwierigkeiten des Problems aufs deutlichste, weil sie es nur durch die Annahme einer dazwischen eintretenden Entrückung lösen zu können glaubt. – Die Annahme, daß der Messias ein unerkanntes Dasein unter den Bettlern Roms führe, trägt ganz legendarischen Charakter und ist mit dem gewöhnlichen Dogma in keiner Weise ausgeglichen worden.

Überlegung erfordern könnte. Er tut nicht Wunder, sondern er ist das Wunder und wird offenbar alsbald durch sein Auftreten im großen Aufruhr, den er zu Ende bringt. Unter den »messianischen Wundern« sind nicht Zeichen, die vom Messias erwartet werden, sondern die überirdischen Segnungen eines Zeitalters zu verstehen.

Die irrtümliche Anschauung ist in der Theologie durch die gedankenlose Auslegung der Anfrage des Täufers heimisch geworden. Man glaubte sich ohne weiteres berechtigt, die Botschaft, die er dem Nazarener auf Grund der Kunde von den geschehenen Zeichen zukommen ließ, als Erkundigung nach seiner Messianität zu deuten und ließ diesen in der Aufzählung seiner Wunder ihm ein bald mehr verschämtes, bald mehr strafendes Ja zur Antwort senden. So ist das Evangelium Schuld daran, daß die Wissenschaft sich bis auf den heutigen Tag der Verpflichtung enthoben fühlt, Nachforschung anzustellen, ob nach den erhaltenen Anschauungen des Spätjudentums ein Mensch, weil er Wunder tat, in den Verdacht der Messianität kommen konnte. Jeder Versuch, sich darüber zu unterrichten, wird ergeben, daß Stellen, die eine solche Meinung zulassen, weder in den Apokalypsen noch in der rabbinischen Literatur zu finden sind.[40]

Die Transzendenz der Erwartungen ist also nach allen spätjüdischen und rabbinischen Aussagen, – mögen sie die Synthese zwischen prophetischer und danielischer Anschauung vollzogen haben oder nicht – eine derartige, daß ein Mensch im natürlichen Weltzustand nicht als Messias auftreten und wirken konnte. Ebensowenig konnte das Volk sich über irgendeinen Lehrer oder Propheten, auch wenn er Wunder tat, derartige Gedanken machen. Mit diesen Erwägungen stimmen die Tatsachen des Lebens Jesu auf das genaueste überein. Die beiden älteren Evangelien berichten nirgends, daß der Prophet aus Nazareth sich als gegenwärtiger Messias ausgegeben habe und lassen mit aller Deutlichkeit erkennen, daß er für die Menge, auch nach dem Einzug in Jerusalem, nichts anderes war als vorher (Mt 21,11). In den Streitgesprächen der letzten Tage wird die Frage seiner messianischen Würde in keiner Weise auch nur gestreift.

Es wäre Zeit, daß diese elementarsten Feststellungen endlich allgemein anerkannt würden. Nachgerade wird der Anschein erweckt, als hätte die moderne Theologie eine Prämie auf die beste Umgehung derselben ausgesetzt.

40 Direkt falsch ist, wenn Schürer schreibt: »Allgemein aber war der Glaube, daß er (scl. der Messias) bei seinem Auftreten sich durch Wunder legitimieren würde« und als Beleg für die spätjüdisch-rabbinische Anschauung ... drei neutestamentliche Stellen – Mt 11,4 ff; Luk 7,22 ff; Joh 7,31 – anführt. Die ersten beiden beweisen nur etwas, wenn sich feststellen läßt, daß Jesus mit dem Hinweis auf seine Wunder dem Täufer seine Messianität kundtun wollte; die johanneische hat nur Wert, wenn man dem Verfasser des vierten Evangeliums zutraut, daß seine Juden echte spätjüdische Gedanken aussprechen. Warum bringt Schürer keine spätjüdischen oder rabbinischen Stellen bei? Die richtige Anschauung vertritt schon Klausner.

Für den allgemeinen Charakter eines spätjüdischen eschatologischen Vorstellungskreises ist, neben dem Grade der vorausgesetzten Übersinnlichkeit, die der Auferstehungshoffnung zuerkannte Bedeutung maßgebend. Die allgemeinen feineren Nuancen der Transzendenz sind oft schwer festzustellen, weil die Anlehnung an den Sprachgebrauch älterer, weniger fortschrittlicher Vorlagen, vielfach Inkonsequenzen bedingt.[41] Einen sicheren Gradmesser liefert allein die mehr oder weniger konsequente Einarbeitung des Auferstehungsgedankens. Hier entscheidet sich zugleich, wie weit die Synthese zwischen der prophetischen und der danielisch-henochischen Anschauung gediehen ist.

Die altprophetischen und auch die spätprophetischen Erwartungen rechnen nicht mit der Auferstehung der Toten.[42] Wie sie sich das Schicksal der Hingeschiedenen im einzelnen auch vorstellen mögen: gemeinsam ist ihnen die Annahme, daß von denen, die das Grab deckt, keiner am Reiche teilhaben kann Wer tot ist, ist tot. Die herrliche Zukunft ist ein Privileg der Generation, der sie von Gott bestimmt ist und die sich ihrer würdig erweist.

Die messianische Erwartung stand also mit dem religiösen Leben der Einzelnen in keinem normalen Zusammenhang. So erklärt sich die Tatsache, daß sie auch in Perioden ausgesprochener Frömmigkeit stark zurücktreten konnte. Sie gab dem Individuum keine Hoffnung auf eine zu empfangende Vergeltung seiner sittlichen und gesetzlichen Leistungen.

Ganz anders bei Daniel Hier ist die Zukunftserwartung auf den Glauben an die Auferstehung gestellt. Die im Buche des Lebens aufgezeichneten Gerechten aller Generationen werden, wenn die Endherrlichkeit anbricht, aus dem Grabe erstehen. Die andern fallen der ewigen Qual anheim

Das natürlich gegebene Verfahren bei der Synthese mußte darin bestehen, daß das dem Menschensohn übergebene Gottesreich – zu dem man durch die Auferstehung einging – mit dem messianischen identifiziert wurde In diesem Sinne wird die Frage in den jüngeren Stücken des Buches Henoch, insbesondere in den Bilderreden gelöst. Beim Erscheinen des Messias-Menschensohnes wird zunächst Gericht gehalten über die, die beim Eintritt dieses Ereignisses noch unter den Lebenden weilen. Die als gerecht und erwählt Befundenen werden alsbald in den überirdischen Zustand verwandelt (Kap 50) Nachdem die Sichtung in der überlebenden letzten Generation vollzogen ist, erfolgt die Totenauferstehung, auf Grund deren auch die Gerechten vergangener Geschlechter Engel und

41 Daß die Apokalypse Esra mit übernatürlicheren Farben als die des Baruch arbeitet, dürfte allgemein anerkannt sein.

42 Diese Vorstellung fehlt noch in Jesus Sirach und in der Assumptio Mosis. Bei beiden wird auch der messianische König nicht erwähnt, was bei der Assumptio Mosis, die sie wohl aus dem Anfang der christlichen Zeitrechnung stammt, auffallen muß.

Genossen des Menschensohnes werden (Kap. 51) und ewiges Leben haben (Kap. 64,14–16).

Bei dieser Synthese hat sich die prophetische Anschauung in die danielische verloren. Die Prärogative der letzten Generation ist aufgehoben; die verklärten Gerechten, die die Ankunft des Messias-Menschensohnes erleben, und die Auferstandenen bilden zusammen die selige Menschheit der zukünftigen ewigen Welt.[43]

Ungleich konservativer verfährt der Psalter Salomos. Er setzt den Auferstehungsglauben voraus, redet aber vom messianischen Reich, als bestände er nicht. Selig sind, die in »jenen Tagen« leben werden. Daß die, die unterdes gestorben sind, durch ein Erwachen aus dem Tode messianischer Güter ebenfalls teilhaftig werden können, wird nicht gesagt.

Wie dieses merkwürdige Nebeneinander von Auferstehungshoffnung und messianischer Erwartung zu deuten sei, wird sich nie mit Sicherheit feststellen lassen. Nimmt man an, wie z. B. Schürer es tut, daß der Verfasser die beiden Vorstellungen miteinander in Beziehung gesetzt hat und also ein messianisches Reich in Aussicht stellt, an dem auch die Auferstandenen teilhaben, so bleibt unbegreiflich, warum er dies nie ausspricht, sondern beides immer säuberlich auseinanderhält. Wird dem einfachen Wortlaut Folge gegeben und vorausgesetzt, daß Auferstehungsglaube und messianische Hoffnung im Psalter Salomos noch getrennt nebeneinander

43 Wie unentwickelt die Beobachtung des in der Geschichte der spätjüdischen Eschatologie sich abspielenden Prozesses geblieben ist, zeigt eine Anmerkung des Herausgebers des Henoch in der Kautzschen Übersetzung. Zu der Aussage in 62,14, daß die Genossen des Menschensohnes in Ewigkeit mit ihm zusammenbleiben werden, führt er an: »Das jüdische Messiasreich ist ewig, Dan 7,14, Joh 12,34 . . .« In Wirklichkeit ist »das jüdische Messiasreich« ewig erst seit den Bilderreden Henochs, die das danielische Endreich zum jüdisch-messianischen machen! Überdies ist es in den Apokalypsen Baruch und Esra weit davon entfernt, eine zeitlose Dauer zu besitzen.

Gewisse Einzelheiten bleiben bei der verworrenen Darstellung der Bilderreden im Dunkeln. Der Verfasser behält aus den exilischen und nachexilischen Erwartungen den letzten Ansturm der Heiden gegen Jerusalem und die Rückführung der Exulanten bei (Kap. 56 und 57); aber es wird nicht klar, wo er diese Ereignisse unterzubringen gedenkt. Daß sie erst nach dem Gericht statthaben sollen, ist kaum anzunehmen.

Ferner ist unklar, ob die Auferstehung der Toten alsbald nach dem Gericht über die letzte Generation stattfindet, oder ob dazwischen eine Zeit verstreicht, in der die Überlebenden allein das Gefolge des Messias bilden, so daß zuletzt doch noch ein Rudiment vom Privileg der Generation, die die Ankunft des Messias erlebt, gewahrt bliebe. Für diese Auffassung würde sprechen, daß nach dem Gericht denen, die aus dem letzten Geschlecht nicht gerecht befunden wurden, noch eine Frist zur Buße gestellt wird, die ihre Rettung ermöglichen soll (Kap. 50). Während dieser Zeit sind die Erwählten schon um den Menschensohn versammelt. Diese Periode könnte dann als Äquivalent des messianischen Reiches gedeutet werden. Aber die Erwähnung der Auferstehung ist so gehalten, daß dies Ereignis sich am natürlichsten gleich an das Gericht über die Überlebenden anschließt (Kap. 51).

einhergehen, so erhebt sich die Frage, wie sich der Verfasser die Dinge gedacht haben kann. Er muß irgendwie der Meinung gewesen sein, daß das nur den Überlebenden der letzten Generation beschiedene messianische Reich einmal aufhören und einer Endseligkeit Platz machen werde, die den Gerechten aller Generationen als Lohn beschieden ist. Damit würde stimmen, daß neben dem Kommen des Messias noch von einem Gerichtstag Gottes die Rede ist, an welchem die Sünder ins ewige Verderben gestürzt werden, die Gerechten aber ewiges Leben erhalten und als die »Lebensbäume« in Gottes Paradies ewig gewurzelt bleiben (14,2–5; 15,10–13).[44]

Der Entscheid bleibt zweifelhaft, wenn auch die weitaus größte Wahrscheinlichkeit für die zweite Annahme spricht. Mit Bestimmtheit läßt sich aber sagen, daß der Psalter Salomos uns von einer pharisäischen Schriftgelehrsamkeit Kunde gibt, die weit davon entfernt ist, den Auferstehungsglauben in konsequenter Weise mit den messianischen Erwartungen zu verarbeiten und eine Synthese zu vollziehen, wie sie in den Bilderreden Henoch vorliegt.[45]

Diese Annahme wird durch die Apokalypsen Baruch und Esra bestätigt. Beide setzen als selbstverständlich voraus, daß nur die Überlebenden der letzten Generation an dem Reiche teilhaben. Die Gerechten und Erwählten, die vorher schon entschlafen sind, bleiben während jener Zeit noch im Grabe. Sie werden erweckt, wenn das Reich vorüber ist und alle, die jemals Menschenodem besaßen, vor dem Richterstuhl Gottes erscheinen. Dann werden sie mit Herrlichkeit angetan und sind den Engeln

44 Als Stellen über Auferstehung und ewiges Leben kommen in Betracht: Ps Sal 3,11–12; 13,11–12; 14,2–10; 15,10–13.

Noch unsicherer ist die Anschauung des Buches der Jubiläen, das wohl dem ersten christlichen Jahrhundert angehört. Die zukünftige Herrlichkeit wird geschildert, ohne daß eine Teilnahme der schon Entschlafenen vorausgesetzt wird. Welches sind aber die Gerechten, deren Gebeine in der Erde ruhen und deren Geist sich freut, daß Gott Gericht hält (Jubil. 23,30–31)? Wie können sie als Zuschauer und nicht als Genossen des Reiches gedacht sein?

Mit der Assumptio Mosis scheint das Buch der Jubiläen zu bezeugen, daß es im Spätjudentum an der Wende der Zeitrechnung eine Richtung gab, die, wie die späten Propheten, sich die herrliche Zukunft ohne Messias, rein als Gottesherrschaft dachte. In Jubil. 31 ist nur allgemein von der Herrschaft des Stammes Juda die Rede.

Es kann aber auch sein, daß das Fehlen des messianischen Kolorits mit der ganz allgemeinen Haltung der Weissagungen, wie sie durch den Charakter dieser Schriften gegeben war, zusammenhängt. Wenn die Verfasser die Erzväter und Moses von der herrlichen Zukunft reden lassen, so respektieren sie die Tatsache, daß erst die Propheten den Messias aus Davids Stamm verheißen haben.

45 Auch das ältere sibyllinische Stück hat die Auferstehung noch nicht mit den Zukunftserwartungen in Beziehung gebracht, insofern als das in ihm geschilderte Reich des Königs noch keine Teilnehmer aus den vergangenen Generationen zählt. Die Weissagungen aus der Zeit des Pompejus sind zu fragmentarisch gehalten, als daß sie einen sicheren Schluß in dieser Frage erlauben. Es scheint aber, daß auch sie noch auf dem unentwickelten Standpunkt stehen.

gleich. Ihre Wohnung sind der Himmel und das Paradies. Die Übeltäter kommen an den Ort der ewigen Pein.

Die Prärogative der Generation, die die Ankunft des Messias erlebt, ist hier also ebenso strenge gewahrt wie in der altprophetischen Eschatologie. Aber daneben ist dafür gesorgt, daß auch die Frommen aus den übrigen Generationen nicht leer ausgehen; sie ererben nachher mit denen, die schon am Reich teilgenommen haben, die himmlische Seligkeit. Sie sind die Gäste Gottes, wenn die Erde vergangen ist und nur noch Himmel und Hölle bestehen. Zu den Festen, die der Messias den Erwählten der letzten Generation auf der verklärten und von den Bösen gereinigten Erde noch gab, hatten sie keinen Zutritt.

Freilich haben die andern diesen Vorzug mit großen Opfern und Gefahren erkauft. Sie mußten dafür die vormessianische Drangsal durchmachen. Esra stellt sogar die Erwägung an, ob dieser Preis nicht zu hoch ist und ob das Schicksal derer, die durch den früher eintretenden Tod zugleich der Pein und des messianischen Reiches verlustig gehen, zuletzt nicht den Vorzug verdiene. Aber er erhält den Bescheid, daß die Überbleibenden bei weitem seliger sind als die Gestorbenen (13,13–24). Dieselbe Frage wird auch in der Apokalypse Baruch behandelt (28,1–5).[46]

Die beiden Schriften, die in den Einzelheiten stark voneinander abweichen, stimmen also in der Stellung, die sie der Auferstehung im Verlauf der Endereignisse anweisen, und zugleich in der damit gegebenen Scheidung zwischen dem messianischen Reich und dem letzten Endzustand miteinander überein. Dadurch wird die Vermutung nahegelegt, daß wir es hier mit der Synthese zu tun haben, die im ersten christlichen Jahrhundert in der Schriftgelehrsamkeit zur Anerkennung gekommen war.[47] Sie ist in ihrer Art vollendet und stellt ein ziemlich natürliches

46 Für das oben entworfene gemeinsame Zukunftsbild kommen in Betracht: Apok. Bar. 28 und 29: Messianisches Reich und Totenauferstehung; 39 und 40: Gericht des Gesalbten auf Zion, messianisches Reich und Weltende; 51: himmlischer Zustand der am Ende auferstandenen Gerechten.

Apok. Esra 7,26–44: Der Messias, sein Reich, sein Tod; die allgemeine Auferstehung, das Endgericht, ewige Seligkeit und ewige Pein; 12,31–34: Gericht und Reich des Messias.

47 In der Apokalypse Esra stirbt der Messias mit seinen Genossen am Ende des Reiches; selbstverständlich ersteht er nachher mit ihnen zur ewigen Seligkeit; aber seine Rolle ist dann, wie auch nach 1 Kor 15,24, ausgespielt; er ist ein Engelwesen neben andern. Nach der Apokalypse Baruch kehrt er, ohne vorher zu sterben, am Ende des Reiches von der Erde in den Himmel zurück, worauf die Totenauferstehung beginnt. Auch seine Genossen scheinen nicht durch den Tod hindurchgehen zu müssen.

Alsbald nach seiner Offenbarung auf Erden hält der Messias, beiden Apokalypsen zufolge, das Gericht ab, welches entscheidet, wer von den Überlebenden dem Tode anheimfällt und wer am Reich teilhaben darf; nach der messianischen Ära findet das Gericht Gottes statt, welches über die aus dem Tod erstandenen Geschlechter ergeht und über ewiges Leben und ewige Pein entscheidet.

Verhältnis zwischen dem prophetischen und danielischen Vorstellungskreis her. Die Interessen des ersteren sind vollauf gewahrt. Die Lösung liegt in der Richtung der Gedanken des Psalters Salomos. Was dort unentwikkelt geblieben war, ist zur Reife gediehen. Die radikale Synthese der Bilderreden Henoch, bei der die prophetische Anschauung verlorenging, ist aufgegeben. Aber vom davidischen Charakter des Herrschers der Endzeit, der im Psalter Salomos noch dominiert, ist so gut wie nichts gerettet. Dies war der Preis, der für den im übrigen konservativen Ausgleich bezahlt worden war.

Die Angaben der rabbinischen Schriften über die Stellung der Auferstehung im Verlauf der Ereignisse der Endzeit sind verworren und uninteressant, weil sie die verschiedenen Lösungen unausgeglichen nebeneinander vorbringen oder durcheinander werfen. Im allgemeinen läßt sich sagen, daß das Prinzip, das messianische Reich den Überlebenden der letzten Generation vorzubehalten, mehr oder weniger durchbrochen ist. Es wird eine Auferstehung schon für die Zeit des Messias angenommen; sie ist aber mehr partiell gedacht, insofern als eine allgemeine neben ihr bestehen bleibt. Auch das messianische und das nachmessianische Gericht werden nicht klar auseinandergehalten.

Wenn die Apokalypsen Baruch und Esra, mit denen auch Paulus in den Grundzügen übereinstimmt, die Synthese bieten, die das Schriftgelehrtentum unter möglichster Wahrung des uns aus dem Psalter Salomos bekannten Zukunftsbildes im Laufe eines Jahrhunderts geschaffen hat, so stand die Eschatologie Jesu mit der der Rabbinen nicht im Einklang. Sie wandelt eigene Bahnen und steht dem Radikalismus der Bilderreden Henoch viel näher als der konservativen Lösung, die in dem Psalter Salomos vorausgesetzt und in den Apokalypsen Baruch und Esra ausgeführt wird.

Jesus macht keinen Unterschied zwischen dem messianischen Reich und der ewigen Herrlichkeit, sondern sieht in beiden nur eine einzige Größe. Die Totenauferstehung findet vor Beginn des Reiches statt, so daß die Erwählten aus allen Generationen daran teilhaben. Ebenso ist nur ein einziges Gericht, und zwar beim Erscheinen des messianischen Herrschers, vorgesehen. Während dieses sich in den Apokalypsen Baruch und Esra nur auf die Überlebenden der letzten Generation erstreckt, treten bei Jesus die Bewohner von Sodom zusammen mit denen von Kapernaum, Chorazin und Bethsaida auf (Mt 11,20–24) und die bußfertigen Leute von Ninive und die Königin von Mittag zeugen wider die Menschen der letzten Generation, die nicht hörten, da einer zu ihnen sprach, der mehr war denn Jonas und Salomo (Mt 12,41–42). Beim messianischen Mahl sind Abraham, Isaak und Jakob die Tischgenossen des Herrschers der Endzeit (Mt 8,11). Auf Grund des Gerichts des Menschensohnes werden die Bösen in das vom Teufel und seinen Engeln bereitete Feuer geworfen

(Mt 25,41), wodurch ausgeschlossen ist, daß für nachher noch ein späteres Gericht und eine allgemeine Totenauferstehung in Aussicht genommen sind.

Das messianische Reich und der definitive Herrlichkeitszustand sind also zu einer Größe zusammengelegt. In den Apokalypsen Baruch und Esra weist das eine, weil es sich auf der verklärten Erde verwirklicht, eine relative, das andere, weil der Himmel und das Paradies die Wohnung der Seligen bilden, eine absolute Transzendenz auf. Bei Jesus kommt der letztere Charakter dem einheitlichen Reich zu. Es ist eine himmlische Größe. Seine Bewohner sind Engelwesen (Mk 12,25) und geben einen Lichtglanz von sich (Mt 13,43). In derselben Weise schildert Henoch den Zustand der Gerechten in dem Reiche, das nach dem Gericht kommen soll (Henoch 104). Die Apokalypse Baruch sieht den engelgleichen Zustand nicht schon für das messianische Reich, sondern erst für die ewige Seligkeit vor (Kap. 51).[48]

Mit dieser Zusammenlegung stimmt auch der Sprachgebrauch Jesu überein. Den beiden ersten Evangelien zufolge redet er nie von der Herrschaft des Gesalbten oder des Sohnes Davids, sondern nur vom »Reich Gottes« und dem »Reich der Himmel«. Beide Begriffe sind in dieser Bestimmtheit und Ausschließlichkeit weder in der vorhergehenden noch in der nachfolgenden jüdischen Eschatologie nachweisbar.[49] Der Psalter Salomos und die Schmone-Esre lassen erwarten, daß für die pharisäische

48 Die Geschichte der Vorstellung vom himmlischen Lichtglanz der Erwählten wird durch folgende Stellen angegeben: Dan 12,3: Die Lehrer, die zur Gerechtigkeit unterweisen, werden in himmlischem Glanze, wie die Sterne, ewig leuchten; Henoch 104: Die Gerechten, wenn sie durch die Drangsal hindurchgegangen sind, geben, wie die Lichter des Himmels, einen Schein von sich; Jesus (Mt 13,43): Wenn die Engel des Menschensohnes die Bösen in den Feuerofen geworfen haben, leuchten die Gerechten wie die Sonne in ihres Vaters Reich; Baruch 51: In den Räumen des Paradieses haben die Gerechten noch eine größere Herrlichkeit als die Engel und ihr Glanz ist wie der der Sterne.

49 In den Apokalypsen Henoch, Baruch und Esra fehlt gewöhnlich die nähere Bezeichnung des Reiches. Das hängt damit zusammen, daß die Verkündigung als geheimnisvolle Offenbarung göttlicher Wesen vorgebracht wird, die mehr auf immer neue Umschreibungen als auf begriffliche Klarheit bedacht sind.

Darum ist aus diesen Schriften über den Sprachgebrauch so gut wie nichts zu eruieren. In Wirklichkeit hat Henoch die Gleichsetzung des Reiches Gottes mit dem des Menschensohnes und des Gesalbten vollzogen und schließt nur den Ausdruck »Reich Davids« aus; in den Apokalypsen Baruch und Esra käme eigentlich nur dem definitiven Endzustand die Bezeichnung »Reich Gottes« oder »Reich der Himmel« zu, während das vorhergehende vorzugsweise als das des Gesalbten und des Menschensohnes zu charakterisieren wäre.

Mt 16,28 wird das Reich des Menschensohnes erwähnt; in der Parallelstelle Mk 9,1 steht aber »Reich Gottes«. Überraschend ist eben, daß Jesus den scheinbar in der Konsequenz seiner Predigt liegenden und auch durch die Bilderreden Henoch nahegelegten Ausdruck »Reich des Menschensohnes« nicht gebraucht, sondern sich an die beiden hält, in denen das absolut Übersinnliche der Vorstellung am stärksten vertreten ist.

Schriftgelehrsamkeit in erster Linie die Ausdrücke »Reich Davids« oder »Reich des Gesalbten« in Betracht kommen. Und wirklich gilt, nach Markus, das Hosianna der Menge beim Einzug in Jerusalem »dem Reich unseres Vaters David« (Mk 11,10). Sie gebraucht also gerade denjenigen Ausdruck, den sie aus dem Munde Jesu, soweit unsere Kenntnis reicht, niemals gehört hat!

Durch die radikale Identifizierung der beiden zukünftigen Größen setzt Jesus das Privileg der letzten Generation, das in den Apokalypsen Baruch und Esra das Interesse beherrscht, tatsächlich außer Kraft. Die bei der Ankunft des Menschensohnes Überlebenden sind nicht die einzigen, die am Reich teilhaben. Eine gewisse Bevorzugung bleibt immerhin erhalten. Dem Geschlecht, unter dem der Täufer und Jesus auftreten, ist die Buße, durch die Verkündigung der Nähe des Reiches und durch die Zeichen und Wunder, leicht gemacht (Mt 11,23). Aus ihm werden erwählt, die das Geheimnis des Reiches Gottes erfahren und daher vernehmen, wonach sich die Propheten und Gerechten früherer Geschlechter vergeblich gesehnt haben (Mt 13,16 und 17). Seinen Gerechten bleibt erspart, daß sie im Grabe oder in der Scheol lange Zeit auf die kommende Herrlichkeit warten müssen.

Ob diese Vorteile die Nöte der vormessianischen Drangsal aufwiegen, wird von Jesus nicht erörtert. Das Problem, das die Apokalypsen Baruch und Esra beschäftigt,[50] besteht für ihn nicht, weil er seine Voraussetzungen aufgehoben hat.

Die Besonderheit seiner Konzeption tritt auch darin zutage, daß er seinen Anhängern die Angst vor dem Tode benimmt. Nach der Vorstellung des Psalters Salomos, der Schmone-Esre, der Apokalypsen Baruch und Esra bedeutete Sterben soviel wie des Reiches des Gesalbten verlustig gehen. Darum wird nicht mit der Möglichkeit gerechnet, daß die Gerechten der letzten Generation in der vormessianischen Drangsal etwa das Leben verlieren könnten. Die Schilderungen der Apokalypsen Baruch und Esra sind hierfür außerordentlich bezeichnend. Mord und Tod, die zu jener Zeit umgehen, raffen die Großen und Bösen dahin, können aber den zum Reich erwählten Gerechten nichts anhaben. Diese haben Drangsal und Not zu bestehen, werden jedoch allesamt lebend auf den Tag der Erscheinung des Gesalbten bewahrt. Sie sind die »Überbleibenden«.[51]

50 Siehe S. 315.

51 Apok. Baruch 27–29; 40; 70 und 71. Das heilige Land wird die, die in ihm wohnen, vor dem Tode beschirmen. Ähnlich Sibyll. III, 670–710. Apok. Esra 12,34: Der Rest des Volkes, der im heiligen Lande übriggeblieben ist, wird durch den Gesalbten erlöst; siehe auch 9,8 und 13,23.

Auch die Bilderreden Henoch, obwohl sie die Auferstehung und das messianische Reich in Beziehung zu einander bringen, setzen ein Umkommen der Erwählten in der Drangsal nicht voraus.

Hingegen scheint in der Schrift, der Henoch 100–102 angehören, diese Konsequenz gezogen. Die Gerechten haben nichts zu befürchten, »auch wenn sie

Wenn Jesus also im Hinblick auf die kommende Drangsal verheißt, daß die, die um seinet- und des Evangeliums willen ihr Leben verlieren, es retten werden (Mk 8,35–37) und in der Rede bei der Aussendung der Jünger ebenfalls mit der Möglichkeit des Umkommens in der vormessianischen Drangsal rechnet (Mt 10,21.22.28.39), so setzt er sich über die hergebrachte Vorstellung hinaus und verkündet eine neue Lehre.

Ob er das Überbleiben oder das Sterben der Erwählten als Regel annimmt, läßt sich aus den Angaben nicht feststellen. Es hat den Anschein, als ob das Rechnen mit der Möglichkeit des Todes nur eine Korrektur der alten Anschauung darstellt. Danach würde auch Jesus annehmen, daß die meisten Erwählten bei der Ankunft des Menschensohnes noch am Leben sein werden. Jedoch ist nicht unmöglich, daß er dies mehr als Ausnahme betrachtet und damit rechnet, daß die meisten der Gläubigen in der Drangsal umkommen müssen. Auf diese Weise würde das Wort »Wahrlich ich sage euch, es sind einige unter den Umstehenden, die werden den Tod nicht schmecken, bis sie das Reich Gottes mit Macht kommen sehen« (Mk 9,1), seine Erklärung finden. Für gewöhnlich sieht man es als Abschwächung einer Aussage an, die ursprünglich dahin lautete, daß die Umstehenden alle jenen Moment erleben würden, weil es in der überlieferten Form sich nur schlecht mit der Annahme der unmittelbaren Nähe des Reiches, die sonst die Predigt Jesu beherrscht, zusammenbringen läßt. Dabei wird aber wieder nicht erklärt, warum gerade nur dieses eine Wort umgebildet wurde, während die übrigen Angaben von der Imminenz der Ereignisse, obwohl sie ebenfalls unerfüllt geblieben waren, ihren Wortlaut behielten. Zu erwägen ist, daß die Ermahnungen, sich in der kommenden Drangsal nicht um die Rettung des Lebens zu kümmern, unmittelbar vorhergehen. Dadurch wird nahegelegt, daß das Wort nicht auf die Zeitdauer bis zum Kommen des Reiches, sondern auf Sterben und Überleben in der vormessianischen Drangsal geht. Es kann also auch in der jetzigen Fassung authentisch sein und besagen, daß einige der Umstehenden bei dem Anbruch des Reiches noch leben werden, während die meisten in dem Aufruhr den Tod finden.

Wenn Überlebende und Auferstandene ins Reich eingehen, entsteht die Frage, auf welche Weise die ersteren den letzteren gleichgestaltet werden. Im Psalter Salomos und den Apokalypsen Baruch und Esra ist das Problem noch nicht gegeben. Die Teilnehmer des messianischen Reiches

einen langen Schlaf tun«; das Frohlocken der Sünder, daß auch die Guten sterben, ist umsonst; ja, das Los der in Gerechtigkeit Gestorbenen ist besser als das der Lebenden. Aber es fragt sich, ob wirklich gerade das Sterben in der Drangsal vorausgesetzt wird. Es wird nämlich zugleich auch berichtet, daß Gott über die Gerechten und Heiligen Engel zu Wächtern setzt, bis der Schlechtigkeit und Sünde ein Ende gemacht ist. In Kap. 104 ist die Rede von Unglück und Not, denen die Gerechten preisgegeben waren, ehe sie wie des Himmels Lichter leuchten; der Tod ist nicht erwähnt.

erleben eine gewisse Verklärung der natürlichen Leiblichkeit, auf Grund deren sie ein freudvolles und sehr verlängertes Leben führen. Dieser Zustand hat aber noch nichts mit dem engelgleichen Dasein zu tun.[52] Zum letzteren können auch sie nur durch die Auferstehung oder einen äquivalenten Akt gelangen. Der Verfasser der Apokalypse Esra verfährt also ganz konsequent, wenn er alle Teilnehmer am messianischen Reich, damit sie zum ewigen Leben eingehen können, sterben und an der allgemeinen Totenauferstehung teilnehmen läßt.[53]

Jesus aber muß schon für die bei der Drangsal Überlebenden den Übergang in einen der Auferstehung entsprechenden Daseinszustand annehmen, wie dies auch in den Bilderreden Henoch vorausgesetzt wird. Jedoch ist eine dahingehende Äußerung nicht erhalten. Es ist möglich, daß er niemals eine getan hat, da in seiner Predigt die Lehre von den Endereignissen nur insoweit zur Sprache kommt, als sie eine unmittelbare praktische Bedeutung für das Verhalten der Gläubigen besitzt.

Von hier aus wird auch begreiflich, wieso Paulus – worauf die Ausleger gewöhnlich nicht hinweisen – dazu kommt, den Bescheid, daß nicht alle entschlafen, sondern daß Überlebende und Tote beim Anbruch des messianischen Reiches miteinander in den Auferstehungszustand eingehen, als ein Geheimnis auszusprechen (1 Kor 15,51–53). Diese Anschauung ist für den Schüler der Rabbinen neu; in der Lehre der Schriftgelehrten war weder eine Auferstehung für das messianische Reich, noch eine Verwandlung der Überlebenden in den Auferstehungszustand vorausgesetzt. Beides ist erst in der Lehre Jesu vorgesehen.

Die scheinbar so verwickelte und widerspruchsvolle Eschatologie des Heidenapostels ist in Wirklichkeit eine klare Synthese zwischen der Anschauung Jesu und der in den Apokalypsen Baruch und Esra vorausgesetzten. Mit diesen beiden Schriften hält Paulus die Trennung zwischen dem Reich des Messias und dem der reinen Gottesherrschaft und ewigen Endseligkeit aufrecht. Die allgemeine Auferstehung bei der Ankunft des Gesalbten, wie Jesus sie lehrt, verwirft er ebenso, wie die Identifizierung der beiden Reiche. Hingegen korrigiert er die hergebrachte Ansicht dahin, daß diejenigen, die »in Christo« – d. h. im Glauben an seine Messianität und an die Kraft seines Todes und seiner Auferstehung – entschlafen sind, bei der Parusie erwachen und mit den verwandelten Überlebenden am messianischen Reiche teilhaben werden. Der Tod, der über die Gestorbenen seine Macht behält, bis er am Ende des messianischen Reiches überwunden wird – womit dann die große Totenauferstehung gegeben ist – muß diejenigen, die in der mystischen Gemeinschaft mit Je-

52 Diese Verklärung der Menschen im messianischen Reich entspricht derjenigen, der auch die Natur teilhaftig wird (Apok. Bar 29).

53 Die Apokalypse Baruch hat das Problem des Übergangs der messianischen Daseinsweise in den unsterblichen und engelgleichen Zustand nicht klar gelöst.

sus Christus sind, bereits vorher, schon für das messianische Reich, entrinnen lassen, wie er über den Herrn selber keine Macht besaß.

Das Vorrecht der letzten Generation ist also gewahrt. Es handelt sich nur um die Auferstehung von solchen, die ihr angehören. Die andern haben am messianischen Reich keinen Anteil, sondern warten im Grabe. Daß die Leute von Sodom und Ninive und die Königin von Mittag bei der Parusie mit der überlebenden Menschheit vor dem Throne des Menschensohnes rechten werden, ist für Paulus ein unvollziehbarer Gedanke. Nur auf die Ausdehnung des Privilegs der letzten Generation auch auf ihre Toten, nicht auf seine Aufhebung ist er bedacht. Er nimmt die partielle Auferstehung an, damit die Überlebenden seines Geschlechtes vor den unterdes Gestorbenen nichts voraushaben (1 Thess 4,13–18). Aber im Grunde ist die Gleichheit dennoch nicht gewahrt. Die Gestorbenen müssen unterdes in den Banden des Todes schmachten. Der Apostel sehnt sich danach, daß ihm dies erspart bleibe und er der Verwandlung bei lebendigem Leibe teilhaftig werde. Darum will er die Leiden, die er erduldet, als »Sterben« gewertet wissen.

Eigentlich negiert – oder ignoriert – er die radikale Synthese Jesu und verharrt auf dem Standpunkt der Apokalypsen Baruch und Esra. Aber er modifiziert ihn dahin, daß er, wie der Nazarener, eine dem Auferstehungszustand entsprechende Verwandlung, nicht eine einfache Erklärung schon für das messianische Reich in Aussicht nimmt. So bezeugt der Schüler der Schriftgelehrten, wie sehr sich die Anschauung Jesu von der in diesen Kreisen vertretenen unterschied. Auch hinsichtlich des Herrschers des kommenden Reiches steht Jesus auf dem fortgeschrittenen Standpunkt der Bilderreden Henoch. Er identifiziert den »Gesalbten« mit dem Menschensohn, aber in der Art, daß die Prävalenz des letzteren gewahrt ist. Das ergibt sich schon aus seiner Ausdrucksweise.

Er predigt immer vom Menschensohn, nicht vom »Gesalbten« oder dem Davidssohn, wie er auch nie vom »Reiche des Gesalbten« oder vom »Reiche des Sohnes Davids« redet. Daß er ihn zugleich als König vorstellt, erfahren wir nur aus der Schilderung des Gerichts, welche dem Gleichnis von den anvertrauten Pfunden angeschlossen ist (Mt 25,31 und 34); daß ihn das Problem der Identität des Menschensohnes mit dem Davidssohn beschäftigte, wüßten wir nicht, wenn die darauf Bezug nehmende Vexierfrage an die Schriftgelehrten (Mk 12,35–37) zufällig verlorengegangen wäre.

Erwähnt sei noch, daß nach Jesus der Herrscher des Reiches bei seinem Erscheinen von den Engeln des Himmels umgeben ist, was sonst vom messianischen König nie berichtet wird. Es zeigt sich also in allen Aussagen, daß der galiläische Rabbi in erster Linie mit der danielisch-henochischen Erscheinung beschäftigt ist und den König der Endzeit des prophetischen Anschauungskreises in dieser aufgehen läßt.

Bezeichnend ist, daß der Sprachgebrauch Jesu, nach den beiden ersten Evangelien, von den andern im Evangelium auftretenden Persönlichkeiten nicht beobachtet wird. Die Dämonischen reden ihn als Sohn Gottes an; Petrus, zu Cäsarea Philippi, begrüßt ihn als den Gesalbten (Mk 8,29) oder als den Gesalbten und Gottessohn (Mt 16,16); der Hohepriester fragt ihn, ob er der Gesalbte, der Sohn des Hochgelobten ist (Mk 14,61); die Priester und die Schriftgelehrten verhöhnen den Gekreuzigten als den Gesalbten und König Israels (Mk 15,32) oder als Gottessohn (Mt 27,43).

In der Vexierfrage an die Schriftgelehrten paßt Jesus sich diesem Sprachgebrauch an und fragt, wieso der Gesalbte Davids Sohn sein könne (Mk 12,35). Ein entsprechender Grund liegt für die beiden andern Stellen, in denen er den Ausdruck gebraucht, vor. Das eine Mal redet er vom Standpunkt der Jünger aus, das andere Mal von dem des Volkes.[54]

Die Evangelisten brauchen im Lauf der Erzählung immer die Bezeichnung »der Gesalbte«. Daß sie in so charakteristischer Weise den Unterschied zwischen dem Sprachgebrauch Jesu einerseits und dem der übrigen handelnden Persönlichkeiten und dem eigenen andererseits aufrecht erhalten, beweist, daß der des Nazareners nicht der gewöhnliche war... und daß die von Markus und Matthäus erhaltene Überlieferung eine überraschend getreue ist.

Der Unterschied zwischen der eschatologischen Grundanschauung Jesu und derjenigen, die wir irgendwie als die der Schriftgelehrten ansehen dürfen, ist also kein geringer. Die Nazarener vertritt eine ihm eigentümliche Synthese des prophetischen und des danielischen Vorstellungskreises. Sie gibt die alte Vorstellung vom messianischen Reiche preis, indem sie es mit dem ewigen Auferstehungsreich identifiziert; sie hebt das Privileg der letzten Generation auf, indem sie die Totenauferstehung an den Anfang statt an das Ende der Herrschaft des Gesalbten setzt; sie rechnet mit der Möglichkeit eines Umkommens der Gerechten der letzten Generation während der Drangsal.

Diese Lösung ist im Prinzip mit der der Bilderreden Henoch verwandt. Das Dominieren der danielischen Vorstellung tritt – wie gezeigt – auch darin zu Tage, daß Jesus die gewöhnlichen Ausdrücke Messias und messianisches Reich vermeidet.

Überraschend ist, daß die großen Abweichungen von der Synthese mit

54 Mt 16,20. Nachdem Petrus ihn als den Gesalbten begrüßt, verbietet er den Zwölfen, jemand zu sagen, »daß er der Gesalbte sei«. – Mk 9,41: »Wer euch mit einem Trunk Wassers tränket, daraufhin, daß ihr dem Gesalbten angehöret...« – In Mt 23,8 ist die Erwähnung des Gesalbten im Munde Jesu nicht dem ältesten Text gemäß; nach diesem lautet das Wort: »Ihr sollt euch nicht Meister nennen lassen; einer ist euer Meister, ihr aber seid alle Brüder.«

In der Apokalypse Esra dominiert der Ausdruck Menschensohn. Aber die andern Bezeichnungen des Herrschers des Reiches werden daneben gebraucht. Interessant ist, daß die Identifizierung mit dem Davidssohn, wie bei Jesus, nur einmal ausgesprochen wird. Siehe S. 315.

Vorwiegen der prophetischen Erwartungen in den Auseinandersetzungen zwischen Jesus und den Schriftgelehrten nicht zur Sprache kamen. Nach den beiden ersten Evangelien ist die Korrektheit seiner Zukunftshoffnungen nie in Frage gestellt worden.

Haben die Pharisäer über dem einen großen Unterschied, daß er ein unmittelbar nahes Reich verkündet, die andern, die den Aufriß der Geschehnisse betrafen, vergessen? Haben sie die Konsequenzen der theoretischen Anschauungen, die in der praktisch ermahnenden Predigt mehr vorausgesetzt als entwickelt werden, nicht gezogen? Waren ihren Autoritäten – was bei der Kürze und der Art der Wirksamkeit Jesu denkbar wäre – die Einzelheiten der neuen Verkündigung nicht bekannt? Nahm das Interesse an der gesetzlichen Korrektheit oder Inkorrektheit der neuen Predigt sie so gefangen, daß sie die übrigen Punkte außer acht ließen? War das Lehrstück der Zukunftserwartungen damals nicht so wenig fixiert, daß alle Meinungen als berechtigt angesehen wurden?

Ob sich aus diesen möglichen Vermutungen jemals eine befriedigende Antwort gewinnen läßt, muß dahingestellt bleiben. Geradezu unbegreiflich ist, daß Jesus niemals über die Gründe seines Glaubens an die Nähe des Reiches interpelliert wurde und daß man ihn wegen der Identifizierung des Täufers mit dem Elias nicht zur Rede stellte.

Von dem überlieferten Bestand der Zukunftshoffnungen wird in seiner Predigt ungefähr alles angeführt, was sich mit seiner Grundanschauung vereinigen läßt. Die Vorstellungen hingegen, die untrennbar mit der prophetischen Konzeption des messianischen Reiches verbunden sind, finden keine Erwähnung. Das ist der Fall mit den Ideen von der Rückführung des zerstreuten Israel und der Erhebung Jerusalems zur heiligen Hauptstadt des Weltherrschers.

Die Sammlung der Zerstreuten, die den Psalter Salomos (11), die Schmone-Esre, Philo und noch die Apokalypse Esra (13,39–49) beschäftigt, findet bei Jesus keine Erwähnung. In einem messianischen Reich, das anhebt, wenn auf Grund der großen Totenauferstehung die Geschlechter und Generationen der ganzen Welt vor dem Throne des Menschensohnes ihr Urteil empfangen haben, hat die Rückführung der Israeliten der letzten Generation keinen Sinn mehr, da auch diese vor den Richter versammelt waren.

Die Vorstellung von der Verherrlichung des irdischen Jerusalem, wie sie im Psalter Salomos (17,22–24) und den Schmone-Esre vertreten ist, fällt zu Boden, sobald die Transzendenz der Erwartungen so gesteigert ist, daß eine ganz neue Welt an die Stelle der alten tritt. Sie wird dann durch die des präexistenten himmlischen Jerusalem abgelöst, zu der die Apokalypsen Baruch und Esra fortgeschritten sind. Da sie diese Anschauung im Anschluß an den Fall Jerusalems entwickeln, wäre es möglich, daß die Schriftgelehrsamkeit diese Konsequenz erst nach der Zerstörung der Stadt gezogen hat. Andererseits findet sich der Gedanke schon bei Paulus (Gal 4,26); die Vision Ezechiels (40 ff) hatte ihm so gut vorgearbeitet, daß er neben der primitiveren Vorstellung des Psalters Salomos wohl auch schon zur Zeit Jesu zur Geltung gekommen sein kann.[55]

Es ist möglich, daß Jesus das himmlische Jerusalem meint, wo er verbietet, daß man bei der »Stadt des großen Königs« schwöre, wenn auch die vorherige Erwähnung des Eides bei der Erde diese Deutung nicht wahrscheinlich macht (Mt 5,33–35).

Daß er ein neues Jerusalem als Mittelpunkt des kommenden Reiches angenommen habe, wird durch eines der letzten Worte der Rede wider die Pharisäer in Frage gestellt. Nachdem er die Stadt als Prophetenmörderin gescholten, sagt er zu ihren Bewohnern »Siehe, euer Haus wird öde gelassen werden« (Mt 23,38). Dieser rätselhafte Ausspruch kann bedeuten, daß die Stätte des irdischen Jerusalem bei der Umwandlung der Dinge zum Reiche Gottes wüste bleibt und nicht mit der himmlischen Stadt überdeckt wird. Möglich wäre auch, daß Jesus ein präexistentes Jerusalem voraussetzt, es aber an einer anderen Stelle herniederkommen läßt... vielleicht in Galiläa. Die Weissagung, daß er nach seiner Auferstehung vor den Jüngern dorthin einherziehen werde (Mk 14,28), setzt irgendwie voraus, daß er den Beginn der Offenbarung seiner Menschensohnherrlichkeit dort erwartet.

Daß er sich die Güter der kommenden Welt präexistent vorstellt, erhellt aus der großen Rede über das Gericht. Der König lädt die Erwählten ein, das Reich, »das ihnen von Beginn der Schöpfung der Welt her« bereitet ist, in Besitz zu nehmen (Mt 25,34); das Feuer, das des Teufels und seiner Engel harrt, ist, wie in Henoch, ewig gedacht (Mt 25,41). Nach Apokalypse Esra 7,70 ist alles, was zum Gerichte gehört, vor Adam und vor der Welt geschaffen.

Ob für Jesus die Vorstellung der Präexistenz des Herrschers des Reiches unerschwinglich war, läßt sich nicht entscheiden. Sie ist mit dem danielischen Schema gegeben und wird in den Bilderreden Henoch (62) vorausgesetzt. Paulus (Phil 2,6) und die Apokalypse Esra (13,52) operieren damit. Die Vermutung liegt also nahe, daß sie schon damals in der Schriftgelehrsamkeit Aufnahme gefunden hatte. Mit der Behauptung, daß Jesus sie unmöglich geteilt haben könne, weil er sich selber für den kommenden Menschensohn hielt, ist Vorsicht geboten. Wir wissen nicht, wie es in seinem Selbstbewußtsein aussah. Der Begriff der Präexistenz war nicht in modern-philosophischem Sinn metaphysisch und konsequent durchdacht, was sich schon aus der Tatsache ergibt, daß bei Paulus der

55 Bei Ezechiel handelt es sich zwar nicht um die Idee des von Anbeginn der Welt präexistierenden Jerusalem ebensowenig wie in Jes 54,11 und 12; 60,10–13; Sacharja 2,6–17; Hen 90,29–30. Aber diese Stellen konnten nach der späteren Vorstellung gedeutet werden.

Messias trotz seines vorweltlichen Daseins in eine irdische Existenz eintreten und in der Apokalypse Esra sogar sterben kann. Also ist möglich, wenn auch nicht wahrscheinlich, daß Jesus an seine eigene Präexistenz geglaubt hat. Der gewaltige Hymnus Mt 11,25–30 gibt zu denken. Die Worte »Alles ward mir übergeben von meinem Vater, und niemand erkennt den Sohn, es sei denn der Vater, noch erkennt jemand den Vater, es sei denn der Sohn, und wem es der Sohn will offenbaren« können aus dem Bewußtsein der Präexistenz heraus gesprochen sein.

Das Paradies, die Lebensbäume und das Manna werden in der Predigt Jesu nicht erwähnt, womit nicht gesagt ist, daß sie in seiner Vorstellung der kommenden Herrlichkeit fehlten.

Inwieweit der übernatürliche Fruchtbarkeitszustand der Erde, wie er in der Apokalypse Baruch (29) geschildert wird, mit der fortgeschrittenen Transzendenz seiner Vorstellungen vereinbar war, läßt sich nicht ausmachen. Es scheint, als hätte er etwas Ähnliches vorausgesetzt. Beim letzten Mahle mit den Jüngern stellt er ihnen in Aussicht, daß sie im Reiche Gottes wieder miteinander von dem Gewächs des Weinstockes trinken werden (Mk 14,25). Er muß also irgendwie annehmen, daß die Rebe mit in den neuen Zustand übernommen wird.

Auch die Verfluchung des Feigenbaumes (Mk 11,12–14) führt auf die Annahme, daß Jesus eine Teilnahme der Natur an der kommenden Verklärung erwartet. Er verdammt ihn, daß in Ewigkeit niemand mehr Frucht von ihm essen solle, was keinen Sinn hat, wenn das Urteil sich nur auf die gegenwärtige, ihrem Ende zueilende Weltperiode erstreckt. Das Wort will wahrscheinlich besagen, daß jener Baum nicht in den Fruchtbarkeitszustand des Reiches Gottes verklärt wird, sondern in der kommenden Herrlichkeit seine verdorrten Äste zum Himmel strecken soll, weil er den Menschensohn, da er auf Erden wandelte, betrog. Er hat also ein ähnliches Schicksal wie die Stadt Jerusalem, die die Propheten mordete und deswegen öde Stätte bleibt.

Die Erwartung des Elias, von der Henoch, der Psalter Salomos, die Schmone-Esre und die Apokalypsen Baruch und Esra schweigen, beschäftigt den Nazarener auf das lebhafteste.[56]

Mit allen Schriftgelehrten und Apokalyptikern erwartet er Aufruhr und Drangsal vor dem Erscheinen des Herrschers des Reiches (Mt 10). Ihm ei-

56 Diese Vorstellung wird Maleachi 3,23–24 zum erstenmal entwickelt und von Jesus Sirach (48,10–11) akzeptiert. Daß die apokalyptischen Schriften sie nicht erwähnen, ist auffällig. In der Mischna taucht sie wieder auf und gibt zu den mannigfachsten Kommentaren über Aufgabe und Machtbefugnis des wiedererstandenen Propheten Anlaß. (Siehe Klausner S. 58–63.) Man hat den Eindruck, daß sie ihren Platz in der späteren Eschatologie dem schriftgelehrten Studium verdankt. Ob sie es zur Zeit Jesu schon zu einer allgemeinen Bedeutung gebracht hatte, läßt sich nicht entscheiden. Die Bemerkung der Jünger beim Abstieg vom Verklärungsberge macht es wahrscheinlich (Mk 9,11).

gentümlich ist die Überzeugung, daß sie eventuell ausfallen könne und daß die Gläubigen diese Verschonung von Gott erbitten dürfen (Mt 6,13).

Daß er der Vorstellung des messianischen Mahles große Bedeutung zumißt, ergibt sich aus den Gleichnissen von der königlichen Hochzeit (Mt 22,1–14) und aus dem letzten Wort beim letzten Mahl (Mk 14,25).[57]

Die Idee, daß auch Heiden am Gottesreich teilhaben, gehört schon zum Bestande der prophetischen Eschatologie (Jes 2,2–4). Später ist sie bei Daniel (7,14) und Henoch (53,1), in den Sibyllinen (III,710–730), dem Psalter Salomos (17,30–38) und der Apokalypse Baruch (72) bezeugt. Die Schriftgelehrsamkeit um die Wende der Zeitrechnung scheint den Gedanken nicht mit Enthusiasmus vertreten zu haben. Im Psalter Salomos und in der Apokalypse Baruch nehmen die Heiden am Reiche als Beherrschte und Dienende teil; die Apokalypse Esra (7,37–38; 13,25–38) scheint gar vorauszusetzen, daß ihnen weder die messianische noch die ewige Seligkeit beschieden ist.

Um so auffälliger berührt, daß Jesus sie als gleichberechtigte Genossen beim Mahle des Menschensohnes ansieht und an einem Tisch mit den Erzvätern sitzen läßt (Mt 8,11–12). Er nimmt sogar die Errettung der Leute von Sodom, Gomorrha, Ninive, Tyrus und Sidon als möglich an (Mt 11,20–24; 12,41), während die herkömmliche Anschauung höchstens eine Begnadigung der Heiden der letzten Generation, und zwar derjenigen, die sich nicht an Israel versündigt hatten, in Aussicht gestellt hatte. Der universalistische Gedanke hat bei ihm also eine merkwürdige Steigerung erfahren.

Charakteristisch für seine Anschauung ist auch die überragende Bedeutung der Idee der Erwählung (Mt 13,13; 22,14), die in dieser schroffen Art vor ihm überhaupt nicht ausgesprochen worden ist und mit der Idee der Buße in Spannung steht. Da Paulus und die Apokalypse Esra ihr auch Raum geben, ist anzunehmen, daß sie das Schriftgelehrtentum jener Zeit beschäftigte. Auf die konsequente und fast grausige Fassung ist sie aber wohl erst durch Jesus gebracht worden.

Neu ist die Lehre von den Rangstufen im Reich Gottes. Daß es in diesem Größte und Kleinste geben wird (Mt 5,19; 11,11; 18,4) und daß die Stämme Israels von zwölf der Erwählten gerichtet werden sollen (Mt 16,19; 18,18; 19,28), ist sonst nicht vorgesehen. Im Gegenteil scheint

57 Das Mahl der Endzeit spielt schon in der spätprophetischen Eschatologie eine bedeutende Rolle (Jes 25,6–8). Im Buch Daniel, im Psalter Salomos und in den Schmone-Esre wird es nicht erwähnt. Die Bilderreden Henoch setzen voraus, daß die Erlösten mit dem Menschensohn speisen werden (62,14). In der Apokalypse Baruch (29) bekommen sie Manna und das Fleisch des Behemoth und des Leviathan zu essen. Auch nach Apokalypse Esra (6,52) dienen die Seeungeheuer den Erwählten zur Speise. In der späteren rabbinischen Eschatologie wird das messianische Mahl ebenfalls erwähnt. Wahrscheinlich kam diese Vorstellung wie diejenige von der Wiederkehr des Elias durch das schriftgelehrte Studium zu Bedeutung; in der Apokalyptik tritt sie nur wenig hervor.

immer angenommen zu sein, daß bei der Herrschaft des Gesalbten alle Unterschiede zwischen den Erwählten aufhören werden. Auch von der Bevorzugung der Kinder, die nach Jesus gerade zu den höchsten Stellen berufen sind, weiß die eschatologische Überlieferung im übrigen nichts.

Die Eschatologie des Rabbi von Nazareth erhält ihr besonderes Gepräge also nicht nur durch den vorausgesetzten Grundriß, sondern auch durch eine Reihe eigenartiger Einzelheiten in der Gestaltung der übernommenen Vorstellungen.

Fand er sie irgendwo in einem zeitgenössischen Schriftgelehrtentum vor, das nicht in der durch den Psalter Salomos, die Briefe Pauli und die Apokalypsen Baruch und Esra gekennzeichneten Bahn wandelte? Gehörte sie frommen, mit dem Pharisäismus nicht in Berührung stehenden Kreisen an, in denen die Ideen der henochischen Literatur wirksam waren? Geht sie auf Johannes den Täufer zurück? Hat der Prophet aus Nazareth die Synthese zwischen dem prophetischen und danielischen Zukunftsbild selber vollzogen?

Auf diese Fragen gibt es keine sichere Antwort. Aus dem wenigen, was von der Predigt des Täufers erhalten ist, erfahren wir nur, daß dieser als erster die unmittelbare Nähe der Ereignisse verkündet hat. Die überaus wahrscheinlichste Annahme bleibt, daß die in den Reden Jesu vorausgesetzte Eschatologie von ihm selber geschaffen ist und eine, trotz der Anlehnung an die Bilderreden Henoch, ihm originale Lösung des durch die Propheten und Daniel dem Schriftgelehrtentum jener Zeit aufgegebenen Problems darstellt. In jedem Falle ist sie das Werk eines genial und souverän gestaltenden Geistes.

Vor allem überrascht die Einfachheit. Von der sonst üblichen Ausmalung der Ereignisse ist abgesehen. Die vormessianische Drangsal, die in den Vorlagen so reich und phantastisch ausgestattet ist, wird zu einem Aufruhr, in welchem sich die Menschen wider einander erheben und die Erwählten der Drangsal überantworten. Der kosmischen und mythischen Ereignisse, die sonst im Bilde nicht fehlen dürfen, geschieht keine Erwähnung. Selbst vom Kampfe der Heidenvölker gegen den Messias ist nicht die Rede.[58] Wäre in Jesu Weissagungen von den kommenden Verfolgungen nicht erwähnt, daß die Erscheinung des Menschensohnes dem Aufruhr ein Ziel setzt, so könnte man fast daran zweifeln, ob es sich wirklich um die Wehen bei der Geburt der messianischen Zeit (Hen 62,4) handelt.

Auch die Schilderung des Gerichts ist ungeheuer einfach gehalten. Es fehlt die Ausmalung der Vernichtung der Mächtigen der Erde und der Engelwesen. Die Rechenschaftsablegung der einzelnen Menschen steht im Vordergrund des Interesses (Mt 25,31–46). Daneben wird vorausgesetzt,

58 Der Psalter Salomos, der im übrigen das einfachste Bild der Drangsal entwirft, hat den Aufruhr der Heiden mit aller Energie festgehalten.

daß der Satan und sein Heer dem ewigen Feuer überantwortet werden (Mt 25,41). Bei der Scheidung der Guten und der Bösen sind die Engel aus dem Gefolge des Menschensohnes tätig (Mt 13,41–42; 49–50; 25,31).

Es fehlt auch jede Ausmalung der kommenden Herrlichkeit.

Sicherlich ist die Vereinfachung zum Teil eine Wirkung der verkürzten Perspektive, die mit der Überzeugung von der unmittelbaren Nähe der Ereignisse gegeben ist. Die spätprophetische, die danielisch-henochische und die spätjüdische Literatur berichten über Ereignisse, die in der Ferne erwartet oder, wenn man sie relativ nahe glaubt, von einem eigens dazu eingenommenen Standort in weiter Vergangenheit beobachtet werden. Dabei kommen die durcheinander- und hintereinanderliegenden Ketten des Gebirges in ihrer Totalität und alle in gleicher Deutlichkeit zum Vorschein. Der Täufer und Jesus stehen am Fuße der ersten Anhöhen; die dahinterliegenden werden nur eben in ihren Spitzen sichtbar. Die Schriftsteller der Eschatologie liefern phantastische Reliefkarten des zukünftigen Chaos. Sie aber predigen und geben die Eindrücke beim beginnenden Heraufziehen der kommenden Zeit kund. Darum sind sie vor allem mit dem Vorereignis des Endes, dem Erscheinen des Kommen-Sollenden, und der Vorbereitung auf das Gericht beschäftigt.

Auch mit dem Hervorkehren der ethischen Gedanken ist der Zug zur Vereinfachung gegeben. Naturgemäß greifen der Täufer und Jesus aus den überlieferten Stoffen vorwiegend diejenigen Vorstellungen heraus, die sich mit der Idee der sittlichen Bereitung auf das Reich natürlich verbinden. Die andern fallen entweder zu Boden oder verbleiben unausgesprochen im Hintergrund.

Aber schließlich reichen die verkürzte Perspektive und der ethische Charakter der Erwartung zur Erklärung der Einfachheit der Eschatologie Jesu nicht aus. Sie ist in ihrer Art so tief und großzügig, daß sie zuletzt nur als Ergebnis des bewußten Gestaltens eines überlegenen, denkenden Geistes begriffen werden kann. Dem, der sie geschaffen hat, mußte ein klares Bewußtsein von dem Problem, das in dem Nebeneinander der prophetischen und danielischen Eschatologie vorlag, aufgegangen sein. Anders ist sein Schalten mit dem Stoff und die Sicherheit seiner Entscheide nicht zu verstehen.

Daß Jesus das gegebene Problem mit Schärfe erfaßt hat, beweist die Vexierfrage an die Schriftgelehrten (Mk 12,35–37). Er gibt ihnen das Rätsel auf, wieso der Messias Sohn Davids sein und dabei eine so ganz andere und überragende Wesenheit besitzen könne, daß der Ahnherr ihn im Psalme seinen Herrn nennt.

Für die prophetische Eschatologie bestand dieses Problem nicht. Der Messias war ein Abkomme des großen Königs, nur mit besonderen Gaben ausgerüstet. In dem Maße als die Transzendenz der Vorstellungen zunahm, wurde der Herrscher der Endzeit ein Wesen, dem himmlischer

Ursprung und Rang zukamen, wobei die Schwierigkeit seinen davidischen Ursprung festzuhalten in entsprechender Weise wuchs. Darum redet die spätere Eschatologie aller Schattierungen immer vom »Erscheinen« und nie vom Geborenwerden des Gesalbten.

Auf die diesem Schweigen zugrunde liegende Antinomie hat Jesus es abgesehen. Nur einmal, im ganzen Verlaufe seiner Verkündigung, kommt er von sich aus auf eine theoretische Frage zu sprechen. Aber diese stellt dann auch den Angelpunkt des Problems der Probleme dar. Von ihrer Lösung hängt es ab, ob die Synthese der prophetischen und danielischen Anschauung überhaupt möglich ist. Läßt sich nicht begreifen, wieso der transzendent gedachte Herrscher des kommenden Reiches zugleich eine irdische Geburt hat, so sind die beiden Vorstellungskreise überhaupt nicht miteinander in Einklang zu bringen. Da aber beide in der Schrift bezeugt sind, müssen sie in Harmonie zueinander stehen.

Die Erklärung, daß Jesus mit seiner Frage die Dogmatik der Schriftgelehrten aus der Schrift selber widerlegen und mit der Davidsohnschaft des Messias aufräumen wollte, ist eine durch nichts zu beweisende und nicht gerade scharfsinnige Auskunft der modernen Theologie. Sie wird aber immer noch als selbstverständlich vorgetragen. Auf die seit 1901 zur Diskussion gestellte andere Auffassung wird nicht näher eingegangen.[59]. Sie setzt ja die Möglichkeit voraus, daß Jesus an seine davidische Abstammung geglaubt habe, was mit dem wissenschaftlichen Geschichtsdogma unvereinbar ist.

Die Frage Jesu hat nur einen Sinn, wenn er damit eine Schwierigkeit aufdeckt, die die andern nicht zu lösen vermögen, während er den Schlüssel des Rätsels besitzt. Sie kann also nicht besagen wollen, daß der Messias nicht Davids Sohn sei, sondern nur daß dies zutreffe, trotz der Schwierigkeiten, die sich der Vollziehung der Vorstellung entgegenstellen. Wie kann derjenige, der nach Gott den höchsten Rang einnimmt und sogar über die Engel erhaben ist, ein Menschgeborener sein?

Jesus kleidet das Problem in eine exegetische Frage, weil er es im 110. Psalme, den er messianisch auslegt, in pointierter Fassung vorfindet.

59 So noch Wellhausen in der neuen Auflage seiner Einleitung in die drei ersten Evangelien. Berlin. 2. Aufl. 1911. 176 S. »Mit der Widerlegung der Meinung, daß der Christus nach der Schrift der Sohn Davids sein müsse, scheint er (scl. Jesus) einen Einwand gegen die Möglichkeit zu widerlegen, daß er es selber sei.«

Die Auffassung, nach welcher Jesus in der aufgeworfenen Frage die Davidsohnschaft des Messias nicht in Abrede stellt, sondern nur eine von den Schriftgelehrten nicht gelöste Schwierigkeit in der Annahme derselben aufgreift, wurde erstmalig in meiner Studie »Das Messianitäts- und Leidensgeheimnis« (Tübingen 1901. S. 65) vorgebracht und in der ersten Auflage der Geschichte der Leben-Jesu-Forschung (1906. S. 392 ff) entwickelt.

Eine in der Hauptsache ähnliche Anschauung vertritt Fr. Spitta: Streitfragen der Geschichte Jesu. Göttingen 1907. 230 S. S. 144–172: Davids Sohn und Herr.

Wenn der Gesalbte vom großen König abstammt, so ist, nach patriarchalisch-orientalischer Vorstellung, nicht denkbar, wie er zu einem Rang kommen kann, der ihn über den Ahnherrn stellt und diesen von ihm als von seinem Herrn reden läßt. Mögen Titel und Herrschaft, die dem Abkömmling beigelegt werden, noch so überragend sein, so wird dadurch die genealogische Hierarchie nicht aufgehoben. Er ist seinem Vorfahr untergeben, nicht übergeordnet.

Wenn David trotzdem den Messias seinen Herrn nennt, so muß er das Unmögliche annehmen, daß das Deszendenzverhältnis außer Kraft gesetzt worden ist. Wie ist dies denkbar?

Die Rabbinen, denen Jesus die Frage vorlegte, blieben die Antwort schuldig. Auch der Verfasser der Apokalypse Esra hätte keine gewußt.

Eine Lösung ist nur möglich, wenn angenommen wird, daß die Existenz des Messias zuerst in einer irdischen Seinsweise verläuft, in der er aus Davids Geschlecht seinen Ursprung nimmt, sodann aber in eine überirdische übergeführt wird, wobei die mit der natürlichen Abstammung gegebenen Konsequenzen in Wegfall kommen. Also muß er am Ende der Tage, wenn dieser Aeon noch besteht, geboren werden und dann, beim Eintreten des kommenden Aeons, in das über Herrscher und Engel erhabene Wesen verwandelt werden. Dann kann der Mensch David ihn kraft des Ahnenverhältnisses, in Ansehung seiner irdischen Existenz, als seinen Sohn betrachten; wenn er aber von seinem Herrscher in der kommenden Welt redet, was der Fall ist, wenn er die Überwindung der Feinde des Messias weissagt, muß er ihn als seinen Herrn bezeichnen.

Diese Lösung liegt in der Richtung der Anschauung von dem absoluten Unterschied zwischen irdischer und messianischer Weltzeit, die auch in dem Ausspruch zutage tritt, daß Johannes der Täufer den höchsten Rang unter den Menschgeborenen einnehme und dabei dennoch dem Kleinsten im Himmelreich nicht an Würde gleichkomme (Mt 11,11).

So hat Jesus als einziger unter den damaligen Schriftgelehrten sich mit dem Zentralproblem, in dem alle Schwierigkeiten der damaligen eschatologischen Vorstellung zusammenliefen, zu beschäftigen gewagt. Er hat es erkannt und auf die einzig mögliche Weise gelöst. Dadurch erweist er sich der Nachwelt als der Größte der Rabbinen.

Daß er sich aber selber für den Nachkommen Davids hielt, der zum Herrn des Ahnherrn werden sollte, hat ihm das Schriftgelehrtentum nicht verziehen. Es berichtet nicht über die Kämpfe, die es mit ihm auszufechten hatte, und hat seinen Namen aus der Liste der Lehrer gestrichen.

Als man mit der schriftlichen Fixierung der Überlieferung der Gesetzeslehrer begann, enthielt diese keine Nachricht über Jesus, die auf Kunde der Zeitgenossen zurückging. Diese Tatsache darf als sicher angenommen werden. Für das Schweigen ist wohl nicht der Haß allein verantwortlich zu machen. Die Kürze der Wirksamkeit des Nazareners, die Unterbrechung der Tradition durch die Zerstreuung der Rabbinen nach der Zerstörung Jerusalems und die Beschränkung des Interesses auf die Überlieferung der Dinge, die die Auslegung und das Gesetz betrafen, helfen mit, das Fehlen historischer Nachrichten begreiflich zu machen. Man bedenke, wie schlecht der Talmud selbst über die anerkannten Leuchten der Schriftgelehrsamkeit vor der Zerstörung Jerusalems unterrichtet ist.

Die talmudischen Stellen über Jesus – es sind dies etwa vierzig – können sämtlich nur als Produkte späterer Phantasie bewertet werden.[60] Diejenigen, die sie in Kurs setzten, haben nicht einmal von der Überlieferung der Evangelien Kenntnis genommen. Überdies sind die talmudischen Angaben auch unter sich gänzlich unzusammenhängend. An der einen oder der andern der Erzählungen läßt sich sogar erkennen, daß sie mit Jesus ursprünglich nichts zu tun hatten, sondern erst später auf ihn gedeutet wurden, weil der anstößige Inhalt dazu einlud.

Die Nachrichten sind so verworren, daß sie Jesum als Schüler des unter Alexander Jannai zu Beginn des letzten vorchristlichen Jahrhunderts lebenden Rabbi Josua ben Perachja und zugleich als Zeitgenossen des zu Anfang des zweiten nachchristlichen Jahrhunderts lehrenden Rabbi Akiba ben Joseph ausgeben. Der letztere, ein Haupt der Schule zu Lydda (Lud) und begeisterter Anhänger Bar-Kochbas, des Messias im Aufruhr von 133 bis 135 n. Chr., scheint sich in der Polemik gegen den falschen Messias Jesus hervorgetan zu haben; so erklärt es sich, daß in der späteren Überlieferung die Anschauung aufkommt, daß der unbotmäßige Lehrer sein Zeitgenosse gewesen und durch das Synedrium in Lydda durch List der geheimen Verleitung zum Götzendienst überführt und zu Tode gebracht worden sei.

Zu Rabbi Josua ben Perachja setzt die Überlieferung ihn in Beziehung

60 Für das Folgende siehe Heinrich Laible: Jesus Christus im Talmud. Berlin 1891. 96 S. In einem Anhang gibt Gustaf Dalman den Text der in Frage kommenden Stellen.

Bemerkt sei, daß diese Stellen in den neueren Talmudausgaben der Zensur zum Opfer gefallen sind. Die letzte, in der sie noch figurieren, ist die Amsterdamer von 1664. Die durch die römische Kirche durchgesetzte Streichung hatte den Erfolg, daß die Angaben über Jesus in den Sammlungen der Zensurlücken aufbewahrt wurden und zu besonderer Geltung kamen. Es handelt sich um ganz kurze Anekdoten und Seitenbemerkungen.

Das Werk von Herm. L. Strack: Jesus, die Häretiker und die Christen nach den ältesten jüdischen Angaben (1910. 128 S.) stellt eine Neubearbeitung der Studie von Laible dar. Die Darlegungen Laibles sind z. T. weggefallen; dafür sind die jüdischen Anschauungen über Jesus, die sich in der älteren christlichen Literatur finden, und die Stellen über die »Minim« (Häretiker) aufgenommen worden.

H. L. Strack wurde 1848 zu Berlin geboren, wo er zur Zeit als Professor der semitischen Sprachen tätig ist und zugleich die Herausgabe der Schriften des Institutum Iudaicum besorgt. – Laible ist Religionslehrer in Rothenburg ob der Tauber.

weil dieser bei den Verfolgungen der Gesetzeslehrer unter Alexander Jannai nach Ägypten geflohen sein soll. Da als ausgemacht galt, daß Jesus die Zauberei Ägyptens gekannt und geübt habe, lag es nahe, ihn diesem Rabbi als Schüler beizugeben und so seinen Aufenthalt in jenem Lande zu erklären. Auf der Rückkehr – wird weiter berichtet – wurde er von seinem Lehrer wegen einer unehrerbietigen Bemerkung über die Frau, die sie beherbergte, gebannt; als es ihm nicht gelang, die Lösung zu erwirken, ging er hin, richtete einen Ziegelstein auf und betete ihn an. Merkwürdigerweise wird keines der vorausgesetzten Wunder beschrieben.

Von Aussprüchen Jesu werden nur zwei überliefert. Der eine besagt, daß auch Geld schändlicher Herkunft trotz Deut 23,19 (18) zum Bau am Tempel verwandt werden dürfe, wenn es sich um eine Grube zur Sammlung des Unrats handelt; der andere betrifft die Frage, ob eine Tochter zugleich mit dem Sohn erbberechtigt ist.

Daß schon der Knabe Jesus gegen die Gesetzesherren unehrerbietig war, erklärt sich aus seiner Herkunft. Rabbi Akiba hat der Mutter das Geheimnis entrissen. Der Brautführer bei der Hochzeit ist sein Vater. Nach einer andern Stelle war der Verführer Panthera. Denselben Namen trug der römische Soldat, der nach Celsus die Maria zum Ehebruch verleitete. Fraglich bleibt, ob Celsus die Angabe aus jüdischen Kreisen übernommen hatte oder ob der Talmud ihn reproduziert. Es wäre möglich, daß »Sohn des Panthers« als höhnende jüdische Bezeichnung für Jesus kursierte, die, weil dieses Tier dem Dionysos heilig war, »Sohn der Wollust« bedeutete.[61] Interessant ist, daß Jesus im Talmud auch unter der Bezeichnung »Bileam« geht.

Auf die Angaben des Talmud gehen die »Toldoth Jeschu« zurück. Diese in den verschiedensten Textgestalten vorliegende jüdische »Geschichte Jesu« dürfte in ihrer Urform dem beginnenden Mittelalter angehören. Der Erzählungskreis, den sie verarbeitet, ist aber viel älter und war teilweise schon Tertullian bekannt. Der älteste Druck stammt aus dem Jahre 1681.[62]

61 Über diese Frage siehe Laible S. 20–26. Die Behauptung der unehelichen Herkunft Jesu ist eine naheliegende, unliebenswürdige Deutung der kirchlichen Lehre, daß Joseph nicht sein Vater war. Sie ist wohl zugleich in heidnischen und jüdischen Kreisen aufgekommen.

Rabbi Simon ben Azzai, ein Zeitgenosse Akibas, soll in den Trümmern des von Hadrian zerstörten Jerusalem ein »Buch der Genealogien« gefunden haben, in dem zu lesen war, daß Jesus ein Bastard »von einem verheirateten Weibe« war. – Maria war nach dem Talmud »Flechterin von Frauenhaaren«; nach einer Stelle handelte sie auf dem Markte mit Hülsenfrüchten. – Der Talmud kennt nur fünf Apostel Jesu.

62 Über die Toldoth siehe Samuel Krauß: Das Leben Jesu nach jüdischen Quellen. Berlin 1902. 308 S. – Der Verfasser gibt die hauptsächlichsten Texte des Werks und eine Geschichte seiner Entstehung und Verbreitung.

Voltaire (Historie de l'Établissement du Christianisme. Cap. 6. Ed. 1785.

Die Anekdoten des Talmuds und die Angaben der kanonischen und apokryphen Evangelien und der Apostelgeschichte werden mit Nachrichten aus der Kirchengeschichte zu einer phantastischen Schilderung des Lebens und Wirkens Jesu und der Apostel verwoben. Als der Verführer auftrat, wird erzählt, »war die Herrschaft von ganz Israel in der Hand einer Frau, die hieß Helene«.[63] Er behauptete, der Messias zu sein, bezog die Worte der Propheten auf sich, tat Zeichen und Wunder und führte vor der erstaunten Königin einen Flug »zwischen Himmel und Erde« aus. Die Schriftgelehrten stellten ihm den Juda Ischariota entgegen, welcher, wie er, den allen Zauber wirkenden geheimnisvollen Namen auf dem Grundstein im Allerheiligsten des Tempels gelesen hatte. Er flog noch über den »Messias« hinaus, bis sie beide zu Boden fielen. Darauf ergriffen die Schriftgelehrten Jesus, verdeckten sein Haupt und ließen ihn weissagen, wer ihn geschlagen hatte. Als er es nicht vermochte, zogen sie die Folgerung, daß er die Zauberkraft verloren habe. Seine Anhänger, dreihundertundzehn an der Zahl, befreiten ihn und brachten ihn nach Antiochia.

Als er zum Passahfest mit ihnen nach Jerusalem kam, wurde er ergriffen und ans Holz gehängt. Die Schriftgelehrten begruben ihn. Aber die Anhänger faßten den Plan, ihn zu stehlen, um sagen zu können, er sei in den Himmel gefahren. Juda der Gärtner, der davon erfuhr, kam ihnen zuvor; er holte den Leichnam bei Nacht und bestattete ihn in seinem Garten. Als das Grab leer befunden wurde, frohlockten die Jünger; die Schriftgelehrten waren bestürzt und die Königin war nahe daran, gläubig zu werden. Da verriet Juda seine List und verkaufte den Leichnam, der dann durch die Straßen der Stadt vor die Herrscherin geschleift wurde.

Daß diese Schrift keine wertvollen alten Erinnerungen birgt, dürfte sicher sein.

Den Versuch, die buddhistische Welt zur Erklärung der Überlieferung von Jesus und seiner Lehre heranzuziehen, wurde in den letzten Jahrzehnten des neunzehnten Jahrhunderts unternommen. Er ist aussichtslos, es sei denn, daß man sich mit dem Verfasser eines der modernsten romanhaften Leben-Jesu entschließt, Jesum zu den buddhistischen Priestern in die Lehre zu tun, wobei allerdings die sechs Jahre, die Monsieur Nicolas Notowitsch dafür ansetzt, das niedrigste Maß des zu absolvierenden Kursus darstellen dürften.[64] Reicht die Phantasie dazu nicht aus, so ist keine Möglichkeit gegeben, einen direkten Einfluß buddhistischer Ideen

Bd. 35. S. 260–261) glaubte, daß die Toldoth aus dem zweiten nachchristlichen Jahrhundert stammten, sah aber den Inhalt in der Hauptsache für Fabel und Erdichtung an. – Ernst Haeckel, in seinen »Welträtseln« (1. Aufl.), will mit dem Talmud und den Toldoth Jesus von Panthera abstammen lassen.

63 In der »Königin Helene« sind nach Krauß drei Persönlichkeiten zusammengearbeitet: Salome Alexandra, die Gemahlin des Alexander Jannai; die Proselytin Helene von Adiabene; die Kaiserin Helene, Mutter Konstantins des Großen.

64 La vie inconnue de Jésus-Christ par Nicolas Notowitsch. Paris 1894.

auf Jesu Denken nachzuweisen. Daß der Buddhismus irgendwie auf das Spätjudentum und so indirekt auf Jesus eingewirkt hat, ist an sich nicht unmöglich, wenn man buddhistische Einflüsse in der babylonischen und persischen Kultur anerkennt. Aber unbewiesen, unbeweisbar und undenkbar ist, daß Jesus zu dem Schöpferisch-Neuen, das in seiner Lehre zutage tritt, durch den Buddhismus angeregt worden sein soll. Man kommt in dieser Sache nie über die Konstatierung gewisser Analogien hinaus. Für die Parabeln Jesu haben Renan und Havet auf buddhistische Parallelen hingewiesen.[65]

Wie wenig solche Analogien für den nüchternen Beobachter besagen, ergibt sich aus der Stellung, die ein Kenner wie Max Müller zur Frage einnimmt. »Daß überraschende Übereinstimmungen zwischen Buddhismus und Christentum vorhanden sind«, sagt er einmal,[66] »läßt sich nicht leugnen; und ebenso muß zugegeben werden, daß der Buddhismus wenigstens vierhundert Jahre vor dem Christentum bestanden hat. Ich gehe sogar noch weiter und würde im höchsten Grade dankbar sein, wenn mir jemand die historischen Kanäle aufweisen wollte, durch die der Buddhismus das alte Christentum beeinflußt hätte. Ich habe mein Leben lang nach solchen Kanälen gesucht, aber bis jetzt habe ich keine gefunden. Was ich gefunden habe, ist dies, daß für manche der überraschendsten Übereinstimmungen geschichtliche Antezedenzien auf beiden Seiten vorhanden sind; und sobald wir diese Antezedenzien kennen, sind die Übereinstimmungen weit weniger überraschend.«

Ein Jahr, bevor Max Müller seinen Eindruck so formulierte, hatte Rudolf Seydel versucht, die konstatierten Übereinstimmungen aus der Beeinflussung des Christentums durch den Buddhismus zu erklären.[67] Er unterscheidet drei Hauptklassen in den Analogien:

1. solche, deren Vergleichspunkte ohne Schwierigkeit aus beiderseits vorhandenen gleichen Entstehungsquellen und Veranlassungen erklärbar sind;

2. solche, die eine so spezielle und unerwartete Übereinstimmung auf-

65 Siehe Jülicher: Die Gleichnisreden Jesu. 2. Aufl. 1899. S. 173–182.
66 Max Müller in »India what can it teach us?« London 1883. S. 279. (Deutsch von Capeller. Indien 1884. S. 243.)
67 Rudolf Seydel, Professor an der Universität Leipzig: Das Evangelium von Jesu in seinen Verhältnissen zu Buddha-Sage und Buddha-Lehre mit fortlaufender Rücksicht auf andere Religionskreise. Leipzig 1882. 337 S. – Von demselben: Buddha und Christus. Deutsche Bücherei Nr. 33. Breslau, Schottländer, 1884. – Die Buddha-Legende und das Leben Jesu nach den Evangelien. 2. Aufl. Weimar 1897. (Von dem Sohne des inzwischen verstorbenen Verfassers besorgt.) 129 S.
Zu dieser Frage siehe auch Van den Bergh van Eysinga: Indische Einflüsse auf evangelische Erzählungen. Göttingen 1904. 104 S. 2. Aufl. 1909. – Eine eingehende Kritik der Behauptungen von Seydel und Van den Bergh bietet Carl Clemen: Religionsgeschichtliche Erklärung des neuen Testaments. Gießen 1909. 301 S. Die prinzipielle Ablehnung wird S. 25–29 begründet. – Carl Clemen, geboren 1865 zu Sommerfeld, ist zur Zeit Professor der Religionsgeschichte an der philosophischen Fakultät zu Bonn.

weisen, daß die Erklärung aus parallel wirkenden gleichen Ursachen zu künstlich erscheint, dagegen eine Abhängigkeit des einen Teiles vom andern sich als das naturgemäß Anzunehmende empfiehlt;

3. solche, bei denen nur auf der einen Seite sich eine Entstehungsursache innerhalb des eigenen Religionsgebietes annehmen läßt oder wenigstens auf ihr leichter denken läßt als auf der andern, so daß die auf dieser Seite zurückbleibende Unverständlichkeit des Phänomens die Entlehnungsquelle auf jener ersten Seite suchen heißt.

Diese letzte Klasse verlangt, daß die Analogie literarisch erklärt werde. Darum postuliert Seydel neben Urmatthäus und Urlukas noch eine dritte Quelle, »ein poetisch-apokalyptisches Evangelium frühester Zeit, welches seinen christlichen Stoff, in edelster Reinigung und Heiligung das Vorgefundene der fremden verwandten Literatur gleichsam durch eine Wiedergeburt aus dem christlichen Geiste umschaffend, in die Umrahmungen des buddhistischen Evangelientypus spannte«. Matthäus und Lukas folgen diesem poetischen Evangelium, besonders Lukas, bis zu dem Punkt, wo die historischen Quellen reicher fließen und Urmarkus ihre Erzählung zu beherrschen anfängt. Aber auch in späteren Partien macht sich der Einfluß der dichterischen Quelle, die dann als selbständige Schrift verlorenging, noch geltend.

Den Hauptanhaltspunkt für seine Hypothese, wenn man eine bloße Vermutung als solche bezeichnen kann, findet Seydel in der Vorgeschichte des Lukas. Nun ist es ja an sich gar nicht unmöglich, daß bei der Entstehung der mythischen Vorgeschichte buddhistische Legenden, die in irgendeiner Form Allgemeingut des Orients geworden waren, mehr oder weniger mitgewirkt haben. Wer aber kennt die Gesetze der schaffenden Tradition? Wer kennt den Lauf der Winde, die Samenkörner über Länder und Meere tragen?

Im allgemeinen kann man sagen, daß Seydel die Hypothese, die er vertritt, tatsächlich widerlegt. Wenn das von ihm beigebrachte Material alles ist, was auf Beziehung zwischen Buddhismus und Christentum hinweist, so ist man berechtigt, mit der Anerkennung eines buddhistischen Urevangeliums zu warten, bis neue Entdeckungen auf diesem Gebiete gemacht worden sind. Das hindert die theosophischen Leben-Jesu nicht, fort und fort ihren Honig aus Seydels klassischem Werke zu saugen. Seydel selbst hat sich ihnen ausgeliefert, indem er sich von der falschen Gleichsetzung der buddhistischen mit der spätjüdischen Eschatologie nicht frei gehalten hat.

Sehr entschieden bemerkt Eduard von Hartmann in der zweiten Ausgabe seines Werkes »Das Christentum des Neuen Testaments« (1905), daß es sich bei dem Verhältnis Jesu zu Buddha nie um Entlehnung, weder in der Lehre noch in der späteren Gestaltung der Lebensgeschichte, sondern nur um Parallelismus der Mythenbildung handeln könne.

Ein Namensverzeichnis steht am Schluß des zweiten Bandes